出版经济学研究

出版经济学研究

陈昕 著

格致出版社 上海人民出版社

陈　昕

1952 年 6 月生，浙江鄞县人。中国出版协会副理事长、上海社会科学联合会副主席。从事出版工作 40 年。曾任上海三联书店总编辑、三联书店（香港）有限公司总编辑、上海人民出版社社长兼总编辑、上海市新闻出版局副局长、上海新汇光盘（集团）有限公司总经理、上海世纪出版集团总裁、上海世纪出版股份有限公司董事长兼总裁等职。曾兼任上海交通大学、武汉大学、同济大学、华东师范大学、上海师范大学教授，博士生导师。主持、策划、编辑了 30 多套丛书，共计 3000 多种图书。著有《中国图书业经济分析》《中国出版产业论稿》《出版经济学文稿》《WTO 与中国出版》《中国图书定价制度研究》《数字网络环境下传统出版社的转型发展》《出版忆往》《书之重，评之轻》等 14 部著作，发表学术论文及文章近 200 篇。著作、论文及编辑的图书数十次获得国家一级的奖励。2007 年获首届中国出版政府奖优秀出版人物奖，2009 年被评为新中国 60 年百名优秀出版人物、中国百名优秀出版企业家。是中央组织部专家库成员、首批全国文化名家暨"四个一批"人才、首批全国新闻出版行业领军人才，享受国务院颁发的政府特殊津贴。

出版经济学研究的重大成果

林毅夫

本序作者系北京大学国家发展研究院名誉院长、教授，世界银行前高级副行长、首席经济学家。

自人类社会出现文字之日起,出版这一社会活动就开始诞生。出版业是由出版、复制和发行出版物而形成的行业,是经济、政治、文化发展到一定阶段的必然产物。本质上,出版业属于文化产业,出版物既具有商品属性,也具有不同于一般物质产品的特殊属性,即思想产品属性。现代出版业的主要特征表现为,一是以市场经济体制为基础。出版者是自主经营、自负盈亏的市场主体,生产什么、生产多少完全取决于市场需求。二是专业化分工。随着科学技术的发展,出版业的专业化分工越来越细。三是生产过程和手段的现代化。现代科技成果特别是高科技成果在出版生产中的普及运用,彻底改变了传统的出版手段,使出版物生产过程和手段实现了现代化。四是集团化的发展和规模经营。20世纪80年代以来,出版业集中度明显提高,并购浪潮迭起,出版企业的规模日益扩大。

　　出版物凝结的是人类的思想和智慧,集聚的是科学技术的发明创造和社会实践活动的经验与成果。对于社会进步和发展,出版业发挥着重要的推动作用。作为文化传播的重要手段,出版业参与社会文化建设,以此构筑一个社会的思想和价值体系,规范和影响人们的行为和价值观念。有出版参与其中的经济和科学教育文化活动,是一个社会物质文明和精神文明协调发展的重要保证。

　　作为中国古代劳动人民四大发明之一的印刷术,为中国古代出版业创造了辉煌的历史。经济和社会的日益发展,激发了人们对物质文化和精神文化需求的不断增长,为出版业的发展提供了雄厚基础和不竭动力。尤其是改革开放以来,中国出版业取得了突飞猛进的发展。2015年,中国出版、印刷和发行行业实现营业收入21 655.9亿元,较2014年增长8.5%;增加值5 932.4亿元,增长7.6%。与此同时,2015年中国图书总印数为86.6亿册,比2014年增长5.8%;图书出版实现营业收入822.6亿元,增长4.0%;利润总额125.3亿元,增长7.0%。从图书结构看,2015年全国共出版图书47.6万种,比上一年增长6.1%。其中,重印图书21.5万种,增长11.9%;新版图书26.1万种,增长1.8%;重印图书与新版图书品种之比由2014年的1∶1.3提高为1∶1.2,表明中国出版业开始从追求数量向提高质量效益转变。

但我们也要看到,中国并不是出版强国。与发达国家相比,中国出版业在产业规模、产品质量、市场竞争力等方面仍存在较大差距。很长一段时间,中国图书市场不规范,存在盗版现象;未能真正形成全国统一的出版、发行市场体系;条块和地区分割,致使出版信息不灵,库存增加,积压严重。近年来作为出版业晴雨表的实体书店纷纷倒闭;一些出版社尚未形成一定的规模,竞争力较弱,国际影响力还需进一步提高。同行业出版社之间仍存在不良竞争,造成出版资源分散,出版产品缺少个性,出版单位规模受限。同时,随着互联网的进一步普及,数字出版技术得到快速发展,数字阅读的群众规模有持续增大之势,世界范围内纸质媒体的阅读量呈逐年下降趋势。面对此形势,中国出版业在运营模式、传播方式等方面亟须与时俱进。如何面对出版资源的洗牌整合以及行业、地区界限的突破,成为传统出版管理体制的一个重大挑战。

当前,在出版学研究中,经济分析是一个薄弱环节。随着出版实践的快速发展,暴露出的诸多问题亟须从经济学的角度予以合理解释,并提出促进出版业健康发展的对策建议。在中国,出版经济学的研究尚处于起步阶段。与教育经济学、电信经济学等部门经济学学科相比,出版经济学研究相对落后,成熟的出版经济理论体系尚未形成。

陈昕先生所著的《出版经济学研究》摆在我眼前时,令我耳目一新。我认为,出版产品的经济特性是出版经济学需要研究的首要问题,是出版经济学研究的逻辑起点和理论基点。对此,作者把握得很准。在《出版经济学研究》中,作者以全国图书出版业为背景,以上海图书市场为重点,运用纸张供给、印刷厂的生产能力、产品库存、人均书报费在城镇居民家庭日常消费总额中的比重等可量化的指标,从供给和需求两个角度,对中国图书出版业从 1986 年开始陷入衰退的根本原因作了深入探讨。运用现代经济学基本原理,分析了图书买方市场与卖方市场的主要特征,以及图书作为一种文化商品和超必需品对图书市场的影响机理,考察了通货膨胀对中国图书市场的影响,讨论了中国图书市场的未来走向、面临的问题及解决对策。运用经济学原理,分析了成本与定价方式对小印数图书市场成长的影响,探讨了图书价格管制对出版社定价行为和印数决策的影响。全面分析了 20 世纪 80 年代中国图书发行体制存在的问题及解决之策,研究了影响中国图书市场规模的主要因素。运用现代经济学的方法,总结出中国图书市场竞争的特点,并提出将图书销售代理制作为 90 年代深化图书市场竞争的重点。运用交易费用学说和信息经济学的方法,探讨了潜在图书市场的需求问题。运用现代经济学的基本理论和分析方法,对中国出版产业发展各阶段形成的内在机理作了系统分析,对进入 21 世纪后中国图书出版产业到底是进入"滞胀"阶段还是仍处在新的增长阶段,以及图书出版产业长期发展需要解决的关键问题作了深入探讨。分析了中国图书出版产业发展的现状,梳理了图书出版产业发展中显现的诸多矛盾,归纳了发达国家图书出版产业的发展规律,提出了中国图书出版产业转变增长方式的主要路径,还从产业融合理论入手,分析了出版产业的新规律。值得一提的是,陈昕先生还对中国图书定价制度作了深入研究。从图书价格入手,运用相关的经济学理论,探究图书商品价格形成的内在机制,总结了图书定价制度和价格水平演化的历史进程,回答了当前中国图书价格是否偏高这一大家关心的问题,并提出了相应的政策建议。此外,还对数字网络环境下传统出版社的转型发展作了经济学分析。通过建立图书供给需求模型,证明在数字网络环境下,数字出版的边际成本趋近于零,而传统出版的边际成本是一个大于零的固定值。陈昕先生的研究表明,在充分竞争的市场中,传统出版社很难与数字出版主体竞争,将处于相对弱势的地位。他提出,牢牢把握出版业的核心功能,深入挖掘出版业的核心资源,充分利用数字网络技术重构出版产业链,利用互联网思维改造传统出版业务流程,加快传统出版与数字出版的融合,是传统出版社转型发展的必然要求。

《出版经济学研究》论证严密、方法合理、数据翔实、富有创见,提出的对策建议具有较强的前瞻性与可操作性,堪称学术价值与实用价值俱佳的论著。我相信,作为陈昕先生数十年出版实践的思想结晶,这部力作必将对中国出版产业的未来和发展产生重要影响。

2016 年 11 月 25 日于朗润园

序二

三位一体的出版家陈昕

袁志刚

我与陈昕先生相识于上世纪 80 年代中后期,当时他已经是上海青年经济学者中有点名气的出版人。在学林出版社他成功推出几部上海青年学者的经济学著作,大获成功。1984—1988 年间我是复旦大学经济学院的一名研究生,在做硕士论文期间发现国际上非均衡经济学对中国宏观经济运行很有解释力,想翻译法国经济学家贝纳西教授的著作《市场非均衡经济学》。当时没有今天联系十分便捷的手机和互联网,固定电话也不常用,我冒昧来到他当时湖南路的家,敲门造访,说明来意,得到他热情接待。我的第一本译著便是在他的大力帮助下在上海译文出版社出版的。1988—1993 年我在法国巴黎留学,贝纳西教授成为我博士论文的导师,正是缘起陈昕先生帮我出版的译著《市场非均衡经济学》。其间陈昕先生来过几次巴黎,我们一起畅谈中国经济和中国经济学发展前景,还一起参观凡尔赛宫。90 年代初,陈昕先生在香港三联书店任总编辑,我有一次路过香港,他帮我联系当时香港经济学界的几位同仁认识,如宋恩荣教授、汪丁丁教授等,说明他在香港经济学界的人脉跟内地一样旺盛。1993 年我回到复旦大学教书,陈昕先生也同年从香港回到上海,担任上海人民出版社社长、总编辑。他鼓励我出版《非瓦尔拉斯均衡理论及其在中国经济中的应用》,此书后来获得孙冶方经济科学著作奖。1995 年起陈昕先生兼任上海市新闻出版局副局长,1999 年初受命组建上海世纪出版集团并任总裁。陈昕先生在出版界的位置不断上升,出版的范围越来越宽,出版的领域越来越多,有更多更重要的中国文化建设项目需要他去策划,但他对中国经济和中国经济学界的关心始终如一,他与经济学界的互动还是持续着。屈指数来,我们相识已近30年了,我的几本自认为比较好的著作和教材都在他那里出版。

在我眼里,陈昕先生是一个三位一体的出版家。

首先,他是中国经济学现代化道路上的重要旗手。作为重要旗手,一是体现在他对引进翻译国外当代经济学著作所做的贡献;二是体现在他对发现和推出中国经济学新人所做的贡献;三是体现在他对中国经济运行问题的关注度和敏感度,在经济学重大选题上的洞察力。陈昕先生在上海三联书店任总编辑时期策划主编了《当代经济学系列丛书》,这套书一直延续到现在,已经出版了将近300种。林毅夫、樊纲、张维迎、刘世锦……今天很多国内著名经济学家的第一本书都在此出版,陈昕先生都是责任编辑。这套丛书与近40年中国经济发展的波澜壮阔同命运共呼吸,其影响力在中国经济学发展史中是独一无二的。

其次,他是一位很有成就的出版家。陈昕先生在上海三联书店、香港三联书店、上海人民出版社工作期间,除了主编《当代经济学系列丛书》,在翻译读物方面,他策划主编的《当代学术思潮译丛》兼顾思想启蒙和学术深耕,风靡读书界一时,以"黄皮书"著称于世;在国际政治方面,他策划了《当代国际政治丛书》和《东方编译所译丛》,致力于国际政治与国际关系名著的翻译和著述,既关注本土学者的最新力作,也发掘欧美国家智库的最新研究成果;在史学方面,他主持推出了在国内史学界有影响力的101卷本的《中华文化通志》、12卷22册的《中国通史》、12卷本的《中国断代史》、14卷本的《上海通史》等力作。在担任上海世纪出版集团总裁之后,陈昕先生依旧倾注了大量心血做书。他每年审读的书稿超过 20 部,策划的选题更是不计其数。这些年世纪集团出版的《辞海》(第六版)、《大辞海》、《英汉大词典》(第二版)、《古文字诂林》、《十万个为什么》(第六版)、《世纪人文系列丛书》、《中国改革 30 年研究丛书》等一大批精品,堪称王冠上的明珠,在中国出版史上留下了浓墨重彩的印记,成为中国政治、经济、文化发展的珍贵注脚。

第三,他是中国出版经济学的重要开拓者。陈昕先生从编辑、编辑室主任、总编辑到出版社社长、大型出版集团总裁,不仅一生奉献给出版业,而且勤于思考,勤于笔耕。他对于出版经济学的一些重大问题如出版产业的特殊性、图书定价的形成机制、出版企业的治理结构、出版产业的转型发展等,都有着很深的研究。《出版经济学研究》就是他多年思考和实践的一个结晶。

在《出版经济学研究》一书中,陈昕先生运用现代经济学理论框架分析中国图书出版业市场的形成机制。在对中国图书出版产业现状的分析中,他认为 1984—1985 年决定中国图书出版市场发展走向的基本力量已经从供给方转向需求方,图书所特有的商品属性和我国居民文化水平以及收入水平是我国图书市场性质发生转变的前提条件。中国图书出版业从卖方市场转向买方市场后,书价仍然居高不下,原因在于图书出版业新的竞争组织缺乏,市场机制无法充分发挥其调节功能,同时居民对图书需求弹性依然较小,书籍种类和数量的增多,使得买方信息搜寻成本上升。为应对这些问题,陈昕先生提出图书销售代理机制和开发潜在需求市场的可行方案,保证出版社和发行部门双方收益的同时,将短期竞争引向长期竞争,扩展市场容量,同时创新图书销售方式,降低买方的信息搜寻成本。

陈昕先生对中国图书定价制度进行了深入的研究。他从图书价格这一最显性的现象入手,运用相关的经济学理论和方法,对图书商品的内在属性进行分析,并深入探究其价格形成的内在机制,在此基础上,描述中国图书定价制度和价格水平演化的历史进程,对当前中国图书价格是否偏高这一问题给予全面而系统的回答,并提出了相应的政策建议。他还一直关注和思考互联网对出版产业的影响程度和影响方式。在这本书中,他运用经济学的理论和工具,充分论证了数字出版"零边际成本"的特征,以及传统出版与数字出版融合并向数字出版转型升级的必然性。他提出在边际成本趋于零的触发条件下,图书出版产业要适应性地改变和延伸价值链,出版企业的视野需要从边际成本为固定值的图书市场转型到边际成本趋于零的阅读市场。

《出版经济学研究》对出版产业进行了系统的经济学分析,涉及出版产业、出版市场和出版企业管理的方方面面。从经济学和管理学角度来看,这是一种难得的理论创新。从出版产业角度来看,本书对更准确地理解中国图书市场的性质,推动出版产业与企业的组织创新和体制改革,预测图书市场的未来走向,实现出版产业的转型发展,提供了很好的分析框架。没有多年的经济学思考,没有多年图书编辑的实践,没有多年出版集团治理的呕心沥血,没有多年图书出版市场的打拼磨炼,是无法写出这样的著作的。从这个角度来讲,我们面前的这本《出版经济学研究》呈现的是绝无仅有的"陈昕现象"。

2016 年 12 月 17 日于上海

目　录

1　　序一　出版经济学研究的重大成果／林毅夫

1　　序二　三位一体的出版家陈昕／袁志刚

第一篇　中国图书出版业经济分析

3　　第1章　中国图书出版业：从卖方市场转向买方市场

4　　　　1.1　中国图书市场的现状及基本判断

9　　　　1.2　卖方市场与买方市场的特点

12　　　1.3　中国图书市场性质发生转变的前提条件

26　　　1.4　通货膨胀及其对中国图书市场的影响

30　　　1.5　中国图书市场的未来走向及解决问题的基本思路

34　　第2章　中国图书价格管制：从严紧趋向宽松

35　　　　2.1　成本与定价方式对小印数图书市场成长的影响

47　　　　2.2　图书价格管制：从分类管制转向最高限价管制

61　　第3章　中国图书市场：短期竞争的展开与长期竞争的不足

61　　　　3.1　问题的提出

63 3.2 中国图书市场竞争的缺陷及其症结

79 3.3 图书销售代理制:深化竞争可供选择的方向

87 第4章 中国图书出版业:信息搜寻费用的转移与潜在图书市场
     的开发

87 4.1 开发潜在图书市场问题的提出

89 4.2 图书信息搜寻费用的归属对图书销售潜力的影响

96 4.3 两种降低信息搜寻成本的创新

100 第5章 新华书店:中国图书出版业发展的瓶颈

100 5.1 新华书店成为矛盾焦点的原因

110 5.2 解决矛盾的可行途径

117 第6章 中国图书市场发展的背景及国际比较

117 6.1 中国图书市场发展的基本状况

121 6.2 影响中国图书市场规模的若干主要因素

139 6.3 对中国图书市场长期发展的若干意见

143 附 录 论中国出版业的买方市场及其他——求教于王益同志

第二篇 中国出版产业发展阶段研究（1978—2005）

157 第1章 绪论

157 1.1 研究目的、意义、思路和方法

159   1.2 研究框架

160   1.3 学术界对出版产业研究的进展情况

165   第2章 中国图书出版产业经济学分析

165   2.1 图书商品性质的经济学分析

172   2.2 中国图书出版产业特性的经济学分析

182   第3章 中国图书出版产业发展阶段性分析

183   3.1 中国图书出版产业的超常规增长阶段:1978—1985年

187   3.2 中国图书出版产业的调整与徘徊阶段:1986—1994年

191   3.3 对调整与徘徊阶段的进一步分析

206   3.4 中国图书出版产业新的增长阶段:1995年至今

213   第4章 中国图书出版产业发展前景分析

214   4.1 关于现阶段中国图书出版产业整体发展的基本判断

              ——对滞胀论的一种回应

224   4.2 中国图书出版产业未来的发展

第三篇 中国出版产业增长方式转变研究

243   引 言

244   第1章 中国图书出版产业发展现状分析

244   1.1 中国图书出版产业经历了一个高速增长的发展时期

251　　1.2　中国图书出版产业目前存在的主要问题及矛盾

258　　1.3　问题背后的原因分析

265　　1.4　中国图书出版产业面临的挑战

268　　1.5　粗放型增长难以为继，增长方式亟待转型

274　第2章　发达国家出版产业发展经验的借鉴及比较

274　　2.1　美国和欧洲的出版产业

283　　2.2　日本的出版业

286　　2.3　比较与体会

289　第3章　中国图书出版产业增长方式转变的思路、内容及路径

289　　3.1　产业融合对增长方式转变的影响

295　　3.2　中国图书出版产业增长方式转变的思路、内容及路径

313　　3.3　中国图书出版产业新的商业模式的基本特点

317　　3.4　中国图书出版产业增长方式转变的政策建议

326　附　录　出版企业的使命追求与经营之道

第四篇　中国图书定价制度研究

351　引　言

352　第1章　图书定价的经济学分析

352　　1.1　图书商品的经济属性分析

358   1.2 对图书垄断性的再考察

360   1.3 图书定价的微观经济学分析

367   1.4 图书定价的不同模式:欧美国家的经验

371   第 2 章 如何看待中国图书价格不断走高的事实

371   2.1 中国图书定价制度和价格水平演化的历史进程——实证分析

383   2.2 如何看待中国图书价格不断走高的事实——产业外视角

393   2.3 如何看待中国图书价格不断走高的事实——产业内视角

第五篇　数字网络环境下传统出版社转型发展的经济学分析

413   引　言

414   第 1 章 传统出版社转型发展的必然性

414   1.1 出版产业链分析

420   1.2 出版主体差异性分析

422   1.3 经济学模型分析

428   第 2 章 传统出版社转型发展的方向或路径

430   2.1 特色化发展方向

431   2.2 规模化发展方向

433   2.3 融合发展方向

436　第 3 章　中国传统出版社转型发展的思考和建议

436　　3.1　转型发展的关键:从图书市场转到阅读市场

437　　3.2　转型发展的核心:内容创新和内容提供

438　　3.3　转型发展的策略:版权经营和价值链延伸

440　　3.4　转型发展的保障:技术进步和市场环境改善

443　附录 1　网上书店对地面书店和传统出版社的影响

452　附录 2　电子书对纸质书的替代效应

456　附录 3　传统出版社面对电子书的矛盾选择

461　后　记

第一篇

中国图书出版业经济分析

1988 年 10 月至 1990 年 5 月第一稿；
1990 年 10 月定稿；
学林出版社 1990 年 12 月出版。

第 1 章
中国图书出版业：从卖方市场转向买方市场

20 世纪 70 年代后期，命运多舛的中国再次回归到全球性的现代化历史潮流之中。随着文化禁锢主义的打破，出版体制改革的推进，中国彻底摆脱了"文革"十年中陷于"书荒"的困境，图书出版一再突破原有的纪录。1978 年至 1985 年是中国图书出版史上超常规增长阶段，在短短 8 年中，图书出版总印数竟然翻了一番，它相当于新中国成立至 1977 年这 28 年中图书增长的总额（见表 1.1）。如果按出书种数这一统计指标衡量，中国在 1985 年已进入世界六大图书出版国的行列。

1985 年之后，中国图书出版业高速增长的势头不复存在。1986 年图书总印数比 1985 年猛跌了 22 个百分点，至今仍未恢复到 1985 年的水平。1988 年 4 月起，中国图书发行的主要渠道新华书店，为了减少库存，大幅度地削减新书订数，部分图书的订数甚至出现了零的情况，整个中国图书出版业陷入前所未有的困境之中。与此同时，大众传播媒介也频频用"图书出版业大滑坡""图书出版业大地震""图书出版业大危机"等醒目的词句来描述中国图书市场。

近年来中国图书出版业究竟出现了什么问题？如何看待近年来中国的图书市场？中国图书出版业陷入困境的原因又何在？这些问题的解答，无论是对更准确地把握当前中国图书市场的性质，从而推动图书出版

表 1.1　1949—1989 年中国图书出版概况

年　份	印数 （百万册）	印张 （百万张）	种数 （种）
1949	105	—	8 000
1950	275	591	12 153
1960	1 801	4 869	30 797
1977	3 308	11 771	12 886
1978	3 774	13 543	14 987
1979	4 072	17 250	17 212
1980	4 593	19 574	21 621
1981	5 578	21 768	25 601
1982	5 879	22 195	31 784
1983	5 804	23 241	35 700
1984	6 248	26 061	40 072
1985	6 673	28 275	45 603
1986	5 203	22 031	51 787
1987	6 247	26 102	60 119
1988	6 223	26 909	65 908
1989	5 864	24 340	74 968

资料来源:《中国统计年鉴·1989》,中国统计出版社 1989 年版;中华人民共和国新闻出版署:《全国图书、杂志、报纸出版统计资料·1989》。

体制的改革,还是对预测未来图书市场走向,尽快地走出图书出版的谷底,都是大有裨益的。在本章中,我们以全国图书出版业为背景,以上海图书市场为重点来展开我们对上述问题的分析。

1.1　中国图书市场的现状及基本判断

从表 1.1 中我们可以看到,1985 年是中国图书出版业持续 8 年高速增长的最后一年。图书出版总量以总印数和总印张数这两个指标为代表。1985 年这两个指标创造了中国图书出版史上的最高纪录,总印数和总印张数分别达到 66.73 亿册和 282.75 亿印张。1986 年图书总印数和总印张数分别比上一年下降了 22.03% 和 22.08%。1987 年和 1988 年中国图书出版总量虽有一定幅度的回升,但也不过是与 1984 年基本持平,仍低于 1985 年。1989 年步履维艰的中国图书出版业又一次遭到图书印数下降的打击,图书出版总印张数和总印数分别比上年同期水平下降了 5.77% 和 9.55%。

任何一个行业的增长速度若出现停滞和下降,都可以从供给和需求这两个方面去寻找原因:或者是由于供给方存在着"瓶颈",或者是因为需求不足。中国图书出版业开始衰退的原因究竟在供给方还是在需求方呢?

在供给方面,我们首先来考察图书出版最基本的投入要素——纸张。由于中国纤维原料不足,造纸工业落后,长期以来纸张供应一直十分紧张,每年都需要从国外净进口数十万吨的纸浆和纸制品来弥补国内需求的缺口。可是,在中国图书市场发生重大波动的 1985 年及其以后,中国图书出版的主要用纸品种——凸版纸和双面胶版纸供给短缺的情况并不很严重。表 1.2 列出了 1978—1988 年中国凸版纸、双面胶版纸的产量和图书出版业实际用纸量。不难看出,凸版纸的产量自 1984 年后有较大幅度的增长,尽管 1986 年以后的数据暂缺,但估计实际产量当不会低于 1985 年;相反 1986 年的图书出版用纸量远远不及 1984 年、1985 年,即使 1988 年也低于 1985 年的水平。我们预测最近几年中国图书出版业的总用纸量会有一定幅度的下降,至少不会超过 1985 年的水平,所以,只要中国的凸版纸和双面胶版纸的产量保持在 1985 年的水平,而且对非出版用纸加以适当控制的话,那么近几年中纸张供给短缺的情况从总体上说是不可能出现的。

表 1.2 1978—1988 年中国出版业用纸量和凸版纸、双面胶版纸产量

单位:万吨

项　目	1978	1979	1980	1981	1982	1983	1984	1985	1986	1987	1988
出版用纸总量	31.83	40.54	46.00	51.15	52.16	54.62	61.24	66.55	51.77	61.34	63.24
凸版纸产量	44.43	50.84	55.78	60.55	63.24	64.85	79.43	98.70	—	—	—
双面胶版纸产量	11.20	12.57	13.94	14.84	17.98	20.81	22.15	22.53	—	—	—

　　资料来源:《中国造纸年鉴·1986 年》,中国轻工业出版社 1986 年版;《中国出版年鉴·1989》,中国书籍出版社 1989 年版。

　　其次我们来考察印刷生产能力。1978—1985 年间,与高速增长的图书出版业相比,中国书刊印刷业的发展显得相对不足,出版周期逐渐拉长。据 180 家书刊印刷厂的统计,1982 年中国图书平均印刷周期长达 252 天左右。但是,1986 年以后,随着乡镇印刷厂的大量出现,加上国营印刷厂历年累积的设备更新和改造日益发挥出优势,中国的印刷生产力有了明显提高,1987 年图书印刷周期也逐渐缩至 200 天左右。1988 年以来,随着中国图书市场逐步缩小,出版总印张下降,印刷生产任务相对不足,不少国营印刷厂开始找米下锅,因此,从总体上看,印刷缺口的问题渐渐消失了。

　　中国对成立新出版社的审批一向控制得较紧,进入壁垒很高,尽管如此,1977 年至 1989 年,中国出版社的总数还是由 114 家猛增到 536 家。正是由于出版社的供给充裕,中国的图书出版种数才有可能连续 9 年以年均 5 000 种的速度递增(见表 1.1)。

　　反映供给状况的最重要综合性指标恐怕还在于产品库存。表 1.3 显示了 1980—1989 年上海各图书发行部门的库存总额,全国性的情况也由此可见一斑。表 1.3 清楚地显示,1985 年上海图书库存数在一下子猛增

了 48.61 个百分点后,历年库存量就始终保持在 5 000 万册以上。结合上述供给方的各点分析,我们可以肯定,中国近年来图书市场陷入困境的原因并不在于供给方的生产能力不足。

表 1.3　1980—1989 年上海各图书发行部门的图书库存变化　　　　单位:万册

	1980	1981	1982	1983	1984	1985	1986	1987	1988	1989
库存数	3 154	3 168	3 263	3 403	3 479	5 170	5 150	5 827	5 960	5 695

注:包括上海新华书店市区基层店、非新华书店系统书店以及出版社自办发行的库存。
资料来源:上海市新闻出版局。

从需求方看,与图书库存对应的综合性指标是图书的销售额。如前所述,在中国,新华书店是图书销售的主渠道。1983 年以前,中国几乎所有的图书均由新华书店销售,1983 年之后,图书发行体制开始改革,逐步形成了以新华书店为主体,多种流通渠道、多种经营成分、多种购销形式、少流通环节的格局。但是,直到 1988 年,在中国图书出版的总量中,由新华书店购进的仍要占到 90% 以上。表 1.4 是 1977—1989 年中国新华书店的图书销售情况。1977—1985 年,中国图书销售册数一直持续增长,到 1985 年达到最高峰,为 61.16 亿册,之后便开始下降。

表 1.4　1977—1989 年中国新华书店的图书销售量　　　　单位:亿册

	1977	1978	1979	1980	1981	1982	1983
销售数	33.79	33.11	37.88	42.53	48.97	53.99	56.45

	1984	1985	1986	1987	1988	1989
销售数	59.24	61.16	55.08	56.51	58.50	56.68

资料来源:上海市新闻出版局。

支撑图书销售的是居民的消费支出。统计表明,人均书报费在城镇居民家庭的日常消费总额中的比重于 1984 年达到顶峰,之后便每况愈下,以至 1986、1987、1988 年的数字低于前五年中的任何一年。虽说 1988 年只比 1984 年少 0.29 个百分点,但这已占到 1984 年比重的四分之一了(见表 1.5)。居民消费支出结构的这种变化,势必影响到图书销售。

表 1.5 1981—1988 年中国城镇居民家庭中人均全年书报杂志费占生活费的比重

	1981	1982	1983	1984	1985	1986	1987	1988
比重(%)	0.89	0.89	0.97	1.04	0.91	0.87	0.84	0.75

注:生活费中包括食品、衣着、日用品、文娱用品、书报杂志、医药用品、燃料、房租、水电费、学杂费、保育费、交通费、邮电费及文化娱乐费 14 个统计项目。
资料来源:《中国统计年鉴·1989》,中国统计出版社 1989 年版。

换一个角度,考察社会消费品零售及其构成,结果也表明,1986 年和 1987 年的书报杂志零售额在社会零售总额中的比重也只相当于 1980 年或 1982 年时的水平,基本处于停滞状况(见表 1.6)。

表 1.6 1952—1987 年全社会书报杂志零售额在社会消费品零售总额中的比重

	1952	1977	1978	1979	1980	1981	1982	1983	1984	1985	1986	1987
比重(%)	0.8	0.9	1.0	1.1	1.3	1.2	1.3	1.2	1.2	1.2	1.3	1.3

注:消费品零售总额包括食品、衣着、日用品、文娱用品、书报杂志、医药用品、燃料 7 个统计项目。
资料来源:《中国统计年鉴·1989》,中国统计出版社 1989 年版。

上述分析说明,近年来中国图书市场之所以陷入困境,原因在于需求方的增长出现停滞甚至下降,而供给能力却仍在扩大。我们认为自 1984—1985 年起,决定中国图书市场发展走向的基本力量已从原来的供给方转向需求方,图书出版业从卖方市场转向了买方市场。图书印数逐年下跌,单位图书利润滑坡,出书难、卖书难以及买书难等一系列"病状",正是中国图书市场性质发展转折的具体表现。

1.2　卖方市场与买方市场的特点

笼统而言,卖方市场与买方市场的基本区别在于前者是需求大于供给,而后者则是供给大于需求。具体地说,卖方市场与买方市场的区别有三点。

（1）在卖方市场中,由于种种原因,供给方无法一下子扩大生产容量来满足社会需求,因此市场供给量对价格的反应较慢,或者用经济学术语来说,供给弹性较小;在买方市场中,需求已基本饱和,很难再大幅度提高需求总量,因此需求弹性较小。

（2）在卖方市场中,需求方变动的幅度远远超过供给方,因此需求弹性较大;在买方市场中,供给方伸缩的余地远远大于需求方,因此供给弹性较大。

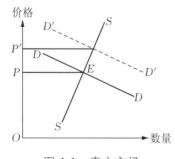

图 1.1　卖方市场

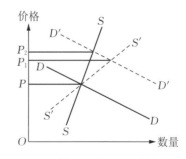

图 1.2　不同供给弹性下的价格变化比较

（3）在卖方市场中，需求大于供给，需求者之间的竞争导致价格上升；在买方市场中，供给大于需求，生产者之间的竞争导致价格下跌。

上述两种市场的性质可用图来表示。图 1.1 是卖方市场的情况。DD 代表需求，SS 代表供给，均衡点为 E，这时的价格水平为 P。随着需求量的上升（需求线 DD 向右移动），价格从 P 上升到 P'，由于卖方市场中的供给弹性小（供给线 SS 较为陡直），所以与一般情况下的供给弹性（如图 1.2 中的 $S'S'$）比较，价格上升的幅度更大。在图 1.2 中，价格从 P 上升到 P_2，大于 P 与 P_1 之间的距离。买方市场的情况正好相反，当需求量饱和而供给继续扩大时（SS 线向右移），其结果是价格下降（见图 1.3），而且，由于买方市场中需求弹性小（DD 线较为陡直），所以与一般情况下的需求弹性（如图 1.4 中的 $D'D'$）相比，价格下降的幅度更大。在图 1.4 中，需求弹性较小时，价格下跌 PP_2，而需求弹性不很小时，价格只下降 PP_1。

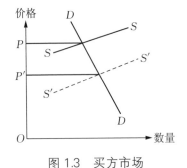

图 1.3　买方市场　　　图 1.4　不同需求弹性下的价格变化比较

中国图书市场在 1984—1985 年以前属于卖方市场，这之后则转向了买方市场。根据卖方市场与买方市场的性质差异，1984—1985 年之前中国图书市场的需求弹性应较大，以后需求弹性应较小。现在我们来检验这一假说。

按照需求弹性的定义,需求弹性是指需求量变化对价格变动的反应程度,或者说是需求量相对变动除以价格的相对变动,其计算公式为:

$$E_d = \frac{\Delta Q}{1/2(Q_1 + Q_2)} \bigg/ \frac{\Delta P}{1/2(P_1 + P_2)}$$

式中 E_d 代表需求的价格弹性,ΔQ 和 ΔP 分别代表需求量变化和价格的变化,Q_1 和 Q_2 代表观察期中的期初需求量和期末需求量,P_1 和 P_2 则代表期初价格和期末价格。[①]表 1.7 是 1978—1987 年间全国新华书店的图书销售量以及这一时期中单位价格的变化。表 1.8 是根据表 1.7 中数据计算出来的需求弹性值。

表 1.7　1978—1987 年中国的图书销售额及单位印张价格

	1978	1979	1980	1981	1982	1983	1984	1985	1986	1987
销售册数(亿册)	33.11	37.88	42.53	48.97	53.99	56.45	59.24	61.16	55.08	56.51
每印张价格(元)	0.097	0.100	0.104	0.099	0.104	0.105	0.119	0.167	0.188	0.205

注:图书销售数为全国新华书店资料,单位印张价格为上海版图书资料,其中 1978 年、1979 年为上海 9 家主要出版社的平均数。

资料来源:上海市新闻出版局。

表 1.8　1978—1987 年中国图书市场的需求弹性

	1978—1979	1979—1980	1980—1981	1981—1982	1982—1983	1983—1984	1984—1985	1985—1986	1986—1987
弹性值	4.41	2.95	−2.77	1.98	4.66	0.41	0.10	−0.88	0.30

注:这些数值中大部分的符号都为正,按照需求法则,需求随价格上升而下降,即两者是反方向变化的,弹性值应为负数,表中之所以出现正的弹性值是因为需求不仅随价格变化,而且也随收入的变动而发生变化,因此表中的需求弹性值不完全根据价格的上升而变化。

---

① 点弹性的计算公式为$(\Delta Q/Q)/(\Delta P/P)$,由于我们考察的是一年的情况,所以采用弧弹性计算法,Q 和 P 分别由期初和期末平均数代替。

从表 1.8 中我们可以看出，1984 年以后需求弹性值明显小于 1984 年以前的水平。这个结果证实了图书出版业从卖方市场转向了买方市场的判断。

如果说 1984—1985 年是中国图书市场性质发生转折的分界线，那么根据卖方市场与买方市场的基本特征，我们应该在 1984 年之前看到图书价格大幅度地上涨，在 1985 年之后看到图书价格下降。但事实上，在前一个时期中，价格上涨现象并不突出，而后一个时期中的价格不但不降低反而剧烈上升。上海版图书的价格充分证明了这一点（见表 1.7）。如何解释中国图书市场上这种有悖常理的现象呢？

我们知道，在 1984 年之前，中国出版社、新华书店等基层企业行为的市场色彩有一个由淡到浓、利润动机由弱到强的过程。那时，一方面企业的利润冲动还不是太强；另一方面，国家的物价管制约束也较硬，书价大幅度上涨不容易办到，因此价格上涨并不显著。但是，1985 年后，企业的利润动机趋强，前一阶段累积的成本负担越来越重，加上全国性的通货膨胀，使得书价跳跃性上涨的内在势头难以抑制。在另一个方面，国家对书价管制一让再让，以及图书商品本身具有的产品差异显著的特点，使图书价格连年上升成为可能，最后，终于形成中国图书市场的性质发生根本转变之后，书价不降反升的奇怪情况。

1.3　中国图书市场性质发生转变的前提条件

中国出版业从卖方市场转向买方市场是各种因素综合作用的结果。在这些因素中，有些来自图书商品本身所固有的特点，有些则来自图书市场之外的条件变化。下面我们逐个分析这些因素。首先从图书的三大特点谈起。

与一般商品比较,图书最突出的特点在于它是一种文化商品。这个特点对图书市场产生了两方面的影响。

第一方面影响较为直接。一般商品的消费,对消费者并没有什么特殊的要求,但是图书是一种文化商品,它要求消费者必须具备一定的文化程度。令人遗憾的是中国的文盲、半文盲人口要占到总人口的四分之一强(见表1.9)。当然,文盲、半文盲人口也可以阅读图片、连环画等图书,可是从文盲或半文盲大多集中在边远内地省份中可以得知,文盲及半文盲者的收入一般也是较低的,这样一来,仅仅由于文化程度的限制,中国图书市场的需求容量就缩减了近四分之一。

表1.9　中国文盲、半文盲人口占 12 岁及 12 岁以上人口的比重

	1964	1982	1987
比　　重	26.34%	23.58%	26.77%

注:1964 年、1982 年分别为第二、第三次人口普查资料,1987 年为人口抽样调查资料。

资料来源:《中国统计年鉴·1984》,中国统计出版社 1984 年版;《中国统计年鉴·1988》,中国统计出版社 1988 年版。

图书的文化商品特点对图书市场的另一方面影响比较间接。图书既然是一种文化商品,其生产就必然带有双重目标。作为商品生产,图书的出版必须以盈利为唯一目标,而作为文化产业,图书的出版又必须以文化的普及与提高为唯一宗旨。这双重目标,有时可以相容,有时却无法调和。

在价格上限受到政府管制的条件下,要使图书能够盈利或者多盈利,只有通过规模经济来降低单位成本。一种图书的印数越多,分摊到每本书上的稿酬、制版费、编辑费、管理费等不变成本就越少,从而利润越大。按照图书的层次进行分类,图书首先可分为学术类读物和普及类读物。

学术类读物以文化提高为目标,普及类读物以文化普及为目标,图书的印数高低与市场需求的大小直接相关。根据图书市场的一般情况,普及类图书的市场容量大大高于学术类图书。因此,图书的盈利目标与文化普及目标在相当程度上还是可以一致起来的。但是,图书的盈利目标与文化提高目标却是较难协调的,这是由学术类图书读者群狭窄这一本质特征决定的。图书商品双重目标之间的潜在冲突是日后中国图书市场问题丛生的基础。

1984年以前,图书双重目标的冲突还不明显,但1984—1985年后,这种冲突日益严重且表面化。究其原因有二:

其一,经过"文革"浩劫,文化土地上一片荒芜,绝大多数学术领域处于空白状态,其中社会科学尤其如此。与满目疮痍的文化建设相对应的是数之不尽的嗷嗷待哺的读者群。因此,在1984年以前,相当多的学术类图书可以印制上万册,甚至数万册。加之当时纸张、印刷的价格基本不动或者涨幅很小,因此,某些学术类图书的出版本身就能盈利,或者至少不亏本。即使在1984年、1985年,许多学术类图书逐渐逼近盈亏边际,甚至相当一部分已经出现亏损时,由于普及类图书的市场容量还比较大,它们的盈利也足以弥补学术类图书的亏损,支撑大量学术类图书的出版。但是,1985年以后,学术类图书的印数急剧下降,印刷、纸张的价格大幅度上涨,所以几乎所有的学术类图书都出现亏损,甚至有的亏损额要高达一两万元,与此同时不少以前较为好销的普及类图书的印数也大幅度下降,处于自身难保的境地,因此,要指望普及类图书的营利来弥补学术类图书亏损,即以书养书,自然是越来越难了。图1.5显示出1989年中国每种图书的平均印数只有12年前的30%。

其二,1985年以前,特别是1978—1980年,图书尤其是学术类图书的主要消费者——知识分子的相对收入水平还比较高,而高级知识分子

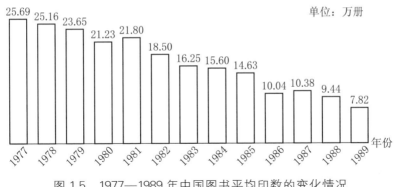

单位：万册

图 1.5　1977—1989 年中国图书平均印数的变化情况

更属于社会中收入水准最高的阶层。因此，这时的图书市场，尤其是学术类图书市场尚能得到购买力的支撑。但是，1985 年以后，知识分子的相对收入地位开始下降，如今社会中收入水平最高或比较高的阶层已不再是知识分子，这一点可以从表 1.10 中得到证实。

表 1.10　1987 年中国城镇居民家庭中人均全年生活费支出及书报费支出

	高级工程师	工程师	助理工程师	技术员	处级以上干部	科级以上干部
人均生活费收入(元)	1 394.76	1 074.60	973.32	902.16	1 135.32	967.56
人均生活费支出(元)	1 294.56	1 016.16	931.80	860.64	1 075.68	928.44
其中：书报杂志(元)	21.24	13.80	11.88	8.76	11.28	8.88
书报杂志费占生活费支出的比重(%)	1.64	1.36	1.28	1.02	1.05	0.96

全部城镇居民				总平均
中等收入	中上等收入	高收入	最高收入	
897.84	1 049.64	1 228.56	1 581.60	915.96
872.52	1 006.44	1 141.92	1 439.88	884.40
7.52	8.42	8.98	9.71	7.48
0.87	0.83	0.79	0.68	0.84

资料来源：《中国统计年鉴·1988》，中国统计出版社 1988 年版。

表 1.10 告诉我们,书报费支出与文化程度是成正比例的。因此,如果社会中收入水平最高的阶层是知识分子,则可以预期该阶层的书报费在生活费支出总额中的比重必然较高,至少也达到平均水平。但 1987 年的实际情况却与此相反,这就反过来证明社会中的高收入阶层已不再是知识分子。在国外,学术类图书同样面临市场容量过窄的问题。为了弥补亏损,国外学术类图书的价格定得非常高,一般要高于普及类图书价格的几倍,甚至十多倍。这种定价现象之所以能够维持,是因为学术类图书购买者的收入也大大高于普及类图书的购买者,两者是成正比例的。而中国目前的情况是,"有钱的不买书,买书的缺少钱"。在这种情况下,学术类图书市场的萎缩就是必然的了。

图书的第二个特点是产品差异非常显著。尽管图书消费者的范围因文化因素的要求而受到限制,但文化变量的引进成千上万倍地扩大了消费者的偏好类型。为了适应不同种族、不同年龄、不同性别、不同职业、不同爱好、不同文化层次的消费对象的需求,图书大家族中既有社会科学读物、文学艺术读物,又有自然科学读物;既有少儿读物,又有青年、老年读物;既有中国读物,又有外国读物;既有古典读物,又有当代读物;既有实用读物,又有消遣读物;既有大众读物,又有专业读物……在这些名目繁多的图书种类中,许多图书都有其专门的读者群,不同类型的图书之间是无法替代的。即使同一类型的图书,往往也因作者知名度大小、叙述详略、内容深浅、篇幅多少、风格殊异,甚至版本新旧、装帧式样的好坏而产生出五花八门的产品差异。产品差异显著为图书种类的增加提供了足够的发展空间,这也是中国图书种类能从 1977 年的 1 万余种扶摇直上到1989 年的 7.5 万种的一个重要原因。

产品差异显著这一特点,使我们得以排除杂志和报纸对图书市场的影响。然而,一般认为,图书、杂志和报纸三者属于互相可以替代的商品。对典型的替代性产品来说，无论从生产者角度还是从消费者角度来看都是可以替代的。图书、杂志和报纸基本上符合这些条件，中国许多出版社都是既出图书又出杂志和报纸，而一些报纸和杂志社也兼出图书。另一方面，消费者的书报费支出在收入中的比重基本稳定，杂志支出的增加自然会影响到图书的购买。问题是，图书、杂志、报纸三者之间究竟是以替代性为主，还是以产品差异性为主？检验的方法很简单，如果产品替代说成立，则图书、杂志及报纸之间就会出现此消彼长的情况；如果是产品差异说占上风，这三者就同方向变化。表 1.11和图 1.6 显示，中国近十多年中图书、杂志和报纸基本上是同步变化的，要么同时上升，要么同时下降。这说明三者之间尽管可以互相替代，但产品差异更突出。这样，我们大致上就能够把图书作为一种独立的研究对象来加以考察。表 1.12 说明，在居民的书报杂志支出中，图书支出大致稳定在 70％左右。

较大的产品差异性降低了图书的需求价格弹性，一些读者面窄的学术类图书更是如此。因此，产品差异显著这一特征是有利于维持一个较

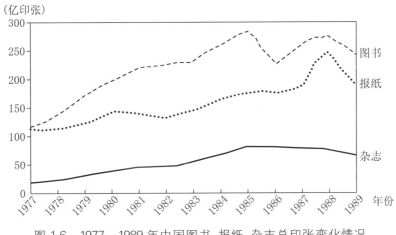

图 1.6　1977—1989 年中国图书、报纸、杂志总印张变化情况

表 1.11　1977—1988 年中国图书、杂志、报纸的总印数和总印张数

年份	图书总印数 （亿册）	图书总印张 （亿张）	杂志总印数 （亿册）	杂志总印张 （亿张）	报纸总印数 （亿份）	报纸总印张 （亿张）
1977	33.1	117.7	5.6	18.8	123.7	109.1
1978	37.7	135.4	7.6	22.7	127.8	113.5
1979	40.7	172.5	11.8	30.1	130.8	123.0
1980	45.9	195.7	11.2	36.7	140.4	141.7
1981	55.8	217.7	14.6	45.4	140.7	133.6
1982	58.8	222.0	15.1	46.0	140.0	129.1
1983	58.0	232.4	17.7	52.5	155.1	142.7
1984	62.5	260.6	21.8	64.3	180.9	162.3
1985	66.7	282.7	25.6	77.3	199.8	174.0
1986	52.0	220.3	24.0	73.0	193.9	172.2
1987	62.5	261.2	25.9	72.7	204.9	183.2
1988	62.2	269.1	25.6	71.5	267.9	231.1
1989	58.6	243.4	18.2	50.0	206.7	179.0

注：表中报纸数据 1979—1989 年为省、自治区、直辖市级以上报纸数，1977—1978 年包括专区级报纸数。

资料来源：《中国出版年鉴·1989》，中国书籍出版社 1989 年版。

表 1.12　1977—1985 年中国图书销售占书报杂志销售总额的比重　　单位:%

年　份	比　重	年　份	比　重
1977	71.43	1982	66.90
1978	76.83	1983	69.65
1979	77.28	1984	70.09
1980	67.08	1985	72.52
1981	68.15		

资料来源：《中国统计年鉴·1986》，中国统计出版社 1986 年版。

高的商品价格的。这一点在当今中国出版业由卖方市场转向买方市场时更具有特殊意义。产品差异显著部分地解释了为什么在一个买方市场

中,卖方的价格仍然能够高居不下,甚至继续上涨。

图书的第三个特点是,它属于较弱的超必需品。

商品分生活必需品和超必需品两大类。顾名思义,前者是维持日常生活不可缺少的商品,后者则是日常生活中可有可无的。在经济学中,必需品和超必需品的根本区别反映在需求的收入弹性差异上。必需品的需求收入弹性较低,它对收入变动的反应迟钝;而超必需品对收入变动的反应灵敏,它的需求收入弹性较高。确定图书属于必需品还是超必需品可以帮助我们分析图书市场的需求变动。

按照中国国家出版统计最一般的分类,图书分为书籍、课本和图片三大类。在这三者中,课本的必需品特征最为突出。尽管并不是每个人都需要课本,但购买课本的支出在家庭以至总人口消费支出中的比重却是较为固定的,课本支出不会因家庭收入的高低而大增大减,它大致上随总人口的增长而缓慢上升。1977 年至今,中国人均国民收入有了较大幅度的增长,而不同年份的增长率又各不相同。图 1.7、图 1.8 显示出课本和图片的增长曲线比较平坦,它并没有随着收入的变动而大增大减,这就说明课本和图片具有必需品的特征。而书籍的增长曲线则随着收入增长率的高低而忽上忽下跳动,这说明书籍具有超必需品的特征。根据表 1.13,书籍在图书中的比重约在 55％左右(13 年平均数为 53.6％),因此,从总体上说,图书更接近于超必需品,或者说是一种较弱的超必需品。美国有一些学者曾专门计算了食品、家具、书籍等商品的收入弹性,以确定这些商品的类型(见表 1.14),结果,书籍的收入弹性为 1.44,明显大于 1,属超必需品①。这一点也可以从考察书报杂志费在生活费或社会消费品零售

---

① 微观经济学中把需求的收入弹性大于 1 的商品视为超必需品(奢侈品),把需求的收入弹性小于 1 的商品视为必需品。

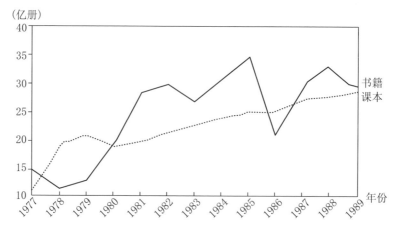

图 1.7　1977—1989 年中国书籍、课本随人均收入增长的变化情况

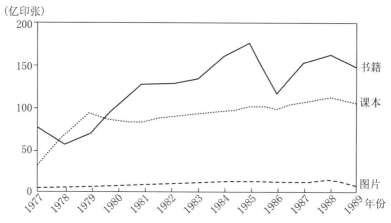

图 1.8　1977—1989 年中国书籍、课本、图片随人均收入增长的变化情况

总额中的比重得到证实。一般说来,随着收入的上升,必需品支出在生活费或社会消费品总额中的比重趋于下降,而超必需品则相反。前列表 1.5和表 1.6 基本反映出图书的超必需品特征,其中表 1.5 中城镇居民家庭中人均全年书报杂志费占生活费的比重 1984 年起连续下滑,从一个侧面说明了人均收入增长率在放慢。对此,我们在下一部分还要做专门的分析。图书属于较弱的超必需品是 1984—1985 年后中国图书市场性质发生转

表 1.13 1977—1989 年中国书籍、课本、图片出版总量

年份	书籍总印数（亿册）	书籍总印张数（亿张）	课本总印数（亿册）	课本总印张数（亿张）	图片总印张数（亿张）	书籍总印张在图书总印张中的比重（%）
1977	15.11	76.52	11.51	34.24	5.87	65.01
1978	11.57	55.84	17.19	71.81	6.94	41.24
1979	12.91	69.98	20.80	93.08	7.68	40.57
1980	19.10	102.44	18.95	82.44	8.44	52.35
1981	28.31	125.55	19.98	81.65	7.89	57.67
1982	29.88	125.72	21.60	85.29	8.15	56.03
1983	26.88	129.68	22.71	90.17	9.72	55.80
1984	30.86	155.46	23.59	92.27	9.61	59.65
1985	34.77	171.39	24.88	97.72	9.70	60.63
1986	20.79	111.95	24.94	94.68	9.51	50.82
1987	29.12	147.44	26.97	99.86	9.87	56.44
1988	29.79	150.09	27.66	106.51	8.30	56.06
1989	28.47	128.73	27.14	106.27	5.25	52.89

资料来源：《中国出版年鉴·1988》，中国书籍出版社 1988 年版；中华人民共和国新闻出版署。

表 1.14 美国一些常见商品的需求的收入弹性

黄油	奶酪	鸡蛋	水果和草莓	面粉	电	酒	肉类	烟草	牙病防治	家具	书籍
0.42	0.34	0.37	0.70	−0.36	0.20	1.00	0.35	1.02	1.41	1.48	1.44

资料来源：爱斯菲尔德：《微观经济学：理论与应用》，上海交通大学出版社 1988 年版，第 156 页。

变的一个重要前提。

在所有影响图书市场需求的因素中，人均国民收入水平的高低起着至关重要的作用。直到"文革"结束前，中国的人均收入水平还十分低下，特别是占人口绝大多数的农民，他们的购买力微乎其微。1977 年后，中国的人均国民收入开始有了较大幅度的提高，即使按调整后的物价指数

计,1977—1987 年间中国的人均国民收入也翻了一番(见表 1.15)。相关分析表明,经调整的人均国民收入与图书销售量、图书总印数以及总印张数之间的关系还是比较密切的(见表 1.16)。

人均国民收入是一个总的概念。实际上占总人口五分之四的农民的人均收入,与占总人口五分之一的城市居民的人均收入之间就存在着很大的差距。农民人均收入低,花费在图书方面的支出自然也比较低,城市则相反。但是另一方面,低收入的农民要占到中国人口的 80% 以上,而

表 1.15　1977—1987 年中国人均国民收入及沪版图书单位印张价格

年　份	人均国民收入(当年价格,元)(1)	全国零售物价总指数(2)	全国职工生活费指数(3)	按(2)调整的人均国民收入(元)	按(3)调整的国民收入(元)	沪版书单位印张价格(元)
1977	280	99.31	99.34	282	282	—
1978	315	100.00	100.00	315	315	0.096 6
1979	346	101.87	101.87	339	340	0.099 7
1980	376	108.09	109.54	348	343	0.103 4
1981	396	110.67	112.30	358	353	0.098 2
1982	423	112.80	114.58	375	369	0.099 5
1983	467	114.50	116.86	404	396	0.102 8
1984	547	117.73	120.04	465	456	0.110 7
1985	673	128.11	134.35	525	501	0.142 9
1986	746	135.76	143.75	549	519	0.174 7
1987	868	145.70	156.20	596	556	0.184 1

注:沪版图书单位印张价格为上海 9 家主要出版社单位印张价格的平均数。这 9 家出版社是:上海人民出版社、上海人民美术出版社、上海文艺出版社、上海古籍出版社、少年儿童出版社、上海教育出版社、上海科学技术出版社、上海辞书出版社、上海译文出版社。

资料来源:《中国统计年鉴·1988》,中国统计出版社 1988 年版,第 117 页;上海市新闻出版局。

表 1.16　1978—1987 年中国图书销售量、图书总印数、总印张数与人均国民
　　　　收入、图书价格的关系

$BS = 25.557\,2NI - 456.711\,6P$ 　　　(10.46)　　(-5.74) $n = 10,\ R^2 = 0.87$ $BO_1 = 28.282\,6NI - 520.708\,8P$ 　　　(8.22)　　(-4.65) $n = 10,\ R^2 = 0.76$ $BO_2 = 107.296\,3NI - 1853.372\,6P$ 　　　(8.39)　　(-4.45) $n = 10,\ R^2 = 0.87$	其中 BS 为中国新华书店的图书销售量 NI 为经全国零售物价总指数调整的国民收入 P 为沪版图书单位印张价格 BO_1 为中国图书出版总册数 BO_2 为中国图书出版总印张数

城市居民在总人口中的比例还不到 20％。这就有必要弄清楚农民和城市居民中,哪一方对图书的需求更大? 表 1.17 显示,在城市与农村人均消费水平均比较低的 1977 年,农村图书市场的容量略大于城市图书市场。1978 年后,天平开始向城市方面倾斜,不过在 1978—1983 年间,城市图书购买力的优势尚不显著。到 1985 年,城市图书市场的容量大大地超过了农村图书市场,城市居民的购买力要高于农村居民40％左右。1985 年城乡居民图书购买力差距的迅速拉开,与改革以来农村经济发展的轨迹还是吻合的。一般认为,到 1984 年时,70 年代末中国农村联产承包制改革激发出来的高速增长态势已经结束。农民的收入与农村的经济状态息息相关。农业增长率放慢,意味着农民的收入增长趋缓。例如,1981—1984 年四年的农民人均收入增长率分别为16.8％、20.9％、14.7％和 14.7％,但是,1985 年下降到 11.9％。如果把通货膨胀的因素考虑在内,1985 年农民人均收入增长率下降的幅度还要大得多。受收入增长速度的制约,中国农村图书市场也只能缓慢扩张,甚至出现停滞和萎缩。例如,按图书价格指数来修正,1985 年中国县及县以下图书销售额只相当于 1984 年时的 7.924 9 亿元,即低于1984 年。

表 1.17　中国城乡图书消费差异及农民人均纯收入

年份	全国图书 总销售额(亿元)	其中:市级销售 (亿元)	县及县以下销售 (亿元)	农民家庭人均 纯收入(元)
1977	5.412 6	2.686 0	2.726 6	—
1978	7.222 1	3.739 0	3.483 0	133.57
1979	10.145 0	5.428 8	4.716 2	—
1980	12.143 8	6.398 3	5.745 5	191.33
1981	12.894 6	6.658 2	6.236 4	223.44
1982	14.002 2	7.148 9	6.853 3	270.11
1983	16.086 8	8.659 6	7.427 2	309.77
1984	18.748 2	10.487 9	8.260 3	355.33
1985	26.360 2	15.239 0	11.121 2	397.60

资料来源:中华人民共和国文化部。

　　根据一般的经验,收入水平的差异不仅使消费者在某种商品上支出的绝对量有高有低,而且使他们在该种商品上支出的相对量(如占生活费比重)也不尽相同。计算结果表明,1985 年农民人均图书消费占总消费的比重为 0.41%,而 1977 年城市居民人均图书消费占总消费的比重是 0.46%。1977 年城市居民人均消费为 362.5 元,经过物价指数调整,1985 年农村人均消费相当于 1977 年的 250 元。由此可见,农村居民人均图书消费占其总消费的比重并不小,关键是人均收入过低。

　　近年来,中国图书市场的扩大不仅越来越依赖于城市,而且还越来越依赖于个人,集团购买的影响日益减弱。表 1.18 列出了 1977—1985 年间中国图书总销售额中集团购买额与个人购买额的差距。从表 1.18 中可以看出,1977 年集团购买的图书额要高于个人购买额。这种奇怪现象从一个侧面再次说明了人均收入低对图书市场容量的约束。随着人均收入的提高,1981 年,个人的图书消费量即占到中国图书总销售额的三分之二。人均收入较大幅度的提高是个人图书购买力超过集团图书购买力的主要原因。同时,这也与政府不断控制集团购买力有关,不少单位在财力受到紧缩时,往往首先考虑削减图书经费。

表 1.18 个人与集团的图书消费差异

年份	全国图书总销售额(亿元)(1)	其中:售给居民个人(亿元)(2)	售给机关团体(亿元)(3)	(2)/(3)
1977	5.412 6	2.648 9	2.673 2	0.990 9
1978	7.222 1	4.314 4	2.788 3	1.547 3
1979	10.145 0	6.110 2	3.887 2	1.571 9
1980	12.143 8	7.566 1	4.258 2	1.776 8
1981	12.894 6	8.436 9	3.887 2	2.170 4
1982	14.002 2	8.874 3	4.302 4	2.062 6
1983	16.086 8	9.591 7	5.255 0	1.825 3
1984	18.748 2	11.034 6	5.988 4	1.842 7
1985	26.360 2	15.326 4	7.543 8	2.031 7

根据上述各点的分析,并结合第一部分的讨论,我们推断,到1984—1985 年,中国的图书市场已具备如下条件:

(1) 个人已取代机关、企事业团体成为图书市场的主要购买者;

(2) 图书基本上是一种超必需品,它对收入变动的反应较为敏感,而且图书支出比重是与收入同方向变动的;

(3) 个人的实际收入与图书销售量之间存在较为密切的正相关关系;

(4) 图书产品差异突出,从而使需求弹性减小;

(5) 经过七八年的调整,出版业的供给能力大为提高,供给弹性增大。

图书市场具备了这些条件后,我们不难发现,一旦人均实际收入出现下降,那么根据(1)(2),个人在图书上的支出将更大幅度地下降;然后根据(3),市场需求量减少,再结合(4),图书市场的需求弹性趋小。但另一方面,图书出版业的供给能力却在不断增加,供给弹性增大。这样,图书出版业就不可避免地从卖方市场转向买方市场。要使上述因果链成立,关键在于人均收入下降这个触发机制是否存在。

1.4　通货膨胀及其对中国图书市场的影响

表 1.15 中上海 9 家出版社的单位印张价格已充分说明,若以图书为考察对象,通货膨胀确实存在,而且通货膨胀的幅度相当大。从时间上看,图书价格跳跃上升开始于 1985 年,正好处在中国图书市场的性质发生根本性转折的关头,这两者在时间上的吻合绝不是简单的巧合。

图书价格猛涨的原因是多方面的。从外在原因看,1984—1985 年之后国家对图书价格的管制越来越松,同时,图书产品差异突出这一特点又为书价的上涨创造了可行条件。从内在原因分析,促使书价急剧上升的因素至少有三点。首先是出版成本持续直线上升。以上海 9 家主要出版社为例,1978—1987 年单位印张的成本整整上涨了 1 倍以上(见表 1.19)。受成本推动,这 9 家出版社的图书价格也必然跟着上涨,其价格与成本的相关系数高达 0.98 以上(见表 1.20)。其次,每种图书的平均印数直线下降(见图 1.5),使规模经济逐渐消失,造成出版利润下跌,原来隐而不显的图书双重目标冲突日益表面化、尖锐化。这样在企业的利润动机越来越强的情况下,要维持原有的利润水平,就只能通过调整图书价格来实现。第三,新出版社的大量涌现进一步推高了图书价格水平。这是因为新老出版社在定价行为上存在着差异。一般说来,老出版社对国家的价格管制政策执行得比较认真,而新出版社由于基础较为薄弱,为了在短期内积累起较多的资金,往往敢于冲破国家对图书价格的管制。表 1.19 中的 9 家出版社都属于老出版社,它们的图书价格指数小于成本指数,这说明一部分上升的成本被出版社承担了。然而,如果我们考察包括这 9 家出版社在内的所有沪版图书的价格,就会发现沪版图书价格指数明显超过 9 家出版社的成本指数。以 1987 年为例,上述 9 家出版社的图书印数要占到沪版图书的 78.6%,尽管这个指数如此之大,可是包括这 9 家出版社在内的所有沪版图书的价格指数仍然要高出这 9 家出版社图书的价格指数 21.6,这就足以说明其他出版社的定价行为了。表 1.21 显示出 1988 年中国 500 多家出版社中有一半左右是 1983 年以后成立的,这个力量对图书价格的冲击不可忽视。

表 1.19　1978—1987 年上海版图书的成本价格

年份	上海 9 家出版社单位印张成本(元)	上海 9 家出版社成本指数	上海 9 家出版社单位印张价格(元)	上海 9 家出版社书价指数	上海版图书单位印张价格(元)*	上海版图书价格指数
1978	0.050 5	100.00	0.096 6	100.00	0.097	100.00
1979	0.052 4	100.37	0.099 7	103.15	0.100	103.15
1980	0.053 7	106.19	0.103 4	107.00	0.104	107.63
1981	0.052 4	103.74	0.098 2	101.60	0.099	102.45
1982	0.055 0	108.83	0.099 5	103.02	0.104	107.63
1983	0.060 8	120.23	0.102 8	106.34	0.105	108.66
1984	0.063 6	125.79	0.110 7	114.56	0.119	123.15
1985	0.076 0	150.48	0.142 9	147.91	0.167	172.82
1986	0.099 9	197.77	0.174 7	180.79	0.188	194.56
1987	0.105 1	207.97	0.184 1	190.53	0.205	212.15

注:这 9 家出版社同表 1.15 中的 9 家出版社。

* 1978、1979 年数据取自上海 9 家主要出版社。

资料来源:上海市新闻出版局。

表 1.20　上海 9 家主要出版社单位印张价格与单位印张成本的关系

$P = 11.6931 + 0.1706C$ (2.12)　(21.54) $n = 10, R^2 = 0.983$	式中：P 为上海 9 家主要出版社单位印张价格 　　　C 为上海 9 家主要出版社单位成本价格

表 1.21　中国出版社的增长　　　　　　　　　　　　　　　　　　　单位：家

	1977	1982	1983	1984	1985	1986	1987	1988
出版社数	114	214	260	295	374	395	417	506

资料来源：《中国出版年鉴》，中国书籍出版社 1988 年版。

通货膨胀最主要的影响是减慢了实际人均收入的增长速度，甚至造成实际人均收入的减少。表 1.22 中，经职工生活费用指数调整，1977—1987 年间，全国职工的平均工资有较大的增长，但如果以图书价格作为指数来调整，职工平均工资自 1984 年后不仅增长得极其缓慢，而且更重要的是它们都大大低于 1983 年、1984 年。这几年中实际收入的下降对中国图书市场性质的转变起了决定性的作用。关于实际收入的下降，我们还可以从表 1.5 中得到印证。由于图书主要表现为一种超必需品，根据超必需品的性质，当实际收入提高时，超必需品支出在生活费中的份额以更快的速度增长，反之它又以更快的速度减少。这里关键在于两者是同方向变化的，如果是必需品，则反方向变化。从表 1.5 中可以看出，自 1984 年起，城镇居民家庭中人均书报费占生活费的比重连年下降，它说明以图书价格计算的实际收入的确比以前减少了。

第 1.3 节的结尾曾提到，只要实际人均收入下降了，通过一系列因果链的转化，出版业不可避免地要从卖方市场转向买方市场，事实也正是如此。

为了进一步说明 1985 年之后中国图书市场萎缩的原因在于通货膨胀，我们试作如下两种推算。

表 1.22　1977—1987 年中国的职工平均工资

年份	职工平均工资(元)	职工平均工资指数	职工生活费指数	经职工生活费指数调整的工资(元)	上海版图书单位印张价格指数*	经图书价格指数调整的职工工资(元)
1977	576	93.66	99.34	579.88	—	—
1978	615	100.00	100.00	615.00	100.00	615.00
1979	668	108.62	101.81	655.74	103.15	647.60
1980	762	123.90	109.54	695.63	107.63	707.98
1981	772	125.53	112.30	687.44	102.45	753.54
1982	798	129.76	114.58	696.46	107.63	741.43
1983	826	134.31	116.86	706.82	108.66	760.17
1984	974	158.37	120.04	811.40	123.15	790.91
1985	1 148	186.67	134.35	854.48	172.82	664.27
1986	1 329	216.10	143.75	924.52	194.56	683.18
1987	1 459	237.24	156.20	934.06	212.15	687.72

注：＊ 1978 年、1979 年的数据取自上海 9 家主要出版社。
资料来源：《中国统计年鉴·1988》，中国统计出版社 1988 年版；上海市新闻出版局。

推算一：根据表 1.5，1984 年人均书报费在生活费中的比重为 1.04％，1987 年为 0.84％，如果 1984 年以后该比重没有下降，例如，1987 年仍保持在 1984 年 1.04％的水平，那么，1987 年仅仅中国的城镇地区每人就要多支出书报费 1.72 元，乘以非农村人口 2.140 96 亿人，等于 3.682 45 亿元，再按图书与杂志、报纸之比（7∶3）折算为 2.577 8 亿元。它相当于 1987 年中国新华书店图书销售总额的 7.14％，或相当于 1987 年新华书店图书库存的 16.54％。

推算二：1984 年城镇居民家庭中人均书报费支出为 5.88 元，按照上海版图书的价格指数，为维持与 1984 年相同的实物消费量，1987 年应支出 10.13 元，比实际多支出 2.65 元，乘非农村人口，再按图书与杂志、报纸之比折算，为 3.971 5 亿元。这个数字相当于中国 1987 年新华书店图书销售额的 11％和图书库存额的 25.47％，显然这绝不是一个可有可无的数量。

值得提出的是,上述两种推算都还仅仅将 1987 年的实际收入维持在 1984 年的水平,没有考虑收入的增长,此外我们还只计算了城市部分,更重要的是仅仅只推算了一年的情况。可以想象,如果 1985 年后连续数年人均实际收入都没有下降的话,那么中国图书市场需求弹性就要大许多,而今天的图书市场也就完全是另外一种格局了。可是现实情况恰恰与此相反。

1.5 中国图书市场的未来走向及解决问题的基本思路

自 1984—1985 年中国图书市场的性质由卖方市场转向买方市场之后,图书市场的状况一直不甚理想,有迹象显示今后几年的图书出版与销售仍会不景气。于是,人们很自然地要关心未来中国图书市场的发展趋势。

在表 1.6 中,我们已看到中国的书报杂志零售额在全社会消费品零售总额中的比重已达到 1.3%,这个数字对一个人均国民收入还很低的发展中国家来说,已经是相当可观的了。表 1.23 显示了 1950—1982 年苏联印刷品零售额占全社会商品零售总额的比重。30 多年来,苏联书报杂志零售额的增长一直很缓慢,直到 1982 年,苏联的书报杂志消费水平也不过与中国相当,但是中国的人均国民收入水平大大低于苏联。

表 1.23 苏联印刷品零售额与全社会商品零售总额的比重

	1950	1960	1970	1975	1980	1982
比重(%)	0.92	1.02	1.11	1.10	1.16	1.27

资料来源:《国际经济和社会统计资料·1950—1982》,中国财政经济出版社 1985 年版,第 315—316 页。

比较一下中国与世界上不同发展水平的国家(地区)的人均图书占有量,我们也可以看到,被世界银行列为低收入发展中国家的中国,其人均图书占有量却超过许多中等收入的国家,甚至与某些高收入国家的水平也不相上下(见表1.24、表1.25)。由于中国目前的人均国民收入实在是太低了,所以,即使到20世纪末达到小康社会的目标,中国的人均国民收入仍将低于表1.25中其他国家(地区)目前的水平,这样,在未来十年内,很难指望中国的图书需求会有显著的提高。需求不增加,需求弹性还是很小,那么中国图书出版业的买方市场格局就将继续维持下去。

在中国图书买方市场格局长期存在的情况下,图书出版业的出路何在?由于深入解答这个问题已远远超出了本文的范围,所以在此我们只简要地提一下解决问题的基本思路。

表1.24　中国与苏联人均图书拥有量的增长比较　　　　　　　　　　单位:册

	1940	1950	1960	1970	1978	1980	1982	1984	1985	1986	1987
中国	—	1.4*	2.7	2.2	3.9	4.7	5.8	6.0	6.4	4.9	5.8
苏联	2.4	4.6	5.8	5.6	6.9	6.6	7.2	7.6	7.7	—	—

注:*为1952年数字。

资料来源:《苏联国民经济发展60年》,机械工业出版社1988年版,第5、625页;《中国统计年鉴·1988》,中国统计出版社1988年版。

表1.25　1983年中国与其他国家(地区)人均图书拥有量的比较

	法国	日本	新加坡	中国香港地区	匈牙利	波兰	保加利亚	捷克	巴西	智利	中国
人均国民收入(美元)	10 500	10 120	4 980	6 620	2 150	2 100*	—	—	1 880	1 870	300
人均图书拥有量(册)	6.3	6.0	4.5	8.3	10.1	5.3	6.7	6.1	3.2	1.7	5.6

注:*为1984年数字。

资料来源:《联合国教科文组织统计年鉴·1986》;世界银行:《1985年世界发展报告》,中国财政经济出版社1985年版;《中国统计年鉴·1988》,中国统计出版社1988年版。

1985 年后至今,中国图书市场的状况如图 1.9 所示,在图中,SS 为图书的供给曲线,DD 和 $D'D'$ 都为需求曲线。由于出版社对市场需求估计偏高,认为市场需求为 $D'D'$,所以图书供给量就为供给线与虚假需求线 $D'D'$ 的交点所决定的 Q_1,价格为 P_1;但是事实上,图书需求线为 DD,DD 与 SS 决定的 Q_0 才是中国图书市场的供求均衡数量。当价格为 P_1 时,供给量为 Q_1,而市场需求量仅为 DD 线与 P_1 交点决定的 Q_2,供大于求,这样 Q_2 到 Q_1 之间的数量就以图书库存的形式存在于新华书店及出版社。要使库存量下降,缓和供求之间缺口带来的种种矛盾,有三种解决办法。

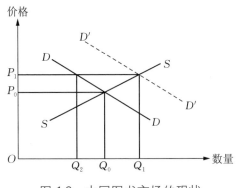

图 1.9　中国图书市场的现状

(1) 增加需求,如图 1.9 中 DD 线向右移,则库存量就可以减少直至消失。可是前面的论述已清楚地表明,在未来若干年内,中国的图书需求量不可能有很大的提高。

(2) 减少供给,即图 1.9 中 SS 线向左移。事实上,近年来不少出版社已被迫采取这样的决策。不过仅仅依赖减少供给不仅调整周期长,而且也不可能从根本上解决问题。

(3) 价格下降。按理,供给线与实际需求线决定的价格 P_0 才是实际市场上存在的价格,这时库存为零。可事实上市场价格仍为 P_1。第 1.4 节中已提到价格与成本是高度相关的,价格较高反映了单位成本较高,而单位成本始终降不下来又是现行体制上的种种弊端造成的。从根本上说,在中国图书出版业已从卖方市场转向买方市场之后,书价仍然居高不下的原因就在于图书出版业新的竞争组织缺乏,竞争不健全,市场机制无法充分发挥其调节功能,因此,深化出版体制的改革已成为当前一项非常紧迫的任务。另一方面,政府还应该适当地、及时地调整图书出版业现行的价格政策、税收政策、贷款政策、基金政策和奖励政策,以适应图书市场性质转变后图书出版业发展的需要。

第 2 章
中国图书价格管制：从严紧趋向宽松

　　图书作为一种特殊的商品,是思想、文化、科学的传贮工具,在大众传播网中,是一条重要的传播渠道。正因为如此,图书价格的上升,哪怕是轻微的上升,都会引起公众的不满,无论在国内还是在国外,这都是常见的现象。中华人民共和国建立初期,所有的出版社,包括私营出版社和国营出版社,甚至是国家级的人民出版社,均由自己决定图书的价格,其定价原则是"成本＋利润＋税收"。这一阶段,政府对图书业的干预主要体现在出版方针的制定和监督执行方面,对书价并没有具体的要求或规定。1956 年,随着中国图书出版业的社会主义改造的完成,出于政治上的考虑,政府为图书出版业规定了"保本微利"的经营方针和定价原则,与此适应,从那时起在全国实行图书统一定价标准,即对图书实行价格管制。当时的这个图书定价标准一直维持到 70 年代末。①这一期间,政府先后制定了近 20 个有关图书定价问题的文件,其中,除个别文件为略微调高定价标准外,绝大多数是要求降低定价标准。从总体上看,这一期间图书价格管制政策的实施是十分有效的。

　　进入 80 年代以来,长期稳定的图书定价标准开始被出版社突破,平

---

　　①　从上海的统计资料看,这个标准要持续到 1983 年。

均印张价格逐步上升。到 1984 年,由于纸张价格和印刷工价等的推进,按照过去的定价标准,出版社已难以做到"保本微利",所以政府首次全面提高了各类图书的定价标准。这是 1985 年中国图书价格大幅度上升的直接原因。这一年上海图书价格上升了 40.3 个百分点。之后,一方面由于成本的继续推进,以致国家不得不经常对定价标准做一些局部的微调。其中最重要的就是,为了保证学术类图书的出版,规定印数在 3 000 册或 5 000 册以内的学术著作可以按照成本定价①;另一方面,更主要的是,随着出版体制改革的深入,图书出版业已逐步由生产型向生产经营型转变,出版社的利润动机趋强,有了突破价格管制的冲动。这两方面的因素综合在一起,致使 1988 年中国图书价格又出现了一次大幅度的上升。这一年上海图书价格的增幅是 42.57%,这种局面还在持续,1989 年上海图书价格的增幅为 46%。图书价格如此大幅度地上升,促使人们对图书价格管制的定价方式这样一个较为深层的问题进行思考。

2.1 成本与定价方式对小印数图书市场成长的影响

1988 年上海书籍出版品种总数中,印数不足 5 000 册的占 25.89%,但这些图书对平均定价的影响却占到 41.09%。这就说明,印数不足 5 000 册的书籍构成了支撑 1988 年上海图书价格上涨的主要力量。5 000 册以下的小印数书籍可以按成本定价,较少受到价格管制的约束,因此,我们可以通过对其的观察,来认识价格管制及现有定价方式的一些

---

① 1985 年制定的部分学术著作的定价与成本挂钩的规定,在各省、自治区、直辖市的具体实行略有不同。例如,吉林等省把其仅限于 3 000 册以下的学术专著,而上海等省、市则把其限于 5 000 册以内的学术专著。

不利影响。

2.1.1 成本与利润的"剪刀效应"

如前所述,中国现行图书全国统一定价方式是 1956 年开始实行的,它的基本特点就是不计成本,不问需求,不管质量,基本原则是保本微利,将图书按内容分类划档,然后规定每个印张的价格。在这种管制价格下,相当多的图书的出版通常可以弥补成本,且有微利。但是,对印数少于10 000 册,尤其是少于 5 000 册的小印数图书市场来说,规定价格便明显地构成了出版社进入的障碍。

为了说明价格管制对小印数图书市场成长的影响,我们首先把中国的情况与其他发展中国家的情况作一比较。

在图书标价中,出版成本占了大部分,而单位出版成本又是随印数增加而下降的。所以,一般说来,图书生产是存在规模经济的。为了证明这一点,前富兰克林图书研究会主席 D. C. Smith Jr. 于 1975 年提交给联合国教科文组织的一份研究报告中,列出以下数据(见表 2.1):

表 2.1　发展中地区图书出版成本占图书标价的比例　　　　　　　　单位:%

地　　区	印　　　　数		
	1 000 册	5 000 册	10 000 册
亚　　洲	64.2	56.3	54.6
拉丁美洲	57.7	46.6	44.8
中　　东	77.4	56.2	53.5
非　　洲	76.2	62.4	59.7
所有地区(不含中国)	65.2	54.3	52.6

资料来源:Datus C. Smith Jr., *Economics of Book Publishing in Developing Countries*, Unesco, Paris, 1975.

为了与中国现有数据进行比较,我们把表 2.1 略作调整,设 1 000 册时图书出版成本为 100(见表 2.2)。

表 2.2　发展中地区与中国上海图书出版成本的比较

地　区	印　数				
	1 000 册	5 000 册	10 000 册	20 000 册	50 000 册
亚　　洲	100	87.70	85.05	—	—
拉丁美洲	100	80.76	77.64	—	—
中　　东	100	72.61	69.12	—	—
非　　洲	100	81.09	78.35	—	—
所有地区(不含中国)	100	83.28	80.67	—	—
中国上海(1983 年)	100*	50.80	34.84	26.06	20.48
中国上海(1988 年)	100*	49.18	32.24	23.77	18.28

注:＊中国上海只有起印点为 2 000 册的数据。
资料来源:Datus C. Smith Jr., *Economics of Book Publishing in Developing Countries*, Unesco, Paris, 1975;上海市新闻出版局。

从表 2.1、表 2.2 中可以看出,在世界上所有发展中地区,图书生产的规模经济都很明显,印数在 10 000 册以内,单位出版成本是递减的。然而,中国上海的出版成本递减速度在这个范围内要比其他发展中地区快得多,从 1 000—5 000 册,世界其他发展中地区的平均值只下降 10 多个百分点,而上海则下降了 50％左右(1983 年的数据与 1988 年的数据高度一致,足见这种关系是较为稳定的)。只是到了 10 000 册以上,上海出版成本递减的速度才放慢下来,与其他发展中地区 10 000 册以内的平均值相近。这就表明,一方面中国出版成本曲线较其他发展中地区陡,另一方面,超过 10 000 册后,中国出版成本曲线斜率开始平缓。

现在我们来看中国出版成本曲线的位置。与亚洲其他发展中国家相比,在小印数图书中,中国出版成本内制造成本(排版、印订成本)所占比例较高(见表 2.3)。

表2.3　中国与亚洲其他发展中国家小印数图书制造成本
占出版总成本比例的比较

单位:%

	排　版	印　订	总　数
1 000 册			
中国上海(1988 年)	26.7	16.6	43.3
亚洲其他发展中国家	19.5	12.7	32.2
5 000 册			
中国上海(1988 年)	21.7	18.1	39.8
亚洲其他发展中国家	9	14.8	23.8
10 000 册			
中国上海(1988 年)	16.6	19.7	36.3
亚洲其他发展中国家	5.3	15.4	20.7

资料来源:Datus C. Smith Jr., *Economics of Book Publishing in Developing Countries*, Unesco, Paris, 1975;上海市新闻出版局。

表 2.3 列出的是制造成本占出版成本的相对数。数据表明,上海的出版制造成本所占份额在 10 000 册以内明显高于亚洲其他发展中国家。由于中国出版成本中的其他费用与其他发展中国家的水平大致相当,所以,根据表 2.3 可以得出中国小印数图书出版成本曲线的位置较亚洲其他发展中国家为高的结论。

中国小印数图书的制造成本为什么如此之高? 随着印数的增加为什么又下降得那么快呢? 有一种解释是,中国印刷业的技术设备不完全适应小印数图书生产的要求,印刷装订工价都以较高的印数起价,在实际实行中,一般在 2 000—5 000 册之间,且印刷 3 本 3 000 册的图书的印刷装订费用要高出印制 1 本 9 000 册图书的 1 倍。其他制造成本的确定也很不灵活。80 年代初期和中期为了适应图书超常规高速增长的需要,填补印刷生产力的缺口,中国一些重要的出版基地从国外引进了许多高速印刷机,这类机器设备用来印刷小印数图书是很不经济的。这种情况与香港等地印刷能力的小型化、多样化形成对照。当然,出现这种情况的根本点还在于印刷业中一度缺乏有效的竞争;1986年后,大量的乡镇小型印刷厂进入印刷行业后,小印数图书的实际排版印刷装订费用曾略有下降。①这样,我们可以得出图2.1。

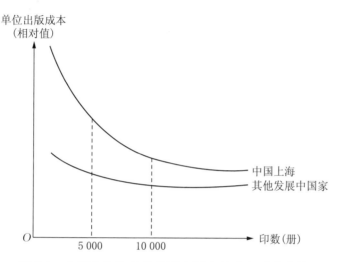

图 2.1　中国上海和其他发展中国家的出版成本曲线

图 2.1 表明,中国上海的出版成本曲线和其他发展中国家的出版成本曲线呈现这样的态势:印数越小,两条曲线的差距越大;印数越大,两条曲线的差距越小。需要说明的是,图 2.1 中 10 000 册印数以上的成本线是假设的,因为我们缺乏必要的资料。

当然,仅仅以印数在 10 000 册以内的图书的出版规模经济,中国比其他发展中国家大得多这一点,还得不出中国印数在 10 000 册以内的图书市场难以进入的结论。根据一般的规模经济的概念,当生产量越大价格越低时,会给占领较大市场份额的厂商带来成本优势,他们可以较低的

---

①　乡镇印刷厂由于设备的限制,以印刷小印数图书为主。尽管乡镇企业的账面印刷工价与国营印刷厂相同,但乡镇印刷厂通常都要返回一部分现金或实物给出版社,所以乡镇印刷厂的实际工价要低于国营印刷厂。

定价把产量小而定价高的厂商挤出市场。这就是由规模经济造成的进入市场的壁垒。但是,图书是一种很特殊的商品,其产品差异可以很大,甚至可以说,市场上几乎每一种书都是不同质的。因此,每一种图书面临的市场都是不同的。一种图书可以印行几百万册,定价可以远比一般图书低,但它却无法排除只印了 2 000 册的图书的市场存在。出版业的规模经济并不能有效地影响市场结构,也不能影响市场行为。

只有当图书成本加速递减与图书价格管制相联系时,才真正形成进入小印数图书市场的障碍。把受到价格管制的中国的出版利润与未受到价格管制的其他发展中国家的出版利润作一比较,便可以看出价格管制对小印数图书市场利润的影响情况。为了尽可能全面地反映这种影响,我们进行这样三种估算:(1)假定每个印张的最高限价为 0.23 元;(2)把封面装帧、插页等成本因素考虑进去,根据 1985 年上海版图书 20 个样本的抽样,这类因素占正文定价的 10% 左右,则调整后的最高限价为每个印张 0.253 元;(3)把出版社突破管制价格的因素和封面装帧等因素一并考虑进去,根据 1988 年 20 个样本的抽样,这类因素要占到正文定价的 56.56%,则调整后的最高管制价格为每个印张 0.36 元。据此,我们列出表 2.4。

从表 2.4 中可以看出,中国图书的印数越小,利润下降越快,与其他发展中国家相比,其递减速度十分惊人。无论按哪一种方法来估算,印数在 10 000 册以内的图书几乎都毫无盈利。如果把这一区段内成本的急剧下降与亏损的大幅度减少结合起来,我们可以得到图 2.2。

从图 2.2 中可以看到,越往左,亏损额越大,我们权且称它为把图书从小印数市场中挤出去的"剪刀效应"。P_0 为假设的某一管制价格。可见,由于价格 P_0 被限制在过低的水平上,致使 10 000 册以内印数的图书完全不能盈利。

表2.4 发展中地区和中国上海图书印数与利润关系的比较

	标价	发行折扣	盈利或亏损(%)	调整利润(按10%调整)%	调整利润(按56.56%调整)(%)
1 000 册					
亚洲	100	30	+6	—	—
拉丁美洲	100	38	+4	—	—
中东	100	29	−6	—	—
非洲	100	23	+1	—	—
所有地区(不含中国)	100	31	+3	—	—
中国上海(1988 年)	100*	33	−322	−284	−170
5 000 册					
亚洲	100	30	+14	—	—
拉丁美洲	100	38	+15	—	—
中东	100	29	+15	—	—
非洲	100	23	+15	—	—
所有地区(不含中国)	100	31	+15	—	—
中国上海(1988 年)	100	33	−108	−89	−32
10 000 册					
亚洲	100	30	+15	—	—
拉丁美洲	100	38	+17	—	—
中东	100	29	+17	—	—
非洲	100	23	+17	—	—
所有地区(不含中国)	100	31	+16	—	—
中国上海(1988 年)	100	33	−36	−23.9	+13
20 000 册					
中国上海(1988 年)	100	33	+0.5	8.7	+36
50 000 册					
中国上海(1988 年)	100	33	+26	+29.7	+50.6

注：* 只有 2 000 册时的数据。

资料来源：根据 Datus C. Smith Jr., *Economics of Book Publishing in Developing Countries*, Unesco, Paris, 1975 和上海市新闻出版局有关数据计算得到。

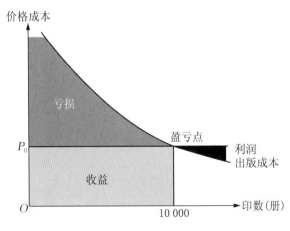

图 2.2 图书价格管制下的"剪刀效应"

综上所述,在相当长时间内,中国印数不足 10 000 册的图书市场的弱小确实与图书价格受到管制有关。从表 2.4 可以看出,虽然其他发展中国家的图书也呈现出印数越小、利润越低的特点,但是即使印数只有 1 000 册,平均出版利润还是正的。中国的图书要达到世界其他发展中国家的平均利润水平,在印数为 2 000 册时,每个印张的价格应定为 0.988 元;在印数为 5 000 册时,每个印张的价格应定为 0.462 6 元;在印数为 10 000 册时,每个印张的价格应定为 0.301 3 元。而很长时期内中国却把每个印张的价格限定在 0.20 元或 0.23 元①,这是造成出版业在印制小印数图书时出现很大亏损的重要原因。

2.1.2 定价方式对小印数图书市场的影响

国际经验表明,图书定价是一件非常困难的事情。由于每一种图书

---

① 这个价格没有考虑封面、装帧因素。

的内容都是不同的,所以有必要在确定印数前进行市场调查。在不知道市场销售前景的情况下定价是要冒很大风险的。国外一般认为,只有两类图书的价格比较容易确定:一类是教科书,这类图书的市场需求完全是确定的;一类是学术专著,这类图书的需求弹性较小,可以预先大致估计出一个最低需求量。在大多数发展中国家,图书定价的方法是不很精确的,因为这些国家的图书市场不很明确,加上出版发行人员素质较差,因而根据预期销售收入估计单位成本就显得十分困难,所以,为减少风险,出版社大多限制印数,并退缩到比较安全的市场,特别是教科书市场。

但是中国出版社却迟迟不肯退入这种小印数"安全"图书市场。中国出版社关心的头号问题不是商业风险,而是能否销出"保本印数"。如果新华书店不能接受保本印数,那么通常的做法就是不出这类书。中国出版社并非无视需求,他们与任何厂家一样,关心其产品能否销售出去,尽管这种关心的程度是不同的;保本本身也是厂商决定生产与否的主要因素。问题是出版社在定价时几乎毫不考虑需求,于是"保本"与否完全是数量调整,而不是价格调整问题了。比如某种书印 8 000 册时每印张定价 0.34 元可以保本,而在只印 3 000 册时,每印张却要定价 0.65 元方可保本。中国出版社的"保本",几乎总是前一种意义上的保本。一方面书价管制阻止小印数图书的印行,而另一方面定价时忽视需求,不做调整,又进一步抑制了要求对需求变化反映甚为敏感的风险较小的小印数图书市场的发展。

中国出版业的"保本微利"原则的实施过程是:先由出版社根据书店上报的订数,估计出一个"合理印数",然后在制造成本表上找到与该印数所对应的制造成本,加上通行的、不变的发行折扣,再加上稿酬和5%至10%的出版利润,就可以定出一本书的价格。如前所述,对小印数图书来说,在价格被管制的情况下,不仅不可能有微利,就是保本也很困难。

中国图书定价原则的最初确定,是建立在出版社不承担销售风险的基础上的。出版社可以不关心推销活动,完全根据书店订数决定印数。出版社既然不承担销售风险,也就没有必要在确定价格前了解需求情况。出版社面对的是书店既定的要货量,而在过去相当长一段时间内基本不承担或尽量避免承担商业风险的新华书店是否能真正了解需求,并按照这种信息确定要货量,是很值得怀疑的。由于出版社不承担风险,一旦书价确定,利润也就确定了。利润、成本和价格的关系如此简单明了,一点也看不出有什么困难。一位英国出版界人士曾将中国出版界流行的"要想降低书价就要增加印数"的说法,贬之为不高明之举。实际上不高明的是他。他一旦了解到中国出版社不承担销售风险,图书一生产出来就等于销售出去了,那么他就会理解为什么中国出版社剩下要关心的只是制造成本的规模经济问题了。

1985 年以后,尽管出版社在确定印数时主要还是根据新华书店的报数,但出版社自办发行的份额却在显著增加。由于出版方面商业风险的增加,出版社定价时也在一定程度上开始考虑价格根据需求弹性的预测进行调整,从而在总体上对需求的关注也在增加。

现在我们来讨论在过去的中国图书出版发行的合约关系下,当不存在价格管制时,忽视需求的定价方式所存在的问题。

如果没有价格管制,图书的定价非常类似于垄断竞争的情况,即在每一种图书的市场内,出版社可以视自己为垄断者,可是在这个市场内的定价又受到其他相似出书品种定价的影响,因而又存在竞争。我们先假定其他出版社竞争的影响不存在,那么,图书的定价可用图 2.3 来表示。

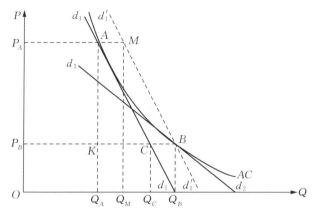

图2.3　不存在竞争条件下的图书定价方式

　　假设印数小于 10 000 册的图书市场的平均成本为 AC,从前面的讨论我们知道该区段的平均成本是急速趋于下降的。d_1d_1 的印数是 5 000 册时的需求曲线,由 Q_A 所示,与 AC 切于点 A,在长期均衡时,超额利润为零,价格等于平均成本;d_2d_2 为印数是 10 000 册时的需求曲线,由 Q_B 所示,这严格说来是另一个市场,但出版成本却可以假定相同,则其最优生产点为 B,是 d_2d_2 与 AC 的切点。显然 d_1d_1 的需求弹性比 d_2d_2 小,这是符合经验上我们所感觉到的常识的,即印数越小,该市场需求弹性越小。P_A 比 P_B 高,因为印数越小,则(1)需求弹性小,(2)平均成本高。

　　在图书出版体制改革之前,一般说来,出版社是不关心图书销售的,也很少关心图书市场需求的信息。出版社的印数主要是根据新华书店的报数来确定的,图书出版后,也由新华书店包销。问题是新华书店营业员了解的信息非常有限,他们仅仅是根据数百字的新书简介和经验来报数的。面对数以万计的图书,即便他们的经验非常丰富,似乎也不可能有足够的动力去关心准确的需求信息,听取读者的反映,了解各类图书的销售实绩。因此,对需求估计有偏差是正常的。1984—

1985年以前，中国图书市场的总体格局还是一个由卖方决定的市场，出版的图书不敷需求，因此新华书店的报数一般总是偏高的。这种偏高的报数在市场持续扩张的条件下，并非是非理性预测。一种最优印数为 5 000 册的图书，新华书店可能会报 10 000 册，即需求线被高估，从 $d_1 d_1$ 移到 $d_1' d_1'$，该线与 B 相交，此时的最优定价应为 P_B（进一步将 $d_1' d_1'$ 等同于 $d_2 d_2$①）。这时，市场比如说销出 8 000 册图书，由 Q_C 所示，这样，由于新华书店对需求的预测有错误，出版社就损失了 $P_A A K P_B$ 的面积与 $K C Q_C Q_A$ 面积之差所示的面积的销售收入。当然，这个损失最终也是新华书店的损失，可是，新华书店却认为预测错误造成的损失只有 $Q_C C B Q_B$ 面积那么大：因为它预测销售数量 $O Q_B$，但只销售出 $O Q_C$。在一个市场持续扩张的时期，这个预测错误造成的损失几乎不能算是损失，因为今后的市场还会扩大，$Q_C Q_B$ 这部分存货也总是可以卖出去的。

但是，当1984—1985年后图书市场的性质由卖方市场转向买方市场后，市场持续扩张的势头自然也就停止了。这时，新华书店不但要承担自己预测失误部分的损失（即 $Q_C C B Q_B$ 面积），还要分担定价过低造成的损失。在这种情况下，新华书店开始承担不了如此之大的风险，积压出现并日趋严重，以至不得不减少报数，甚至不报数。这反过来就迫使出版社减少印数，或者不开印。

在出版社不关心也不了解实际市场需求的情况下，当新华书店通知它印 $O Q_B$ 时，它便根据一贯奉行的"保本微利"的原则，定价 $O P_B$；这个价格显然偏低，它也是造成中国小印数图书市场定价过低的一个原

---

① 个别厂商估计的需求曲线与相似品种类总需求曲线相交点，在均衡时与平均成本线相交于一点，该点的价格—产量决策为最优。这是张伯伦垄断竞争模型的基本点。

因。而如果出版社能够了解实际需求弹性的话,它就会把新的需求线看作是 $d_1'd_1'$①,定价 P_A,印数为 OQ_C,这时,出版社的收益可以大增,而预测失误的损失全由新华书店承担,即由 AMQ_MQ_A 面积所示(此刻新华书店的要货可以修改为 OQ_M)。如果是这样的话,那么,无论是出版社还是新华书店的损失都会比以前那种情况下的损失小。这块 AMQ_MQ_A 面积也可以看作是出版社不注重需求的代价。

在传统的图书出版体制中,由于出版和发行部门都忽视需求,从而使定价方式极不利于小印数图书市场的成长,给双方都带来了损失。在中国图书业由卖方市场转向买方市场后,过去那种适应简单的、固定的商业联系的出版、发行体制面临着挑战。

2.2 图书价格管制: 从分类管制转向最高限价管制

从表面上看,在图书价格受到严格管制的中国图书出版业,居然通行着"保本微利"的原则,是一件令人奇怪的事情。从前一节的分析中不难看出,在价格管制下,小印数图书市场根本无法保本,当然更谈不上微利。中国出版社实际上不仅不是按照保本来定价,也不是按照需求来定价的,而是根据人为的指令来定价的。这就是通行中国 30 多年的书价管制。

---

① 根据我们一开始的假定,真实需求线是 d_1d_1,最优的价格—产量决策是:价格定在 P_A,印量 OQ_A,新华书店高估了需求,这种高估的程度或者出版社并不知道,但他们知道高估需求曲线($d_1'd_1'$)与原需求曲线(d_1d_1)斜率是一致的,因此他们预料定价 P_A,可卖出 Q_M,自然,他们不愿使自己失去 AMQ_MQ_A 所示面积的销售收入。注意,这里假定新华书店在报要货数时,完全不考虑出版社图书定价的高低。

2.2.1 价格管制的演变：对涨价的影响

图书的价格管制在中国已实行了 30 多年，其管理大致经历了一个从严格的分类管制到最高限价管制的过程。

从 1956 年起，中国最初的图书管制价格是：全国中小学课本每印张定价幅度为 0.046—0.049 元，书籍每印张的定价幅度为 0.06—0.20 元，并且只有科学技术类的学术著作才能按照最高标准即每印张 0.20 元执行。这个价格水平的管制一直持续了近 30 年。1984 年，中国首次全面地提高了各类书籍的管制价格：社会科学、文艺类书籍每印张定价幅度为 0.075—0.16 元，自然科学技术类书籍每印张定价幅度为 0.08—0.23 元。1986 年再一次提高了价格管制水平：社会科学类书籍的最高限价为每个印张 0.23 元，自然科学类书籍的每个印张为 0.28 元。这是中国最大的一次书价调整（实际上，不过是对 1985 年书价实际大幅度上涨的事后承认）。1989 年，新的价格管制标准再次放宽为社会科学类书籍最高限价为每个印张 0.25 元，自然科学类书籍为 0.31 元。1989 年的价格管制标准比 1984 年前的价格管制标准放宽了二分之一左右，然而，这个提价幅度最多仍然只能解释实际书籍印张价格上涨幅度的一半。[①]

这表明，图书价格能不能涨或涨多少，不仅受到最高限价的约束，还受到管制内容或性质的影响。1984 年以前的价格管制，既复杂，又具体。它先把图书分成哲学社会科学、文学艺术；科学技术；大中专教材；图片、图册；封面、插页等 5 类。其中每一类又分 5—10 多个档次。然后，再按照不同的类别分别制定定价标准。我们把这种繁杂的管制称为分类管

---

① 这一自然段中涉及的图书管制价格均剔除了封面装帧、插页因素。

制。实际上,各个类别之间的区分不很明确,很难界定清楚,有许多可以任意解释的款项,这样的管制怎么可能认真地执行。我们认为,图书价格管制能否成功的关键并不在于其规定或条文等是否完美,而在于出版社是否具有独立的利益。80年代以前的价格管制之所以比较成功,其成因就在于,当时的出版社实际上是行政实体,不存在独立的利益,无法排他性地占有提高书价所形成的那部分收益,因而它不存在突破价格管制的动机。然而80年代后,尤其是1984年以来,出版社逐渐由生产型向生产经营型转变,有了自己独立的利益,并开始关心图书的销售收入,这样,原来支持分类价格管制的最重要基础就开始动摇了。

支持分类价格管制的第二个因素是政府保证投入品的供应价格维持在较低的水平上。例如,1980年以前,政府对所有的出版用纸都是计划供应的,还用财政补贴的办法维持较低的计划价格;排版、印订的工价也长期被保持在很低的水平上。然而,这些因素进入80年代后都逐渐消失。国家对排版、印订工价在1981年、1985年、1988年作过多次上调。纸张的计划供应越来越小,财政补贴早已取消,价格逐年上涨。表2.5是1978—1989年上海出版物资供应站供应上海出版社52克凸版纸的价格变化情况。

表2.5　1978—1989年上海52克凸版纸价格变化情况　　　　　　　单位:元/吨

年　份	价　格	年　份	价　格
1978	1 027.20	1986	1 725.75
1979	1 260.00	1987	1 980.00
1983	1 444.50	1988	2 461.00(年初)—3 049.50(年末)
1985	1 658.60	1989(年初)	3 255.00

注:1988年开始,市场价也进入统计范围。上述价格是上海出版物资供应站出售给出版社纸张的价格,不包括出版社自购纸张部分。1988年纸张市场价比供应站指导价约高4.94%,1989年初,市场价比供应站指导价约高2.92%。由此看来,市场价和指导价的差距十分微小,且有接近趋势。

资料来源:上海市新闻出版局。

表 2.5 显示出,1989 年初纸张价格与 1978 年相比,差不多涨了 2 倍。如果考虑到物资供应站供应的纸张,1984 年以来只占到上海出版社用纸量的四分之三,其余四分之一的纸张,出版社需按高于物资供应站价格的市场价格购买的话,那么,十多年来上海出版社纸张成本上涨 2 倍的判断还可能是低估的。

现在我们来看支持分类价格管制的第三个因素。从平均印数来看,1978—1981 年是中国图书出版业最景气的年份。这四年中,每种图书的平均印数分别是 22.914 万册、21.848 万册、23.459 万册和 21.476 万册,创历史纪录,以后再也没有达到过这一水平。如此之高的图书单位印数,如此旺盛的扩张势头,分明是维持低书价的极好支柱。当时,小印数图书市场还极其弱小,一种书印几十万册,甚至上百万册是很常见的。在这种情况下,按照每个印张 0.06—0.20 元①的价格管制标准来制定书价也还是能得到十分可观的利润。问题是,当时的纸张是由国家计划供应的,印数越大,需要国家供应的纸张越多,这势必造成纸张供应的紧张。不少人至今仍对当时纸张供应短缺的紧张状态记忆犹新。因此,为了维持纸张低价,政府只有两种选择:要么增加对纸张供应的财政补贴,要么减少满足出版社要求的概率。在前一种选择下,政府感受到了维持价格管制的代价;在后一种选择下,用纸成本必然会提高。所以,图书的大印数一方面构成了支持价格管制的因素;另一方面又威胁着价格管制的维持。更何况现实情况是,1982 年以后,单位印数一直趋于下降。

当然,即使以上因素使价格管制不能有效地执行,政府也还是可以用强制方式或者补贴来补救的。但是,强制方式没有多大意义,而财政补贴也只能维持一时。价格管制的长期有效实施是绝不可能通过财政补贴来

---

① 这个价格没有考虑封面、插页因素。

维持的。中国的经验正好是这样：一旦价格管制损害了生产者的利益，多半不是用补贴来维持，而是让价格管制让路。

从80年代初开始，价格管制的内容开始起了变化。最有力的例子是，1980—1983年，没有任何官方正式批准的调价方案出台，但是根据我们的抽样调查，此时期学术著作的平均印张价格却在不断上升，增长了近23个百分点。另一个事例是，1979年，政府批准中外文学名著的每个印张价格从0.065元提高到0.075元①，但随后其他类书籍的定价也普遍提高，一发而不可收，最后官方也不得不对此予以承认。此后，政府宣布的调价开始带有一些事后追认的特点。与此同时，另一个值得重视的事实是，在管制价格屡被突破的同时，最高限价却很少被突破。据我们的抽样调查，1980—1983年间的60个样本（学术著作）中，没有一本书的定价突破每印张0.20元的最高限价②，但与此同时，平均每个印张价格却上涨了23个百分点。

图书价格上涨的部分原因可以归于印制质量的提高。不可否认，近年来图书的装帧材料、版式设计等均有所提高，但对1985年上海20个样本观察的结果是，这类因素不大可能超过实际上涨价格的三分之一。更大的可能是，借着这种印制质量的提高突破分类价格管制，如突破封面装帧、插页的定价标准。

为了直接估计实际定价突破分类管制的规模，我们选取了1983年和1984年这两年的40个样本。这些样本是任意抽取的。用分类管制法估计实际正文印张价格与分类管制正文价格之差，将其占分类管制正文印张价的比例视为实际定价超出分类管制价的幅度。需要附带说明的是，这一幅度并不必然是指突破分类管制的规模，有一部分可归因于前面讲到的印制质量的提高。结果见表2.6、表2.7。

---

①② 这个价格没有考虑封面、插页因素。

表 2.6 1983 年中国图书价格突破分类管制的幅度

样本	实际总定价	正文管制价	封面等管制价	印　张	封面等实际价与管制价之差占总定价比例	正文实际价与管制价之差(PB_i)（突破管制程度）
0	0.650 000	0.085 000	0.065 000	6.750 000	0.017 612	0.025 641
1	1.400 000	0.085 000	0.065 000	15.625 00	0.004 935	0.006 769
2	0.350 000	0.070 000	0.075 000	4.650 000	−0.126 092	−0.144 803
3	0.490 000	0.070 000	0.250 000	5.000 000	−0.183 333	−0.088 000
4	2.900 000	0.075 000	1.210 000	23.750 00	−0.030 506	−0.003 175
5	2.300 000	0.075 000	1.210 000	16.500 00	−0.060 266	−0.007 308
6	1.850 000	0.085 000	0.065 000	19.000 00	0.101 190	0.137 652
7	0.700 000	0.100 000	0.065 000	6.750 000	−0.054 054	−0.091 168
8	4.250 000	0.100 000	0.105 000	27.000 00	0.515 152	0.509 700
9	1.200 000	0.075 000	0.065 000	13.000 00	0.153 846	0.189 349
0	1.250 000	0.085 000	0.085 000	12.000 00	0.131 222	0.142 157
1	1.200 000	0.085 000	0.065 000	9.750 000	0.342 657	0.483 235
2	1.050 000	0.085 000	0.065 000	8.875 000	0.281 464	0.399 783
3	3.000 000	0.085 000	0.870 000	19.500 00	0.186 944	0.027 851
4	1.300 000	0.075 000	0.065 000	15.625 00	0.051 036	0.062 154
5	0.670 000	0.075 000	0.065 000	8.500 000	−0.046 263	−0.058 824
6	0.950 000	0.085 000	0.065 000	11.500 00	−0.088 729	−0.123 746
7	6.000 000	0.100 000	0.890 000	−18.500 00	1.189 781	0.197 996
8	3.150 000	0.100 000	0.890 000	21.500 00	0.036 184	0.005 749
9	15.900 00	0.100 000	1.000 000	96.250 00	0.496 471	0.054 805

表 2.6、表 2.7 显示出，超出分类管制定价的情况非常普遍。1983 年 20 个样本中有 13 个样本超出，1984 年则有 18 个样本超出。平均超出的

幅度 $\left[\dfrac{\sum\limits_{i=1}^{20} PB_i}{20} \right]$，1983 年为 8.6％，1984 年为 36.3％。这种超出分类管制

价格的情况在 1984 年以后更加严重。

根据 1983 年、1984 年以及早些时候的这些情况，我们可以推断 1984

表 2.7 1984 年中国图书价格突破分类管制的幅度

样本	实际 总定价	正文 管制价	封面等 管制价	印 张	封面等实际价 与管制价之差 占总定价比例	正文实际价与 管制价之差(PB_i) （突破管制程度）
0	3.650 000	0.100 000	24.250 00	0.950 000	0.081 481	0.011 937
1	1.000 000	0.085 000	9.625 000	0.065 000	0.132 343	0.186 813
2	1.350 000	0.085 000	10.250 00	0.065 000	0.441 923	0.621 013
3	1.300 000	0.085 000	12.750 00	0.065 000	0.131 665	0.182 504
4	2.500 000	0.075 000	25.375 00	0.105 000	0.244 942	0.184 612
5	2.200 000	0.085 000	17.125 00	0.065 000	0.446 774	0.610 331
6	0.640 000	0.085 000	6.000 000	0.065 000	0.113 044	0.166 667
7	0.680 000	0.075 000	6.125 000	0.065 000	0.296 782	0.390 895
8	2.200 000	0.085 000	17.500 00	0.105 000	0.381 476	0.330 612
9	2.500 000	0.075 000	21.250 00	0.065 000	0.507 159	0.609 050
0	3.800 000	0.085 000	20.312 50	0.065 000	1.121 053	1.521 183
1	2.050 000	0.075 000	17.875 00	0.085 000	0.437 966	0.410 942
2	0.780 000	0.100 000	6.500 000	0.065 000	0.090 909	0.153 846
3	0.850 000	0.070 000	6.125 000	0.065 000	0.721 519	0.894 820
4	1.100 000	0.080 000	10.500 00	0.105 000	0.164 021	0.140 590
5	1.750 000	0.080 000	13.250 00	0.065 000	0.555 556	0.725 689
6	1.350 000	0.085 000	12.000 00	0.145 000	0.158 798	0.106 322
7	1.700 000	0.085 000	10.125 00	0.360 000	0.392 729	0.131 516
8	0.900 000	0.075 000	11.250 00	0.105 000	−0.051 383	−0.041 270
9	0.470 000	0.070 000	3.500 000	0.300 000	−0.137 615	−0.071 429

年前后价格管制的性质、内容有了一个很大转变：政府对分类价格管制标准的执行不再特别关注，而把价格管制的重心放在最高限价上。政府在此同时并没有放弃分类价格管制这种形式，而正是利用这种形式来放松控制。从表面上看，政府并没有出台新的调价措施，但在这种形式下，却把越来越多的书价放开了，只受一个最高限价的约束。之所以能够如此，是因为分类价格管制这种形式，本来就有很大的解释余地，而解释权又掌握在实施价格

管制的政府手中。政府可以辨别、决定对哪些类别的图书定价掌握较紧（如教科书），对哪些类别的图书定价掌握较松（如学术类图书）。当成本上升较快、出版社要求调价压力增大时，政府可以通过这种便利来放松管制；与此同时，政府继续控制最高限价，以造成维持价格管制的正面形象。

这种趋势1984年后一直没有中断过，而且出版社在定价时越来越多地接近于最高限价，而很少注意分类管制的约束。一般认为，直到1988年，最高限价的管制还是十分有效的。关于这个问题，我们后面还要论述。

政府在间接放松管制的同时，也采取直接放松管制的做法。例如，鉴于1985年以后的小印数图书市场的大量发展，而管制对这部分图书保本的不利影响太大，政府放开了3 000册或5 000册以下印数的图书定价权。1988年，书价出现了又一次大幅度的上升，许多图书（不仅仅包括5 000册以下的图书）的实际定价开始突破每个印张0.23元的最高限价①。从这一发展趋势看，最高限价也不可能保持不动，最终会放开越来越多。

2.2.2 放松图书价格管制的影响

图书价格管制的放松，对出版社的定价行为及印数决策产生了很大的影响。为了检验这些影响，我们随机抽取了1980—1988年这9年中上海出版的书籍作为样本。每年平均样本为20个，共约160个样本。对于严格的相关分析来说，这样规模的抽样调查当然是远远不够的；但平均来看，这样抽样还是可以看出一般趋势的。为了比较1983年后价格管制放松的情况，我们分别列出两个时间区段，即1980—1988年9年平均数与1983—1988年6年平均数。我们把样本分为3个印数组，分别是 N_1（5 000册以下），N_2（5 001—10 000

---

① 这个价格没有考虑封面、插页因素。

册），N_3（10 000 册以上）；分成 3 个价格组，P_1，P_2，P_3 分别代表各印数组落在低价格、中等价格和高价格组的概率，其中，低、中、高的划分是取每年20 个样本次最高价与次最低价的平均数分别除以 2 得出的（见表 2.8）。

表 2.8 放松图书价格管制对小印数图书定价行为的影响（抽样）

印　数　组		价　　格　　组		
		P_1（低）	P_2（中）	P_3（高）
N_1（5 000 册以下）	9 年平均	0.35	0.235	0.415
	6 年平均	0.122	0.353	0.525
N_2（5 001—10 000 册）	9 年平均	0.475	0.260	0.263
	6 年平均	0.561	0.245	0.194
N_3（10 000 册以上）	9 年平均	0.52	0.317	0.209
	6 年平均	0.485	0.292	0.248

从表 2.8 可以看出，9 年中印数在 5 000 册以下的书籍中 41.5% 倾向于定价较高。如果看 6 年平均，则 52.5% 倾向于定价较高。这表明印数小于 5 000 册的书籍定价高的机会较多，在放松价格管制后，这种机会增加更多。从另一个方面看，印数在 10 000 册以上的书籍约一半左右倾向于定价较低。这个结果证实了这样一个判断：当印数增多时，定价倾向于较低，而当印数减少时，定价倾向于较高。还可以从另一个角度来证明这一点。表 2.8 中，9 年中印数在 5 000 册以下的样本占全部样本数的15.2%，而该组占了全部样本落在 P_3 组机会的 35.5%；6 年中该组（N_1）样本占总样本的15.8%，而该组占了全部样本落在 P_3 组机会的 42%。这说明，印数最小组对于高定价的影响明显超过了它对平均定价的影响。

上述至少说明了两个结果：第一，也是最直接的结果：不论是在价格管制较严格的时期，还是在价格管制放松以后，印数少于 5 000 册的书籍相对于其他书籍而言，定价较高，受价格管制的限度较少；价格管制放松后尤其如此。这说明政府意识到小印数图书市场受价格管制造成的损失最大,在执行价格管制上变通也较多。第二,印数越少,定价越高,表明出版社较为关注盈亏,尤其是在价格管制放松后,小印数图书市场高成本问题部分反映到定价中来。

表 2.8 还反映出另外两个问题:(1)虽然印数越小,受到的管制越松,而且 1985 年放松管制后还曾明确规定印数不足 3 000 册或 5 000 册的书籍可以按照成本定价,然而从表 2.8 上看,价格管制放松后,定价偏高的比例上升得并不快,即使按 6 年平均看,N_1 组中也还有 12.2% 是定价较低的,可见放松价格管制后"释放"出来的书价上涨压力并不那么可怕。(2)印数越大,也不见得定价就一定越低。比如,N_3 组定价落在最高组的概念还是有 20% 多,可见,出版社追求利润的定价并未居支配地位,定价还是存在不少不顾成本和需求的情况。

表 2.8 作的估计尽管反映了印数和定价关系的一般趋势,但由于调查资料的局限,不可能确切知道印数对定价的影响,也不可能确切了解印数较小组的定价比印数较大组的定价到底高多少。现在我们用 1988 年上海出版物的资料来弥补这一不足(见表 2.9)。

表 2.9　1988 年上海版书籍印数对图书定价的影响　　　　　单位:元/印张

印　　数	合　计	印数权重(%)	新　出	印数权重(%)	重　印	印数权重(%)
5 000 册以下	0.549 03	25.89	0.629 82	29.95	0.280 44	16.02
5 001—10 000 册	0.290 77	17.74	0.297 53	18.16	0.280 40	16.73
10 001—20 000 册	0.280 84	16.26	0.296 97	16.07	0.249 09	16.73
20 001—50 000 册	0.272 52	18.05	0.297 63	16.07	0.235 70	22.85
50 001—100 000 册	0.259 82	22.06	0.280 33	19.75	0.245 20	27.67
总　　和		100		100		100
平均定价(加权)	0.345 9		0.393 6		0.255 2	

资料来源:根据上海市新闻出版局资料计算。

从表 2.9 中我们可以看到这样几点：第一，1988 年上海全部书籍中，印数 5 000 册以下的占 25.89%，然而该印数组对定价的影响却占了 41.09%（=0.549 03×25.89%/0.345 9），这个结果与抽样调查的六年平均结果十分相似。其中新出品种的定价越高，印数较小组对平均定价的影响越大，差不多占了一半。

第二，5 000 册以下书籍的定价比其他印数组高得多，这种差距主要应由管制程度的不同来解释。它说明这部分书籍的定价受到的管制要比其他类书籍松得多；就是从绝对数看，1988 年每个印张定为 0.549 03 元，这个水平与成本相当接近了。其他几个印数组的平均定价则相差很小，而且新出书与合计数的平均定价在 5 000 册以上印数组中相差很小①，这表明最高限价管制还是十分有效的。引人注目的是，重印书的平均定价比新出书低得多，而且各印数组定价没有显著的差别。这一方面是因为对重印书的价格管制较为严格，另一方面是因为重印书大多都有一定的盈利，因此出版社就较少考虑其提价问题了。

第三，图书价格管制的放松与小印数图书市场的发展有很大的关系。从表 2.9 中可以看出，1988 年上海版书籍中，印数不足 5 000 册的占了 25.89%，不足 10 000 册的占了 43.63%；其中新出书中不足 10 000 册的占了近一半。如此高的比例，是几年前不可想象的。我们认为，放开印数不足 5 000 册的书籍的定价是推动小印数图书市场增长的一个因素。这种因果关系也可以反过来理解：正因为小印数图书市场发展起来，即印数不足 10 000 册的书籍所占比例越来越大，由管制产生的"剪刀"压力越是

---

① 表 2.9 中印数在 5 000 册以上的书籍每个印张的平均定价在 0.26—0.29 元之间，扣除封面装帧等因素，基本上在 1988 年最高限价 0.23 元的范围内。值得注意的是，印数在 5 000 册以上的图书的定价与印数不足 10 000 册的图书的定价相关不过 12%，而成本却相差 1 倍多。这表明印数 5 000 册以上的书籍并不按成本定价，而且不管印数如何高，都有向最高限价靠近的趋势。这进一步证实了分类管制已被最高限价管制所替代。

成为障碍。仅仅用过去那种以盈利品种弥补亏损品种的交叉补贴办法，即以书养书，已不足以解决成本过高的问题了，这就迫使政府放宽对这类书籍的限价，而不仅仅是从分类管制转变为最高限价管制。

仅仅放开印数 5 000 册以下书籍的定价这一项，大约就使 1988 年上海的书籍价格上涨了 17.5 个百分点①，使 1988 年上海新出图书品种平均价格上涨了 27.3 个百分点。这种代价从政治上看是很大的，但却是值得的。因为，如果 1988 年上海市政府要用补贴将印数不足 5 000 册的书籍价格维持在与其他印数组书价相近的水平（比如说稳定在每个印张 0.30 元），而所出品种数又不变的话，那么政府要补贴 1 600 万元，这笔数字恐怕是令政府无法承受的。

取消价格管制对于发展小印数图书市场极为重要，而小印数图书市场的发展则是中国图书出版业走向成熟的重要标志。生产者之所以选择小印数图书，是为了减少风险。只有那些开始关心出书风险，关注图书市场的出版社才会选择进入这一市场。小印数书籍利润十分微薄，经过一番磨练，出版社开始熟悉市场，才有了较强的预见力。从消费者方面看，他们也迫切需要出现这一小印数图书市场。那些需要量不大的书籍往往有十分稳定的市场（需求弹性小，十分安全），如学术专著等，这类图书的出版对于科学文化的发展十分重要，然而在原有的大印数市场占压倒优势的情况下，出版社对出版印数很小的书籍没有兴趣，于是形成了一方面销书难、一方面买书难的两难境地。

人们往往担心，一旦书价放开，书价就会暴涨，图书消费就会受到打击，市场就会萎缩。这种担心不仅在消费者中存在，在生产者中也存在，甚至有的出版社也常常自问，如果把图书每个印张的价格定为 1.00 元

---

① 表 2.9 中 5 000 册以下印数组可以说明平均定价的 41.09%，所以 17.5%＝42.57%（从本章第 2 页中得到）×41.09%。

（例如印数为 2 000 册时），谁能够承受得了？从 1988 年的图书市场情况来看，这种担心并非没有道理。我们在《中国图书业：从卖方市场转向买方市场》中已经指出中国图书市场需求的一个基本事实是小印数图书市场（如学术类书籍）上的个人购买者往往位居社会中低收入阶层。但是，至少有这样两点可以帮助我们打消疑虑：（1）图书印数越小，团体购买所占比例越高，而团体购买者的需求弹性远比个人购买者小，即对涨价的承受力较强。世界其他发展中国家学术类书籍中的 90% 是卖给图书馆的。总之，小印数图书市场未必会真正萎缩。（2）最重要的是：放开书价，政府不再管制书价，不等于说书价可以不受任何力量约束。书价在市场上实际可定多高，将受到供给方竞争的约束。因此，只要出版社之间存在竞争，并对定价产生显著影响，那么，我们可以预言，书价绝不会暴涨，也不会持续上涨，当然这里扣除了通货膨胀因素。局部相对价格的上涨是不可避免的，那不过是对各类图书相对价格扭曲的调整。另外，中国图书出版业已从卖方市场转向买方市场，出版受到市场需求的约束越来越明显，书价绝不会定在需求曲线之上，这也是一个限制书价上涨的因素。近年来放开印数在 3 000 册或 5 000 册以下书籍的价格并未引起书价暴涨，就是最好的证明。

最后我们建议，为适应中国图书出版业已从卖方市场转向买方市场这一转变，应进一步放松图书的价格管制，直至全面放开图书价格。在现阶段，可以考虑在继续管住课本最高限价的同时，在放开 5 000 册以下小印数书籍价格的基础上，再放开印数在 5 000—10 000 册的小印数书籍的价格，以加速小印数图书市场的发育，并最终使中国图书市场走向成熟。

放开 5 000—10 000 册书籍的价格管制，究竟会对图书市场有多大的冲击，产生多大的社会影响，这是人们普遍关心的问题。根据 1988 年上海的统计数据估计，放开这部分图书价格的影响要比放开印数在 5 000

册以下书籍的影响小得多。1988 年,该印数书籍占上海书籍全部的 17.47%,但对平均定价的影响只有 14.9%。也就是说,即使该印数组书籍价格上涨 100%,书籍平均定价也不过上涨 14.9%;实际上该印数组书籍的价格如果在 1988 年放开的话,也绝不会上涨 1 倍。从上海的统计数据看,1988 年该印数组书籍的平均价格是每印张 0.29 元(见表 2.9),已接近实际成本。根据 1988 年较宽的估计,印数在 5 000—10 000 册书籍的平均成本价格(出版利润按 10% 计)大约是每印张 0.38 元。显然,即使出版社按此价格定价,该印数组书籍价格上涨率也不过是 31%。可见,放开 5 000—10 000 册书籍的价格并不会导致平均书价猛涨。

目前价格管制的实行对印数在 5 000—10 000 册书籍的出版实际上已构成最大的障碍。而现实情况是,价格管制的逐步解除在一定程度上已经只是一个形式上追认的问题了。据我们的抽样调查和 1988 年上海图书出版统计数据,印数在 5 000—10 000 册的书籍的价格有不少早已悄悄突破了每印张 0.23 元(排除封面、插页等因素)的最高限价。1989 年上海图书价格 46% 的涨幅中,有相当一部分来自这一印数组书籍。可见,价格管制的最终解除,往往并不是一个冒重大社会风险的问题,它是以在实际施行过程中的成功实绩来证明其必要性的。

第 3 章

中国图书市场：短期竞争的展开与
长期竞争的不足

我们在本篇第 1 章中提出了一个最基本的判断，1984—1985 年后，中国图书市场的性质开始发生根本性的变化，从卖方市场不可逆转地转向买方市场，从大印数图书占压倒优势的市场逐渐地转向小印数图书占优势的市场。在那一章中，我们还预测在未来的数年内，在现有的体制格局下，中国图书市场的容量难以进一步扩大，前景严峻。但是，这个预测毕竟是以现有一系列约束条件不变为前提的。图书市场竞争质量低下、竞争组织缺乏，就是其中一个重要的约束条件。倘若这个约束条件发生变化，中国图书市场的容量还是可能有所改观的。现在，我们就运用现代经济学的方法，对中国图书市场的竞争过程和特点及风险—收益的分担等问题作一初步的探讨。

3.1　问题的提出

无论从图书出版种数和总册数，还是从人均拥有图书册数来衡量，中国都已跨入世界出版大国的行列，远远超过一般发展中国家的水准。据

《联合国教科文组织统计年鉴·1987》资料:1985 年中国的出书品种已位居世界第六位。考虑到中国出版的图书很少出口,在一个国家范围内吸纳如此巨大的出书总量,不能不说是一个奇迹。中国的出版社正因为背靠这样广大的市场,才可能有图书平均每种 7.8 万册(1989 年数字)这样大的起印数(其中绝大部分是初版书),而这个数字与前几年相比已经降低了几倍。[①]中国图书平均起印数之高是其他国家无法相比的。英国是世界上著名的出版大国,年出书种数超过中国,但其初版书的平均印数只不过是两三千册。大约 90% 的书籍初版印数不超过 3 000 册。发展中国家初版书的平均印数也远远低于中国。例如,20 世纪 60 年代东南亚地区初版书的印数为:新加坡 5 000 册,斯里兰卡 2 000 册,缅甸 3 000 册,印度尼西亚 5 000—10 000 册,伊朗 1 000—10 000 册,巴基斯坦 5 000 册,印度 1 000—3 000 册。

对中国图书出版业来说,如此广阔的市场究竟成了其效率高、服务好、竞争力强、书价低廉的条件,还是成了让低效率的出版社、书店、印刷厂赖以生存、迟迟不能推动体制改革的基础? 不幸的是,过去的事实在相当程度上更接近于后者。中国广阔的图书市场提供了特别强的容忍能力,使得在一段时间内,僵化的行政性商业联系或合约组织的变革得以一次次推迟,直到 1985 年出现图书销售危机,人们才真正意识到中国图书市场的这种容忍能力已经走到了尽头,需要对出版体制、发行体制、印刷体制进行改革。1985 年后,随着图书市场性质的变化,出版社开始不得不对市场压力作出反应,它们之间的竞争也广泛地开展起来。尤其值得注意的是,1986—1989 年间,中国出现了一批有间接出版资格的书刊社

---

① 1978—1981 年是中国图书出版业历史上最景气的年份。这四年中,每种图书的平均起印数在 20 万册以上。尽管 1989 年的中国图书的平均起印数仍有 7.8 万册之多,但是 1989 年中国出版的图书中印数在 10 000 册以内的要占到三分之一强。

以及协作出版代理机构,它们的迅速发展构成了对出版社的传统大印数市场的竞争力量。在发行方面,1982 年起,随着出版社自办发行的开展,大批集体书店和个体书店的进入,新华书店大一统的垄断格局不断受到冲击。现有体制下不愿改善经营方式和手段的新华书店基层店面对利润减少的局面,一些新华书店基层店纷纷发展多种经营,部分退出了发行业,新华书店系统的批发、销售量占全国图书的批发、销售总量的比重逐年大幅度下降。

显然,1984—1985 年后,中国图书出版业的竞争业已形成,并日趋激烈。现在的主要问题,已经不只是如何发动竞争,而是如何引导竞争、深化竞争。

3.2　中国图书市场竞争的缺陷及其症结

深化竞争是指如何有效地组织起竞争,使得企业在新的制度安排下的竞争活动进一步地优化资源的配置,降低生产者和消费者的成本负担。

深化竞争远比开展竞争困难得多,就开展竞争而言,只要有新的出版社进入,甚至只要出类似品种书籍的出版社超过一家,竞争也就存在了。从纯经济的角度看,进入图书出版业并没有什么特殊的困难。国外有许多小出版社,资金少到一年只能维持出几本书,但照样生存下来。其所以能生存下来,一方面固然是因为出版、发行一本图书需要的投资很有限,几乎没有沉淀成本(sunk costs),图书销售出去资金便可全数收回,因而资金的流动甚为方便;另一方面,由于图书之间的内容差异可以很大,产品特征几乎可以无限增多,所以总是可以诱使出版社给这个市场增添新的品种。一旦选对了品种,就有了一个稳定的、安全的、带垄断性的市场。这就不仅使这个市场不断有新品种产生,而且还吸引许多新的出版社进入这一行业。中国的经验也证实了这一点。近年来,出书热点的频繁出现和不断转移,令人瞩目。热门选题、知名作者是出版社盈利的主要来源,也是出版社争夺的目标。

然而,中国图书市场上的竞争存在明显的不足。这主要表现为出版社的竞争是短期性质的、初级水平的,只满足于品种竞争,或者争出好销品种,而忽略了质量竞争,忽视或无视长期占有图书市场上一个相对稳定的较大份额。而这一点又与既定的出版—发行合约(或称购销关系)有关;在这一合约下,发行部门承担了过多的商业风险份额。因此,这一合约也阻碍了市场潜力的开发。最终,这种短期的、初级水平的品种竞争给出版社和发行部门都带来了一定的潜在福利损失。下面我们就分别来讨论这些问题。

3.2.1 中国图书市场竞争的一般特点

在本篇第 2 章中,我们提出可以把图书出版业在价格和产量方面的竞争,视为标准的垄断竞争情况,即在每一种图书的市场内,出版社可以视自己为垄断者,可是在这个市场内的定价又受到其他相似出书品种定价的影响,因而又存在竞争。① 为了讨论在过去的中国出版—发行合约下,当不存在价格管制时,忽视需求的定价方式存在的问题,我们在那章里曾设计了图 3.1。现在为了说明中国图书市场竞争的一般特点,我们把图 3.1 稍作调整,于是有图 3.2。

我们选择从图 3.2 中的点 A 开始讨论,因为点 A 相对于图 3.1 中的点 B 来说,印数较少,市场的特点是小印数。正是在这部分市场上出书

---

① 中国图书出版业的价格竞争不如数量竞争常见,数量(或产量)竞争可以指相似品种间的竞争,也可以指相似品种所构成的大市场上印数多少之间的竞争。由于我们假定相似品种构成的市场范围和消费对象相对稳定,因此在分析中我们讲到数量调整时,总是指后一种情形。

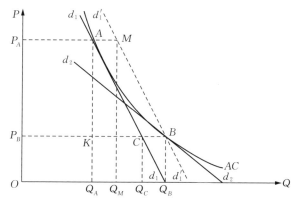

图 3.1　不存在竞争条件下的图书定价方式

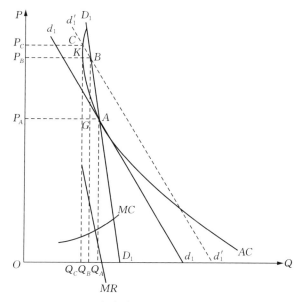

图 3.2　竞争条件下的图书定价方式

注:在图中,我们重新定义了点 B。

品种最多[①],反映出印数小、品种多的中国图书市场当前的典型特征。
AC 是长期平均成本线,它是急剧向下倾斜的,意思是在印数不足 1 万册

---

① 参见本篇第 2 章。

的市场上,随着印数的增加,平均生产成本是递减的,即具有所谓"规模经济"。我们假定单个出版社面对的 AC 与长期 AC 相同,假定生产类似品种的出版社平均成本曲线也都相同。对其他曲线的假设也是如此。d_1d_1、$d_1'd_1'$ 的含义与图 3.1 相似[①],MC 是长期边际成本线,MR 是 d_1d_1 派生的边际收益线。$d_1'd_1'$ 是出版社自己所了解的新出某一种书所面对的需求曲线,出版社对这种书的定价不会在点 C 的左上方,因为价格沿着 $d_1'd_1'$ 定就会小于成本,也就不能弥补成本。假设其定价在点 C,这时价格为 P_C,印数为 Q_C,但是我们知道图书出版业并不是一个垄断行业,虽然每一种图书的市场可以视为一个垄断市场,可是相近选题的竞争对该种图书市场的价格和产量的决定却影响很大。因此,当其他出版社发现这种书定价很高、销量不错时,它们也会出类似品种的图书。这样,这类图书的市场供应就会增加,即从 Q_C 增加到 Q_B。所以,相似品种图书市场的总需求线是 D_1D_1,这也是单个出版社最终实际面对的市场需求。它比单个出版社设想的需求曲线 $d_1'd_1'$ 的斜率更大,即需求价格弹性较小。从 Q_C 增加到 Q_B 表示原来打算买这种图书的读者可能转向购买其他出版社的类似图书。这可称为品种替代竞争。于是,这类图书的市场价格就会下降,从 P_C 降到 P_B。这时,原来的出版社就意识到这类图书的市场潜力比预想的要大,它按市场价 P_B 可期望售出 Q_B 量,而不是以 P_C 售出 Q_C 量。这样,为得到($KBQ_BQ_C-P_CCKP_B$)这块额外收益,它倾向于将产量增加到 Q_B。这一过程我们称之为初步调整($C{\rightarrow}B$),也可视为出版社对品种竞争作出的反应。由于这一调整,消费者获得了 CKB 面积所示的消费者剩余,或称净福利,市场价格和生产成本都下降了,产量却增加了。这表明品种竞争具有优化资源配置、增加消费者福利、降低

---

① 参见本篇第 2 章。

生产者成本的作用。

然而,仅仅利用竞争作为了解市场需求的信息来源是远远不够的。因为点 B 在曲线 AC 的上方,有($P_BBGP_A-GAQ_AQ_B$)所示的额外收益。这时,原出版社对在点 B 生产感到心满意足,但其他出版社却会为这一超额利润吸引,力图开发现有市场,找到点 Q_B 以后的需求者,从而以较大的产量获得更大的销售收入。由于这个竞争压力,市场对原出版社出书的需求会减少,市场价格会压低,这就迫使原出版社将生产量增加到点 A,价格降到 P_A。在点 A,D_1D_1 与平移后的 d_1d_1 相交,并且 d_1d_1 与 AC 相切。可以证明,在长期中这一点决定的产量必然等于长期边际成本线与长期边际收益线的交点决定的产量,即 Q_A;这时,市场达到竞争均衡,资源得到最优分配。这样,消费者剩余又有净增,即增加出由 BAG 围成的面积,从而使社会福利进一步增加。这一步调整,我们称为竞争的深化,或出版社对质量竞争作出的反应。由于资源的这种分配是在长期的动态竞争之中实现的,因此这一调整反映的是出版社的长期竞争行为。我们也称其为第二步调整($B\rightarrow A$)。当然,产量达到 Q 时,就不再有超额利润。

我们之所以称这一步调整为出版社对质量竞争作出的反应,是一种长期竞争行为,原因在于该出版社想把印数从 Q_B 扩大到 Q_A,达到长期中的利润最大,就必须使选定的品种在长期中有可观的市场占有率,也就是说,其质量必须站得住脚,足以使该出版社在竞争中取得一定的优势,以确保在长期中以最低平均成本实现竞争中总利润最大(获取 $C\rightarrow B$ 以及 $B\rightarrow A$ 两步动态调整过程中所得到的额外收益)。而要把产量从 Q_B 扩大到 Q_A,其难度远比第一步调整困难。关键在于出版社能不能为自己选定的品种找到长期中有希望的市场,也就是说,有无可能开发现有市场潜力,使该出版社在面临其他出版社不断增加高质量品种的竞争压力下得以生存。

中国出版社的竞争显然是一种短期的、初级水平的竞争,大多数出版社进行的仅是第一步调整。它们一般只注意到出新的品种,增加产品差异,最多注意到现有的类似选题的重复可能影响自己所出品种的印数。它们的主要目标只是为了获取短期的超额利润——趁其他出版社还未出某些品种,抢先出版以获得暂时的利润,而往往忽视长期利润目标,这种情况致使年出书总数中初版书的种数占了大部分,绝大多数新书以后很难重印。这种"一版定终身"的特点,理所当然地要求初版书的起印点相对较高。关于这个问题,我们在本篇第 2 章《中国图书价格管制:从严紧趋向宽松》中已经作了初步的分析。在那章中,我们沿用了传统的"规模经济"说法来说明问题,即既然规模经济在 1 万册以内非常明显,那么起印数为 5 000 册就不难理解了。但在这里我们要引入时间变量来看这个问题。规模经济的确可以说明印数与单位制造成本之间的某些关系,但却无助于预言初版书的最低起印数。假定图书印行 5 万册时规模经济最明显,现又设一种图书的起印数为 5 万册,在两年或更长时间内逐步销售完,另一种图书的起印数为 1 万册,但在两年或更长时间内达到累积印数 5 万册,这样两种图书都是遵循了"5 万册"这一最小有效规模的,可是它们各自的起印数却截然不同。规模经济可以在很长时期区段中存在,因此不能离开时间因素来判断某一次印数是否经济,或者换一句话说,它只是预言在长期平均成本下降的某一点上,或者在最低点上市场将达到均衡,却不能预言短期均衡点。所以,核心问题不在于规模经济,而在于出版社预言它推出的某个品种在市场上将立足多久,关键是时间因素。不幸的是,中国的出版社似乎不大可能把目光放得很远,多数图书的第一版、第一次印刷,也就是它的最后一版、最后一次印刷。

中国的出版社并非不知道图书重印可以带来较多的利润（尽管重印图书的价格一般不提高，或提高幅度很小）。我们根据上海人民出版社1980—1987 年 8 年的样本估计，重印图书的利润平均比新书高 7 倍，平均利润 73.7% 归因于重印图书的贡献。过去一般说来，上海一些历史较长、出书品种较多的大型出版社的重印书占全部年出书总数的比重一般在 40%—50%。不过，中国图书从初次印刷到重印之间的周期太长，对零售店小批量要货的反应很不灵敏。与国外相比，中国图书年出版总数中，重印书比重之低，还是令人吃惊的。表 3.1 是 1978—1989 年间上海重印书占全部出书总数的比重。

表 3.1　1978—1989 年上海重印书占出书总数的比重　　　　　　　单位:%

	1978	1979	1980	1981	1982	1983	1984
比　重	19.5	23.1	23.0	30.4	39.4	38.3	39.5

	1985	1986	1987	1988	1989	12 年平均数	
比　重	36.5	32.8	38.3	34.0	26.7	31.8	

资料来源:上海市新闻出版局。

如果把表 3.1 中的数字与英国 20 世纪 70 年代的数字做一对比，我们不难看出其间的差距是非常大的。M. Lane 和 J. Booth 1980 年提供的数字表明，英国出版社平均每推出一种新书就要同时重印 14 种图书。这种重印书往往在很长一段时间内不断再版重印，也称长版书。英国出版社认为，只有长版书才是利润的主要来源。因为长版书市场一旦占据下来，就可以稳定地发展。图 3.3 是英国畅销书与长版书的销售时间与数量的比较，从图中可以看出，长版书第一次印刷时或起初的销量并不大，而且远比畅销书增长得慢;但畅销书占领市场时间十分有限，不过三四年就完全退出，而长版书却一直保持稳定的增长势头。

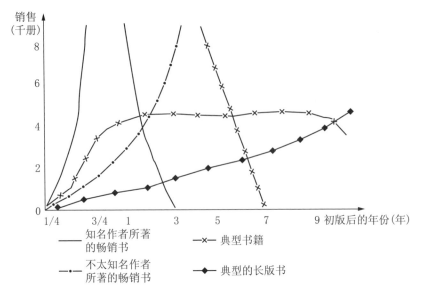

图3.3　英国畅销书与长版书销售时间与数量的比较

资料来源：Michael Lane & Jeremy Booth，*Books and Publishers：Commerce Against Culture in Postwar Britain*，Lexington Books. 1980.

初级水平的竞争或品种竞争的核心问题是，出版社不愿巩固现有的品种已占据的市场，不愿对开发新市场投资，不愿对未来获益的项目投资，以致为了对付未来的高风险，而不得不把希望寄托在短期甚至瞬时的利润流量上。在中国出版业，直接的图书宣传推销费用很少会超过总定价的2%。①而在发达国家，初版书的推销费用通常占到销售收入的20%左右，有的甚至达到40%。由于我们没有掌握国外直接的广告宣传推销费用的数据，只好用管理费用来近似地反映其推销费用的大小②，以此来与中国出版社的推销情况作一比较。国外一般认为，一个出版社管理费用占销售收入或总定价的比重越高，则表示该出版社的市场营销力量越

---

①　根据上海9家主要出版社1987年的统计数字，销售费用占出版物总定价的1.36%，销售费用中推销费用约占到90%。

②　国外出版社的广告宣传推销费用一般列入管理费用之中。

强,表 3.2 给出了 1970 年代亚洲发展中国家各项出版成本占目录价(总定价)的比重。

表 3.2　20 世纪 70 年代亚洲发展中国家各项成本占目录价的比重　单位:%

印数(册)	编辑费和版税		制造成本和纸张成本	其　　他		合计
		其中版税			其中管理费	
1 000	18.6	11.3	30.6	15.0	14.98	64.2
5 000	13.3	9.9	28.4	14.6	14.0	56.2
10 000	12.3	9.7	27.8	14.5	14.0	54.6

注:这里的"亚洲发展中国家"未包括中国、朝鲜和阿拉伯各国。

资料来源:Datus C. Smith Jr., *Economics of Book Publishing in Developing Countries*, Unesco. Paris, 1975.

中国的情况比亚洲其他发展中国家更糟。表 3.3、表 3.4 是上海 9 家主要出版社 1979—1987 年图书平均制造成本和纸张成本及管理费(含推销费用)占总成本、总定价和销售收入的比重。

表 3.3　1979—1987 年上海 9 家主要出版社图书制造成本和
　　　　纸张成本占各项费用的比重　　　　　　　　　　　单位:%

年份	占全部成本比重	占出版物总定价比重	占出版销售收入比重
1979	94.09	55.25	78.19
1980	94.35	55.68	78.72
1981	94.15	56.18	79.56
1982	93.82	58.77	83.3
1983	92.67	59.89	85.8
1984	*NA*	*NA*	*NA*
1985	92.06	53	76.09
1986	90.05	51.31	74.8
1987	85.24	48.29	71.54

资料来源:上海市新闻出版局。

表 3.4 　1981—1987 年上海 9 家主要出版社图书管理费用
　　　　（含推销费用）占出版物总定价的比重　　　　　　　　　　　单位：%

	1981	1982	1983	1984	1985	1986	1987
比重	1.48	1.93	2.34	2.36	3.27	3.85	4.11

资料来源：上海市新闻出版局。

从表 3.2 和表 3.3、表 3.4 中不难看出，中国图书出版业制造成本和纸张成本占总定价的比重比亚洲其他国家高出许多，直到 1986 年中国图书的制造成本和纸张成本仍占了图书总定价的一半以上。而在发达国家，图书定价一般是制造成本和纸张成本的 3—5 倍。中国非制造成本比重之所以那么低，一是因为稿酬低，另一个原因就是管理费用（含推销费用）低，后一个因素甚至更重要一点。据联合国教科文组织估计，20 世纪 70 年代亚洲国家图书出版管理费要占到图书净销售收入的 20% 以上，而表 3.4 表明上海的这一数字在 1987 年时也不过是 4% 左右。①可见，尽管推销宣传费用低是发展中国家的普遍现象，但中国出版社承担的推销费用之低，即使在市场同样不够发达的发展中国家也居于前列。

不妨再看一看发达国家的情况。在英国，推销宣传备受重视，手段多种多样。一般说来，英国出版社纳入广告费名目下的开支平均要占到营业额的 5%，而初版书的广告费则约占销售收入的 20% 以上，尽管初版书往往并不赚钱。不难想象，这样的出版社是绝不会以增加初版书品种为生的。在英国，多数出版社的营业费用（即管理费，推销费用包括在其中）都超过了销售收入的 35%。根据英国出版社的经验，为了使出版物在经济上站稳脚跟，其定价一般不得低于生产费用（或直接制

---

　　①　当然，表 3.4 中的数据也包含了重印书，而重印书的这一比重是较低的。

造成本)的 4 倍；如果考虑到发行折扣上的某些优惠条件，则定价至少应为直接成本的 5 倍。[①]由此可见，发达国家出版社为占据长期较稳定增长的市场份额是不遗余力的。

造成中国出版社之间竞争水平低下，不愿开发市场的原因很多，如出版社行为短期化等等，在此不一一赘述。这里我们仅集中讨论其中最为重要也是最直接的一个原因，即现有的出版—发行合约（或购销关系）未能提供一种对双方最有利的风险分担办法。

3.2.2　风险分担方式对于开发市场、深化竞争的影响

我们在前面提到，中国出版社之间的竞争业已展开，但它们重视的是短期竞争而非长期竞争。长期竞争比短期竞争的条件严格，因为长期竞争要求出版社在长期中维持并扩大一定的市场销售量，涉及市场的开发。而开发市场，既有收益，又有风险，这种收益和风险不是由出版社或发行部门一方而是由出版社和发行部门产销双方共同负担的。这样，就有一个风险—收益的分担问题。

让我们从一个假想的例子开始讨论。假设某地有一家汽车活塞制造厂和两家汽车制造厂，则生产汽车活塞的厂家要找到主顾并不难，并不需要借助专门的销售代理人来帮忙。在理论上我们原也可以这样设想图书的销售：一家出版社出了一种书，碰巧它知道有一些人正需要买这种书，这时也不会有销售问题。可是，在一般的情况下，出版社并不清楚每一种图书确切的需求信息，于是需要专门的代理人来了解需求。这是图书销售独立为一个行业的理由之一。另外一个比收集信息、了解需求更为重

---

① 参见［英］斯坦利·安文:《出版概论》，书海出版社 1988 年版，第 27—28 页、第 181—182 页。

要的理由是:出版社生产的是图书而不是活塞,同一种图书中的各本图书虽然是相同的,但每一种图书却是大不相同的。因此,即使出版社知道有一批读者会购买其新出版的某一种图书,也不可能确切知道这种新书的读者在哪里。出版社新出的图书品种越多,要解决这个问题也就越困难。这是出版社需要发行部门的更有力的原因。出版社需要发行部门与其一起分担销售风险,而以某种折扣作为发行部门承担一部分风险的报酬。因此,出版社与发行部门之间商业往来的核心,就是订立一种合约,确定使双方满意的划分风险和相应收益的办法,即解决风险分担问题。

实际上,仅仅要求发行部门帮助出版社收集信息并不十分困难,这如同顾客与咨询公司打交道,咨询公司只管收取一定的服务费,收集到的信息是什么并不是它关心的事情。这里并不涉及复杂的风险—收益分享问题。可是要找到一种恰当的风险—收益组合方式,促使出版社和发行部门努力使每一种图书的短期和长期市场销售量最大,或期望利润[=(1-预期风险)×预期收益]最大,却是很不容易的。这一方面是由于出版社和发行部门双方对某一种图书在未来的风险—收益估计不同,因此不容易达成协议;另一方面是由于这种协议很难保证执行,因为只要有一方发现从破坏协议中可以得益,又没有一定有效的法律制度来保障其实施,就有可能有一方会破坏协议,使另一方的利益受到损害。

应该看到,考虑的时期长短不同,解决风险分担问题的难度和意义也不相同。在出版社按发行部门订数发货的一瞬间,其销售风险可以小到忽略不计;但是在短期中,出版社和发行部门就有一个估计销售风险的问题:一本书印出了一万册,谁知道它是积压还是脱销呢? 有些书销售风险较少,如教科书;而有些书的销售风险则很大,如畅销书。畅销书的一次印数十分惊人,但国外的情况表明其失败率最高。国外经验告诉我们,即便畅销书销售在短期中十分成功,但出版社也往往因为追加投资大,结果盈利并不佳。这又一次提醒我们,只有在销售风险不大而预期收益又很大时,印数大小才能带来规模经济。当然,中国的情况有些不同。在中国,相当一段时间内出畅销书并不需要花费特别多的工夫来扩大影响,这就吸引了众多的出版社纷纷出这类图书,并获得相当不错的盈利。总的说来,图书出版业是一种销售风险大、收益也不太高的行业。Altabach 等估计,在发展中国家,出版社的利润在 10% 左右,而且很容易破产[1],故有"要破产,搞出版"一说;即使在英国这样的图书出版业历史非常悠久的国家,出版社的盈利成绩也不佳。在这种销售前景很不确定,但一定册数的图书已经印出的短期情况下,出版社与发行部门确定一个恰当的风险分担办法就显得十分重要。

不过,只有在长期中,解决风险分担问题才显得最为迫切。大家知道,即使一种目前需求状况还不错的图书,其长期市场前景、潜力如何,仍然是很难判断的。图 3.2 中从点 B 到点 A 的这一步调整,要回答的问题是:这种图书的市场真的只有这点了吗? 究竟有多少潜在消费者存在? 在中国,书店备货品种少,而且一种图书从上市到从市场上消失的周期也很短,一年也许就是目前相当长的时间周期了。可以想象,当还有相当一部分人甚至根本不知道有这本书时,就再也没有机会买这本书了。要找到这部分读者是一项颇为艰巨的工作,因为这方面的投资风险很大;但是,如果不进行开发市场的投资,这种图书就无法在市场上长期立足。

不同的风险—收益分担办法对竞争的影响各不相同。长期以来,中国出版社给发行部门的主渠道——新华书店发行所 33% 的折扣,是出版

---

[1]　参见 Philip. G. Altabach & Eva Maria Rathgeber, *Publishing in The Third World*, Trend Report and Bibliography Praeger Publishers, 1980。

社鼓励新华书店扩大销售的主要办法。这个折扣既是新华书店收集需求信息的报酬，又是其销售活动费用的补偿，也是其售书风险的补偿。书的印数由新华书店发行所确定，因此，图书生产出来也就等于卖了出去，出版社方面不承担任何销售风险。假定所有的风险都由新华书店承担，而且付给其承担不同销售风险的报酬都是一样的（即同一折扣），也就是说，出版社付给新华书店的报酬与后者分担风险的大小并无关系。在这种情况下，新华书店求得生存的办法是：(1)包销各出版社的图书，形成买主为一家的买方垄断，排除发行方面的多家竞争，从而使既定的销售风险最小。(2)以行政指令、计划调配办法指导销售，这样利润多少反而不重要。(3)每年均报废惊人数量的库存积压图书。例如，1979—1984年，安徽省图书报废损失达577万元，而全省新华书店系统流动资金不过350万元[①]；1966—1981年，浙江省图书报废总额达2 501万元。这些损失中差不多有一半是由财政补贴解决的。新华书店之所以能够生存的更为重要的原因，还在于那时出书品种较少，而市场容量又特别大，市场是由卖方操纵而不是由读者力量左右的。这样，即使一部分图书订数偏高，但大多数图书最终还是可以卖出去的。在"书荒"时期，新华书店完全可以无视销售风险。但是，这种情形已经一去不复返。1984—1985年间，中国图书市场开始由卖方市场向买方市场转变，图书品种特别是小印数品种急剧增长，书价连续大幅度上涨，新华书店的销售开始出了问题，于是有了1985年的"销售危机"。这一年，中国新华书店发货34.83亿元，销货29.46亿元，库存净增5.37亿元；销售较上年增长25.6%，但库存却净增了58.7%；销售利润总额是1.81亿元，但这只是名义上的，实际上根本没有利润。在短期无法变更风险—收益分担办法的情况下，新华

---

① 参见《图书发行改革与探索》，浙江大学出版社1988年版，第43页。

书店不进则退,大幅度地削减征订数,于是出现了 1986 年、1988—1989 年出版社抱怨的"征订危机"。[①]"销售危机"和"征订危机"要求并推动了出版—发行合约关系的变革。

变革的核心之一就是出版社获得了自办发行权,或者说获得了图书的总发行权。出版社有权决定由谁来发行其出版的图书,有权自行决定某些批零折扣。总之,出版社在出版—发行合约的风险—收益分担方式上,有了很大的自由选择余地。出版社开始程度不同地绕开新华书店这条主渠道,采取多种销售方式,在发行业掀起了激烈的竞争。比如寄销方式就减少了书店的销售风险,鼓励了发行部门扩大销售,争夺更多的短期市场销售额。这时,出版社和发行部门双方都开始关心如何恰当地分配风险和收益。例如,由于发行折扣事实上可以相对灵活,出版社往往给予那些发货迅速、包下较大部分发货额的销售机构以较优惠的折扣(甚至高于给新华书店的折扣),等等。

现在的问题是,在出版社能够变更许多销售条件和发行折扣之后,出版社和发行部门是不是愿意共同开发市场,以获得长期稳定增长的市场?也就是说,现行的出版—发行的风险—收益分担方式虽然明显地推动了短期竞争,扩大了适销对路品种的销售,但它能否推进长期中的市场扩大,足以把图书出版业短期的品种竞争推进到长期中的质量竞争?答案是否定的。目前为止的图书购销体制改革,尚未触及保障承担风险方长期中受益的根本问题——受益的排他性。

让我们回到图 3.2。从图 3.2 中可知,开发市场,把市场需求量从短期的 Q_B 扩大到长期均衡点 Q_A,其主要的好处是在这一过程中可以得到

---

① 我们对当前新出小印数图书品种所占比重很高的判断是:这并不表明中国出版社具有了对需求范围很有限的一小群读者的需求作出反应的成熟经验,这种局面不过是出版社对当前市场条件不利的暂时的退缩性反应。这些小印数图书在长期中往往是失败的,很少有机会重印。

（$P_BBGP_A-GAQ_AQ_B$）面积所示的超额利润。如果某种图书由一家书店经销，合约中规定这家书店应得到的报酬量是与风险匹配的，那么，这部分超额利润自然就会完全由投资于市场开发的这家书店得到。这时书店当然愿意积极为该书开拓市场。相反，如果某家书店投资于市场开发应该得到的好处可能会落入或部分落入他人之手，那么，它对开发市场就会犹豫不决或者毫无兴趣。受益的排他性是最佳分担风险合约的核心。

在发达国家，出版社不仅仅关心在一段时期内可望卖出多少图书，而且关心这些图书是怎样卖掉的，即关心销售其同一品种图书的各家书店采取行动的彼此间影响，因为这些影响最终也将反映到该书的总销售量上来。出版社必须根据合约保证那部分对宣传、推销投了资的书店的利益不至于为其他书店所侵占。例如，出版社可以指定在一块特别的领域，某种书完全由某一对推销投了资的书店负责销售，即实行所谓代理制。出版社还有义务制止其他书店擅自提价或削价销售。在一些发达国家，书店受"图书定价协定"制约，规定不可以以低于某一出版社制定的最低价格出售图书，否则就会遭到书商协会的起诉。翻开发达国家出版、发行方面的文献，这方面的介绍真令人有不胜其烦的感觉。

保障受益的排他性自然也包括保障出版社。在市场开发的过程中，出版社除了直接承担推销、宣传任务之外，提高选题质量，也是最终使图书在市场上站住脚的必要条件。这种质量的提高既然也对图书的长期市场竞争力做出了贡献，自然也应受到排他性风险—收益分担合约的保障。

由于中国图书代理出版、发行机构、中介组织、宣传手段、合约的长期保障等诸方面的落后，造成了图书市场开发工作异常薄弱。中国绝大多数出版社只在例外的情况下才会安排专门的推销、宣传活动，也很少利用公众传播媒介，尽管已经有越来越多的人意识到这种投资常常可以获得可观的长期利益。就目前而言，除了少数认定好销的品种之外，出版社仍然在很大程度上依赖于新华书店订货员的判断,尽管依靠短短两百来字的新书介绍就做出判断是否可靠是很值得怀疑的。由于新华书店的订数越来越保守,一些有远见的、自办发行的出版社开始增大备货。虽然这是扩大市场所必需的,但由于资金、库存能力等多方面的原因,依靠这种办法还不能解决扩大市场潜力的根本问题。有人建议出版社让更多的折扣;还有人建议像有的国家的出版业那样,由印刷厂预垫印刷费和纸张费,以便出版社提高起印点,一次印数增大,多次装订,多次小批量上市,等等。所有这些建议对于市场潜力的开发都是有积极意义的,尽管它们还没有涉及市场开发的最根本问题——建立销售代理制。

3.3 图书销售代理制:深化竞争可供选择的方向

1982 年以来,尤其是 1984—1985 年以来,中国图书出版—发行的购销体制发生了很大的变化,出版社自办发行和图书销售的多渠道,打破了新华书店对图书发行的垄断,在发行业发起了激烈的竞争。据 1987 年初的估计,全国共有图书发行网点 109 620 处,其中新华书店 8 866 处,出版社自办的书店(发行部)及其他国营网点 16 700 多处,供销社网点 57 000 多处,集体和个体书店 10 000 多处,书摊约 17 000 处。非新华书店的销售量占了很大的份额。①这一竞争解决了新华书店系统长期进书不顾适销与否、不同市场需求热点的弊端,也使图书出版业品种上的竞争更加激烈。在竞争开展的同时,目前竞争本身具有的不足之处也开始显露出来,

---

① 有人估计超过 15%,也有人估计要占到 40% 左右。真实的数字很难统计,因为 1986 年至 1989 年上半年,由于协作出版的非正常进行,一些出版代理机构往往私下增印某种图书,并通过第二渠道销售出去,而这一部分数字一般都没有列入统计范围。

其中最主要的问题是出版社、发行部门都忽视现有市场的开发,忽视长版书的作用,忽视质量竞争,而只是满足于获取短期利润的热门品种的竞相出版,从而造成中国图书市场的虚假繁荣,即:一方面,中国现有的年出书品种数已居世界前列,但另一方面,中国图书的再版率重印率却相当低,推销费用占图书成本的份额远远处于平均水平之下,市场开发严重落后。

至此,我们得出的结论是:(1)中国目前已进行的出版—发行体制改革在一定程度上解决了优化出版社近期的选题问题,推动了短期竞争的繁荣,提高了畅销类图书的竞争效率,从而帮助出版社绕开了获利方面的暗礁——这些障碍本来在卖方市场转向买方市场的过程中是必然存在的。很清楚,这种改革还不能推动长期竞争的开展,还不能解决中国图书市场低水平竞争带来的效率方面的损失问题。(2)中国出版业现有竞争格局的主要缺陷是竞争质量太低,竞争行为短期化,出版社是用品种竞争、数量竞争取代了质量竞争,而发行部门现有的营销组织和制度却未能提供已出图书在市场上长期存在和扩大销售的环境。问题的关键在于,现有的出版—发行合约未能提供保障受益排他性的风险—收益分担办法,致使图书市场的推销投资不足,市场潜力难以开发。(3)开发市场更多地致力于图书的推销、宣传,从而建立起长期中稳定的销售前景,确立较大部分的长期市场份额,达到深化竞争的目标,已不仅是必须的,也是必然的。这是目前中国图书市场竞争和成长的一种趋势。

在这种情况下,中国图书出版业改革的一个重要方面应该是:探索保证出版社和发行部门双方收益的出版—发行合约体制,使发行部门、出版社都愿意积极在销售方面投资,把竞争从短期引向长期,从而不断扩大市场容量。近期,可以逐步建立和推行图书销售代理制这样一种保证受益排他性的风险—收益分担制度。

让我们从一个更一般的问题谈起。一般说来,图书可以通过两种方式来销售。第一种方式是出版社一次将书按照新华书店总订数印出,然后以一定折扣卖给新华书店发行所,通过新华书店发行所发到基层零售店零售。我们知道,绝大多数报纸都是这样销售的:征订→订货→生产→发货→零售。这种销售方式风险最小,市场明确。时事政治学习材料、中小学课本最适合于采用这种销售方式。另一些读物,如少儿读物、大专教材、中小学课外读物、教学参考书等也基本适合于采用这种销售方式,不过书店也要有一定的备货,以应付短期的随机需求,正如报纸也有一定的邮局门市零售一样。新华书店系统对于组织这类图书的销售似乎很有效,正如报纸长期由邮局经销也很有效一样。实际上,这类图书的销售占了新华书店营业额的相当大的一部分。但是,对绝大多数图书品种来说,这种销售方式并不是很有效的。原因在于,就这类图书而言,大多数读者事先很难作出是否购买的决定。读者一般不会被介绍得十分简单的新书目录所引导,决定购买这类图书,而宁可等图书上架并亲自翻阅后再作定夺。这时,如果仍用征订数作为基数来考虑订货或发货量,就会失去大量潜在的购买者。新华书店系统的销售网点确实众多,销售力量也很强大,但众所周知,它在这类图书销售上的实绩并不尽如人意。怎样才能在销售风险较大、市场也不明确的情况下打开销路,并确定长期市场前景呢?另一种销售方式——销售代理制,显然是值得采用的。

销售代理制有两项基本内容:一是代理机构可以通过多种形式与出版社达成销售风险分担办法;二是代理机构从分担风险中获得的利益必须具有排他性,即排他地受益。很多图书销售是否成功也许很成问题,或前景很不明确,但是总会有许多办法可以保证出版社和发行部门的损失最小或得益最大。一个办法是出版社与书店建立特约经销关系,以让折扣的办法求得有一个最低限度的图书面世量(目前一般特约经销书店的一次要货量毕竟数量有限),保证不至于在市场上全军覆没;另外,通过特约经销书店建立窗口,以确保有相当数量的长期稳定的读者。把较大份额的某种图书的首家或独家批发权交给有信誉的代理机构是一个较彻底的办法,出版社可以帮助这些机构垫付一部分流动资金,也可以寻求专门的批发中介代理机构帮助解决资金、库存、中转等问题,以进一步减少总的销售风险。此外,还有其他一些办法,如出版社可以寻找专门的销售代理组织进行看样订货、邮购、广告宣传、门市、集团购买等推销工作;出版社还可以组织或加入某些联合出版发行信息交流组织,通过这些组织让书店了解更多的新书信息;出版社在销售条件上除了让折扣外,还可以采取寄销等办法。这些代理办法是为了鼓励零售店扩大备货品种,从而保证图书在印出后的相当长一段时间内在市场上站得住,并通过一定的宣传推销工作来扩大未来市场,争取大多数潜在需求者。

排他性的受益问题,说到底就是解决如何补偿承担风险方的问题。如果为承担这种风险而付出的成本完全是可以预见的,那么事先就可以在合约中明确承担风险方的报酬为多少,让折扣便是这样一种方法。但事实上,这种风险往往是事先较难估计的。这样,承担风险的一方(如书店或批发代理机构)很难确定为开辟某一种图书的市场进行多少投资为最佳,出版社也难以确定应为之作出多少补偿。销售代理机构投资于市场开发还会碰到另一个风险,即其投资后的收益可能被其他图书销售部门免费地获得。这就是说,某个销售代理机构经过努力开发了某种图书的市场,其他一些并未花力气和投资的销售部门也可能会因之而扩大了它们对这种图书的销售,而这意味着那个销售代理机构最初投资的收益有一部分被他人获取了。这部分收益就是指图 3.2 中由($P_B BGP_A - GAQ_AQ_B$)围成面积所示部分。在这两种情况下,最好的办法是赋予某一销售代理机构在某地区销售的专卖权。一旦达成特约代理合约,出版社就把某地区市场划给某一代理机构,以后即使该地区市场扩大了,出版社也绝不向该地区其他销售部门供货。这样,该代理机构在推销上投资带来的收益,就完全由他自己排他地取得了,这就保证了它有积极性去努力开拓市场。另外,出版社还要防止各代理机构之间竞争条件的不公平。比如,出版社往往反对某一家代理机构擅自降价倾销,从而将其他代理机构的市场的一部分夺走,破坏整体市场,进而危害出版社的自身利益。

在中国目前的情况下,不继续改革出版—发行合约关系和新华书店的体制,是很难推行销售代理制的。(1)销售代理制的实质是出版社和销售代理机构共担风险,销售代理机构在拿到书的时候并不承担该书的全部或最终风险,而在很长一段时间内,中国的图书销售是无所谓有无风险的。从名义上看,由于新华书店包销了中国绝大多数出版社的图书,因此它承担了全部风险。但实际上是国家承担了全部风险,因为在旧的新华书店体制下,新华书店每年都通过财政补贴的方式报废大量的库存积压图书。1982年后,随着发行体制的改革,新华书店逐渐成为一个利益主体,国家也不再替新华书店承担全部风险,在这种情况下,新华书店不得不开始承担销售风险。由于1984—1985年后,中国图书市场的性质逐步由卖方市场向买方市场转化,新华书店经销图书的风险自然越来越大。在现行的新华书店体制下,它必然会通过人为压低图书订数的办法来减少风险,从而图书市场变得越来越小。(2)新华书店享有许多图书(一度是享有全部图书)的总经销权,在发行上长期独此一家,这与销售代理制要求代理机构受益排他性也不是一回事。销售代理机构受益排他性并不排斥在销售代理机构之间展开竞争,相反,正是因为存在这种竞争,才保证了出版社可以选择出较有信誉、有效率的代理发行机构,从而有希望打开长期市场。(3)在现行的体制下,新华书店不会也不应该去关心受益排他性问题,因为它本身很少为图书的推销和宣传投资,因此也谈不上关心从中获益多少的问题。所以,当出版社争取到了自办发行权后,它们自然要把那些不怎么适合新华书店销售的好销品种,直接批给其他发行销售机构。

近年来发行业的多家竞争给销售代理制的发展带来了希望。种种迹象表明,只要具备某些起码的体制条件,现有的出版社和书店便会乐于在开发市场方面投资,成为潜在的销售代理机构。图书发行第二渠道的发展就提供了一个有力的证据。第二渠道——即非国家出版系统的组织或个人参与图书的营销——的生存,基于一个起码的体制或政策条件:允许出版社自行决定发行的渠道或方式。由于这一转变,出版社和发行人在选择出版—发行合约上有了相当大的自由选择余地。这时,出版社开始重视市场的开发问题:把图书交给哪些机构和个人发行才能保证以最快的速度售出最多数量的图书。出版社开始越来越不愿意将某些好销品种交给新华书店包销,因为新华书店的订货越来越保守,而且发货效率远远不如第二渠道。而第二渠道之所以能够以较高的效率开辟比新华书店系统大得多的新市场,除了它们经营的品种很有限外,一个重要的原因就在于它们极其重视市场行情的变动,在推销宣传上不遗余力,花样百出。它们当然不满意只让订货人看两百来字的新书介绍,许多图书的宣传广告早在出书前就刊登在报刊上,许多图书宣传海报也早已在付梓之前便已寄到了零售点。①目前第二渠道存在的问题是另一方面,即它们是不是会把短期的市场开发推进到长期之中?现在第二渠道感兴趣的品种基本上还只限于畅销书,而畅销书的市场生存周期很短,还不存在长期市场前景问题。阻碍第二渠道经营非畅销书的因素很多,但主要不是报酬不高问题,而是经营风险太大。第二渠道是独立于主渠道的,虽然效率不错,但

---

① 需要特别指出,第二渠道中的一些集体书店和个体书店近年来确实经销了一部分内容不甚健康的图书,起了十分不良的社会作用,这是需要严肃处理并加以纠正的。我们在这里暂且把这一问题搁置一旁,仅讨论其市场营销问题。

能不能稳定地生存,取决于许多并非完全由它们左右的因素,如政策、体制等。合约的排他性也未能得到法律、制度方面的保障。另外,原有的新华书店系统已经在经营多品种、大批量图书上形成了庞大的销售网络,这种销售优势也是阻碍第二渠道经营非畅销书的一个因素。

第二渠道的发展表明,图书的宣传、推销不仅是重要的,而且也是可以卓有成效地开展的。现在的问题是,这种宣传、推销的时间周期还是太短。就一般的新书而言,出版社还无法找到满意的承包发行的代理机构。由于目前绝大多数图书的初版印数不高,经营这类图书的发行代理机构要想独立生存,与新华书店系统展开竞争,就必须有比新华书店多得多的经常性备货品种,以及相应的庞大信息系统和分担风险的中间机构。这些组织和出版社之间的购销关系应十分灵活。凡此种种,是中国图书出版业面临的重大挑战。

总之,如果不解决长期中图书市场的开发问题,出版社就只能以减少印数、减少重印次数来维持低印数或一般类图书的出版,只能依赖短期中的品种竞争来解决生存问题。但是,这种反应并不表明图书市场的繁荣和兴旺,而很可能只是使图书市场的衰退迹象得以暂时掩盖起来。中国目前这种居世界前列的出版品种数字支撑着的图书出版业的繁荣业绩很可能是虚假的,如果总的需求前景仍然没有大的转机,可以预见在不久的将来每年的图书新出种数最终是会降下来的。

建立图书销售代理制是对出版—发行体制的一种改革。这一改革的难度当然要比我们前一阶段所进行的"放权搞活"大得多,它涉及建立新的机制、组织、规则,涉及合约保障的外部环境,也涉及各部门之间利益的重新调整。为此,我们建议:

(1)改革现行的图书购销体制,核心是降低出版—发行关系中发行一方风险过大的问题,以促进发行部门积极推销图书。

（2）建立行业性、地区性、多渠道经营的销售代理机构，承担委托特约经销、推销宣传、汇集信息、备全品种、发货转运、废书处理、仓库出租、代垫流动资金、邮购中心等社会业务。

（3）采用多种进货、销售办法，在新华书店基层之间展开竞争，改变省级店和发行所的行政性质，使其成为开放的、为全社会服务的图书中转、批发、信息中心；在销售上可以采取代销、寄销等多种方式，以减少不合理地过多负担的销售风险。

（4）进一步放开发行折扣，以鼓励出版社、发行部门更多地在推销、宣传上投资。

（5）逐步放开图书价格，放开出版、发行的利润率①，从而使出版社和发行部门有较多的资金来从事推销开发。

（6）为保证出版—发行之间合约的执行，即为了保障两方中任何一方的利益不受对方侵犯，应建立完备的合约法律保障。在目前中国经济法尚不健全的情况下，国家新闻出版署和各地新闻出版局等行政上级可承担起监督合同执行的职能。

（7）探索财政、税收、金融等方面的配套改革，寻求一个更适合于中国图书出版业健康发展的外部环境，以保障新的合约安排中各方的利益不受外部环境的影响。

---

① 由于市场的作用，出版、发行的利润率即使放开，也不可能过高。

第4章

中国图书出版业：信息搜寻费用的转移与潜在图书市场的开发

在本篇第 1 章中，我们指出，1984—1985 年以后，在通货膨胀、书价上涨、图书品种急剧增长以及学习风气衰退的大背景下，中国图书市场的供给大于需求，供求之间存在一个较大的缺口，并对此进行了详尽的分析。在那章中，我们排除了潜在图书市场需求问题，其实，如果把这一因素考虑进去的话，那么供求缺口中相当大的一部分就会得到弥补。在本章中，我们将运用交易费用学说和信息经济学原理和方法，探讨潜在图书市场需求问题。

4.1 开发潜在图书市场问题的提出

潜在图书市场的含义很广。在产品供不应求时，生产者当然会认为凡是未购买到他们产品的那部分消费者就是他们的潜在市场。不过，这里说的潜在图书市场是指在供给充裕的条件下，(1)有时候读者明确想要买某一种书，但由于书店脱销，或者书店根本就不知道有这种书，致使该读者放弃了购书的念头；(2)有时候读者很想购买某一特定类型的书籍，但由于他在图书市场上找不到这类书,而且也不知道在何处以及怎样才能买到这类书,从而不得不中止购书的意愿。这两种情况都属于消费者有明确的购书愿望,只是由于在图书市场上难以找到需求对象而被迫取消购书。当然,就个别的需求者、个别品种的图书需求来说,出现上述两种情况可能是微不足道的。可是,如果将无数个别读者的这类需求加总,就绝不是一个可以轻易忽视的量了。如果所有有购买图书愿望的消费者都可以很顺利地在图书市场上买到中意的书籍,那么至少可以缓解目前中国图书市场的两大难题:第一,可以降低新华书店和各出版社堆积如山的图书库存;第二,可以制止目前中国图书出版业单位图书印数连年下滑、无数出书计划因起印数过低而夭折的情况,进而降低单位图书的价格,进一步扩大图书市场。这样,中国图书市场供求不平衡的状况就可能得到缓解。可见,开发这种有购书意愿但又买不到书的潜在需求,对目前中国图书市场的发展具有重要的意义。

与其他直接改变中国图书出版业格局的措施相比,开发潜在的图书市场更为切实可行。例如,就图书出版业本身的力量而言,要降低中国的通货膨胀指数,提高人均实际国民收入,改善购书倾向最大的知识分子的经济地位,树立良好的学习风气,降低纸张价格、利率、税收等,显然是力不从心的;相反,努力使那些有购书欲望的消费者买到合意的图书,则相对容易做到。

我们先来看一下中国图书市场的现实情况。1985 年中国的图书库存一下子猛增了四分之一,此后逐年上升①,以致所有的发行部门都不得不调整进书计划,从而造成了出版社"出书难"的局面。但是,另一方面,面对如此巨大的图书库存,社会上竟然还有大量的读者因买不到书而苦

①　参见《中国图书出版业:从卖方市场转向买方市场》。

恼,时时发出"买书难"的呼声。当然,市场上积压的图书以及尚待出版的图书并不都是读者需要的,可是在图书供给品种总量中,肯定有相当大的部分是与需求吻合的。对此,我们来做一分析,表 4.1 给出了近年来中国新华书店系统中库存量最大的门市部的存书种数情况。

表 4.1　库存图书最多的新华书店门市部的存书种数　　　　　　　　　单位:种

	1981	1982	1983	1984	1985	1986	1987	1988
总　　数	11 769	17 147	18 000	17 110	23 535	29 516	31 520	54 500
其中:书籍	11 233	14 963	13 700	14 734	21 935	20 420	29 000	51 300
门市部所在地	辽宁	北京	江苏	辽宁	江西	福建	湖南	贵州

资料来源:新华书店总店:《图书发行统计资料汇编·1981—1988》。

从表 4.1 中可以看出,自 1984—1985 年中国图书出版业由卖方市场转向买方市场以后,新华书店单个门市部的库存品种数便已达到 2 万多种,1988 年更是跃增至 5 万多种,而以读者文化素质较高、图书发行量较大的上海来说,每年的图书销售品种也不过 3 万—4 万种。不难想象,在已有的库存图书总量中,必然有很大一部分正是消费者所需要的。问题是这部分图书的供求难以互相见面。

一方面是供给方找不到消费者,另一方面是需求方找不到需要的图书,造成这两种现象并存的原因无疑在于供求之间存在信息障碍。信息渠道不畅足以导致市场失效,使现实的市场变成了潜在的市场。在这方面,中国图书市场可谓是一个极好的个案。

4.2　图书信息搜寻费用的归属对图书销售潜力的影响

我们知道,市场的产生已经有数千年的历史,然而对市场的系统研究则是近两三百年的事，市场研究从抽象模型逐渐演化成接近现实的模型更是本世纪无数经济学家共同努力的结果。长期以来，我们一直在高度集中的计划模式下从事社会产品的生产、流通、分配，对市场运行几乎没有研究，因此，借鉴当代经济学的市场理论对我们完善市场运行不无裨益。

在经济理论中，完全竞争是最早提出来也最符合理想状态的抽象市场模型。在现实生活中，有很多场合是比较接近于完全竞争模型的，如农产品市场。市场经济的种种长处也是在完全竞争中才得到最充分的体现的，因此，人们平时在论及市场时，指的往往就是完全竞争市场。但是，完全竞争市场的存在需要满足一定的条件，其中一条便是信息完备，或者说买卖双方对信息的获取无需花费成本，市场运行无需交易费用。对这一问题，人们在相当长时间内未能引起足够的重视。20世纪30年代，著名经济学家罗纳德·科斯在其著名的《企业的性质》一文中提出，市场的运行也需要花费成本，也需要交易费用，如果市场运行的交易费用达到足够大时，则其他形式如厂商就会因成本相对较低而出现以替代市场。科斯当时没有对交易费用的内涵作进一步的分析，但他提出市场运行也有成本的思想把古典经济学从真空拉回到现实。在科斯之后，著名经济学家乔治·施蒂格勒于1961年发表了《信息经济学》一文。在这篇论文中，他具体探讨了交易费用中的信息搜寻费用，将搜寻信息的成本和收益联系起来加以考察，从而把古典经济学推向了一个新的高度。现在，经济学家普遍认识到市场交易是在具备一定信息量的条件下进行的，搜寻信息需要花费成本（交易费用），而有用的信息能够指导决策，从而为信息搜寻者带来收益。例如，它可以使消费者买到质量更高、价格更低的商品。当消费者搜寻信息的边际成本等于获得信息后的边际收益时，他就会停止搜寻。因为如果继续搜寻信息所花费的成本小于收益时，消费者自然愿意继续搜寻、获取信息;反过来,如果搜寻成本大于收益时,消费者当然就要停止信息的搜寻了。消费者按照搜寻成本等于搜寻收益模式获取信息,同样,市场中的供给方在寻求合适的需求对象时,也按照此模式搜寻需求信息。

既然信息渠道不畅使现实的市场变成了潜在的市场,那么很显然,如果信息渠道较为畅通,或者说,市场中的供求双方在搜寻信息方面作了足够的努力,也就不存在潜在市场的问题了。事实也确实如此。观察中国图书市场最近十多年来的演变,我们可以发现,潜在图书市场的出现,在时间上与图书出版业于1984—1985年后由卖方市场转向买方市场是一致的,它的表现形式是市场上图书库存猛增,读者通过预订单订购新书的数量急剧下跌,书店内读者的流量减少等。

那么,为什么在1984—1985年以前,中国潜在图书市场的问题不突出呢?这主要由以下两个因素所致。第一,在中国图书市场性质发生转折之前,消费者承担了大部分甚至全部信息搜寻的费用,信息较为畅通。中国共产党十一届三中全会的召开,使全社会逐渐重视提高自身的文化素质,可是由于六七十年代文化禁锢主义的影响,当时书荒现象十分严重,文学、艺术、科学、教育等许多目前销售滞缓的图书当时都面临供不应求的局面。在这种情况下,一种书印几万、十几万甚至上百万册,比比皆是。例如,上海版《数理化自学丛书》一套17册,居然连印了435万套还时有脱销。又如,热心的读者为了一睹《斯巴达克思》等中外文学名著,甘愿通宵达旦地在书店前排长队。这种感人的场面,新华书店的同志至今仍记忆犹新。由于书荒,消费者不得不承担新书出版、发行的信息搜寻成本。为了买到中意的图书,他们不厌其烦地一趟趟跑书店,托人情,找关系;他们常常到新华书店出钱预订新书目上的图书,排队购买书展门票,甚至高价购买市场上一时脱销的图书;他们还经常向新华书店了解新书出版情况。所有这些努力，都是消费者为搜寻、获取信息而支付的费用，不管付出的是货币还是时间。①他们之所以愿意支付这些信息费用，是因为他们认为一旦买到想要买的图书，从中获得的各种效用（收益）足以弥补成本。典型的事例如，文学名著《基度山伯爵》刚刚出版时非常抢手，以至有人愿意用一辆全新的凤凰牌自行车来换取一套。计划价与黑市价相差几十倍，消费者剩余如此之高，实在让人吃惊。正因为搜寻信息的收益非常之高，所以，即使承担全部搜寻信息的成本，消费者也认为是值得的。

70 年代末的中国书荒现象经过出版界的努力，两三年后便逐步缓解了。1978—1981 年，中国图书出版种数从 1.5 万种上升到 2.5 万种，总印数从 37.7 亿册上升到 55.7 亿册。这样，消费者原来因全面书荒引起的图书信息搜寻收益很高的现象也慢慢发生变化，收益逐年下降。不过全面书荒的缓解并不等于部分类型图书紧张局面的结束。随着中外文学名著热、数理化辅导读物热的逐渐消退，武侠小说热、琼瑶小说热、三毛小说热、社会科学新思潮读物热又接踵而至。图书市场中这种出书热点的频繁转移，延缓了信息搜寻收益下降的过程，使消费者承担主要信息搜寻成本的情况一直延续到 1984—1985 年。

1984—1985 年以前，尤其是 70 年代末、80 年代初，中国潜在图书市场问题不显著的第二个原因在于：那时中国每年出书品种数相对说来还不那么多，所以信息搜寻费用较为低廉，信息成本相对较低。信息的搜寻成本与信息总量成反比，信息总量越多，不仅在众多信息海洋中寻求特定信息会更为困难，而且各种信息之间也容易发生混淆。这些都使得信息搜寻成本急剧上升，由于 1984—1985 年以前图书出版种数尚不太多，同

---

① 现代经济学认为，时间上的花费也是一种成本，有时候这种费用极其昂贵。

一内容的图书重复较少,消费者的选择面比较狭窄,所以在作出购买决策前需要的信息量也就相对较低,无需花费大量成本。

综合上述两种因素以及它们的变化趋势,我们可以看到,中国图书消费者的信息搜寻收益在逐年下降,搜寻成本却逐年提高。不难想象,在这种情况下,图书市场上主要由需求方来承担信息搜寻成本的现象必然日益减少,读者越来越不愿意为获取信息支付费用。与此同时,图书市场的供给方又没有及时填补原先由消费者承担的成本空白,于是市场信息就变得极不完备。然而,市场的运转只有在供求双方具备一定信息量的条件下才能进行;既然信息不完备,由此就必然发生现实的市场向潜在的市场转化的情况,市场的供求缺口逐渐扩大。

1984—1985 年后中国图书出版业由卖方市场转向买方市场,图书市场的搜寻成本空白愈加扩大了。

在本篇第 1 章中,我们曾经指出,在通货膨胀、书价大幅度上升、以图书价格指数计算的实际人均国民收入出现下降的情况下,图书的出版与销售不可避免地要发生萎缩,图书库存必然上升;而知识分子经济地位连年下降、大学生毕业分配难等事实,对整个社会产生了巨大的负效应,建立在知识与收入巨大反差基础上的新"读书无用论"正严重影响着社会各阶层。书价上升,收入下降,学习风气衰退,这些因素对消费者购买图书的积极性形成了巨大的冲击,使消费者搜寻图书信息的收益进一步下跌,与此同时,面对单位图书印数不断下跌的市场,中国图书出版业越来越多地采用以扩大图书出版种数来弥补印数减少的方法来维持一定的利润总额。中国年出书种数从 1984 年的 4 万种猛增至 1989 年的 7.5 万种。随着图书出版种数的急剧上升,同一类型图书的选择面迅速扩大。一方面,读者不用像书荒时期那样,一看到新书就买,唯恐脱销,而且可以比较从容地作选择性购买。消费习惯的改变,使得他们在跑书店寻觅新书方面产生惰性。另一方面，同类图书重复过多，要买到一本内容、价格都比较理想的图书，消费者就必须花费更多的搜寻成本。例如，在全国新书种数有限，某类图书只有一种时，各地新华书店基层店订购此书的概率就比较高，消费者就比较容易在书店买到这种书，搜寻成本相应也就比较低。但是，如果某种类型的图书多达十几种、几十种，要确保新华书店某基层店订购某些消费者正好想要的其中某一种书，概率就要低得多。这样，消费者的搜寻成本肯定就会增加。图书商品与大多数其他商品相比，有一个突出的特点便是产品差异十分明显，产品种类繁多。而许多读者到书店买书，都有很明确的购买对象，尽管有的图书的内容、程度、篇幅、价格等都与其想买的图书相差无几，最后也会因为仅仅是作者不同而中止购买。这并非是个别的、偶然的现象。年出书种数的大幅度上升，加上图书商品的产品差异非常明显，难以互相替代，给读者在新书海洋中寻找到某一特定想要的图书带来了莫大的困难（同样，也给出版社、书店在众多读者中分辨出合适的需求对象造成极大的困难），信息的搜寻成本急剧上升。

信息的传播与获取除了有数量方面的因素影响之外，还有质量因素的作用。准确可靠的信息有助于人们作出正确的决策，但模糊甚至错误的信息与准确可靠的信息交织在一起，则使正确的经济决策难以进行，或者说信息的质量较差导致信息的搜寻成本上升。对于这一点，我们从70年代末、80年代前半期个人读者新书预订的兴衰过程中可以看得很清楚。新书预订单是一种典型的信息传播工具。消费者填写了预订单，便表明他为信息的搜寻付出了成本：他必须先花费时间去了解某一本书的内容、特点、作者、价格、出版日期等信息，至于他作出购买决策并付费填写了预订单，可以看作是该读者为节省以后不断询问出书信息而预付了费用。图书市场的供给方（出版社和发行部门）通过预订单的多少，就可以大致估计出市场的需求量，平衡图书的供求。按理说，分门别类地定期搞好新书预订工作,图书市场的供求双方都可以从中获益,降低信息的搜寻成本,从而繁荣图书市场。可是,实际情况是,新书预订实行一段时间以后,消费者就发现预订单上的图书信息,如出版日期、价格等,经常发生变动,难以信赖。常常是读者订购的某种图书早已在书店上架,而订购者却还没有收到购书通知;或者,某种计划出版的图书因订数不够或其他原因而一再被推迟直至取消出书。时间一长,消费者感到,只有陈列在书架上的新书才是最为可靠的信息,而阅览新书目、填写预订单都是靠不住的;于是花费时间一趟趟跑一家家书店这种最原始的信息搜寻方式反倒成了最可靠的方式。

出版社、新华书店等图书市场的供给方为编印新书目录、预订单等也是要花费成本的。这种成本开支要收到效益,必须依赖于图书市场上成千上万的需求者是否愿意为搜寻这方面的信息付出相应的费用。倘若消费者不愿意做这方面的努力,那么供给方提供信息的价值就降为零,而且供给方也无法从需求方反馈过来的信息中作出进一步的决策(如出版社决定印数多少、书店决定订购多少等等)。不幸的是,中国图书市场上的新书介绍和预订与信息反馈状况正好处于上述极不经济的类型之中。消费者因成本过高、收益过少而不愿意在订书单上支付费用,新华书店各基层店又因图书积压风险太大而尽量少订书。这样,征订信息一层层减弱,等到反馈至出版社,许多大有市场潜力的出书计划就因印数不足而夭折,进而又使得买书难的矛盾更加突出,潜在图书市场进一步扩大。

消费者个人预订图书工作难以展开,除了订书的信息因印刷、储运、邮寄等许许多多中间环节的堵塞而难以保证按预定计划进行外,读者之间的"搭便车"也是一个不可忽视的原因。"搭便车"是当代经济学中的一个术语,指的是那些没有付出相应费用却与付费者一起享用某种产品(或服务)的行为。在新书预订过程中,不少读者很清楚某一本新书的价值,他们也确实很想购买该书,可是却又不去订购,他们寄希望于其他消费者填写预订单,然后坐享其成地等着出版社出书后去买书。这些读者并没有在填写预订单上支出费用,但他们同样可以与预订者一样买到新书,甚至比后者更快地买到新书。"搭便车"者并非不知道如果他们不参加预订,该书可能会因订数不足而无法出版,但是作为每一个"搭便车"者个人,他总是希望除他以外所有其他想购买此书的读者都会参加预订。事实上,由于"搭便车"是一种普遍且又很容易蔓延的现象,所以最后个人读者的新书预订工作就难以为继了。

还有一个很重要的原因造成了图书市场上消费者在信息搜寻上的收益下降,这就是相当一部分新华书店门市部书架上陈列的图书品种连续数月甚至半年一年老面孔不变,隔几个月去书店看看还是以前的"老书"。前面我们已经提到,就消费者来说,书店中陈列出来的图书是最牢靠、最有价值的信息。既然如此,书店就应该十分重视书架这个活广告,勤添新书,使书架上的书籍经常有令人耳目一新之感。如果消费者逛书店后觉得不虚此行,得到了大量新的有价值的信息,那么就能刺激他花费更多的搜寻成本。否则,如果消费者觉得每周去一次书店与每季、每半年去一次书店并无太大的区别,或者说消费者认为新信息的获得少得可怜,那么,可以想象,该消费者必然会调整其搜寻信息的行为,改光顾书店的周期由一周一次到每月、每季一次,甚至更长。

4.3 两种降低信息搜寻成本的创新

市场的运行需要交易费用,搜寻信息需要成本。市场在逐渐进化、逐步成熟的过程中也会自然产生出各种新的形式,以降低信息搜寻成本,节省交易费用。图书市场也不例外。从最近十多年中国图书市场的演化中，我们至少可以看到两种降低信息搜寻成本的创新。

　　第一种形式是书展。对购书欲望较强的读者来说，单个消费者的搜寻成本可能不太显著，这是因为这部分读者的边际搜寻收益还比较高；但是，对那些购书欲不很强的读者（信息搜寻获得的收益也相应较低）来说，搜寻成本可能就与收益不相上下，如何吸引这些边际消费者，同时进一步降低那些购书欲望较强的读者的搜寻成本，一个办法是使交易场所更加集中，以便供求双方接触的面更大，从而降低搜寻费用。为此，各种名义、各种规模的书展就应运而生了。读者进入书展要买门票，而书店或出版社也要付出一笔场地租金，此外，为吸引更多的需求者，书店或出版社还常常让利销售。这些费用实际上都是为降低信息费用而付出的代价。读者参加了一个大型书展，就可以省去若干次去书店搜寻新书的成本，而且如果买到书店、出版社打折扣的优惠图书，则搜寻收益更高。至于书店或出版社，通过举办一次书展，则能够把市场上众多的需求者，包括那些边际需求者（即购书欲望较弱的读者）吸引过来，其数量可能是平时书店门市部读者流量的几倍、几十倍，甚至上百倍。这样，就省去了大量搜寻市场买方信息的费用，因此，从经济上来说，办书展完全是值得的。中国的书展在 80 年代初办得最为兴旺。那时展厅外有无数读者排队买票，展厅内人山人海，挤得水泄不通。可是，自 1984—1985 年中国图书市场的性质由卖方转为买方之后，光顾书展的读者数量则大大减少了。造成这种局面的原因还在于书价上涨，学习风气衰退，致使大量边际消费者退出了市场。其次，书展中销售的图书品种逐步减少，甚至不见得比平时书店门市部中陈列得更多，也使一批潜在读者消失在书展之外。前一种现象当然不是图书出版业自身就能解决的，但如何增加书展中的图书品种却是值得出版社和书店做些文章的。

中国图书市场在其发育成长过程中产生的第二种降低信息搜寻成本的创新,是开办了许多专业书店,如经济书店、艺术书店、音乐书店、教育书店、科技书店、法律书店,等等。由于图书商品的产品差异十分显著,以至1989年中国的图书出版种数已高达7.5万种。就现有的中国图书发行体制而言,任何一家书店都无法吸纳如此之多的图书品种。据调查,上海所有书店从每年新出版的图书中购进(或调进)的图书品种也不过三四万种,区一级新华书店每年只进几千个品种。可以想象,消费者要想在年出书品种7.5万种中购买其中一种,难度有多么大。为了解决单家书店进书品种有限这一困难,将图书分门别类进行销售的专业书店应运而生了。专业书店的开办,大大缩小了供求双方信息交流的范围。由于针对性强,它可以比一般书店高几倍、几十倍地扩大某一类型图书的种数。这对增加单个书店内的专业图书品种,提高读者的信息搜寻效率,是一种很有意义的创新。令人惋惜的是,中国近年来出现的各类专业书店还远远没有达到应有的效率,许多专业书店名不副实,书店内的专业图书种数比大的综合书店所多无几,专业特色不甚明显。因此,其在降低消费者的信息搜寻成本方面所起的作用受到了很大的限制。

　　由于1984—1985年后,中国图书市场上消费者的信息搜寻收益在不断下降,同时搜寻成本却在逐步上升,加之图书市场为降低信息搜寻费用所作的种种创新又没有发挥出足够的作用,所以消费者逐渐退出图书市场的信息搜寻角色是必然的。进一步看,在消费者日益退出信息搜寻之后,出版社和书店又都没有随之填补这部分信息搜寻费用缺口,从而导致市场因为信息不完备而出现供求缺口,潜在图书市场就是这样逐渐形成的。

　　从长远来看,如果生产一种商品的资源不是稀缺的话,那么这种商品的市场由卖方市场转向买方市场后,信息搜寻成本从主要由需求者承担逐渐转向主要由供给者承担,就是一种必然趋势。中国图书市场性质的转变以及信息成本承担主体的转移,正是这种趋势的必然产物。潜在图书市场的形成直接引发了图书市场供给方的推销活动问题,它要求供给者大力加强图书市场信息的搜寻与传播,要求供给者承担起图书市场上大部分信息搜寻成本。现在,主要的问题已经不是由读者去寻找中意的图书,而是由书店、出版社去搜寻、辨别潜在的读者。不管书店、出版社是否愿意为这种角色转换作出努力,现实就是那么严峻地摆在人们面前。如果我们意识不到这一点,那么图书出版业的供给方将处于更加被动的境地,无法走出图书市场萎缩的恶性循环。

第 5 章
新华书店：中国图书出版业发展的瓶颈

中国图书出版业近十多年来的发展业绩无疑在中国图书出版史上留下了绚丽夺目的一页，这点是有目共睹、有口皆碑的。可是，回顾这十多年的发展过程，我们也不难发现，中国图书出版业又曾出现一些十分复杂且令人难以琢磨的现象，其中最主要的就是最近几年来不绝于耳的出书难、卖书难、买书难现象。这三者中任何一个现象的单独出现都并不令人奇怪，但是三者居然能够同时并存，则难免使许多人百思不得其解。出书难和卖书难说明市场需求有限，市场供给超过市场需求，而买书难反映的则是市场供给不足。在本章中，我们将通过对"出书难、卖书难、买书难"的分析，来探讨现阶段中国图书发行体制存在的问题及解决问题的办法。

5.1 新华书店成为矛盾焦点的原因

目前中国图书出版业步履维艰，出版、印刷、发行诸部门各自都有一本难念的经。不过，综观整个图书出版业，所有矛盾的核心还在于发行业，或者说集中于新华书店这一遍及全国每一角落的超级组织。这是因为，出书难、卖书难以及买书难，都与新华书店的销售特点密切相关。

先看出书难。出书难在最近三四年中变得更加复杂和尖锐了。中国图书市场在1984—1985年间出现了重大的转折,即由卖方市场转向买方市场。中国图书市场性质这种转变的最重要标志是图书商品的供给超过需求、新华书店的图书库存急剧上升。对此,新华书店能作出的反应就是迅速减少向出版社订购图书的数量,而在现行的中国图书出版发行体制下,新华书店的这种调整行为必然要殃及出版社。当新华书店迫于形势开始大幅度地削减新书订数,从而严重威胁到许多新书的问世时,出版社不得不依靠大力发展自办发行来渡过危机。这也是这几年出版社自办发行风云一时的原因。出版社自办发行无疑起到了蓄水池的作用,它的备货暂时减缓了出书难的矛盾。然而,蓄水池的容量毕竟也是有限度的,在推销体制和手段没有发生实质性转变的情况下,出版社自办发行的库存图书量很快就逼近了新华书店的图书库存量,进一步增添的图书库存最终还是从"蓄水池"中溢了出来,出书难的矛盾再也无法回避了。

其次看卖书难。中国图书市场的性质转变之后,卖书难成了一种十分普遍的现象。在买方市场下出现卖书难是比较容易理解的事。问题在于目前中国新华书店的库存图书中有相当大一部分完全是因为推销不力造成的。我们在本篇第4章中已提及,随着市场性质的转化,市场运行必需的信息费用已从由需求方承担逐渐转为由供给方承担。要缓解卖书难的矛盾,开发潜在图书市场,图书市场的供给者,尤其是超级销售组织——新华书店就必须在沟通供求之间的信息上做文章,大力加强图书的推销工作。

应该怎样做是一回事,实际状况如何往往又是一回事。至少到目前为止,作为信息成本承担主体的新华书店在市场推销方面所作的努力还是非常有限的。表5.1列出了1981—1988年中国新华书店的宣传资料费在商品流通费用总额中的比重。从中我们可以看到,这个数字是根本不可能在图书市场上进行有效的推销活动的。

表5.1　1981—1988年中国新华书店的宣传资料费在商品流通费用中的比重

	1981	1982	1983	1984	1985	1986	1987	1988
商品流通费合计 （万元）	19 181	21 830	24 458	29 123	42 054	49 050	56 874	69 742
其中:宣传资料费 （万元）	178	226	263	422	424	486	746	730
宣传资料费占商品 流通费的比重(%)	0.93	1.04	1.08	1.45	1.01	0.99	1.31	1.05

资料来源:新华书店总店:《图书发行统计资料汇编·1981—1988》。

　　长期以来,中国的新华书店已习惯于"朝南坐",坐等读者上门购书。[①]在50年代初至70年代末,由于国家统负盈亏,新华书店在销售图书方面不计成本和利润,加之那时每年出书品种有限,图书推销问题自然不会引起重视。从70年代末至80年代中期,中国图书出版业正处在超常规高速增长阶段,在这种典型的卖方市场条件下,图书发行部门即使不作推销宣传,读者为了了解图书的供给信息也会主动地承担起信息搜寻成本。因此,新华书店无需煞费苦心地去从事图书的推销活动,只要安坐柜台,照样能够顺利地开展销售业务。可是,当1984—1985年中国图书市场的性质由卖方转为买方,读者越来越不愿意承担图书信息的搜寻成本,潜在图书市场开始形成后,新华书店依旧"朝南坐",不去开发潜在的销售市场,卖书难的矛盾当然会日益尖锐起来。

　　再看买书难。我们这里的买书难是指读者想购买的图书已经出版,但读者不知道到哪里或通过何种途径才能买到这些图书。[②]这主要表现

---

　　① 这是相对于国外书商的情况而言的,并不意味着新华书店不开展任何推销活动。

　　② 买书难还有另一种情况,即读者想要购买的某种图书尚未问世。它们或者是因为市场需求方面的信息未能反馈到出版社,或者是因为征订数不足而在出版社束之高阁,因此,我们大致可以把这类买书难问题归入出书难矛盾之中。

为,对于某些市场上已经脱销或部分脱销的图书,有购买愿望的读者在市场上很难再购买到。这是因为,新华书店的销售习惯决定了上架的图书一旦脱销,一般就不会再去主动添补,不要说那些需求前景比较一般的图书,即使是那些市场需求非常看好同时出版社又有库存的图书,新华书店往往也听任其告缺,懒得添补。总之,如果说,出书难、卖书难不能完全归咎于新华书店的话,那么买书难则明显就是新华书店本身的问题了。

新华书店在图书销售中表现出来的种种问题,充分说明它已经成了中国图书出版业进一步发展的瓶颈,各种矛盾都集中在这里体现出来。

出版社因新华书店的订数不足而不得不忍痛放弃许多出书计划。如果新华书店的订数是建立在对市场需求的准确估计基础上的,那么,订数少对出版社来说倒可能并不是一件坏事,它有利于出版社及时调整出书计划。但事实是,新华书店的订数完全不能反映市场需求的真实情况。在新华书店遍及全国各地的近 3 000 家县级书店内决定图书订数的众多人员中,有很大一部分人的素质是难以胜任订购工作的:他们中有的文化素质较低,有的习惯于坐等读者上门,缺乏市场判断能力。于是,一般说来,除了政治辅导读物和武侠、言情小说等少数几类图书外,他们对每年新出的大部分图书都不敢大胆报数。对他们来说,唯一有把握的就是,少订购或不订购至少不会因积压而造成亏损。结果,1988 年中国图书征订中便屡次出现零征订的情况,近 3 000 家县级店竟然没有一家对某种书提出哪怕是一本的订购数。其实,一本经出版社编辑的新书,其市场容量再小也不至于小到零。对市场前景稍有疑问就不订购,这种订书逻辑听起来似乎有些可笑,殊不知中国的出书计划就是建立在如此脆弱的征订体制上的。

在许多因素不确定的条件下,要保证一种决策绝对没有失误是不可能的,差别仅仅在于有些人决策失误的概率大些,有些人小些。有失误也并不重要,关键是能及时对反馈回来的决策失误信息有所反应,并及时修正。不幸的是,新华书店的体制和销售特点决定其即使知道某种新书的订数小于实际需求量(如该书很快就销售一空),也很难再对其进行补救了:新华书店一般不再续添售缺的图书。① 新华书店这种极为保守的订书行为导致一本书的出版数量在征订时就被打掉一个折扣,而当这一保守的进书量售完后,即使有的读者为购买该书而来回奔波,新华书店也不再对其失误的决策作出修正,该书的市场需求信息就此中断。令人啼笑皆非的是,在一部分读者在某地购不到该书的同时,出版社或其他地区的书店却往往在为该书库存数过高而苦恼。

可见,是新华书店保守的订书行为造成了出书难和买书难,而其推销不力则导致卖书难,售缺不添又形成买书难。因此,寻找新华书店形成如此特殊的订书方式和销售方式的原因,探讨解决这些矛盾的途径,是中国图书出版业的当务之急。

新华书店在预订新书时之所以极其保守、宁缺毋多,究其原因有二:一是收益与风险不对称,新华书店承担了过多的风险。在新华书店包销图书的体制下,假定新华书店购进相当数量的某种新书后,如果因预订时决策失误或市场发生了变化而造成图书积压,就必须承担全部损失;相反,如果新华书店只预订很少数量的某种图书,或者干脆一本也不订,那么损失就微乎其微了。按照一般通行的图书批发折扣,新华书店基层店得到的批零差价约占一本书定价的 20%—25%。若减去销售成本与销售费用,减去营业税、城建税、教育费附加等,最后书店所能得到的利润额

---

① 只有当出版社付费要求新华书店发行所对某种已脱销的图书再次进行征订后,新华书店发行所才可能根据重新征订数向出版社添货。

只占到总定价的 10％左右。这样,我们就很容易理解新华书店的订书原则了。如果有一个订书决策,其利润率是 10％,而若亏损的话,亏损率为 100％,那么这个决策就取决于盈利的机会有多大(或者说亏损的机会有多少),即:

$$R = r \cdot t - l(1-t)$$

其中,R 为预期利润,r 为利润率,l 为亏损率,t 为购进一本新书后当年能卖掉的概率。代入上述数字,则有:

$$R = 10\% \cdot t - 100\%(1-t)$$
$$R = 0.1t - 1 + t$$
$$R = 1.1t - 1$$

如果要保证销售的最终结果无亏损的话,那么有:

$$1.1t - 1 > 0$$

$$t > \frac{1}{1.1}, \text{或者 } t > 0.909$$

上述结果表明,新华书店在预订新书时,至少要有九成的把握将其销掉,才可能进。而如果新书的销售周转不是一年一次而是一年两次或三次的话,那么得有比九成更高的把握。自中国图书市场的性质由卖方市场转为买方市场后,要保证一本书有九成的销售把握,对目前推销工作势单力薄的新华书店来说,其要求显然是过高了,难怪新华书店要大幅度地减少进书。

造成新华书店新书订数稀少的第二个原因是,80 年代中期以后,中国每年新出图书种数以 5 000 种以上的速度递增,1989 年甚至增长了 1 万种,但新华书店基层店每年购进新书的总册数却不可能也以如此高的增长率扩展(见表5.2),于是,随着图书种数的增加,平均每种书的预订数必然会下降。

表 5.2 1985—1989 年中国新华书店年图书购进额   单位:亿册

	1985	1986	1987	1988	1989
册数	37.67	54.85	56.87	58.03	53.52

资料来源:新华书店总店:《图书发行统计资料汇编·1981—1989》。

通过上述分析,我们对新华书店因风险过大而倾向于少订书或不订书的行为是可以理解的。问题在于,对那些书店中早已脱销,读者经常上门询问,同时出版社又有库存的图书,新华书店仍然是懒于添补;显然,对这种把随手可得的利润搁到一边的行为不能再归结于市场风险过大,那么,对它又应该做何种解释呢?

添书的风险不大仍不去添的原因无非有下列几种:或者是添书的成本很高,或者是缺少流动资金,或者是书店的仓储能力不足,或者是门市部的陈列场地不够,或者是收入方面的原因导致动力不足。逐一考察下来,我们发现添补脱销书的成本并不大,有的出版社甚至还主动承担了添书的运输费用。至于流动资金,一般说来,由于添书的数量在书店总预订图书中的比重是比较小的,所以其对资金的要求不会太高。更为重要的是,添补图书的市场销路相对比较确定,资金的回收时间很短,书店完全可以通过向银行短期贷款的方式获得必需的流动资金。书店的仓储能力和陈列场地不足也不是一个非常突出的问题。表 5.3 给出了中国新华书店近年来期末图书库存数,从中可以看到 1985 年是中国图书库存数最高的年份,之后逐年略有下降,由此从全国的范围看,仓储能力不足还不至于成为新华书店添补图书的障碍。与发达国家的书店比较,同样面积的陈列场地,新华书店陈列的品种仅是发达国家书店的十分之一左右。当人们走进新华书店门市部,一眼看到是每一层书架上只有寥寥可数的几种书,有的甚至只有清一色一种书,可见书架的空间利用率大有潜力可挖,不存在陈列场地有困难的问题。

表 5.3　1981—1988 年中国新华书店期末图书库存数　　　　　　单位:万册

	1981	1982	1983	1984	1985	1986	1987	1988
册数	178 535	210 498	225 630	226 955	282 554	275 018	246 446	226 839

资料来源:新华书店总店:《图书发行统计资料汇编·1981—1988》。

　　既然添书的成本、资金和仓储能力、陈列场地都不成问题,那么剩下来的原因就只能是新华书店职工的收入刺激不足了。事实也确实如此。从 80 年代起,尽管新华书店的图书销售利润率差不多下降了一半,但书店的奖励基金、福利基金在利润总额的比重却在上升,奖励基金、福利基金在工资中的比重也在增加。例如,1985 年中国新华书店的库存图书一下子比前一年上升了近 20%,但其奖励基金、福利基金却净增了 32.60%。可见,新华书店职工的收入与其经营成果并无密切的联系。当然,新华书店各基层店也必须完成一定的销售额,上交一定的利润,这促使其不断地进书、销书。问题在于,新华书店各基层店销售的图书中有一部分是课本和年画之类的垄断商品。在农村地区,新华书店只要搞好课本和月历、年画这类垄断商品的销售,即已完成了年销售计划的一大半。城市地区课本和月历年画的比重也不低。所以,对于其他图书,新华书店基层店只要简单地挑选些较为好销的品种就可以对付着完成一年的销售任务了。另一方面,现行的奖金制度又决定了煞费苦心地四处张罗添补有销售市场的脱销书,最后所得到的收入也多不到哪里去。由于每年的利润,包括奖励基金和福利基金,已经基本能够保证,努力经营得到的收入又受到上限的制约,因此,新华书店基层店对脱销书的添补自然就动力不足了。

　　新华书店卖书难与其推销费用过低不无关系。新华书店的推销费用之所以很低,除了上述分析的收入动力不足以外,一个很重要的原因还在于中国新华书店基层店无法很好地把握和处理销售利润与销售费用的关系。

从销售利润与销售费用的关系看,销售利润＝销售收入－销售折扣－销售成本－销售税金－销售费用。在既定的销售收入中,销售折扣是指转给其他销售单位零售、代销和批发时让出的一部分进销差价;销售成本是指属于出版社的出版收入以及上级批发店的批发差价;销售税金指基层书店从事经营活动所必须支出的营业税、城建税以及教育费附加等。对既定的销售额来说,上述若干费用都是难以节省的。如果我们把销售折扣、销售成本和销售税金看作是一个常量,那么就可以看出销售费用和销售利润之间存在着此消彼长的反比关系。

近年来,新华书店最为头痛的事就是,商品流通费用的迅速上升。从表5.4中我们可以发现,虽然新华书店的销售收入自1981年至1988年连年上升,增加了178％,但商品流通费用上升得更快,增加了2.5倍,从而造成销售费用率连年上涨、利润率连年下跌的局面。由于销售费用既包括商品流通费用也包括推销费用,所以,仅从财务会计的角度来看,推销费用与商品流通费用一样,它的上升会导致销售利润的减少。但是,如果从因果关系上看,推销费用的作用与商品流通费用的作用就完全不同了。商品流通费用上升得越快,销售利润自然越少;但推销活动的扩大及其费用的增加,一般说来往往会增加而不是减少销售利润。可是,追加多少推销费用才能保证销售利润的增加足以抵消推销费用还有余呢？或者进一步追加多少推销费用才使得销售利润的净增额达到极大呢？这些问题恐怕是任何一家基层书店都难以回答的。原因很简单,中国新华书店基层店没有这方面的经历。应该说,大多数新华书店基层店是知道推销费用的增加会带来销售利润的增加的,可是追加推销费用等于是一种投资,任何一种投资既可能为投资者带来丰厚的收益,也可能为投资者带来一定的亏损,只要投资费用不足以抵消投资收益时,亏损就会出现。令人深思的是,投资与风险共存这一简单的事实已足以使中国新华书店的基层店望而却步,抛弃可能带来利润净增的推销活动,退而接受推销费用与销售利润成反比这一财务等式,将推销费用压到最低水平。

表5.4 1981—1988年中国新华书店的商品流通费用率和利润率

	1981	1982	1983	1984	1985	1986	1987	1988
销售收入 (万元)	158 171	173 355	194 432	222 391	291 245	327 555	360 873	439 768
商品流通费用 (万元)	19 181	21 830	24 458	29 123	42 054	49 050	56 874	69 742
费用率(占 销售收入%)	12.13	12.59	12.58	13.10	14.44	14.97	15.76	15.86
利润总额 (万元)	19 617	19 625	21 022	22 473	28 377	23 328	24 429	30 317
利润率(占 销售收入%)	12.40	11.32	10.81	10.11	9.74	7.12	6.77	6.89

资料来源:新华书店总店:《图书发行统计资料汇编·1981—1988》。

从更深一层的角度看,如果某家新华书店基层店想就某一种书或一批书进行较大规模的推销活动,例如,在电视台、电台、报纸杂志上做广告的话,那么这类图书的销售数量肯定是会上升的,该店的销售利润也因此会增加。问题在于,在这家书店从事大规模的广告宣传活动后,其他没有进行推销活动的书店或出版社往往也可以从中得利,因这些图书的社会需求上升而增加销售收入,从而无法使从事推销活动的书店的收益受到排他性保护。由于每一家书店都指望从其他书店或出版社的推销活动中得到好处,从事推销活动的产权难以得到保证,这就大大降低了任何一家书店从事推销活动的热情。

综合上述分析,我们就可以理解为什么目前中国新华书店的基层店不愿意从事大规模的推销投资,不愿填补原先由消费者承担的信息费用空白,而甘愿坐等读者上门,死守低投资低收入的小农式经营方式了。在一种投资风险很大,而收益又不能排他性地得到保障的条件下,自然不会有任何人愿意进行这种投资。目前中国的图书销售正是处在这样一种状况之中,难怪新华书店基层店纷纷采取最为保守的经营方式,不敢越推销雷池一步。但是,不管怎样,迄今为止,中国的图书发行部门基本上还没有进行大规模推销投资的经历,所以推销活动的风险究竟有多大还不得而知。没有吃过葡萄就一口咬定葡萄是酸的,总是难以令人信服的。

5.2 解决矛盾的可行途径

从上述分析中可以看到,中国图书出版业进一步发展的瓶颈在于新华书店;只要新华书店的行为不发生重大的变化,中国图书出版业就很难走出目前的困境。然而,新华书店表现出来的问题又有其更深层次的原因,单靠新华书店本身的力量是难以解决这些问题的。现在我们针对第一部分中谈到的新华书店的种种矛盾,着重从风险分担、动力问题和信息搜寻三个方面来探讨解决图书发行问题的途径。

5.2.1 风险分担

前面已经分析过,出书难的关键在于新华书店的预订数太低,而新华书店的订数低又源自它承担的风险过大。因此,人们很自然地就会想到去建立一种新的风险承担形式。在这种形式下,新华书店能将其风险分担到其他行为主体身上。在图书市场中,主要的经济行为主体有三个,即作为图书商品供给者的出版社和书店,以及作为图书市场需求者的读者。供给方和需求方之间的利益经常是对立的;但同样是供给者,出版社和书店的经济利益应该是捆在一起的。然而,目前仍在实行的图书包销制度却将出版社和书店的利益分了开来:新华书店只要预订了出版社的新书,出版社的经济利益即已实现,至于新华书店能否卖掉这些图书,从而实现自己的经济利益则是另一回事了。可是,问题在于,出版社和新华书店毕竟都是图书市场的供给者,其中任何一方的利益若是受到损害,必然会影响到另一方,所以尽管图书包销制人为地把出版社与新华书店的经济利益分隔开来,事实上这两者仍是一损俱损、一荣俱荣。例如,在图书包销制下,新华书店为了减少不合理的风险承担所造成的损失,很自然地会尽可能地减少对新书的预订,其结果必然是出版社能够实现的利益越来越少。很明显,要解决出书难的问题,要改进出版社与新华书店目前所处的状况,图书包销制度是非冲破不可的。

说到底,冲破图书包销制度就是要寻求一种新的风险分担方式,改由新华书店单独承担风险为新华书店和出版社共同分担风险。在第一部分中,我们已经分析过,倘若新华书店预订图书的风险为100%,那么它必须有九成的把握才敢于进书。其实,对于不同的图书来说,新华书店销售风险的程度是各不相同的,如文艺小说的进书销售风险很大,而课本的进书销售风险却几乎为零。为了更接近现实,我们把第一部分中的公式作些修正。现在我们根据1987年、1988年中国新华书店的销售资料,得知课本的销售量约占全国图书销售额的三分之一,即:

$$R = \frac{1}{3}rt_1 + \frac{2}{3}[rt_2 - l(1-t_2)]$$

这里,R、t、l 仍然分别代表预期利润、利润率和亏损率,t_1 代表购入课本后能卖掉的概率(实际上可以认为 $t_1 = 100\%$),t_2 则代表其他图书能卖掉的概率:

$$R = \frac{1}{3} \cdot \frac{1}{10} \cdot 100\% + \frac{2}{3}\left[\frac{1}{10}t_2 - 100\%(1-t_2)\right]$$

$$R = \frac{22}{30}t_2 - \frac{19}{30}$$

若 $R > 0$，则

$$\frac{22}{30}t_2 > \frac{19}{30}$$

即 $\qquad\qquad\qquad\qquad t_2 > 0.86$

可见，经过修正后，新华书店在进除课本外的其他图书时，仍必须有 86% 的把握。如果在新的风险分担方式下，新华书店和出版社各承担一半的销售风险，$t_2 > 0.75$，那么新华书店仍需有四分之三的把握才会进书；如果新华书店和出版社分担风险的比例为 $2:8$，则新华书店只要有一半的把握即可进书。而如果实行 80 年代中期曾一度小规模地使用过的寄销形式的话，新华书店的进书风险更是下降为零；在这种情况下，新华书店即使对销售完全没有把握，也照样会把新书陈列在书架上。

现在的问题还在于，中国相当大一部分出版社对分担新华书店的销售风险不以为然，而新华书店对出版社只要利润而不想分担发行风险的做法耿耿于怀。对此，政府主管部门要多做工作，让大家认识到，在买方市场下，图书包销制度已无法适应各自追求自身经济利益的要求，出版社分担发行业的部分风险是必然的趋势；出版社和书店只有携起手来，双方才能够互相得益；只有使书店兴旺起来，出版社的发达才有可能，要不然，皮之不存，毛将焉附。当然，新华书店与出版社最终确定怎样的风险分担合约，还是应该由它们自己商讨决定。因为，只有双方都认为可以从中得益的风险分担制度，才有可能在实践中真正实行下去；否则，某种制度即使有行政部门强有力的支持，在具体实行中也会变形，并使双方最终都失去其本来可以获得的经济利益。图书包销制度就是一例。

以上我们着重分析的是图书订购的风险分担问题。实际上，风险分担可以推广到推销费用、脱销书的添补和重印等各个方面。

5.2.2 经营动力

长期以来，新华书店一直享有着对课本、月历、年画等旱涝保收图书的垄断权。这种权力一方面使利润水平相对不高的新华书店有了基本的利润保证；另一方面又使新华书店舒适地往上一躺，不再刻意进取和创新，从而导致"买书难、卖书难"等现象。在这种情况下，新华书店的经营动力受到很大的限制。如果动力不足问题依然存在，那么，即使风险分担问题解决了，新华书店仍可能不去从事图书商品的推销活动，不去主动订购新书，添补脱销书。

要解决动力不足问题，可以采取釜底抽薪的办法，从新华书店长期依赖的垄断产品——课本和月历、年画等入手，降低课本、月历、年画等的批零差价。同时将省下来的这部分差价集中用于图书的推销活动。这种"取之于书、用之于书"的做法可以收到一举数得的效果。首先，降低了课本、月历、年画等的批零差价，势必影响到新华书店的利润额，这种利润压力会迫使新华书店将注意力更多地放到对其他图书的销售上，力争从多销图书中来弥补损失的利润。其次，在目前的情况下，可将集中起来的这部分批零差价用于设立推销基金，由新闻出版署、地方新闻出版局等主管机构负责使用，以暂时解决新华书店基层店或出版社在推销活动中面临的"搭便车"问题。由于某一种图书被一家基层书店包销的情况极为罕见，所以，任何一家基层书店或出版社若单独就某本书进行推销，其他拥有这本书的基层书店也会从中得到促销的好处，也就是说，前者的收益无法排他性地获得。"搭便车"现象无疑是推销活动的一个障碍。而如果现在由政府主管部门统一建立和使用推销基金,那么所有的新华书店基层店都可以从中得益,收益的排他性问题、"搭便车"问题也就可以避免了。第三,图书推销基金的设立,可以使中国图书出版业推销资金不足的问题得到缓解。第四,如果推销基金运用得当,其示范效应就很可能在全国各地的新华书店基层店和出版社中生根开花。这个意义是很深远的。

推销基金的建立相对说来还是比较容易的,但要用好这笔基金,使其发挥最大的效益,却不是件容易的事。我们认为,从最大限度地发挥信息作用的角度出发,目前应该把推销基金主要用在广告宣传上。

5.2.3 信息搜寻

20 世纪 80 年代中后期以后,中国图书市场就基本上处于销售疲软的状态,然而,与此同时,每天又有无数的读者为购买不到某种图书而烦恼。购书愿望弱一点的读者就此罢了,购书愿望较强的读者则为此四处奔波,而最后结果却未必能够如愿。这是因为中国的图书市场实在是太大了,各供给者之间又很少有信息沟通,于是,那些有购书愿望但买不到书的读者就构成了一个规模不小的潜在图书市场。在本篇第 4 章《中国图书出版业:信息搜寻费用的转移与潜在图书市场的开发》中,我们指出,开发这一潜在图书市场的关键在于,图书市场的供给方应该承担起市场信息的搜寻费用。

开发潜在图书市场要求供给方搜寻的信息,无非在两个方面:一方面与供给有关,如市场上有哪些种类的图书存货较多,它们分别在什么地方、价格、版本的情况如何,等等;另一方面与需求有关,如市场上有哪些图书已经脱销,需求量是多少,等等。事实上,近年来,与供给有关的搜寻信息的创新活动已经在一些基层书店和出版社出现。其中较突出的有上海南京东路新华书店学术书苑、上海东方图书公司和文汇读书周报等共同筹划、出版的《存书通报》。他们向全国各大出版社和新华书店基层店征集库存图书目录,然后经过编辑,将其免费发往全国近3 000家新华书店基层店。《存书通报》中除了有库存图书的书名外,还刊有作者、版本、价格、库存数、联系人和银行账号等信息。显然,这对调剂余缺是很有帮助的。《存书通报》第一期刊登了全国40多家出版社和6家书店的库存图书信息,尽管其中的信息还是很有限的,但已经发挥了很好的信息传递作用,显示出规模经济的效益。为弥补成本,在《存书通报》上刊登一条书目,收费7元。《存书通报》第一期出版后,收支相抵。十分明显,如果在《存书通报》上刊登存书的出版社和书店更多一点,刊登成本会更低。《存书通报》所收的这几元钱的刊登费其实并不高,遗憾的是,由于得不到应有的支持和帮助,它只出了一期就因人力、财力等问题而夭折了。《存书通报》只反映了库存图书的信息,与此相对应,似乎还可以设立脱销书问询处,专门负责联系办理脱销书的购买,等条件成熟后,再在全国建立脱销书联系网,以及时汇总处理全国各地市场上的图书售缺信息。其实,这些信息不仅能部分地解决图书库存问题,而且还能为许多图书的重印提供可靠的市场需求量信息。总之,只要创造条件,使这类创新活动增多,潜在的图书市场就可能逐步得到开发利用。

最后,需要指出的是,政府各级主管部门应该在引导出版社和新华书店基层店的创新活动方面发挥积极的作用。因为在现有的体制下,单个出版社和新华书店基层店由于受到资金能力、风险机制和动力机制等的约束而往往无法将创新活动进行到底。《存书通报》就是一例。由于目前很多地方新闻出版局手中都掌握着相当数量的由出版社和书店上交的资金,加之其处于特殊的地位,所以他们也应该承担一部分图书市场上创新活动的费用。例如，在目前的情况下，由各地新闻出版局来承担图书市场上的部分搜寻信息成本有其独特的有利条件，如这些政府主管部门的信息相对集中和全面，长期以来形成的垂直行政领导关系又使得他们较容易搜寻到必需的信息；更重要的是，如前所述，在当前单靠新华书店基层店或出版社搜寻信息时必然会遇到的风险分担问题、排他性收益问题也可以得到避免。当然，要真正解决这些问题，其出路还在于开展深入而广泛的出版发行体制改革。

第6章
中国图书市场发展的背景及国际比较

本章试图描述中国图书市场的规模和增长潜力,并与世界其他一些国家或地区图书市场的发展相联系进行比较研究,以透视中国图书出版业的长期发展前景。

6.1　中国图书市场发展的基本状况

1979 年以来,中国图书市场经历了一个品种高速增长的阶段,直到 1989 年为止,这个增长势头仍未停止。表 6.1 显示了这一过程。

从表 6.1 可以看出,除 1988 年外,1979 年以来中国图书每年的品种增长率都在两位数以上。在短短的十年间出现如此之高的持续增长,这在世界上其他国家还无先例。正是由于图书品种的高速增长,使中国在 1985 年就进入世界六大出版国的行列,其出书种数要占到全世界出书种数比重的 5.7%(见表 6.2)。

不过,如果换一个角度,从图书印数或印张数来考察,中国图书市场的增长实绩相对说来就不那么显著了(见表 6.3)。

表 6.1　1979 年以来中国图书出版种数及其增长率

年份	种数合计	增长率(%)	新出	增长率(%)
1979	17 212	14.8	14 007	17.8
1980	21 621	25.6	17 160	26.1
1981	25 601	18.4	19 854	12.4
1982	31 784	24.2	23 445	18.1
1983	35 700	12.3	25 826	10.2
1984	40 072	12.2	28 794	11.5
1985	45 603	13.8	33 743	17.2
1986	51 789	13.6	39 426	16.8
1987	60 119	16.1	42 809	8.6
1988	65 962	9.7	46 774	9.3
1989	74 968	13.7	55 469	18.6

资料来源:《中国统计年鉴·1989》,中国统计出版社 1989 年版;中华人民共和国新闻出版署:《全国图书、杂志、报纸出版统计资料·1989》。

表 6.2　1985 年世界图书出版种数

	种　　数	比重(%)
全世界	798 500	100
非　洲	13 500	1.7
美　洲	158 000	19.7
亚　洲	189 000	23.7
欧洲(包括苏联)	426 000	53.4
大洋洲	12 000	1.5
发达国家	581 500	72.8
发展中国家	217 000	27.2
中　国	45 603	5.7

资料来源:《联合国教科文组织统计年鉴·1987》。

表 6.3　1979—1989 年中国图书出版总印数、总印张数及其增长率

年份	图书总印数 （亿册）	增长率 （％）	图书总印张数 （亿张）	增长率 （％）
1979	40.7	8.0	172.5	27.4
1980	45.9	12.8	195.7	13.5
1981	55.8	21.5	217.7	11.2
1982	58.8	5.4	222.0	2.0
1983	58.0	−1.3	232.4	4.7
1984	62.5	7.7	260.6	12.1
1985	66.7	6.8	282.7	8.5
1986	52.0	−22.0	220.3	−22.1
1987	62.5	20.2	261.2	18.6
1988	62.2	−0.5	269.1	3.0
1989	58.7	−5.6	243.4	−9.5

资料来源：中华人民共和国新闻出版署：《全国图书、杂志、报纸出版统计资料·1989》。

从表 6.3 可以看出，1979—1981 年是中国图书出版总印数或总印张数增长最快的时期。从绝对值来看，1985 年是中国图书出版总印数和总印张数最高的年份。1985 年后，虽然中国图书出版种数仍在迅速增长，但总印数却已开始下降，出现了单位品种图书的印数下降，或小印数图书市场扩大的趋势。

从人均拥有图书册数的角度来看，中国并非处于世界前列，但考虑到中国人口中有四分之一是文盲和半文盲这一基本事实，现在的成绩已经十分可观。由于资料的局限，这里仅比较亚洲几个主要国家或地区的情况（见表 6.4）。

表6.4　亚洲一些国家或地区人均拥有图书册数

国家或地区	年　份			人口（百万）	识字人口（15 岁及 15 岁以上）所占比例（%）	人均图书拥有册数
	(1)	(2)	(3)			
中　国	1984	1982	1984	1 029.2	65.5	5.3
中国香港	1984	1971	1983	5.4	77.3	8.2
伊拉克	1984	NA	1983	15.1	NA	0.03
以色列	1984	1983	1982	4.2	91.8	2.8
日　本	1984	NA	1983	120.0	NA	6.0
韩　国	1984	1970	1984	40.1	87.6	2.9
菲律宾	1984	1980	1984	53.4	83.3	0.3
新加坡	1984	1980	1983	2.5	82.9	4.5

注：(1)表示人口统计年份；(2)表示识字率统计年份；(3)表示图书出版册数统计年份。

资料来源：《联合国教科文组织统计年鉴·1986》；世界银行：《世界发展报告·1986》。

从表 6.4 可以看到，在亚洲诸国或地区中，中国的识字人口比例最低，但是在 1984 年前后，中国人均拥有图书册数仅次于日本和中国香港，在亚洲发展中国家或地区中名列前茅。

然而，表 6.5 又告诉我们，从图书种数来看，中国的人均拥有量并不高。

表 6.5 反映的中国人均拥有图书种数低于发展中国家平均水平这一情况，与中国国民文化水平落后的基本国情是适应的。这样就形成了一

表 6.5　1985 年世界每百万人平均拥有图书种数

全世界	165 种	大洋洲	500 种
非　洲	24 种	发达国家	490 种
美　洲	237 种	发展中国家	59 种
亚　洲	67 种	中　国	44 种
欧洲（包括苏联）	553 种		

资料来源：《联合国教科文组织统计年鉴·1987》。

个有趣的特点:一方面中国出书总数已位居世界出版大国的行列,人均拥有图书册数也很可观,这显示出中国图书市场的繁荣兴旺;另一方面,这一切又发生在一个文盲、半文盲人口占总人口四分之一的国度,发生在国民教育水平和收入水平都很低的国度,于是又形成了人均拥有图书种数很低的格局。究竟是哪些因素导致了中国图书市场呈现出这样一种二元的矛盾图景,搞清楚这一点,对我们正确把握中国图书市场的增长潜力是很重要的。

6.2　影响中国图书市场规模的若干主要因素

6.2.1　国民文化水平

众所周知,作为一种文化产品,图书与其他消费品不同,并不是任何人都会购买的。只有识字的消费者才会购书,这是图书市场面对的一个基本事实。中国的这部分消费者从绝对数看是十分庞大的。据 1982 年全国人口普查统计,中国 15 岁及 15 岁以上的识字人口是 43 900 万人[1];或者按照 12 岁为分界线,则 12 岁及 12 岁以上识字人口是 50 800 万人[2];如果再加上 1982 年时小学在校学生 13 000 万人,则中国识字人口共为 64 000 万人。这就是中国图书出版业面对的基本市场。如此之大的潜在购书队伍是世界上任何其他国家都无法比拟的。即使按照 1982 年的图书出版量来估计,中国识字人口人均拥有图书也已达 9.2 册。中国识字人口人均拥有图书倾向也不低。扣除主要为 15 岁以下人口出版

---

[1]　见《联合国教科文组织统计年鉴·1986》。
[2]　《中国统计年鉴·1989》,中国统计出版社 1989 年版。

的少儿读物,以及与个人消费意愿无关的课本,则1982年中国15岁及15岁以上识字人口共拥有可选择购买的图书26.85亿册,人均6.1册。然而,如前所述,中国却不是一个国民文化水平很高的国家,其文盲、半文盲人口要占四分之一,因此,从人口文化结构看,中国图书市场的长期发展面临严峻的局面。表6.6列出了加入联合国教科文组织的32个亚洲国家或地区15岁及15岁以上人口中不识字人口所占比例,从中可以看出中国与邻近国家或地区相比所处的地位。

中国国民文化素质之低下,从其不识字或不读书人口的比例排在32个亚洲国家或地区的第12位这一事实中可见一斑。

众所周知,识字者并不一定是读书者,更不一定是购书者。那么,哪类识字人群是中国图书的主要销售对象呢? 答案是,中国图书的最大购买人群是学生,课本的产量一直在图书总量中占据很大一部分。详见表6.7(不包括图片数量)。

从表6.7中可以看出,中国一般书籍的种数是课本种数的5倍左右,但在印数上两者的差距很小。现在我们再把中国的这一情况与图书出版业较发达的国家作一比较(见表6.8)。

表6.8显示出,无论是种数还是印数,出版较发达国家中课本占全部图书的比重都比中国小得多。中国的图书市场(不包括图片)差不多有一半是由课本支撑的。课本占全部图书的比重大这一点正是出版欠发达的发展中国家图书市场的典型特征。由此可见,中国的图书市场还是相当不成熟的。

中国图书市场的这种不成熟自然是与识字人口文化水准低联系在一起的。让我们再比较一下中国与一些较发达国家及发展中国家识字人口文化程度的数据。

表 6.6 亚洲国家或地区 15 岁及 15 岁以上人口中不识字人口所占比例

国家或地区	调查年份	不识字(文盲、半文盲)人口比例(%)	排位
阿富汗	1979	81.8	1
尼泊尔	1981	79.4	2
巴基斯坦	1981	73.8	3
民主也门	1973*	72.9	4
孟加拉国	1981	70.8	5
伊 朗	1976	63.5	6
叙利亚	1970	60.0	7
印 度	1981	59.2	8
沙捞越	1980	48.9	9
卡塔尔	1981*	48.9	9
阿联酋	1975	46.5	10
约 旦	1979	34.6	11
中 国	1982	34.5	12
土耳其	1980	34.4	13
印度尼西亚	1980	32.7	14
科威特	1980	32.5	15
马来西亚	1980	30.4	16
巴 林	1981	30.2	17
缅 甸	1973	29.0	18
马来西亚半岛	1980	27.0	19
中国香港	1971	22.7	20
文 莱	1981	22.2	21
中国澳门	1970	20.6	22
马尔代夫	1977	17.6	23
新加坡	1980	17.1	24
菲律宾	1980	16.7	25
越 南	1979	16.0	26
斯里兰卡	1981	13.9	27
泰 国	1980	12.0	28
韩 国	1970	12.4	29
塞浦路斯	1976*	9.5	30
以色列	1983	8.2	31

* 表示调查人口为 10 岁及 10 岁以上。
资料来源:《联合国教科文组织统计年鉴・1986》。

表6.7　中国图书中课本与一般书籍种数及印数的比例

年份	课本：书籍		年份	课本：书籍	
	种数	印数		种数	印数
1979	1：3.1	1：0.6	1985	1：5.4	1：1.4
1980	1：4.6	1：1	1986	1：6.2	1：0.8
1981	1：4.5	1：1.4	1987	1：5.1	1：1.1
1982	1：5.2	1：1.4	1988	1：4.6	1：1.2
1983	1：5.3	1：1.2			
1984	1：5.3	1：1.3	10年平均	1：4.9	1：1.1

资料来源:《中国出版年鉴·1989》,中国书籍出版社1989年版。

表6.8　一些国家图书中课本与一般书籍种数及印数比例的比较

国　别	年份	课本：书籍		国　别	年份	课本：书籍	
		种数	印数			种数	印数
中　国	1984	1：5.3	1：1.3	新加坡	1983	1：4.5	1：2.6
日　本	1983	1：21.7	1：32	联邦德国	1984	1：95.2	NA
韩　国	1984	1：9.2	1：2.5	匈牙利	1984	1：10.1	1：3.6
马来西亚	1984	1：10.0	1：4.4	意大利	1984	1：12.7	1：2.9

资料来源:《联合国教科文组织统计年鉴·1986》。

　　从表6.9可以看到,中国识字人口中受过中等以上教育的人口仅占40％,而受过大学教育的人则少得可怜。识字人口文化程度的高低直接影响着学术著作市场的发展,而学术著作市场能否发展起来又直接关系到整个图书出版种数的多少和品位的高低。

　　为了说明这一点,我们再来看一下亚洲一些国家或地区年出版图书中扣除课本、少儿读物部分后,平均每个识字人口都拥有的图书种数和册数(见表6.10)。

表6.9　中国与其他一些国家或地区居民(25岁及25岁以上)文化程度的比较

国家或地区	年份	文盲及文化程度不明确者所占比重(%)	小学(%)	中学(%)	大学(%)
中　国	1982	44.5	32.7	21.7	1.0
中国香港	1981	22.5	39.8	30.5	7.1
印　度	1981	72.5	11.3	13.7	2.5
以色列	1982	9.7	30.6	36.6	23.1
日　本	1980	0.4	45.3	39.7	14.3
韩　国	1980	19.7	34.5	34.9	8.9
巴基斯坦	1981	78.9	8.7	10.5	1.9
匈牙利	1980	1.3	11.2	80.6	7.0
巴　西	1980	32.9	55.2	6.9	5.0
美　国	1981	3.3	0	64.6	32.2

注:本表只列出各国男性人口的文化程度。
资料来源:《联合国教科文组织统计年鉴·1986》。

表6.10　亚洲一些国家或地区识字人口人均拥有图书种数和册数(扣除课本和少儿读物)

国家或地区	年　份			人口(百万)	每百万人拥有图书种数	人均拥有图书册数
	(1)	(2)	(3)			
中　国	1984	1982	1984	1 029.2	37.5	3.2
中国香港	1984	1971	1983	5.4	1 361.0	10.6
以色列	1984	1983	1982	4.2	490.7	3.0
韩　国	1984	1970	1984	40.1	1 009.1	3.3
新加坡	1984	1980	1983	2.5	929.8	5.4

注:(1)表示人口统计年份;(2)表示识字率统计年份;(3)表示图书出版册数统计年份。
资料来源:《联合国教科文组织统计年鉴·1986》;世界银行:《世界发展报告·1986》。

表 6.10 告诉我们,经过"扣除"后,中国识字人口人均拥有图书种数和册数在亚洲的地位均下降了。比较表 6.4 和表 6.10 可以发现,经过"扣除"后,中国 15 岁及 15 岁以上识字人口人均拥有的图书册数,无论是绝对而言,还是相对于其他亚洲国家或地区而言,都比总人口人均拥有图书册数低。比较表 6.5 和表 6.10 还可以发现,表 6.5 显示出中国每百万人口拥有图书种数只比亚洲平均水平略微低一点,但表 6.10 显示,经过"扣除"后,这个数字与亚洲其他国家或地区的差距拉大了许多。这就明白无误地告诉我们,中国图书出版业表面繁荣的局限性在何处了。

6.2.2 居民收入

一般说来,一国的经济发展水平直接制约着该国图书市场的规模;人均国民收入较低的发展中国家的图书出版业相对落后于发达国家。这里,我们专门分析一下居民收入对图书市场的影响。

居民分成两个部分:城市居民和农村居民。在中国,农民占总人口的五分之四,这部分人口对中国图书市场有很大的左右力量。据我们分析,1983 年以前,农村居民的图书购买额差不多占到全部图书销售额的一半。1985 年以后,农村图书市场的增长势头趋缓,但仍然保持了与城镇图书市场平分天下的态势。1987 年农村图书市场销售额占总销售额的 55%,1988 年占 50.6%。农村居民中哪些人是图书的经常购买者?其收入特点又如何?这些都是非常重要的。但是,由于现有调查资料的缺乏,我们只能转而讨论城镇居民的购书情况,以期通过对城镇居民图书消费的分析来反映整个居民收入对图书消费的影响。

据《中国统计年鉴·1989》的数字,中国城镇居民书报费支出比重如

表 6.11 所示。

从表 6.11 中可以看出,居民书报费开支约占生活费开支的 0.9%,1984 年以来这个比重呈下降趋势。在书报费中,图书的支出约占 60%—70%。表 6.12 是全社会书报杂志零售额在社会消费品零售总额中的比重。比较表 6.12 和表 6.11,我们可以看到,中国城镇居民家庭平均每人全年书报杂志费支出占生活费支出的比重,略低于全社会书报杂志零售额在社会消费品零售总额中的比重。这个结果表明居民的书报消费倾向较非居民书报消费倾向高。

表 6.11 中国城镇居民家庭平均每人全年书报杂志费支出占生活费支出的比重

	1982	1983	1984	1985	1986	1987	1988
比重(%)	0.89	0.97	1.04	0.91	0.87	0.84	0.75

资料来源:《中国统计年鉴·1989》,中国统计出版社 1989 年版。

表 6.12 全社会书报杂志零售额在社会消费品零售总额中的比重

	1982	1983	1984	1985	1986	1987	1988
比重(%)	1.3	1.2	1.2	1.2	1.3	1.3	1.2

资料来源:《中国统计年鉴·1989》,中国统计出版社 1989 年版。

现在我们再来看一下居民收入结构与支出结构间的关系。表 6.13、表 6.14 用两种收入分类方法比较了这两者的关系。

从表 6.13 中可以看出,随着收入水平的提高,居民人均书报消费倾向反而呈下降趋势。最高收入组的书报消费倾向(即书报支出占生活费支出比重)比最低收入组的书报消费倾向低 36%。但是,表 6.14 反映的情况与表 6.13 并不完全相同。随着每户人均收入水平的提高,一开始书报支出比重是上升的,到户均 4 500—5 000 元水平后才开始下降,但下降

表 6.13　1988 年城镇居民家庭平均每人全年书报杂志费占生活费支出比重

	总平均	最低收入	低收入	中下等收入	中等收入	中上等收入	高收入	最高收入
比重(%)	0.75	0.87	0.83	0.79	0.75	0.73	0.72	0.64

资料来源:《中国统计年鉴·1989》,中国统计出版社 1989 年版。

表 6.14　1988 年城镇居民家庭平均每人全年生活费支出中书报杂志费的比重(按每户收入水平分组)

	2 000 元以下	2 000—2 500 元	2 500—3 000 元	3 000—3 500 元	3 500—4 000 元	4 000—4 500 元
比重(%)	0.55	0.63	0.67	0.75	0.85	0.82
户数比重(%)	6.78	8.19	13.45	16.34	14.78	11.90

收入组	4 500—5 000 元	5 000—5 500 元	5 500—6 000 元	6 000—6 500 元	6 500—7 000 元	7 000 元以上
比重(%)	0.87	0.86	0.76	0.86	0.70	0.71
户数比重(%)	8.79	6.22	4.10	2.57	2.12	4.76

资料来源:《中国统计年鉴·1989》,中国统计出版社 1989 年版。

的幅度并不大,户均收入 7 000 元以上的家庭书报消费比重仅比最高点低 22%。表 6.14 还显示出人均书报消费倾向超过 0.7%的家庭达到 61%,人均书报消费倾向超过 0.8%的家庭也有 34%。

　　收入与书报杂志支出之间是否存在着一般的关系,由于我们缺乏国外这方面的调查资料,故无法作出类似的比较。这里仅援引澳大利亚 1977 年所作的一次抽样调查数字来说明,见表 6.15。

表 6.15　澳大利亚不同收入阶层购书者比重(前 6 个月中买过一本图书的人数所占比重)

收　入	比重(%)	收　入	比重(%)
6 000 元以下	45	12 000—18 000 元	65
6 000—9 000 元	56	18 000 元以上	78
9 000—11 000 元	68		

资料来源:*Book Markets in the Americas*,*Asia*,*Africa & Australasa* 1979/1980,Euromonifor,1979.

表 6.15 显示出,在澳大利亚,收入越高者,购书倾向越高。这一点与中国的特点相比较,似乎在暗示中国收入较高阶层并不都是知识水平较高者。因为一般说来,知识水平越高,读者倾向越高(见表 6.16)。

表 6.16　1988 年城镇干部和知识分子家庭平均每人书报杂志费占全年生活费支出比重

	高级工程师	工程师	助理工程师	技术员	处级以上干部	科级干部
比重(%)	1.46	1.32	1.15	0.95	0.96	0.84

资料来源:《中国统计年鉴·1989》,中国统计出版社 1989 年版。

总之,从收入结构看,随着收入的提高,个人购书倾向会增加。这部分解释了 1984—1985 年前中国图书市场繁荣的原因,因为在 1978—1985 年间,中国居民的实际收入增长相当快。[①]其中较低收入组实际收入的提高,对购书倾向的提高是十分关键的,这部分收入组(4 500 元收入水平以下)户数约占 70%。但是,当收入提高到一定程度后,消费者购书倾向反而会下降。因此,进一步提高购书倾向的根本在于提高中国居民的文化知识水平。这从另一个方面说明中国图书出版业目前面临困境的原因在于居民文化知识水平较低。

6.2.3　读书倾向和习惯

前已谈及识字的人未必购书,其实,这正是一个市场潜力问题:消费者个人有多种文化娱乐活动的选择,而且也可以在借书和买书之间选择。具有同样文化背景的消费者,其购书上的倾向也不尽相同。这些人都是中国图书出版业面对的市场:或者是实际的,或者是潜在的。潜在图书市

---

① 参见本篇第 1 章《中国图书出版业:从卖方市场转向买方市场》。

场的大小,取决于销售工作做得好坏,也取决于读书者的人数、读书倾向和读书习惯。现在我们先讨论后一方面。

中国没有发布过正式的读书倾向和读书习惯抽样调查结果,因此,中国虽然有世界上屈指可数的庞大规模的图书出版、发行体系,但人们对于国内图书市场潜力却几乎一无所知。我们迄今还不能确知国内经常读书、买书的消费者的规模有多大。[①]但是,我们可以估计出居民图书消费的相对规模。

据《中国统计年鉴·1989》数字,在居民家庭生活费开支中,人均每年文化娱乐用品费 66.68 元,文娱费 3.28 元,书报杂志费 8.26 元,学杂费 18.71 元。在这几项开支中,文化娱乐用品(包括电视机、收录机、钢琴等耐用消费品)费用在全部家庭生活费中所占比重最大,为 6.04%,学杂费占 1.69%,而书报杂志费只占 0.75%。如前所述,在书报费支出中,图书一项开支约占 60%—70%,这样算来,图书一项开支仅占全部生活费开支的 0.5%。相对于其他文化娱乐开支,图书开支是相当低的。

我们再从读书时间的相对比重来看读书倾向和读书习惯问题。1986年,沈阳等四城市对职工一天生活时间的分配进行了调查。表 6.17 是这一调查的有关结果。

从表 6.17 中可以大致看出中国城市居民的读书倾向。中国城市居民在阅读书报上花费的时间并不算少,大约占了一天时间中的 2%—3%。在各项闲暇活动中,只有看电视的时间较读书多。据加拿大统计局1975 年的调查资料,加拿大人每天读书的平均时间为 35 分钟。这个时间与中国城市居民的读书时间差不多。不过,如果要把中国农村居民一

---

① 了解读者的读书、购书习惯,对于预测图书市场的长期发展前景有直接的重要意义。在此我们呼吁政府主管部门开展这项对图书出版业宏观发展至关重要的工作。

并考虑进去的话,中国居民的读书倾向就会大大降低,与发达国家间的差距也就会十分明显。

表 6.17　1986 年沈阳等四城市职工一天生活时间分配　　　　单位:小时:分钟

项　　目	沈　阳	大　连	重　庆	成　都
用于自由支配的时间	3:28 (14.4)	3:33 (14.8)	2:54 (12.1)	3:07 (13.0)
1. 业余学习时间	0:33 (2.3)	0:40 (2.8)	0:27 (1.9)	0:43 (3.0)
2. 文体活动时间	1:53 (7.8)	1:51 (7.7)	1:21 (5.8)	1:22 (5.7)
(1) 看表演				
A. 电视	1:32 (6.4)	1:26 (6.0)	1:07 (4.7)	0:55 (3.8)
B. 电影、文体表演	0:03 (0.2)	0:05 (0.3)	0:07 (0.5)	0:09 (0.6)
(2) 参观游览	0:02 (0.1)	0:06 (0.4)	0:03 (0.2)	0:07 (0.5)
(3) 体育锻炼	0:09 (0.6)	0:05 (0.3)	0:05 (0.3)	0:05 (0.3)
(4) 其他文娱活动	0:07 (0.5)	0:09 (0.6)	0:02 (0.1)	0:06 (0.4)
3. 社会活动	0:21 (1.5)	0:24 (1.7)	0:13 (0.9)	0:21 (1.5)
4. 教育子女时间	0:05 (0.3)	0:03 (0.2)	0:08 (0.6)	0:14 (1.0)
5. 其他自由支配时间	0:36 (2.5)	0:35 (2.4)	0:42 (2.9)	0:27 (1.9)

注:括号内数字为比重(%)。

资料来源:《中国社会统计资料·1987》,中国统计出版社 1987 年版。

由于我们没有掌握较多的发达国家中居民生活时间分配的调查资料,这里只能看一些用其他方式反映发达国家居民读书倾向的抽样调查资料。

表 6.18、表 6.19 告诉我们,在发达国家,经常读书的人数所占比例都很高,如果再将阅读报纸和杂志的人数加起来,则这个比例会更高。显然,中国在这方面与发达国家是存在明显的差距的。虽然我们尚不知道中国经常读书的人数所占比重有多大,但从国民识字水平可以大致看出中国居民读书倾向与发达国家的差距。例如,加拿大这样的发达国家,国民识字率已近乎 100%,中国却只有 65.5%;加拿大经常读书读报的人口约占50%,如果中国也达到这样的读书参与率,那么中国的识字人口的读书读报参与率就差不多要达到 80%,但目前看来这似乎是不太可能的。

表 6.18　闲暇活动参与率——澳大利亚(1978 年)

	总　　数	男	女
看电视	98%	98%	99%
读　书	70%	70%	71%
读　报	91%	93%	99%
读杂志	63%	62%	65%
听收音机	85%	89%	82%
听录音机	67%	71%	65%

资料来源:*Book Markets in the Americas*,*Asia*,*Africa & Australasa* 1979/1980,Euromonifor,1979.

表 6.19　闲暇活动参与率——加拿大(1978 年)

	一般时间(1976 年)	调查时间(1978 年)
看电视	90.0%	92%
听收音机	80.2%	83%
听磁带	53.7%	50%
读　书	54.0%	43%
读　报	72.9%	58.0%
社交活动	76.0%	NA
看电影	31.0%	NA

资料来源:*Book Markets in the Americas*,*Asia*,*Africa & Australasa* 1979/1980,Euromonifor,1979.

因此,比较中国和发达国家的读书习惯,我们可以得出这样的印象:虽然中国城市居民每天花在读书读报上的时间与发达国家一般水平相仿,但经常读书读报的人口所占比例要比发达国家低,如果把众多农村人口考虑进去的话,则这个比例更要低得多。虽然随着国民文化水平和经济发展水平的提高,将会有规模庞大的人口进入经常读书者的队伍,但不能将这种潜在市场的开发前景设想得过分乐观。全民文化水平的提高和经济发展水平的提高都是成长缓慢的长期变量,而且还有不少抵消因素与之伴随。例如,经济发展往往会鼓励人们增加娱乐方式的选择,收入提高后人们用于非读书读报的闲暇时间可能增加。西方发达国家的发展过程表明,人们越来越多地借助电子手段而不是文字手段来获取信息。

前已述及,看书的人未必买书。那么,在中国究竟有多少人倾向于借书看而不是买书看呢?请看表6.20。

表6.20　中国公共图书馆图书流通情况

图书流通情况	1987 年			1988 年		
	总计	省级	县级	总计	省级	县级
万人次	11 589	880	7 535	4 571	784	7 546
万册次	17 306	1 863	10 177	18 252	2 043	10 318

资料来源:《中国统计年鉴·1989》,中国统计出版社1989年版。

从表6.20中可以看出,1988年仅公共图书馆图书流通册数就达18 252万册。这个数字是当年全国新华书店销售册数的3%。若扣除几乎不可能成为图书馆存书的月历图片以及小学课本,则这个比例就要上升到7%以上。显然,这已经不是一个可有可无的数字了。这也就是说,仅仅因为公共图书馆一个因素,每年的图书销售额就要减少7%。如果我们把规模远远超过公共图书馆的私人借阅渠道考虑进去,则每年消费者中倾向于借书而不是买书的读者所占比例会更高。

下面,我们再看一下国外的情况(见表6.21)。

表 6.21　一些国家公共图书馆借阅图书占全国图书销售册数的比重(含借和租两种情况)

国　　别	年　　份	公共图书馆图书流通情况(千册)	比重(%)
巴　西	1974	6 590	3.4
加拿大	1976	112.24	0.2
日　本	1975	52.688	7.2
韩　国	1977	949.0	0.8
新西兰	1974	21.838	0.4

资料来源:*Book Markets in the Americas*,*Asia*,*Africa & Australasa* 1979/1980,Euromonifor,1979.

比较表 6.20 和表 6.21,可以看到,中国借书人数所占比例还是相当高的,由此可以推断中国图书潜在的未开发的市场还是相当大的。

6.2.4　销售特点

潜在图书市场有多大,并不完全取决于需求方。出版界经常听到的抱怨是:读者愿意也需要购买的图书常常买不到。这部分需求者也应归为图书潜在市场。图书销售的规模及其结构特点,关系到潜在市场的开发,关系到出版业的整体规模。下面,我们将通过一些国际比较来说明中国图书销售的规模和特点。

中国的人均图书零售额在世界上处于什么水平,表 6.22 给出了部分答案。

表 6.22　一些国家人均图书零售额(1977 年)　　　　　　　　　　　　单位:美元

国　　别	人均图书零售额	人均 GNP
澳大利亚	34.7	6 100
巴　西	1.4	1 140
加拿大	24.3	7 510
印　度	0.9	150
伊　朗	0.9	1 550
以色列	13.4	3 920
日　本	32.0	4 910
韩　国	3.3	670
新西兰	36.1	4 250
尼日利亚	2.2	380
南　非	2.8	1 340
美　国	22.7	7 890
中　国	0.7	290

注:中国为 1987 年数字,人均图书零售额为 3.38 元人民币,人民币与美元以假想的 5∶1 比例折算,人均 GNP 数字来源于世界银行:《世界发展报告·1989》。

资料来源:*Book Markets in the Americas*,*Asia*,*Africa* & *Australasa* 1979/1980,Euromonifor,1979.

根据表 6.22,我们可以进一步分析各国的图书零售额占国民生产总值的份额,于是有表 6.23。

表 6.23　一些国家图书零售额占国民生产总值的份额(1977 年)

国　　别	所占份额(%)	国　　别	所占份额(%)
澳大利亚	0.57	韩　国	0.49
巴　西	0.12	新西兰	0.85
加拿大	0.32	尼日利亚	0.58
印　度	0.60	南　非	0.21
伊　朗	0.58	美　国	0.29
以色列	0.87	中　国	0.24
日　本	0.65	中　国[*]	0.32

注:* 数字来源于《中国统计年鉴·1989》,币值单位为人民币。

资料来源:*Book Markets in the Americas*,*Asia*,*Africa* & *Australasa* 1979/1980,Euromonifor,1979;《中国统计年鉴·1989》,中国统计出版社 1989 年版。

从表 6.23 可以清楚看出,中国与人均 GNP 较高的国家相比,人均图书零售额还是很低的,即使是相对图书零售份额也很低。这表明中国图书出版业不仅相对国民收入较高的国家是落后的,而且相对于其他经济部门也较为薄弱。因此,扩大图书销售、吸纳庞大的潜在图书需求是完全可能做到的。

现在我们再来看一下中国图书销售的结构。表 6.24 比较了中国与其他一些国家在图书销售结构方面的情况。从中可以推论,中国的消费者个人购书是图书市场的主要部分。这一点接近于一些经济较发达国家的水平。它表明,中国图书出版业在近十多年中发展是明显的。消费者个人在日常生活中十分热心地买书、读书,这是图书市场得以发展的根本保证。消费者个人购书额的迅速增长是支撑中国图书出版业近十多年来持续增长的最重要条件。

表 6.24　一些国家图书零售额占市场销售总额的比重(1977 年)

国　　家	比重(%)	国　　家	比重(%)
澳大利亚	75	韩　国	42
巴　西	87	新西兰	78
加拿大	50	尼日利亚	39
印　度	10	南　非	39
伊　朗	30	美　国	57
日　本	65	中　国	60

注:中国为 1984 年的数字。
资料来源:*Book Markets in the Americas*,*Asia*,*Africa* & *Australasa* 1979/1980,Euromonifor,1979;上海市新闻出版局。

我们再按图书内容分类来看一下销售结构特点(见表 6.25)。

表 6.25　1988 年中国图书销售按内容分类各部分册数所占比例

项　　目	比例(%)	项　　目	比例(%)
总　　计	100	少儿读物	4.0
哲学社会科学	3.7	大中专教材	2.1
文化、教育	23.2	课　本	43.8
文学、艺术	6.9	图　片	10.4
自然科学、技术	4.4	其他出版物	1.5

　资料来源:《中国出版年鉴·1989》,中国书籍出版社 1989 年版。

　　从表 6.25 中可以清楚地看到,按图书内容分类,在全部图书销售中,课本所占份额最大,其次是文化教育。

　　那么,国外的情况又是如何呢? 我们不妨看一下颇具有代表性的巴西和加拿大两国的情况。见表 6.26、表 6.27。

表 6.26　巴西图书销售按内容分类各部分册数所占比例(1976 年)

项　　目	比例(%)	项　　目	比例(%)
儿童读物	8	应用科学	2
其他读物	3	芭蕾艺术	1
哲　学	1	文　学	9
宗　教	2	历史、地理、自传	1
社会科学	33	不明出版物	1
语　言	1	教科书	37
纯科学	1		

　资料来源:*Book Markets in the Americas*,*Asia*,*Africa* & *Australasa* 1979/1980,Euromonifor, 1979.

表 6.27　1976 年加拿大图书销售按内容分类各部分册数所占比例

项　　目	比例(%)	项　　目	比例(%)
教科书	14.1	一般参考书	1.9
专业、技术类	0.5	商业性销售图书	83.0
学校图书	0.6		

　资料来源:同表 6.26。

比较表 6.25、表 6.26、表 6.27，我们可以看到，中国的课本销售占了图书销售的最大部分，这一比例远远超过加拿大和巴西。这似乎与各国的经济文化水平存在某种关系：经济文化发展水平越高的国家，课本销售占图书销售的比例越低。正因为如此，中国才被认为目前正处于经济文化不发达而图书总量又很大的阶段。

我们知道，在所有图书中，品种和印数弹性最大的主要是非教科书类读物，读者买书难的呼声主要也是针对这一类读物，实际上，图书出版业谋取长期发展的重点也正在于此。表 6.25、表 6.26、表 6.27 的对比反映出中国在非教科书类读物方面远远落后于较发达国家。这个事实提醒人们，限制中国潜在图书市场开发的正是落后的图书出版、发行体制本身，正是由于图书促销不力，才导致中国图书销售结构的落后。

中国图书市场的另一个销售特点是：中国是一个语言体系十分封闭的国家，国外图书的进口和国内图书的出口都不多，尤其是出口贸易更为薄弱。这种情况即使在许多发展中国家也不多见。表 6.28 是一些国家图书进出口量占图书出版总量的比例。

从表 6.28 中可以看出，中国图书的进出口比例之低令人吃惊，一般来说，文化发展较为薄弱的地区进口图书所占比例较出口图书为高。中国这两个比例都非常低，这种情况与一个开放经济的出版大国的未来形象是不相称的。在这方面，中国图书销售显示出很大的潜力。

6.3 对中国图书市场长期发展的若干意见

中国图书出版业在经历了 8 年的超常规高速增长后，于 1986 年起

表 6.28　一些国家图书进出口量占图书出版总量的比例(1979 年)

国　　家	出口(%)	进口(%)
澳大利亚	26	78
巴　　西	11	44
加拿大	25	72
印　　度	1	5
伊　　朗	1	53
以色列	46	44
日　　本	NA	5
韩　　国	7	12
新西兰	13	84
南　　非	8	57
美　　国	6	7
中国(1988 年)	0.2	4.5

资料来源：*Book Markets in the Americas*，*Asia*，*Africa & Australasa* 1979/1980，Euromonifor，1979；上海市新闻出版局。

进入调整阶段。尽管中国有很高的图书出版种数和一定的人均拥有图书册数,但中国图书出版业进一步发展遇到的问题也是很大的。总体而言,中国国民的文化水平低下,消费水平不高,图书销售不力,是其中最重要的。

中国图书市场到底有多大？潜在待开发的部分又有多少？这是制定中国图书出版业长期发展政策不可回避的问题。我们认为：

第一,要认清中国是一个国民文化水平不高、农民占总人口五分之四的发展中国家。在中国,农村图书市场是一个不可忽视的市场。近年来农村图书销售额虽然逐年下降,但直到 1988 年,农村县及县以下的图书零售额还是占到总零售额的 48%。在农村图书市场上,课本、图片、通俗文化读物以及科普读物等有着广阔的发展前景。如果能够想办法适当提高农民的购书支出的话,则图书市场就会有一个相当大的发展。因此,完善农村中的文化设施,如建立、健全农村图书馆和图书出租书摊等,采取强有力的措施以提高农民的文化水平,以及大力搞好农村的图书推销工作,具有十分重要的意义。

第二,人口的结构和自然增长对图书市场的发展起着直接的推动作用。在最近一段时期,新一代高出生率人口会进入读书人的行列。从过去的记录看,从 1982 年到 1988 年,8 岁以上人口新增了 1.1 亿($=11.22\% \times 1\ 003\ 913\ 927$)。这部分人对课本市场和少儿读物市场是举足轻重的。课本市场在整个中国图书市场中占据最大一个部分,新华书店利润中的相当大部分来源于课本销售。[①]不仅如此,这部分人本身就是各个年龄层中读书倾向最高的一部分。年龄较轻的人口多,对于开发图书市场特别有利。澳大利亚(1977 年)、以色列(1976 年)、日本(1976年)、新西兰(1976 年)等国的调查一致表明,年龄最低组的读书时间最多,读书频率也最高。[②]年轻人是图书市场必须着力抓住的潜在购书力量,对此必须有足够的认识。

第三,表 6.9 显示出,中国虽然整体文化水平不高,但毕竟有一个规模很大的读书阶层,而且这个阶层的扩展速度相当快。这部分读者往往决定一个国家图书出版业出书质量的好坏,是提高中国图书市场素质的中坚力量。因此,在政策上,应着力做好争取这部分读者的工作。

据《中国统计年鉴·1989》数据,在 1980—1988 年这九年时间里,中国各级各类学校教师、在校学生人数净增了 130 万,全民中受过中等以上

[①] 尽管随着全民文化水平的提高,课本在整个图书市场中的份额会下降,但是,就目前而言,在制定长期计划时,必须把这部分市场素质考虑进去。

[②] *Book Markets in the Americas, Asia, Africa & Australasa* 1979/1980, Euromonifor, 1979.

教育的人数有很大增加。这是中国图书出版业发展的福音,但也对中国图书质量的提高提出了更严格的要求。图书出版、发行机构在争取这部分读者上要想掌握主动权,则要花大力气,从深层改革入手,努力提高图书在市场上的长期竞争力。

第四,中国居民的文化水平虽然普遍较低,但有文化的居民读书倾向还是较高的,他们构成了购买图书的最重要力量。这部分居民对1985年以前中国图书出版业连续八年的超常规高速增长作出了贡献,但是要他们继续支撑中国图书市场的增长,则要看图书出版、发行机构究竟如何动作了。我们应居安思危,充分估计未来可能出现的各种不利因素,特别是注意电子通讯传播媒介的发展给图书出版业带来的挑战(这在西方发达国家已经成为事实),与图书馆等机构共同配合,做好争取更多读者的工作。

第五,本章揭示的事实一再表明,开发中国图书市场潜力的关键,在于图书销售工作能否顺利开展。中国图书销售的手段单调,结构落后,缺乏远见,发展迟缓,我们在前面几章中已多有论述,故不再赘述。这里仅指出,必须高度重视图书贸易工作,把促进图书出口作为一项政策重点来抓。海外有数千万华人,只要抓好图书质量,做好推销工作,把中文图书打到国际市场上去还是有可能的。另外,出版界也应改变那种只出中文图书的保守态度,充分利用中国生产要素价格低廉的优势,与国外出版商开展多种形式的合作,扩大外语图书的出版和发行。不容回避的事实是,相对于经济部门而言,中国图书出版业对外开放的步伐还迈得太小。近年来,国内已有不少出版社开始与国外出版商开展合作,通过版权贸易等多种方式扩大出口,并取得了一定的经济效益。对此,政府主管部门应制定具体规划和政策,加以大力扶植。

参考文献

爱斯菲尔德:《微观经济学:理论与应用》,上海交通大学出版社 1988 年版。
斯坦利·安文:《出版概论》,书海出版社 1988 年版。

附 录
论中国出版业的买方市场及其他
——求教于王益同志

    1988 年和 1989 年，我和杨龙、罗靖同志共同先后承担了上海市新闻出版局、国家新闻出版署分别下达的"中国图书市场的现状分析"、"中国图书出版业面临的困难和出路"两个研究项目。经过近两年的调查研究，我们撰写了 7 篇共计 10 多万字的研究报告。学林出版社以《中国图书出版业经济分析》(以下简称《分析》)为名结集出版。诚如我们在该书后记中所说：在这本书中，"我们希望告诉读者的，是关于中国图书出版业自 70 年代末以来取得的成绩和面临的新的困难。我们认为，这些新的困难是中国图书出版业在其发展过程中所无法回避的；通过深化图书出版发行体制改革来克服这些困难，是中国图书出版业走向成熟的必修课程；成绩如何，将决定中国图书出版业中长期发展的命运。"该书于 1990 年底出版后，我们收到了国内外许多经济学家、出版家和读者的来信。这些信件对本书从内容到观点发表了很好的意见，其中大部分是表示赞同和补充的，也有一些是存有不同看法的。前不久，出版界前辈王益同志就拙作在《中国出版》1992 年第 1 期发表了题为《我国图书商品的买方市场和卖方市场》(以下简称《市场》)的长篇商榷文章。读罢王益前辈的长文，深感其分析之精细，其中确有许多值得我们进一步思考的地方。但是，该文也存在不少需要讨论和商榷之处。现根据《市场》的内容及所提观点的先后顺序,提出以下一些问题,求教于王益前辈。

一、 关于买方市场的理解问题

《市场》长达万言,但没有分段。仔细读来,其商榷的核心问题大概是不同意我们关于中国图书出版业已由1984—1985年前的卖方市场转变为1984—1985年后的买方市场的判断。对此,《市场》用了近一半的篇幅介绍卖方市场和买方市场、需求和供给,以及需求弹性等西方经济学的概念和定义,并由此阐发自己对这些概念的理解,证明《分析》对市场性质的判断是错误的。因此,我们的讨论也只有从对概念的理解入手。

首先是对卖方市场和买方市场的理解问题。《市场》提出关于卖方市场和买方市场不能用是不是供大于求还是供小于求来区别。因为"如果销售疲软是由于消费者买不到所需要的商品,而不是因为购买意愿差、购买能力低;如果仓库中积压的是质次价高、品种又不适销对路的商品;那么,这就不是真正的供过于求,因而就不能说已形成买方市场。如果销售疲软和商品积压是由于生产与流通之间的关系还没有理顺,流通环节中还存在着诸多障碍,存在着'中梗阻'现象,那么也不能说买方市场已经形成"。由此,《市场》认为,卖方市场和买方市场的根本区别必须是真正的供大于求或供小于求。

《市场》这段分析的潜台词在该文的后半部分反映出来,即1984—1985年前后,中国图书市场并不是真正的供大于求,因而谈不上买方市场已经出现。

《市场》对买方市场的理解,大概源自1989年以来经济学界关于我国消费品市场态势的争论。当时全国市场销售疲软，一部分学者认为这并不表明买方市场已经出现，理由与《市场》以上所述是一样的。不过，现在已经证明，1989 年以后我国消费品市场"买方"为主的性质已是事实，且是我国十年改革的重大成果。《市场》的失误在于把市场性质判断中的总量问题和结构问题混为一谈了。

经济学常识告诉我们，供大于求或供小于求是关于市场态势判断的概念。它是个总量问题。当我们对一市场判断为供过于求或求小于供时，并不存在所谓"真正的"或"不是真正的"内涵。因为，如果说某一经济范畴还有真假之分，那么，这一经济范畴也就失去了它的科学意义乃至它本身存在的价值。此其一。第二，当我们考察和定义一市场态势为供大于求或供小于求时，是把结构问题作为既定事实和前提条件的，即某种商品或全部商品市场供大于求或供小于求是一定时间、一定商品结构之下的供求关系。因为考察总量时是把结构作为既定因素，而考察结构也是在一定总量之下进行分析的。总量和结构反映的问题不同，表明事物的状态也不一样。这也是经济分析的一般常识。《市场》说的商品品种不适销对路引起积压就是个结构问题（流通中的障碍是个体制问题，我们在后面将会作分析）。在一定时点的市场供求关系中，结构问题如货不对路总是存在的。但是，如果它不能左右整个市场的总量，我们仍应以总量指标为准。如果说市场是结构矛盾为主，在这一结构矛盾之下的总量仍会表现出它的特征，此时的市场态势我们仍可给出它的判断。读过《分析》的同志都可以看到，我们在前面给出买方市场的判断后，用了相当大的篇幅来分析它的结构问题。当然，结构问题仍不能和总量问题混为一谈。

《市场》关于买方市场的另一个理解是，买方必须处于有利的位置。这无疑是对的。但《市场》认为，"《分析》虽然斩钉截铁地说我国的图书商品市场从 1984—1985 年起已转变为买方市场，但广大的消费者（读者），却并没有感受到有利于读者的那种买方市场已经存在。出书的品种多了，新华书店门市部陈列的品种却未见增加，选择的余地并不充分……至于服务质量的提高、广告宣传的加强等等，大家心中有数，更不待细说。"一言以蔽之，买方并不有利，所以当时还不是买方市场。

我们感到，《市场》在这里是把体制问题和市场态势问题混同了。我们都知道（王益同志也提到），买方市场和卖方市场是商品经济的概念，亦即它是指一定经济体制之下，以一定经济运行方式（即商品经济法则）为既定前提下的概念。如果我们认为某一经济体制（如当时的图书市场）不是商品经济，当然可不用买方市场或卖方市场的概念；但是，如果我们认为中国的图书市场已是商品经济下的市场，即是把体制问题作为前提来分析市场态势，那么，只要某些重要的指标和经济因素已知且已经表现为买方市场的特质，我们即可以给出买方市场的判断。而所谓服务质量不高、广告宣传薄弱、流通渠道不畅等并不改变市场的基本态势，当然也不可能由此推翻人们的判断。反之，如果把体制问题和供求等态势问题混为一谈，那我们永远也说不清任何问题。实际上，《分析》恰是把买方市场虽已形成，但体制问题还没有解决这个问题作为主题来阐述的。如果把这两个问题混同起来，看不到市场已经转向商品经济发展，且买方为主的趋势已不可逆，那么，改革的宏观背景便无从把握，而改革的经济学依据也就模糊了。

二、 关于需求弹性概念及其计算问题

在介绍和分析买方市场问题之后，《市场》用了较大的篇幅引证并介绍了需求弹性的概念。他对需求弹性的理解大部分还是正确的，但也有

一些基本概念模糊的地方。《市场》在考察生活必需品与超必需品(奢侈品)时,混淆了需求的价格弹性与需求的收入弹性这两个完全不同的概念。

需求的价格弹性反映的是需求对价格变动的敏感程度,并以此来表明一个市场的基本态势。我们在《分析》中已经指出,而且一再强调这将反映中国图书价格和销售量之间的某种关系。就此而言,由于中国特殊的管理体制,其图书的需求弹性值的差别可能是很大的。比如,会有1978—1979 年 4.41 的弹性值和 1984—1985 年 0.10 的弹性值。王益同志在《市场》中认为不可能有如此之大的差距,因为"图书商品的性质固然不是一成不变的,但总应该有一定的稳定性"。

根据微观经济学的基本概念,区分生活必需品与超必需品(奢侈品)依据的是需求的收入弹性,而不是需求的价格弹性。但《市场》在介绍需求弹性的概念时,明确把商品的属性与需求的价格弹性联系在一起(见《中国出版》,1992 年第 1 期,第 49 页,第 1 栏)。这样,难怪王益同志不相信《分析》对需求(价格)弹性的计算,并在后面分析时,一方面根据美国教科书在列举实际生活中各种商品的需求的(收入)弹性时,都未注明年份而正确地推论出需求的(收入)弹性是一个相对稳定的常数;另一方面又据此说明《分析》中计算需求弹性的结果时,图书一会属于"高度必需品"、一会又属于"高度奢侈品"是错误的。问题是《分析》在此计算的并不是需求的(收入)弹性,而是需求的(价格)弹性。它并不表示图书商品的属性,而仅仅反映图书的价格变动与需求之间的关系。

《市场》正确地引用了国内学者对需求分析作的论述,即:"必须严格区分由价格引起的需求量变动与其他因素变化引起的需求量变动。这是两个不同的概念。"并正确地指出:"要从多种因素影响的需求变动中剔除其他因素、分离出商品价格这一因素变动所引起的需求变动是非常困难的。"无疑,影响需求量变动的因素有许多,但必须承认的是,在众多影响因素中,价格是最重要、最直接的因素,以至于人们在说需求弹性时,往往把需求弹性等同于需求的价格弹性。王益同志恐怕也因为人们一般只简单地提需求弹性,而忽视了需求弹性往往不等同于需求的收入弹性。我们在《分析》中也碰到了如何在许多影响需求量的因素中把价格因素分离出来的问题。遗憾的是,由于统计资料及课题规模的限制,我们无法做到这一点,而只能用现有的价格资料及图书销售量资料计算需求的价格弹性,以至出现了十年间各需求弹性值变动较大的现象。由于在众多因素中,价格毕竟是最重要最直接的影响因素,因此,我们仍然尝试用需求弹性的分析方法,并相信它在分析一种一般趋势时还是具有说服力的。

王益同志对《分析》中计算的需求弹性的数据逐一进行了计算,认为任何一年以后的平均数都低于这一年以前的平均数,因此用 1984—1985 年以前的需求弹性平均值大于 1985 年以后的平均值来证明是没有说服力的。实际上,这恰恰说明,我国图书出版业的买方市场是逐渐形成的。那么,我们又为什么仅选择 1984—1985 年为分界线呢? 确实,仅仅用这种计算方法划分市场转变的分界线,并把它定在 1984—1985 年,不能成立。但事实是,在《分析》中,我们是用了近两万字的篇幅,从各个不同的角度,如 1984—1985 年前后供给和需求诸方面发生的变化,来说明 1984—1985 年中国图书市场性质的转变的。用需求弹性来说明仅是其中的一个角度。

三、 图书商品的收入弹性问题

《市场》认为,《分析》中引用的书籍收入弹性是美国的情况,"怎么能把美国的需求弹性引来作为中国书籍的需求弹性并说书籍在中国是奢侈品呢"。我们在《分析》中要说明的仅仅是书籍属于超必需品（或称奢侈品），因为其需求的收入弹性大于1。《市场》指责《分析》用美国的例子来套中国的情况，进而对书籍的超必需品属性提出疑问，这似乎过于简单了些。举个例子来说，美国的经济结构经历了从以农业为主转变到以制造业为主，再转变到以服务业为主的过程，我们难道可以因为这只是美国的例子，从而断言中国不可能经历这样一个过程吗？我们讨论的书籍是否具有超必需品的属性问题，是一般商品经济社会中普遍存在的问题，它是一个与"衣食等商品属于生活必需品，而文化娱乐商品属于超必需品，这可以从它们的需求收入弹性小于1还是大于1而加以区别的"一样的问题。这些问题只是与经济的性质有关而与国界无关。何况《分析》中列举美国社会中书籍的收入弹性等于1.44，并没有推论说在中国书籍商品的收入弹性也等于1.44。这里只要说明它大于1就已经足够了。《市场》还特别提到："值得注意的一点是，这些书（《微观经济学》等）在列举实际生活中各种商品的需求弹性时，都未注明年份，可以理解为他们认为需求弹性是一个相对稳定的常数，不是一年一个样的。这与《分析》的作者看法不同。"这里王益同志似乎应该注意以下三点：（1）又混淆了需求的价格弹性和需求的收入弹性概念，此处应是需求的收入弹性。（2）"相对稳定的常数"的推论不是从另一角度说明这些弹性与国界无关吗？（3）所谓"与《分析》作者看法不同"的论断依据什么？正好相反，这与我们的看法是相同的，其原因前已论述。

四、 关于人均收入的调整问题

《市场》认为，《分析》用任意一种商品的价格指数（《分析》中用的是图书价格指数)来调整职工工资收入没有科学性,而且还特地用我国历史上曾有人用油条的价格来调整职工的工资收入,被经济学界传为笑柄的例子来进行类比,以期引起人们的注意。乍一看,用任意一种商品的价格指数来调整职工的收入,其科学性如何自然是不用多说了。但问题是,如果油条的价格变化代表了平均物价变动,那么自然就可以用油条的价格来进行调整了。我们在考察职工收入问题时,首先碰到的就是用何种指数来调整的问题。《市场》提到了零售物价指数和职工生活费指数。对这些指数的代表性,尤其是 80 年代中期以后这些指数的代表性,一直是有争议的。根据《中国统计年鉴》,以 1978 年价格为 100,1986 年全国零售物价总指数为 135.8,职工生活费用价格总指数为143.6。有人可能会说,日常感受往往受表面现象迷惑,以致与实际情况发生偏差。但是,如果两者之间的差距在若干年内一直相距甚远,那就很难解释了。按照我们在这十年(1978—1987 年)中的亲身感受,很难相信物价在这十年中的涨幅还不到 50%。我们想,《市场》的作者恐怕也较难找到在这一期间物价仍保持不变或涨幅低于 50%的商品。如果可以找到,那么我们不妨也可以借用《市场》的话,看看这些商品在日常生活中的比重如何。

由于大多数商品在十年中的涨价幅度至少是一倍(涨价好几倍的绝非罕见),而图书的价格指数上涨幅度差不多也就是一倍多一点(2.12),与大多数日常生活用品相比较,其涨幅属于平均水平的,我们认为用这个指数来调整实际价格水平变化还是比较稳妥的。用图书价格指数来调整实际价格水平还有一个次要原因,那就是我们毕竟是在分析图书商品,消费者在购买图书时直接感受到的是图书价格而不是其他商品价格。附带说一下,我们之所以用上海版图书价格数据,一方面是受统计资料的限制,无法找到全国图书的价格资料(长期以来,至少在 1985 年以前,国家图书统计报表中没有价格指标,而只有数量指标);另一方面,上海版图书的价格在全国图书价格中并不属于涨幅特大之列,可以作为代表。

五、 关于图书定价是否有最高限价问题

在《分析》中,我们用了整整两万字的篇幅,详细描述了中国图书价格管制从严紧趋向宽松的过程,论证了进一步放松图书价格管制,直至全国放开图书价格的必要性。我们认为,放松价格管制,以加速小印数图书市场的发育,最终将导致中国图书市场走向成熟。而《市场》在其万字容量中却只用了一句话——"我国出版社众所周知的事实则是,从 1988 年 8 月 18 日新闻出版署转发国家物价局《关于改革书刊定价办法的意见》,对书刊(中小学课本和大中专教材除外)定价并没有作出最高价格的限制,只要求出版社按保本微利原则掌握,控制定价利润率在5％—10％以内"——轻而易举地否定了整个研究的必要性。这里姑且不论在我国目前情况下,全面了解和分析图书价格管制的逐步放松与图书价格上升之间存在什么样关系的必要性,也不论成本与定价方式对小印数图书市场成长影响的重要性,等等;仅就现实而言,同样众所周知的事实是,尽管国家物价局在 1988 年 8 月就发了《关于改革书刊定价办法的意见》,但实际上许多省市都不是立即不折不扣地实行的,而是根据自己的情况逐步地变通地执行的,至少在中国最重要的出版基地之一——上海,至今仍对大多数图书实行最高限价管理的规定。我们在进行科学研究时究竟应从文件出发,还是从现实出发,我想这应该是不言而喻的事情。

六、 关于图书市场性质的转变是好事还是坏事的问题

《市场》万言文中,唯一使我们不可理解的是,该文断言:《分析》作者"对买方市场也说了几句好话,承认市场性质的转变是'有利于消费者的','并且给中国图书出版业开展品种竞争、提高出书质量提供了很好的机会','给消费者提供了较多的选择机会'。但他们对买方市场实际上是不抱欢迎的态度,顾虑重重,忧心忡忡"。忧心忡忡是实,但要说对买方市场的出现抱不欢迎态度则是没有根据的。其实,只要粗粗读完《中国图书出版业经济分析》的人,恐怕都会强烈地感受到作者对买方市场的出现是何等的高兴。这种高兴主要体现在作者意识到买方市场的出现对加快中国出版发行体制改革提供了一个机会。

我们写作《分析》的目的,是为了证明,也是为了告诉人们,尽管在过去十多年中,中国图书出版业的增长实绩是令人鼓舞的,但是在这些增长实绩背后却潜伏着一系列深层次的问题,尤其是 1984—1985 年以后,随着超常规高速增长阶段的结束,市场的性质由卖方市场转向买方市场,发生了根本的变化,中国图书出版业的长期发展,因而在各方面都面临严峻的挑战。然而,我们过去的体制和营销方式大多是在卖方市场条件下设计的,是与卖方市场条件适应的。所以,随着市场性质的变化,我们现有的体制显然不能适应买方市场的运作,如果不变革的话,那些长期为图书市场表面繁荣所掩盖着的深层问题将进一步暴露出来,并严重威胁到中国图书出版业的长期发展。因此,从根本上看,能否在新的条件下通过推进、深化图书出版发行体制改革来解决这些深层次问题,使中国图书出版业转入新的稳定的常规增长阶段,将决定中国图书出版业中长期发展的

命运。这是对中国图书出版业的重大考验。显然，如果要说《分析》对我国图书出版业前景"忧心忡忡"的话，我们承认。但我们忧的绝不是不欢迎市场性质的转变，或者"恋恋不舍卖方市场"；我们忧的是中国出版发行体制改革的步伐太慢，不能适应市场性质转变的需要，以致影响中国图书出版业的长期发展。我们认为，与其沉浸在感觉良好之中，还不如把问题看得严重一些，何况这些问题的严重程度大家都是有目共睹的。若干年后，事实证明我们的忧虑确实过头了，那我们是再高兴也不过了。从希望中国图书市场日益健康发展的基本愿望出发，我们宁愿接受别人对我们的误解。

《市场》在最后说道："我国出版科学的研究近年来有很大的发展，成绩有目共睹，但争鸣的气氛不太浓厚……我深信没有争鸣就没有科学的发展。"对此，我们深表赞同。中国出版科学的成熟和发展只有在争鸣中才能实现。推而广之，一切科学的发展又何尝不是如此。我们感谢王益前辈对拙作的批评，我们更希望得到出版界同仁和广大读者对拙作的进一步批评。

（原载《中国出版》，1992 年第 8 期）

第二篇

中国出版产业发展阶段研究
（1978—2005）

2005 年 12 月至 2006 年 4 月第一稿；
2006 年 7 月定稿；
复旦大学出版社 2006 年 12 月出版。

第1章
绪　论

1.1　研究目的、意义、思路和方法

1978—2005 年这 28 年是中国图书出版产业迅速发展并引起世人瞩目的 28 年。在这 28 年中,中国图书出版产业的体积增长了几十倍。更加重要的是,其间中国图书市场的性质发生了根本的变化,由卖方市场转向买方市场;出版单位的性质发生了根本的变化,由纯事业单位转为事业单位企业化管理,自收自支、自负盈亏;新的出版组织不断涌现,新的出版技术不断被运用;出版企业与国际出版企业的合作越来越频繁,范围越来越大。与此同时,中国图书出版产业也出现了各种各样的问题,甚至陷入程度不同的困境,中国图书出版产业在解决这些问题、战胜各种困难的过程中不断向前发展。

本篇研究的目的有二:其一,对 1978 年改革开放至今[①]这 28 年中国图书出版产业的发展历程作一个较为全面的梳理,提出中国图书出版产业经历了超常规增长、调整与徘徊、新的增长三个发展阶段的基本观点,

---

① 除非特别说明,本篇所用"至今"期至 2005 年。

并运用现代经济学、管理学的基本理论和分析方法对每个阶段产生和形成的内在机理作深入分析,以求对中国图书出版产业的发展有一个清晰的描述。在上述分析的基础上,对当前中国图书出版产业的现状做进一步的研究,通过各种总量和结构分析证实本篇提出的一个基本判断,即目前中国图书出版产业仍然处于新的增长阶段,以回应目前出版界普遍存在的一种消极观点,即中国图书出版产业已经进入"滞胀"阶段。其二,进入 21 世纪,中国图书出版产业面临新的发展机遇,一方面在全球化、信息化、数字化浪潮的背景下,全球图书出版产业出现了许多新的变化,面临着深刻的转型,这对中国图书出版产业的发展方向势必产生重要的影响;另一方面,随着国内文化体制改革的进一步推进,中国图书出版产业在运行机制、管理模式、组织结构、企业制度等诸多方面都出现了巨大的改革空间。在这种外部环境和内部机制的双重变化下,出版界对图书出版产业的未来发展前景表现出极高的关注,中国图书出版产业向何处去成了一个亟待研究的重要课题。本篇结合笔者在图书出版界多年工作的经验,以上述双重变化为分析背景,提出了中国图书出版产业长期发展需要解决的几个关键问题,并给出了解决问题的路径和办法。

本篇的研究思路是问题导向式的,总体而言,回答了如下一些问题:中国图书出版产业为什么划分为三个阶段,每个阶段的内在成因是什么;1985 年中国图书出版产业为什么会由卖方市场转向买方市场,其依据何在;为什么在买方市场中图书的价格会出现大幅上涨;卖方市场向买方市场转型的时间为什么如此之长;进入 21 世纪,中国图书出版产业到底是进入"滞胀"阶段还是仍然处在新的增长阶段;中国图书出版产业长期发展需要解决的关键性问题是什么,如何解决;等等。

本篇的研究方法是实证分析与理论演绎相结合。具体而言,主要运用了如下的研究方法:(1)经济学分析方法。本篇运用了经济学中的价格弹性、收入弹性、集中度、外部性、规模经济以及供求分析等概念和理论，对图书商品和图书出版产业的基本特征作深入的描述。(2)实证分析法。对本篇提出的若干观点和相关问题，主要采用实证分析加统计回归分析的方法加以验证。(3)历史分析法。本篇对中国图书出版产业的发展历程作了较为全面的描述，运用图书品种、总印数、总印张、总定价以及出版社的数量、出版社的利润水平、出版社职工数量等不同指标对这一发展历程中的不同发展阶段进行综合分析。(4)抽象演绎法。本篇从数字技术的一般特性、中国文化体制改革的基本方向、中国宏观经济发展的基本趋势、产业融合的主要影响等出发，对中国图书出版产业发展的内在逻辑和演化路径进行理论推演，分析中国图书出版产业未来发展的前景。

1.2　研究框架

全篇共分四章。

第 1 章是绪论。本章简要点出研究的目的、意义、思路和方法，描述本篇的研究框架，介绍学术界对出版产业研究的进展情况。

第 2 章对本篇的两个主要研究对象——图书和图书出版产业，进行经济学的分析，以此作为后面两章分析的基础。本章对图书商品的性质进行描述，分析图书商品具有的文化属性、差异化特性、超必需品特性以及正的外部性。对图书出版产业的经济学特征做归纳和概括，研究人均国民收入水平对图书消费需求的影响，收入结构和人口结构对图书消费需求的影响，图书出版产业的规模经济特性和产业集中度，出版企业功能定位的差异性，以及数字技术对图书出版产业的革命性影响。

第 3 章对中国图书出版产业的发展历程作阶段性分析，提出三阶段划分的基本观点:1978—1985 年是中国图书出版产业的超常规增长阶段,1986—1994 年是中国图书出版产业的调整与徘徊阶段,1995 年至今中国图书出版产业处于新的增长阶段。本章运用第 2 章的基本结论对上述三个阶段的成因进行分析。在此基础上,提出中国图书市场于 1985 年由卖方市场转向买方市场的基本观点,并对其内在原因进行深入分析。本章还对中国图书出版产业调整与徘徊时间为什么如此之长作理论上的阐述。

第 4 章对当前中国图书出版产业的阶段性质作进一步深入分析,作为对当前出版界影响较大的"滞胀"论的一种回应。最后,本章提出中国图书出版产业长期发展需要解决的几个关键性问题,包括:出版社的类型选择与企业改制、企业的集团化及其结构安排、内容产业与文化创新、产业链与价值链的打造、数字化建设与数字化产品、区域分工与联合及改善出版生态环境等,并提出解决问题的路径和办法。

1.3 学术界对出版产业研究的进展情况

出版产业是整个国民经济体系的一个重要组成部分,它把出版产品和出版服务视为一种经营性的行为,并按照一般的经济规律加以运作。与大多数产业不同的是,出版产业具有一定的特殊性,表现为出版活动和产品具有的意识形态特征。正是由于这一点,在相当长的时期内,我国政府将出版机构归入了事业的范围,把出版产品和出版服务视作是带有公共产品性质的商品。在这种状况下,我国学术界对出版科学的研究主要集中在编辑学和具体出版实务,如出版管理、发行管理和印刷管理等方面,而对出版产业的研究则一直处于空白的状态。

1978 年 12 月,党的十一届三中全会吹响了改革开放的号角,中国出版业也开始驶入了改革的轨道。随着改革的推进,出版业的产业特征开始逐步为中国学术界和出版界认识,由此开始了对中国出版产业的研究。

　　1986 年 2 月,我在《上海出版》上发表了《开展社会主义出版运行机制问题的研究》一文,这是改革开放以来,中国第一篇以出版产业为研究对象的文章。该文虽不长,但却明确地提出,"从根本上说,对出版运行机制的研究离不开对出版主体行为的研究,从而必须以既定的出版体制为前提,这就是说,应该对我国出版的不同体制作出划分和规定,分别对事业型、事业单位企业化管理型、企业型三种基本模式的出版运行过程进行分析,然后,利用这种分析的结果,对符合现实的理想出版模式的选择涉及的若干理论原则加以讨论,并研究如何使我们的现行模式向理想模式逼近。"[①]该文认为,出版运行机制有一系列的问题值得研究,"例如,不同体制下出版运行机制的组成和分类以及它们形成的方式;在不同的体制下,出版有机体内部各个部分、各个系统、各个要素之间相互联系和相互制约的运行过程;出版运行机制作用的条件和环境;如何发挥出版机制的功能;出版机制与出版体制和经济杠杆的关系,出版行政控制与参数控制的关系;出版运行机制与出版社、印刷厂、书店行为的关系;如何通过反馈方式使外部调节措施转化成出版机体的自行运动,以实现决策人的预期目的;等等"。[②]1986 年,我和石磊先生还在《社会科学》(上海)期刊上发表了《上海出版税收的现状、问题和对策》一文,对上海出版税收中存在的问题进行了全面分析,提出了通过调节税收,促进出版业超前发展的建议。这也是改革开放以来中国第一篇研究出版产业政策的论文。

　　1989 年,宋原放、赵斌先生在参加第四届国际出版学研讨会时提出:

---

①②　陈昕:《开展社会主义出版运行机制问题的研究》,《上海出版》1986 年第 2 期。

"怎样使出版产业既能在经济上发展又能很好地完成社会责任,十年来一直是困扰中国出版界的大问题"①,这标志着中国出版界已经开始认真研究出版产业发展中需要解决的关键问题。

从1990年到20世纪末,随着出版改革的逐步深化和出版产业的快速发展,中国学术界、出版界对出版产业的研究有了明显的提高,一批专著陆续问世。这一时期有三部代表性的著作引起了出版界的关注。

一是我与杨龙、罗靖先生在大量调查研究的基础上于1990年出版的《中国图书出版业经济分析》一书。该书对当时图书市场的状况及发展趋势进行了系统的经济分析,在此基础上对图书价格管制、成本与利润的"剪刀效应"、短期竞争与长期竞争、出版竞争与创新、图书发行风险分担方式、受益排他性、图书销售的限制、信息搜寻费用、潜在图书市场开发等问题做了实证研究,提出了一系列改进的办法和措施。这是中国出版界第一部运用现代经济学的方法对出版产业进行系统研究的专著,引起中国出版界的广泛重视。二是杨咸海先生于1995年出版的《出版经济学》一书。该书运用政治经济学的原理,从出版物是一种特殊的商品这一立论出发,对出版生产、出版宏观调控、出版社的体制、出版经营管理、出版政策等方面作了详尽的分析,初步构建起出版经济学的体系。三是吴江江等在1994年出版的《中国出版业的发展与经济政策研究》一书。这部著作从产业发展的角度,全面论述了中国出版业的发展导致的出版经济政策的演变过程,并提出了一系列值得重视的政策建议。

进入21世纪后,中国出版产业研究的步伐不断加快。据不完全的统计,这五年多的时间里,有关出版产业的著作多达五六十种之多。其中有对出版产业进行总体研究的著作,如于友先先生的《现代出版产业发展

---

① 参见《中国出版年鉴·1990—1991》,中国书籍出版社1993年版。

论》、周蔚华先生的《出版产业研究》等;有对出版产业进行年度分析的连续性报告,如中国出版科学研究所的《中国出版业发展报告》《国际出版业状况及预测——国际出版蓝皮书》等;有对海外出版产业进行系统介绍的图书,如杨贵山先生的《海外书业经营案例》《西方六国出版管理研究》《欧美书业概论》等;有对中国出版产业进行专题研究的著述,如程三国先生的《理解现代出版业》、余敏先生的《中国出版集团研究》等。这一时期,我国还翻译出版了一些在国际上有重要影响的有关出版产业的著作,如迈克尔·科达的《因缘际会》、小林一博的《出版大崩溃》等。

在这一时期出版的著述中最值得重视的是周蔚华的《出版产业研究》、程三国的《理解现代出版业》以及中国出版科学研究所的《中国出版业发展报告》。周著结合国内外出版的历史和现实,综合运用实证分析和规范分析的方法,对出版产业做了全面的经济分析。该书第二章至第四章,从信息经济学和产业经济学的角度,对出版产业在现代产业体系中的定位,出版的功能和特性,出版产业结构和产业组织,出版产业的集中度,规模经济和出版的集团化等进行了深入细致的研究分析,其中不乏创见。程著则分析了现代出版业的三大结构及其成因,认为现代出版业是由大众出版、教育出版和专业出版构成的。大众出版、教育出版、专业出版承载的三大功能即娱乐(文化)、知识和信息导致了出版业结构的不同,并决定了三大出版在公司战略和策略层面上的重大区别。程著从商业特性、产业集中度、营销方式、集团化、数字化和全球化等方面具体比较了大众出版、教育出版和专业出版的优势、劣势及发展趋势。程著对三大出版的分析为图书出版产业发展的繁杂图景提供了简明的分析理论框架。《中国出版业发展报告》自 2003 年首次推出以来,目前已出版了三卷。三个年度的出版蓝皮书在研究范围上逐步扩展,在地域上,由第一部的专述内地出版扩大到综述港澳台地区的出版,在所涉及的研究领域上,从主要探讨图书出版扩大到期刊、报纸、音像电子产品、数字出版等各个方面。出版蓝皮书在综述上一年新闻出版行业发展态势和预测当年走向的主报告之外，用综述图书、期刊、报纸、音像电子产品、数字出版、民营书业、出版集团、外资进入以及香港和台湾地区出版业等专题报告的方式，全方位、多角度地揭示我国出版业跨年度的发展状况和前景，对行业内的一些热点、难点问题也有比较集中的分析，并提供了一些值得参考的意见。

第 2 章
中国图书出版产业经济学分析

本章是后面两章展开叙述的基础。本章从经济学的角度对图书商品的性质以及图书出版产业的特征进行分析。受篇幅的限制,本章的分析不可能全面展开,而是以本篇的主题以及试图要阐述的观点为范围和限度,对与之相关的图书性质和产业特性进行描述和分析。

2.1 图书商品性质的经济学分析

2.1.1 图书是一种文化商品

与一般商品比较,图书最突出的特点在于它是一种文化商品。因此,图书要求消费者必须具备一定的文化程度,一个社会的文盲和半文盲率对图书市场的容量会产生直接的影响。另一方面,文化商品的属性也决定了其生产目标的双重性:作为商品,出版图书要以追求利润为目标,而作为文化商品,图书的出版又必须以文化的普及与提高为宗旨。这种双重目标有时可以相容,有时却无法调和。

从文化属性来划分,图书可分为学术性读物和普及性读物两类,前者以文化提高为目标，后者以文化普及为目标。一般而言，普及类图书的市场容量要大大高于学术类图书，因此，图书的营利目标与文化普及目标在相当程度上还是可以一致起来的。但对于学术类图书，图书的营利目标与文化提高目标的冲突性则表现得较为明显，其根本原因在于学术类图书的读者群比较狭窄。图书商品双重目标之间的潜在冲突是构成日后中国图书市场问题丛生的基础，我们将在第 3 章对此展开详述。

2.1.2 图书商品有显著的差异化

商品的差异化可以表征商品之间不可替代的程度。差异化高的商品，具有为特定消费群体"量身定做"的性质，其被其他相近产品替代的可能性便越小，从经济学的角度而言，这种商品的需求曲线便越陡峭，其价格弹性①便越低，如图 2.1 所示。其中，A 代表的需求曲线比 B 代表的需

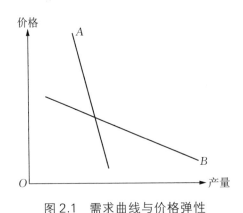

图 2.1 需求曲线与价格弹性

<hr />

① 关于价格弹性的概念，见斯蒂格利茨：《经济学》（上），中国人民大学出版社 2000 年版，第 92 页。本篇第 3 章有详细的论述。

求曲线有更低的价格弹性。表2.1列出了美国经济中部分商品的价格弹性。可以看出,图书的价格弹性是十分低的。

表2.1　美国经济中部分商品的价格弹性

买来的食物	金属	汽车	煤气、电力、水	饮料	烟草	住房	服装	图书	肉
2.27	1.52	1.14	0.92	0.78	0.61	0.55	0.49	0.34	0.20

资料来源:斯蒂格利茨:《经济学》(上),中国人民大学出版社 2000 年版,第91页。

图书商品的差异化根源于图书的文化属性。一般而言,商品差异化程度越高,商品市场和消费者群体的细分程度便越高,因而商品的种类便越多。这一点在图书商品上表现得十分明显。尽管图书消费者的范围因文化因素的要求而受到限制,但文化变量的引进极大地扩大了消费者的偏好类型。为了适应不同种族、不同年龄、不同性别、不同职业、不同爱好、不同文化层次的消费对象的需求,图书大家族中既有社会科学读物、文学艺术读物,又有自然科学读物;既有少儿读物,又有青年、老年读物;既有中国读物,又有外国读物;既有古典读物,又有当代读物;既有实用读物,又有消遣读物;既有大众读物,又有专业读物……在这些名目繁多的图书种类中,许多图书都有其专门的读者群,不同类型的图书之间是无法替代的。即使同一类型的图书,往往也因作者知名度大小、叙述详略、内容深浅、篇幅多少、风格殊异,甚至版本新旧、装帧式样的好坏而产生五花八门的产品差异。图书商品的差异化为图书种类的增加提供了足够的发展空间,比如从 1977 年到 1989 年,中国图书种类从 1 万余种迅速增长到 7.5 万种。

较大的产品差异性降低了图书的需求价格弹性,而较低的价格弹性可以使销售商尽可能地提高价格以获得更高的利润回报。特别是针对特定读者群的学术类图书以及研究报告等专业类图书更是如此。比如在国外,学术类图书的价格定得非常高,一般要高于普及类图书价格的几倍,甚至十几倍。

2.1.3 图书属于较弱的超必需品[①]

微观经济学从消费支出的刚性角度把商品分成必需品和超必需品两大类。顾名思义,前者是维持日常生活不可缺少的商品,它反映的是人类基本的生活需求,比如衣食住行等;后者相对而言则是日常生活中可有可无的,它反映的是人类较高层次的需求,比如阅读、听音乐、旅游等。微观经济学用收入弹性概念[②]来表征必需品和超必需品的区别。必需品的需求收入弹性较低,它对收入变动的反应迟钝;而超必需品对收入变动的反应灵敏,它的需求收入弹性较高。确定图书属于必需品还是超必需品可以帮助我们分析图书市场的需求变动。

按照中国国家出版统计最一般的分类,图书分为书籍、课本和图片三大类。我们以 1977—1989 年的数据来对图书的收入弹性进行分析,如图 2.2 和图 2.3 所示。1977—1989 年,中国人均国民收入有了较大幅度的增长,与此相伴随的是,课本和图片的增长曲线比较平坦,没有随着收入的变动而大增大减,这表明课本和图片具有必需品的特征。特别是课本,其必需品特征十分明显,购买课本的支出在家庭以至总人口消费支出中的比重是较为固定的,课本支出不会因家庭收入的高低出现剧烈波动。而书籍的增长曲线则随着收入增长率的高低而忽上忽下跳动,这表明其

---

① 微观经济学中把需求的收入弹性大于 1 的商品视为超必需品(奢侈品),把需求的收入弹性小于 1 的商品视为必需品。

② 收入弹性衡量的是收入变化对商品需求的影响,一般用需求变化的百分比除以收入变化的百分比,见 K.E.凯斯:《经济学原理》(上),中国人民大学出版社 1994 年版,第 180 页。

具有超必需品的特征。这种结构性分析表明图书市场内部存在着必需品和超必需品两种不同类型的商品，对于图书整体而言，判断其是必需品还是超必需品还需要了解两种不同类型商品占整体商品的比重。

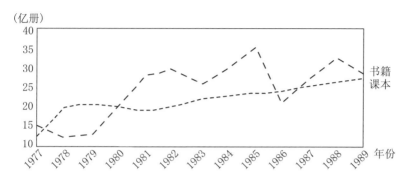

图 2.2　1977—1989 年中国书籍、课本册数随人均收入增长的变化情况

图 2.3　1977—1989 年中国书籍、课本、
图片印张随人均收入增长的变化情况

　　表 2.2 的数据表明 1977—1989 年间，书籍在图书中的比重约在 55%（13 年平均数为 53.6%），因此，从总体上说，图书更接近于超必需品，或者说是一种较弱的超必需品。美国一些学者的研究同样表明，书籍的收入弹性为 1.44，明显大于 1，表明书籍等商品随收入水平提高而增加的幅度远远会高于鸡蛋、面粉、水果等必需品，如表 2.3 所示。

表2.2　1977—1989 年中国书籍、课本、图片出版总量

年份	书籍总印数（亿册）	书籍总印张（亿张）	课本总印数（亿册）	课本总印张（亿张）	图片总印张（亿张）	书籍总印张在图书总印张中的比重（%）
1977	15.11	76.52	11.51	34.24	5.87	65.01
1978	11.57	55.84	17.19	71.81	6.94	41.24
1979	12.91	69.98	20.80	93.08	7.68	40.57
1980	19.10	102.44	18.95	82.44	8.44	52.35
1981	28.31	125.55	19.98	81.65	7.89	57.67
1982	29.88	125.72	21.60	85.29	8.15	56.03
1983	26.88	129.68	22.71	90.17	9.72	55.80
1984	30.86	155.46	23.59	92.27	9.61	59.65
1985	34.77	171.39	24.88	97.72	9.70	60.63
1986	20.79	111.95	24.94	94.68	9.51	50.82
1987	29.12	147.44	26.97	99.86	9.87	56.44
1988	29.79	150.09	27.66	106.51	8.30	56.06
1989	28.47	128.73	27.14	106.27	5.25	52.89

资料来源:《中国出版年鉴·1988》,中国书籍出版社 1988 年版;中华人民共和国新闻出版署。

表2.3　美国一些商品的收入弹性

黄油	奶酪	鸡蛋	水果和草莓	面粉	电	酒	肉类	烟草	牙病防治	家具	书籍
0.42	0.34	0.37	0.70	−0.36	0.20	1.00	0.35	1.02	1.41	1.48	1.44

资料来源:E.爱斯菲尔德:《微观经济学:理论与应用》,上海交通大学出版社 1988 年版,第 156 页。

　　图书商品的超必需品的性质也可以从书报杂志费在社会消费品零售总额中的比重得到证实。一般说来,随着收入的上升,必需品支出在社会消费品总额中的比重趋于下降,而超必需品则相反,表 2.4 反映了图书的超必需品特征,随着人均收入水平的升高,全社会书报杂志零售额在社会消费品零售总额中的比重也呈逐步上升的态势。

表2.4 全社会书报杂志零售额在社会消费品零售总额中的比重

	1952	1977	1978	1979	1980	1981	1982	1983	1984	1985	1986	1987
比重(%)	0.8	0.9	1.0	1.1	1.3	1.2	1.3	1.2	1.2	1.2	1.3	1.3

注:社会消费品零售总额包括食品、衣着、日用品、文娱用品、书报杂志、医药用品、燃料7个统计项目。

资料来源:《中国统计年鉴·1989》,中国统计出版社1989年版。

2.1.4 图书商品具有正的外部性

当个人或厂商的一种行为直接影响到他人或社会,却没有支付相应成本或得到相应的补偿时,就出现了外部性。[1]外部性意味着个人或厂商没有承担其行为的全部后果。如果外部性为负,意味着有他人或社会的福利受到了损失,但行为人或厂商却没有支出相应的成本,比如,污染、吸烟、乱丢垃圾等;如果外部性为正,意味着他人或社会的福利有了增加,但行为人或厂商却没有得到补偿,比如发明、公共绿地、教育,等等。从经济学角度而言,负外部性的产品相对而言总会生产得太多,而正外部性的产品则会相对生产不足。

作为文化和知识载体的书籍,主要承担传递与普及知识和信息的功能,因此,它是一种典型的外部性产品。一本书的价值绝不能等同于出版一本书的成本,读书的人越多,对于社会而言,其收益也便越大。也就是说,销售一本书的同时,出版社的收益与社会整体收益是不同的,后者要远高于前者。但从图书内部来看,不同种类不同性质的图书的外部性是有差异的,相比较而言,普及知识型、科普教育型、专业知识型、提供信息类的图书的正外部性要大一些,而纯粹娱乐消遣性的图书其外部性要小

---

① 参见斯蒂格利茨:《经济学》(上),中国人民大学出版社2000年版,第138页。

得多,甚至没有。当然我们也应该看到另一种情况,即内容不健康、不科学的图书还会具有负的外部性。因此,对于那些社会效益很高而私人效益较低,即正外部性较强的图书品种,政府应该成为实际的提供者以弥补市场提供的不足;而对于那些外部性较弱,私人收益同社会收益背离较小的品种,可以交由市场,按市场经济的法则来提供。

2.2　中国图书出版产业特性的经济学分析

本节从与本篇相关的角度对图书出版产业的特征进行经济学分析,包括收入水平的总量和结构对图书消费的影响,图书出版产业的规模经济特性、图书出版产业的集中度、图书出版企业的类型以及数字技术对图书出版产业的影响,目的是在进一步深入了解图书出版产业特性的基础上,对中国图书出版产业的发展路径及其内在机理的研究作一铺垫。

2.2.1　人均国民收入水平对图书市场需求的影响

在所有影响图书市场需求的因素中,人均国民收入水平的高低起着至关重要的作用,其根本原因在于图书商品的超必需品特性。这种特性对图书消费市场的发展以及图书市场的结构均产生重要的影响。

统计分析表明,改革开放以来的 20 多年间,图书市场的需求与国民收入以及 GDP 的增长率有着高度的一致性。比如 GDP 增长速度最高的年份分别为 1984 年和 1992 年,中国图书出版总印张的增长也在 1985 年和 1994 年达到两个高峰;GDP 的两个波谷分别为 1981 年和 1990 年,图书出版总印张增长的波谷也恰在这两年产生。我们知道,从宏观经济的角度,如果扣除税收和对外净流出①,国民收入和 GDP 在本质上是等同的。这就意味着人均国民收入的变动同图书消费之间有着密切的关系。

进一步地,本篇用统计学的回归方法对这一关系进行验证,用 1977—1987 年的数据来检验人均收入与图书消费的关系,如表 2.5 所示。按调整后的物价指数计,1977—1987 年间中国的人均国民收入翻了一番。以表 2.5 的数据为基础,本篇对这一关系作了统计上的回归分析,结果见表 2.6。统计分析表明,经调整的人均国民收入与图书销售量、图书总印数以及总印张之间有较强的正相关关系。

表 2.5 1977—1987 年中国人均国民收入及沪版图书单位印张价格

年份	人均国民收入 (当年价格,元) (1)	全国零售 物价总指数 (2)	按(2)调整的 人均国民收入 (元)	沪版书单位 印张价格 (元)	图书 总印数 (亿册)	图书 总印张 (亿张)
1977	280	99.31	282	—	33.1	117.7
1978	315	100.00	315	0.096 6	37.7	135.4
1979	346	101.87	339	0.099 7	40.7	172.5
1980	376	108.09	348	0.103 4	45.9	195.7
1981	396	110.67	358	0.098 2	55.8	217.7
1982	423	112.80	375	0.099 5	58.8	222.0
1983	467	114.50	404	0.102 8	58.0	232.4
1984	547	117.73	465	0.110 7	62.5	260.6
1985	673	128.11	525	0.142 9	66.7	282.7
1986	746	135.76	549	0.174 7	52.0	220.3
1987	868	145.70	596	0.184 1	62.5	261.2

注:沪版图书单位印张价格为上海 9 家主要出版社单位印张价格的平均数。这 9 家出版社是:上海人民出版社、上海人民美术出版社、上海文艺出版社、上海古籍出版社、少年儿童出版社、上海教育出版社、上海科学技术出版社、上海辞书出版社、上海译文出版社。

资料来源:《中国统计年鉴·1988》,中国统计出版社 1988 年版,第 117 页;上海市新闻出版局。

---

① 斯蒂格利茨:《经济学》(下),中国人民大学出版社 2000 年版,第 524 页。

表 2.6 1978—1987 年中国图书销售量、图书总印数、总印张数与人均国民收入、图书价格的关系

	其中
$BS = 25.5572NI - 456.7116P$ (10.46) (−5.74) $n = 10, R^2 = 0.87$ $BO_1 = 28.2826NI - 520.7088P$ (8.22) (−4.65) $n = 10, R^2 = 0.76$ $BO_2 = 107.2963NI - 1853.3726P$ (8.39) (−4.45) $n = 10, R^2 = 0.87$	BS 为中国新华书店的图书销售量 NI 为经全国零售物价总指数调整的国民收入 P 为沪版图书单位印张价格 BO_1 为中国图书出版总册数 BO_2 为中国图书出版总印张数

事实上,这一关系还可以从表 2.7 所示个人购买和团体购买的比重变化上面反映出来。以 1977—1985 年这 9 年的数据进行分析,可以看出 1977 年团体购买的图书额要高于个人购买额,产生这一现象的主要原因在于人均收入低,因而个人对图书的需求较为疲软。随着人均收入的提高,到 1981 年,个人的图书消费量即占到中国图书总销售额的三分之二,而人均收入较大幅度的提高是个人图书购买力超过团体图书购买力的主要原因。

表 2.7 1977—1985 年中国个人与团体的图书消费差异

年份	全国图书总销售额(亿元)(1)	其中:售给居民个人(亿元)(2)	售给机关团体(亿元)(3)	(2)/(3)
1977	5.4126	2.6489	2.6732	0.9909
1978	7.2221	4.3144	2.7883	1.5473
1979	10.1450	6.1102	3.8872	1.5719
1980	12.1438	7.5661	4.2582	1.7768
1981	12.8946	8.4369	3.8872	2.1704
1982	14.0022	8.8743	4.3024	2.0626
1983	16.0868	9.5917	5.2550	1.8253
1984	18.7482	11.0346	5.9884	1.8427
1985	26.3602	15.3264	7.5438	2.0317

资料来源:中华人民共和国文化部。

2.2.2　收入结构及人口结构对图书市场需求的影响

　　为深入研究图书市场需求,还需要考察收入结构和人口结构。中国是一个典型的二元经济社会,农村居民和城市居民的收入水平有较大的差距,农民人均收入低,花费在图书方面的支出自然也比较低(当然,农村文盲率较高也是一个影响因子),城市则相反。但另一方面,低收入的农村人口比重要远远高于城市人口。因此,收入水平和人口比重对图书市场需求形成两股相反的力量。本章的实证研究表明(表2.8),在城市与农村人均消费水平均比较低的1977年,农村图书市场的容量略大于城市图书市场。1978年后,天平开始向城市方面倾斜,不过在1978—1983年间,城市图书购买力的优势尚不显著。到1985年,城市图书市场的容量大大地超过了农村图书市场,城市居民的购买力要高于农村居民40%左右。城市图书市场与农村市场的这种差距一直保持到现在,并且有逐渐拉大的趋势。

表2.8　1977—1985年中国城乡图书消费差异及农民人均纯收入

年份	全国图书总销售额(亿元)	其中:市级销售(亿元)	县及县以下销售(亿元)	农民家庭人均纯收入(元)
1977	5.412 6	2.686 0	2.726 6	—
1978	7.222 1	3.739 0	3.483 0	133.57
1979	10.145 0	5.428 8	4.716 2	—
1980	12.143 8	6.398 3	5.745 5	191.33
1981	12.894 6	6.658 2	6.236 4	223.44
1982	14.002 2	7.148 9	6.853 3	270.11
1983	16.086 8	8.659 6	7.427 2	309.77
1984	18.748 2	10.487 9	8.260 3	355.33
1985	26.360 2	15.239 0	11.121 2	397.60

资料来源:中华人民共和国文化部。

2.2.3　图书出版产业有显著的规模经济特性

规模经济指的是在投入要素增加的情况下,生产某种商品的产量出现超比例的增长①;其对等的表述是,随着产量的增加,某种商品生产的长期成本持续下降,如图 2.4 所示。规模经济又称为规模报酬递增。相应地,如果生产某种商品的长期成本上升,则称为规模报酬递减,或规模不经济;如果长期成本不变,则称为规模报酬不变。

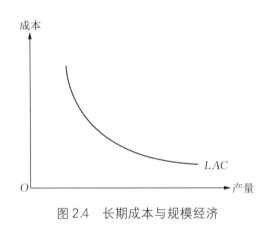

图 2.4　长期成本与规模经济

图书出版产业之所以具有显著的规模经济特性,根源于其边际成本在相当大的范围内持续处于下降状态。我们知道,对于图书生产而言,稿酬、制版费、编辑费、管理费等固定成本支出基本上是刚性的,不会随图书产量的变动而变动;换句话说,生产 1 本图书和生产 10 本图书其主要的成本支出是等同的。这意味着图书的印数即产量越高,分摊到每本书上的固定成本就越少,也就是说,图书生产的边际成本是持续递减的。

----

① 斯蒂格利茨:《经济学》(上),中国人民大学出版社 2000 年版,第 246 页。

边际成本递减是几乎每种商品的普遍规律,对一般商品而言,其递减的范围是有限的,即超过一定的限度,生产一单位商品的边际成本将出现上升。①但图书商品边际成本递减的范围是相当大的,从经济学角度而言,这一范围可以界定为无穷大。这一性质意味着,图书产品的生产量越大,其边际成本便越低,相应的总的平均成本便越低。因此,图书生产量同产业的利润有着直接的联系。

图书出版产业的这一特性对本产业的产业组织、市场集中度、市场结构等都产生了重要的影响。

2.2.4 图书出版企业的功能定位存在差异性

从图书的外部性出发,图书可基本上分为三类,即公共产品类图书、半公共产品类图书和非公共产品类图书。与此相对应,现代出版社一般有三种类型:一是政府出版机构,一般附属于政府某个部门,没有独立的主体地位,其出版物是为社会公益事业服务的,大都免费派送。二是经营性的非盈利组织,发达国家的大学出版社一般采用这种企业形态,如美国哈佛大学商学院出版公司、英国牛津大学出版公司、英国剑桥大学出版公司等都是这样的企业。这类出版企业也完全采取公司制的形态,其运营与其他公司制企业并无不同,只是其出版的内容更多地偏重于学术和文化,因此政府对这类出版企业给予免缴所得税的优惠政策予以扶植,但同时也规定其公司利润不得用于股东分红,而必须继续用于教育和文化事业。三是股份有限公司,其中有的是上市公司。这类企业是发达国家出版企业的主流形态,所有的大型出版集团均采用这种形态,如美国三大教

---

① 斯蒂格利茨:《经济学》(上),中国人民大学出版社 2000 年版,第 236—237 页。

育出版集团——培生教育出版集团、麦格劳·希尔出版集团、汤姆森出版集团都是上市的股份有限公司。这类出版企业的市场销售额约占发达国家出版市场的 90％。

2.2.5 图书出版产业有较高的集中度

产业集中度是反映某一产业垄断程度的指标,一般用前四家、前八家企业的市场占有率来表示。集中度越高,该产业的垄断程度就越高。实证分析表明,发达国家图书出版产业的集中度是相当高的,表 2.9 是美国图书出版产业最大四家公司集中度的变化情况。可以看出,美国图书出版产业的集中趋势在逐渐增强,特别是在 1990 年以后,随着图书出版产业兼并和收购浪潮的涌起,图书出版产业的集中度在稳定了几十年后突然大幅升高。从经济学角度而言,其背后的原因正在于上面述及的图书出版产业的规模经济效应。

表 2.9　不同年份美国前四家、前八家图书出版公司的市场占有率

	1947	1963	1967	1972	1993
前四家占有率(％)	18	20	20	19	30
前八家占有率(％)	29	33	32	31	52

资料来源:周蔚华:《出版产业研究》,中国人民大学出版社 2005 年版,第 90 页。

另外,从产品结构的角度看,不同类型的图书市场集中度是不同的,甚至存在很大的差异。比如教育出版业的集中度最高,美国基础教育出版市场前四家的占有率高达 70％,英国前五家教育出版公司占据了 67％的市场份额。专业出版市场的集中度同样很高,全球专业图书市场主要由汤姆森、艾思维尔和约翰·威立三大出版集团垄断。而一般图书出版

市场的集中度则较低,这一领域充斥着大量的小企业。

中国图书出版产业目前是一种原子型结构,企业分散化、小型化,难以形成规模经济。表2.10表明,在全国图书零售市场上,2005年中国图书出版集团中前四名的市场占有率为15.5%,前八名的市场占有率为22.52%。这是由我国图书出版产业行政垄断和地区分割的双重作用造成的,特别是集中度本应很高的教育出版领域,更是缺乏领导企业和领导品牌。从表2.10可以看出,2005年除最大的中国出版集团市场占有率明显高于其他集团以外,其他几家的市场占有率基本相差无几。行政垄断导致的市场分割造成的现状是,图书出版企业数量众多,但实力都很薄弱,谁也无法长大。事实上,中国图书出版产业目前存在的许多矛盾和问题均源于此。

表2.10　2005年中国前四家、前八家出版集团的市场占有率

排名	出版集团	占有率(%)	动销品种占有率(%)
1	中国出版集团	7.85	4.66
2	上海世纪出版股份有限公司	3.07	3.42
3	吉林出版集团	2.52	1.98
4	北京出版社出版集团	2.06	1.48
	前四家出版集团合计	15.5	11.54
	前八家出版集团合计	22.52	17.71

资料来源:北京开卷图书市场研究所:《中国图书零售市场年报·2005》,2006年。

2.2.6　图书出版产业的数字化发展趋势

信息技术特别是计算机技术和网络技术的发展孕育了产业融合实现的可能性,产业融合现象作为一种新的产业发展模式对于以生产内容为主的图书出版产业来说意义尤其重大,它不仅使语音、图像和数据实现了

融合,而且使不同形式的媒体彼此之间的互换性和互联性得到加强。由此,内容的增值能力倍增,内容创新的重要性凸显,内容产业的概念应运而生,并受到了国际大型出版集团的高度重视。于是,从 20 世纪 90 年代中期起一些国际大型出版集团为形成自己的核心竞争力,纷纷进行业务结构的调整,通过资本市场的运作将自己的业务领域集中在内容产业,把自己定位于内容提供者,并通过同一内容在不同媒体、介质上的充分使用来获得巨大的超额利润。

随着数字化时代的到来,全球所有的大型出版集团均把信息技术与互联网业务的开发和发展放在一个至关重要的位置,不仅所有的内容文本全部数字化了,内部管理建立了 ERP 系统,而且各项业务已经全面进入了互联网领域,其步伐之快令人吃惊。例如,麦格劳·希尔出版集团在其所有业务领域均已深深卷入互联网浪潮。其 2002 年开通的学习网(McGraw-Hill Learning Network),是一个为学前到 12 年级提供在线服务的系统,它利用互联网的力量,促成教师、学生和家长之间从来没有过的合作。支持这个系统的是一个新开发的数字学习组合单元(Digital Learning Unit)。该单元能给学校带来以网络为依托的额外教学材料。麦格劳·希尔出版集团在教育方面另外新设计的一个服务项目,通过由网站或者在线项目提供,以及运用信息技术于教室的办法,满足教师培训日益增长的需求。他们计划在未来五年里,对超过 150 万第一次执教的教师进行培训。至于把信息技术和互联网引入编辑出版领域,麦格劳·希尔出版集团在 2000 年开通的世界科技百科全书网站就已促成了几十名编辑、数百名作者和无数读者之间全面合作共同编写大型工具书的壮举。

从今天的情况来看,内容供应商往往与一种特定技术紧紧相连——电视、印刷、电影、音响等。但未来的发展趋势将是内容服务与媒体相分离,内容供应将越来越独立。一批特定客户的需求不但由一系列各种品牌内容的服务来满足,而且每种服务都自由使用各种技术和媒体。这也就是说内容服务形式的扩大和媒体的互换性构成了一个以网络内容为中心的多媒体时代。因此,出版企业的数字化是其基本生存的条件之一。

第3章
中国图书出版产业发展阶段性分析

本章对中国图书出版产业在改革开放后的发展历程作实证考察，并以本篇第2章得出的一些基本结论为分析工具，对不同阶段的内在成因作经济学分析。从图3.1可以看出，从1978年到2005年，中国图书出版的发展是引人注目的，图书品种以及总印张的数量均大幅增长，这同中国整体宏观经济的发展和社会进步的变化是吻合的。但如果深入考察图书出版产业的变化趋势和增长轨迹，则可以看出，其发展和增长并不是稳态的，而是存在着一定程度的波动，在某些时期内这些波动甚至表现得十分

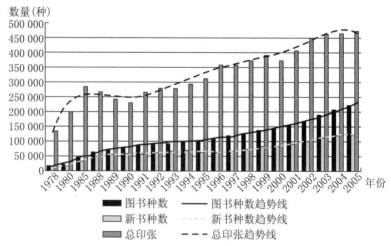

图 3.1　1978—2005 年中国图书出版产业整体发展情况

明显。同时,图书品种、总印张、总定价以及出版社的数量、出版社的利润
水平、出版社职工数量等不同指标在同一发展阶段内也表现出不同的增
长轨迹。

我们把中国图书出版产业的发展划分为三个阶段:分别是 1978—
1985 年的超常规增长阶段,1986—1994 年的调整与徘徊阶段,以及 1995
年至今的新的增长阶段。在此基础上,本章进一步提出了 1985 年是中国
图书出版产业发展分界线的论断,同时对 1986—1994 年调整与徘徊阶段
过长的原因作了分析。

3.1 中国图书出版产业的超常规增长阶段:1978—1985 年

3.1.1 对这一阶段图书出版产业增长的实证分析

20 世纪 70 年代后期,命运多舛的中国再次回归到全球性的现代化
历史潮流之中。随着文化禁锢的打破,中国彻底摆脱了"文革"十年中陷
于"书荒"的困境,图书出版一再突破原有的纪录。1978—1985 年是中国
图书出版史上超常规增长阶段,在短短的 8 年中,图书出版总印数竟然翻
了一番,它相当于 1949 年新中国成立至 1977 年这 28 年中国图书出版增
长的总额(见表 3.1)。如果按出书种数这一统计指标衡量,中国在 1985
年已进入世界六大图书出版国的行列。

表 3.1 中列出的种数、总印张、总印数是衡量中国图书出版产业规
模和体积的三个最重要的实物指标。从表中我们可以看到,以 1985 年与
1977 年相比,这三个指标分别增长了 254%、140% 和 102%,如此之高的
增长速度在国际出版史上都是罕见的。

表 3.1 1949—1985 年中国图书出版概况

年 份	种数 （种）	总印数 （亿册[张]）	总印张 （亿印张）
1949	8 000	1.05	—
1950	12 153	2.75	5.91
1960	30 797	18.01	48.69
1970	4 889	17.86	36.99
1977	12 886	33.08	117.71
1978	14 987	37.74	135.43
1979	17 212	40.72	172.50
1980	21 621	45.93	195.74
1981	25 601	55.78	217.68
1982	31 784	58.79	221.95
1983	35 700	58.04	232.41
1984	40 072	62.48	260.61
1985	45 603	66.73	282.75

资料来源:《中国统计年鉴·1989》,中国统计出版社 1989 年版;中华人民共和国新闻出版署:《全国图书、杂志、报纸出版统计资料·1989》。

3.1.2 高速增长的原因分析

1978 年至 1985 年,中国图书出版产业的超常规增长的原因可以从供给与需求两个方面来寻找。

1. 需求面的分析

从需求的方面看,"文革"十年对文化的严重摧残,致使图书出版一片荒芜,并呈现出短缺、扭曲、畸形的状态。以 1970 年为例,该年全国出版图书 4 889 种,总印数 17.86 亿册(张),除去毛泽东著作、图片、中小学课本这几类,其他图书共计出版 2 773 种,总印数 9.12 亿册,图书出版种数还远远低于今天上海世纪出版集团一年的出版量。这 2 773 种图书中,政治读物 1 843 种,其中 993 种是汇编报刊文字;文艺读物 393 种,其中样板戏剧本、曲谱、画册就有 245 种;科技读物仅有 298 种。"文革"对出版的破坏,导致"文革"后全社会面临着严重的书荒,人民群众的阅读需求受到了前所未有的遏制。

为了迅速缓解巨大的社会文化阅读需求与书店无书可售的矛盾,国家出版局于 1978 年 3 月召集北京、上海、天津等 13 个省市的出版局(社)和部分中央出版社,在大力组织新书出版的同时,要求对"文革"前出版的图书进行审读、修订,并决定动用国家储备纸紧急重印 35 种中外文学名著,如《子夜》《儒林外史》《家》《春》《秋》《悲惨世界》《神曲》《哈姆雷特》《一千零一夜》等。这些图书于 1978 年"五一"节期间在北京、上海等大中城市统一发行,广大人民群众通宵达旦地在新华书店门口排队求购一书的情景至今还令中国出版人为之感动。当时人们购书读书需求被极大地释放出来,许多新书发行销售情况令人难以置信,好像一本书一出版就会自动创造出需求。例如,司法部编写的《农民法律常识读本》《工人法律知识读本》分别累计发行了 1 220 万册和 1 212 万册,蒋学模的《政治经济学概论》(第一版)累计发行了 300 多万册,韩树英的《马克思主义哲学纲要》(第一版)累计发行了 300 多万册,上海工艺编织厂编写的《上海棒针编织花样 500 种》累计发行了 1 227 万册。这种图书出版高印数的现象从"文革"后一直持续到 80 年代中期,任何一种新书,印数达几十万册是很平常的。① 这种旺盛的需求拉动着中国图书市场的迅速扩张。

2. 供给面的分析

从供给的方面看,当时中国图书出版产业的主要问题是有效供给不

---

① 参见阎晓宏:《新中国图书出版五十年综述》,《中国出版年鉴·2000》,中国出版年鉴社 2000 年版。

足。"文革"结束后的 1977 年,全国仅有出版社 82 家,印刷能力也严重不足,纸张供给存在着巨大的缺口。为了缓解供给与需求之间的矛盾,中国图书出版产业采取了一系列积极有效的措施。

首先,我们来考察图书出版最基本的投入要素——纸张。20 世纪七八十年代,由于中国纤维原料不足,造纸工业落后,所以,纸张供应一直十分紧张,每年都需要从国外净进口数十万吨的纸浆和纸制品来弥补国内需求的缺口,但由于受外汇及进出口体制的限制,这个缺口并不能完全弥补。1980 年以后,政府通过扩大造纸生产能力的办法,比较好地解决了中国图书出版主要用纸品种——凸版纸和双面胶版纸供给短缺的情况。表 3.2 列出了 1978 年至 1985 年中国凸版纸、双面胶版纸的产量和图书出版产业的实际用纸量。不难看出,1978 年后中国图书出版用纸生产能力不断增长,基本上满足了图书出版的需求。

表 3.2   1978—1985 年中国出版业用纸量和凸版纸双面胶版纸产量

单位:万吨

项　　目	1978	1979	1980	1981	1982	1983	1984	1985
出版用纸总量	31.83	40.54	46.00	51.15	52.16	54.62	61.24	66.55
凸版纸产量	44.43	50.84	55.78	60.55	63.24	64.85	79.43	98.70
双面胶版纸产量	11.20	12.57	13.94	14.84	17.98	20.81	22.15	25.53

资料来源:《中国造纸年鉴·1986 年》,中国轻工业出版社 1986 年版;《中国出版年鉴·1986》,商务印书馆 1986 年版。

其次,我们来考察一下这一阶段的印刷生产能力。1978—1985 年期间,与高速增长的图书出版产业相比,中国书刊印刷业的发展显得相对不足,出版周期逐渐拉长。据 180 家书刊印刷厂的统计,1982 年中国图书平均印刷周期高达 252 天左右。不过,1982 年后,随着乡镇印刷厂的大量出现,加上国有印刷厂历年累积的设备更新和改造日益发挥出优势,中国的印刷生产能力有了明显提高,图书印刷周期也开始逐渐缩短,印刷缺口的问题渐渐消失。

再次,我们再来看一下出版社的发展情况。1978—1985 年是中国出版社数量增长最快的一个阶段。先是一批在"文革"中停办或合并的出版社开始恢复重建,同时新建了 200 多家出版社。1985 年,中国出版社的总数已猛增到 500 家。正是由于出版社的供给充裕,中国的图书出版总数才有可能连续九年以年均 5 000 种的速度递增(见表 3.1)。

综合上述的供求分析,我们可以清楚地看到,巨大的长期被压抑的购书阅读需求被释放出来,以及供给瓶颈的有效解决,是 1978—1985 年中国图书出版产业超常规发展的主要原因。

3.2 中国图书出版产业的调整与徘徊阶段:1986—1994 年

3.2.1 对这一阶段图书出版产业状况的实证分析

1985 年之后,中国图书出版产业高速增长的势头不复存在。表 3.3 显示,1986 年,中国图书出版总印张和总印数同时出现了大幅下降,分别比上年下降了 22.03% 和 22.08%,以后虽有所回升,但直至 1993 年,中国图书出版总印张和总印数始终未超过 1985 年的最高点。1994 年虽然图书出版总印张首次超过了 1985 年的 282.74 亿印张,达 297.16 亿印张,但图书出版总印数 60.08 亿册的水平仍然低于 1985 年的 66.73 亿册。1985 年后,平均每种图书印数下降的幅度也开始加快。1986—1989 年,图书出版总印数年增长率为 -3.2%,图书出版总印张的年均增长率为 -3.7%。1988 年 4 月起,中国图书发行的主要渠道新华书店,为了减少库存,大幅度地削减新书订数,部分图书的订数甚至出现了零的情况,出书难、卖书难、买书难的问题同时出现。整个中国图书出版产业陷入了前所未有的困境之中。当时大众传媒上频频出现的"出版业大滑坡""出版业大地震""出版业大危机"等醒目字眼,至今仍让我们记忆犹新。我们将这一阶段称为中国图书出版产业的调整与徘徊阶段。

表3.3 1985—1994年中国图书出版概况

年份	种数 (种)	印数 (亿册[张])	印张数 (亿印张)	定价总金额 (亿元)
1985	45 603	66.73	282.74	39.5
1986	51 789	52.03	220.31	34.1
1987	60 213	62.52	261.25	45.3
1988	65 962	62.25	269.03	62.22
1989	74 973	58.64	243.62	74.44
1990	80 224	56.36	232.05	76.64
1991	89 615	61.39	266.11	95.54
1992	92 148	63.37	280.39	110.75
1993	96 761	66.31	282.26	136.75
1994	103 836	60.08	297.16	177.67

资料来源:《中国统计年鉴·1995》,中国统计出版社1995年版;《中国图书年鉴·1986》,商务印书馆1986年版;《中国图书年鉴·1987》,中国书籍出版社1987年版。

3.2.2 调整与徘徊的内在原因分析

从经济学的角度而言,任何一个产业的增长速度若出现停滞或下降,都可以从供给和需求这两个方面去寻找原因:或者是由于供给方面存在着"瓶颈"制约,或者是因为需求不足。1985年以后,中国图书出版产业出现衰退的主要原因究竟是在供给方还是在需求方呢?

1. 对供给能力的考察

如前所述,中国图书出版产业的供给能力于 1977—1985 年间,无论是纸张供给、印刷能力,还是出版能力方面均有了很大的提高。1986 年以后,这三方面的能力继续得到了提升。在纸张供给上,由于政府放松了外汇管制,纸张进口大幅度增长,纸张需求缺口从而被迅速填平;在印刷生产上,大量进口设备的引进,中外合资印刷企业的成立,印刷企业的生产任务开始相对不足;而中国出版社的增长势头并没有减弱,1989 年,中国出版社的总数已增长到 536 家。

表 3.4　1980—1989 年上海各图书发行部门图书库存变化　　　　　　　单位:万册

	1980	1981	1982	1983	1984	1985	1986	1987	1988	1989
库存数	3 154	3 168	3 263	3 403	3 479	5 170	5 150	5 827	5 960	5 695

注:包括新华书店市区基层店、非新华书店系统书店以及出版社自办发行的库存。
资料来源:上海市新闻出版局。

反映供给状况的最重要的综合性指标恐怕还在于产品库存。表 3.4 是 1980—1989 年上海各图书发行部门的库存总额,全国性的情况也由此可见一斑。表 3.4 清楚地显示,1985 年上海图书库存数在一下子猛增了 1 691 万册以后,历年库存量就始终保持在 5 000 万册以上。

综合上述分析,我们可以肯定,1986 年后中国图书市场陷入困境的原因并不在于供给方的生产能力不足。

2. 对需求总量的考察

从需求方看,与图书库存对应的综合性指标是图书的销售额。如前所述,在中国,新华书店是图书销售的主渠道。1983 年以前,中国几乎所有的图书均由新华书店销售;1983 年以后,图书发行体制开始改革,逐步形成了以新华书店为主体,多种流通渠道、多种经济成分、多种购销形式、少流通环节的格局。但是,直至 1988 年,在中国图书出版的总量中,由新华书店购进的仍要占到 90% 以上。表 3.5 反映了 1977—1989 年中国新华书店的图书销售情况。1977—1985 年,中国新华书店系统销售册数一直持续增长,到 1985 年达到最高峰,为 61.16 亿册,之后便开始下降,到 1989 年下降到 56.68 亿册,下降了 7 个百分点。

表 3.5　1977—1989 年中国新华书店的图书销售量　　　　　　　　单位:亿册

	1977	1978	1979	1980	1981	1982	1983
销售数	33.79	33.11	37.88	42.53	48.97	53.99	56.45
	1984	1985	1986	1987	1988	1989	
销售数	59.24	61.16	55.08	56.51	58.50	56.68	

资料来源:中华人民共和国新闻出版总署图书发行司。

图书销售量的下降必然意味着居民消费支出中用于图书消费的比重出现下降。统计数据正好印证了这一点,如表 3.6 所示。人均书报费在城镇居民家庭的日常消费总额中的比重于 1984 年达到顶峰,之后便每况愈下,1988 年比 1984 年下降了 28%。

表 3.6　1981—1988 年中国城镇居民家庭中人均全年书报杂志费占生活费
　　　　的比重

	1981	1982	1983	1984	1985	1986	1987	1988
比重(%)	0.89	0.89	0.97	1.04	0.91	0.87	0.84	0.75

注:生活费中包括食品、衣着、日用品、文娱用品、书报杂志、医药用品、燃料、房租、水电费、学杂费、保育费、交通费、邮电及文化娱乐费等 14 个统计项目。
资料来源:《中国统计年鉴·1989》,中国统计出版社 1989 年版。

综合上述分析,我们可以得出结论,1985 年起中国图书市场之所以陷入困境,原因在于需求出现停滞甚至下降,而供给能力仍在扩大。

3.3 对调整与徘徊阶段的进一步分析

我们认为,1985 年是中国图书出版市场的一个重要的分界线,从这以后,中国图书出版产业从以前的卖方市场转向买方市场。我们对这一论断将作深入剖析,并在此基础上,对 1986—1994 年中国图书出版产业经历了长达九年的调整徘徊给出一个经济学的解释。

3.3.1 一个基本的判断:中国图书市场从卖方市场转向买方市场

中国图书出版产业进入调整与徘徊阶段后,中国图书市场的性质随之发生了重大的转变。本章以下的分析表明,自 1985 年起,决定中国图书市场走向的基本力量已从原来的供给方转向需求方,中国图书市场的性质已从卖方市场转向了买方市场。图书印数逐年下跌,单位图书利润滑坡,出书难、卖书难以及买书难等一系列"病状",都不过是中国图书市场性质发生转折的具体表现。

1. 买方市场和卖方市场的概念分析

从经济学角度而言,卖方市场和买方市场的基本区别在于前者是供给约束而后者则是需求约束。具体来说,卖方市场与买方市场的区别有以下三点。

第一,在卖方市场中,由于种种原因,供给方受生产能力的限制无法一下子扩大生产量来满足社会需求,生产的供给量对价格的反应较为迟缓,供给弹性较小;在买方市场中,需求已基本饱和,很难再大幅度提高需求总量,因此需求弹性较小。

第二,在卖方市场中,需求方变动的幅度远远超过供给方,因此需求弹性较大;在买方市场中,供给方伸缩的余地远远大于需求方,因此供给弹性较大。

第三,在卖方市场中,需求大于供给,需求者之间的竞争导致价格上升;在买方市场中,供给大于需求,生产者之间的竞争导致价格下跌。

上述分析可以用下图来表示。图 3.2 是卖方市场的情况。DD 代表需求,SS 代表供给,均衡点为 E,这时的价格水平为 P。随着需求量的上升(需求线 DD 向右移动),价格从 P 上升到 P',由于卖方市场中的供给弹性小(供给线 SS 较为陡直),所以与一般情况下的供给弹性(如图 3.3 中的 $S'S'$)比较,价格上升的幅度更大。在图 3.3 中,价格从 P 上升到 P_2,大于 P 与 P_1 之间的距离。买方市场的情况正好相反,当需求量饱和而供给继续扩大时(SS 线向右移),其结果是价格下降(见图 3.4),而且,由于买方市场中需求弹性小(DD 线较为陡直),所以与一般情况下的需求弹性(如图 3.5 中的 $D'D'$)相比,价格下降的幅度更大。在图 3.5 中,需求弹性较小时,价格下跌 PP_2,而需求弹性不很小时,价格只下降 PP_1。

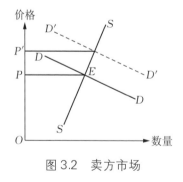

图 3.2 卖方市场

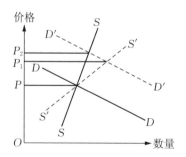

图 3.3 不同供给弹性下的价格变化比较

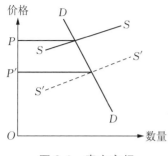

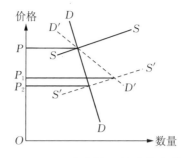

图 3.4　卖方市场　　　　图 3.5　不同需求弹性下的价格变化比较

2. 从卖方市场转向买方市场的实证检验

本篇的基本判断是,中国图书市场在 1985 年以前属于卖方市场,1985 年之后则转向了买方市场。根据卖方市场与买方市场的不同性质,1985 年之前中国图书市场的需求弹性应较大,以后需求弹性应较小。现在我们来检验这一假说。

按照需求弹性的定义[①],需求弹性衡量的是需求量变化对价格变动的反应程度,或者说是需求量相对变动除以价格的相对变动,其计算公式为:

$$E_d = \frac{2\Delta Q}{Q_1 + Q_2} \bigg/ \frac{2\Delta P}{P_1 + P_2}$$

式中 E_d 代表需求的价格弹性,ΔQ 和 ΔP 分别代表需求量变化和价格的变化,Q_1 和 Q_2 代表观察期中的期初需求量和期末需求量,P_1 和 P_2 则代表期初价格和期末价格。表 3.7 是 1978—1987 年间全国新华书店的图书销售量以及这一时期中单位价格的变化。表 3.8 是根据表 3.7 中数据计算出来的需求弹性值。

---

①　参见凯斯:《经济学原理》(上),中国人民大学出版社 1994 年版,第 174 页。本文计算的是需求的弧弹性,Q 和 P 分别由期初和期末平均数代替。

表 3.7　1978—1987 年中国的图书销售额及单位印张价格

	1978	1979	1980	1981	1982	1983	1984	1985	1986	1987
销售册数(亿册)	33.11	37.88	42.53	48.97	53.99	56.45	59.24	61.16	55.08	56.51
每印张价格(元)	0.097	0.100	0.104	0.099	0.104	0.105	0.119	0.167	0.188	0.205

注:图书销售数为全国新华书店资料,单位印张价格为上海版图书资料,其中
1978 年、1979 年为上海 9 家主要出版社的平均数。

资料来源:上海市新闻出版局。

表 3.8　1978—1987 年中国图书市场的需求弹性测算

	1978—1979	1979—1980	1980—1981	1981—1982	1982—1983	1983—1984	1984—1985	1985—1986	1986—1987
弹性值	4.41	2.95	−2.77	1.98	4.66	0.41	0.10	−0.88	0.30

注:这些数值中大部分的符号都为正,按照需求法则,需求随价格上升而下降,即
两者是反方向变化的,弹性值应为负数,表中之所以出现正的弹性值是因为需求不仅
随价格变化,而且也随收入的变动而发生变化,因此表中的需求弹性值不完全根据价
格的上升而变化。

从表 3.8 中我们可以看到,1984 年以后需求弹性值明显小于 1984 年
以前的水平。这个结果证实了本篇关于中国图书市场性质由卖方市场转
向买方市场的判断。

3. 卖方市场向买方市场转型的内在原因分析

第一,1985 年以后,单种图书的销售量出现大幅下降。"文革"浩劫
后的学术领域基本处于空白状态,其中社会科学尤其如此。与满目疮痍
的文化建设对应的是数之不尽的嗷嗷待哺的读者群。因此,在 1984 年以
前,相当多的学术类图书可以印制上万册,甚至数万册。加之当时纸张、
印刷的价格基本不动或者涨幅很小,因此,某些学术类图书的出版本身就
能盈利,或者至少不亏本。即使在 1984 年、1985 年,许多学术类图书逐
渐逼近盈亏边际,甚至相当一部分已经出现亏损时,由于普及类图书的
市场容量还比较大,它们的盈利也足以弥补学术类图书的亏损,支撑大

量学术类图书的出版。但是,1985年以后,学术类图书的印数急剧下降,印刷、纸张的价格大幅度上涨,所以几乎所有的学术类图书都出现亏损,甚至有的亏损额要高达一两万元,与此同时,不少以前较为好销的普及类图书的印数也大幅度下降,处于自身难保的境地,因此,要指望靠普及类图书的盈利弥补学术类图书亏损,即以书养书,自然是越来越难了。图3.6显示出1989年中国每种图书的平均印数只有十二年前的30%,是1985年的50%左右。

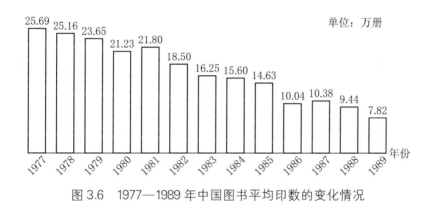

图3.6 1977—1989年中国图书平均印数的变化情况

前文已经述及,图书出版产业具有显著的规模经济特性,图书印数的下降必然导致图书出版的成本上升,出版社的利润下降。

第二,通货膨胀降低了人均收入水平,从而导致对图书需求的减少。众所周知,1985年前后中国经济出现了严重的通货膨胀。经济学理论告诉我们,通货膨胀会导致人均实际收入水平的降低,表3.9反映了这一事实。虽然经生活费指数调整过的职工工资水平在1985年以后依然处于上涨势头,但如果用图书价格指数进行调整,则职工的工资水平在1984年后出现了相当程度的下降。这一事实表明,相对图书价格而言,职工的收入水平出现了下降。

表 3.9 1978—1987 年中国的职工平均工资

年份	职工平均工资(元)	职工平均工资指数	职工生活费指数	经职工生活费指数调整的工资(元)	上海版图书*单位印张价格指数	经图书价格指数调整的职工工资(元)
1978	615	100.00	100.00	615.00	100.00	615.00
1979	668	108.62	101.81	655.74	103.15	647.60
1980	762	123.90	109.54	695.63	107.63	707.98
1981	772	125.53	112.30	687.44	102.45	753.54
1982	798	129.76	114.58	696.46	107.63	741.43
1983	826	134.31	116.86	706.82	108.66	760.17
1984	974	158.37	120.04	811.40	123.15	790.91
1985	1 148	186.67	134.35	854.48	172.82	664.27
1986	1 329	216.10	143.75	924.52	194.56	683.18
1987	1 459	237.24	156.20	934.06	212.15	687.72

注:* 1978、1979 年的数据取自上海 9 家主要出版社(上海人民出版社、上海人民美术出版社、上海文艺出版社、上海古籍出版社、少年儿童出版社、上海教育出版社、上海科学技术出版社、上海辞书出版社、上海译文出版社)。

资料来源:《中国统计年鉴·1988》,中国统计出版社 1988 年版;上海市新闻出版局。

前文已经分析,图书是一种超必需品,它对收入变动的反应较为敏感,因而收入水平的降低会超比例地影响图书市场的需求量。统计数据告诉我们,人均收入水平的降低的确已经严重影响到人均书报费的支出以及该支出在生活费用支出中的比例。这里对这种影响做一简单推算,结果表明,如果人均收入不下降,人均书报费用支出也不变的话,1987 年图书销售额将会有 10%—15% 左右的提升。

推算一:根据表 3.6,1984 年人均书报费在生活费中的比重为 1.04%,1987 年为 0.84%,如果 1984 年以后该比重没有下降,例如,1987 年仍保持在 1984 年 1.04% 的水平,那么,1987 年仅中国的城镇地区每人就要多支出书报费 1.72 元,乘以非农村人口 2.140 96 亿人,等于 3.682 45 亿元,再按图书与杂志、报纸之比(7∶3)折算为 2.577 8 亿元。它相当于 1987

年中国新华书店图书销售总额的7.14%,或相当于1987年新华书店图书库存的16.54%。

推算二:1984年城镇居民家庭中人均书报费支出为5.88元,按照上海版图书的价格指数,为维持与1984年相同的实物消费量,1987年应支出10.13元,比实际多支出2.65元,乘以非农村人口,再按图书与杂志、报纸之比折算,为3.9715亿元。这个数字相当于中国1987年新华书店图书销售额的11.00%和图书库存额的25.47%。

第三,知识分子收入水平的降低。知识分子是购买图书的主要人群,这一群体收入水平的降低对图书市场的需求将产生直接的负面影响。1985年以前,特别是1978—1980年间,知识分子的相对收入水平还比较高,而高级知识分子更属于社会中收入水准最高的阶层。因此,这时的图书市场,尤其是学术类图书市场能得到购买力的支撑。但是,由于各种原因,1985年以后的一段时间内,知识分子的相对收入地位开始下降,到1987年社会中收入水平最高或比较高的阶层已不再是知识分子,如表3.10所示。表3.10的数据同时表明,知识分子书报费支出在生活费支出总额中的比重是较高的。随着知识分子收入水平的下降,图书消费自然也随之滑落。中国当时的现实情况是,"有钱的不买书,买书的缺少钱"。在这种情况下,学术类图书市场的萎缩就是必然的了。

第四,图书的差异化特性降低了图书的价格弹性,从而使得在需求出现萎缩的情况下,依然可以保持一个较高的价格。在收入水平也相对下降的情况下,图书高价格的维持又进一步助长了需求的进一步萎缩。

第五,在需求下降的同时,出版产业的供给能力并没有相应下降,随着技术进步以及生产体系的日趋成熟反而有所提高。

综合上述分析,可以认为,中国图书出版产业在1985年以后进入了买方市场阶段。

表3.10 1987年中国城镇居民家庭中人均全年生活费支出及书报费支出

	高级工程师	工程师	助理工程师	技术员	处级以上干部	科级以上干部
人均生活费收入(元)	1 394.76	1 074.60	973.32	902.16	1 135.32	967.56
人均生活费支出(元)	1 294.56	1 016.16	931.80	860.64	1 075.68	928.44
其中:书报杂志(元)	21.24	13.80	11.88	8.76	11.28	8.88
书报杂志费占生活费支出的比重(%)	1.64	1.36	1.28	1.02	1.05	0.96

	全部城镇居民				
	中等收入	中上等收入	高收入	最高收入	总平均
人均生活费收入(元)	897.84	1 049.64	1 228.56	1 581.60	915.96
人均生活费支出(元)	872.52	1 006.44	1 141.92	1 439.88	884.40
其中:书报杂志(元)	7.52	8.42	8.98	9.71	7.48
书报杂志费占生活费支出的比重(%)	0.87	0.83	0.79	0.68	0.84

资料来源:《中国统计年鉴·1988》,中国统计出版社1988年版。

3.3.2 这一阶段图书价格为何会出现大幅上涨

如果说 1985 年是中国图书市场性质发生转折的分界线,那么根据卖方市场与买方市场的基本特征,我们应该在 1985 年之前看到图书价格大幅度地上涨,在 1985 年之后看到图书价格下降。但事实上,在前一个时期,价格上涨现象并不突出,而后一个时期中的价格不但不降低反而剧烈上升,上海版图书的价格充分证明了这一点(见表 3.11)。如何解释中国图书市场上这种有悖常理的现象呢?

表 3.11　1978—1987 年上海版图书的成本价格

年份	上海 9 家出版社单位印张成本(元)	上海 9 家出版社成本指数	上海 9 家出版社单位印张价格(元)	上海 9 家出版社书价指数	上海版图书单位* 印张价格(元)	上海版图书价格指数
1978	0.050 5	100.00	0.096 6	100.00	0.097	100.00
1979	0.052 4	100.37	0.099 7	103.15	0.100	103.15
1980	0.053 7	106.19	0.103 4	107.00	0.104	107.63
1981	0.052 4	103.74	0.098 2	101.60	0.099	102.45
1982	0.055 0	108.83	0.099 5	103.02	0.104	107.63
1983	0.060 8	120.23	0.102 8	106.34	0.105	108.66
1984	0.063 6	125.79	0.110 7	114.56	0.119	123.15
1985	0.076 0	150.48	0.142 9	147.91	0.167	172.82
1986	0.099 9	197.77	0.174 7	180.79	0.188	194.56
1987	0.105 1	207.97	0.184 1	190.53	0.205	212.15

注:上海 9 家出版社同表 3.9。
* 1978、1979 年数据取自上海 9 家主要出版社。
资料来源:上海市新闻出版局。

我们认为,导致这一现象出现的原因是多方面的,既有外部环境因素,也有图书出版产业自身的原因。我们将其归纳为以下几点。

第一,1984年后国家对图书价格的管制逐步放松。①1984年以前,受国家物价管制的硬约束,图书价格由国家控制,不能真实地反映市场供需情况。管制放松后,市场化的定价原则开始逐渐发挥作用,导致价格出现上涨的可能性。

第二,1985年后出版机构的逐利动机逐渐增强。在1985年之前,中国的出版社、新华书店等出版机构基本上是按计划指令来组织生产的,出版费用的不足也由国家解决;1985年以后,出版机构运行的企业化色彩开始增强,利润动机也逐渐成为出版机构的重要目标。因此,出版机构有动力根据商品特性和市场需求来制定合理的价格。

第三,1985年以后出版成本持续直线上升。以上海9家主要出版社为例,1978年至1987年单位印张的成本整整上涨了一倍以上,巨幅上涨主要在1985年以后(见表3.11)。

第四,每种图书的平均印数直线下降(见图3.6)。受图书出版产业规模经济的影响,出版社的利润下降,原来隐而不显的图书双重目标冲突日益表面化、尖锐化。在出版单位的利润动机越来越强的情况下,要维持原有的利润水平,就只能通过调整图书价格来实现。

第五,新出版社的大量涌现进一步推动了图书价格水平的升高。其原因是新老出版社在定价行为上存在着差异。一般说来,老出版社对国家的价格管制政策执行得比较认真,而新出版社由于基础较为薄弱,为了在短期内积累起较多的资金,往往敢于冲破国家对图书价格的管制。表3.11中的9家出版社都属于老出版社,它们的图书价格指数小于成本指数,这说明一部分上升的成本被出版社承担了。然而,如果我们考察包括这9家出版社在内的所有沪版图书的价格,就会发现沪版图书价格指

---

① 对中国图书出版产业价格管制的发展进程,将在第3.4节作更为详细的分析。

数不少年份明显超过9家出版社的成本指数。以1987年为例,上述9家出版社的图书印数要占到沪版图书的78.6%,尽管这个比重如此之大,可是包括这9家出版社在内的所有沪版图书的价格指数仍然要高出这9家出版社图书价格指数21.6,这就足以说明其他出版社的定价行为了。表3.12显示出1988年中国500多家出版社中有一半左右是1983年以后成立的,这个力量对图书价格的冲击不可忽视。

表3.12 中国出版社的增长情况

	1977	1982	1983	1984	1985	1986	1987	1988
出版社数(家)	114	214	260	295	374	395	417	506

资料来源:《中国出版年鉴·1988》,中国书籍出版社1988年版。

第六,图书产品的差异化性质使得图书缺乏价格弹性,因此尽管是买方市场,出版社仍可以通过价格歧视战略维持产品较高的价格。

3.3.3 调整时间为什么如此之长

通过前面的分析,我们清楚地看到,1985年中国图书出版产业之所以会出现销售危机,根本原因在于中国图书市场由卖方市场转变为买方市场。在这一危机中,中国图书出版产业为其不顾需求盲目生产的传统做法付出了昂贵的代价,人们开始意识到买方力量对图书市场的成长所带来的巨大的影响。

图书市场由卖方转向买方是市场发展的一种必然过程,任何国家或地区图书市场的发展均经历过这样的转变。在这个转变过程中,图书市场出现波动和若干年的调整和徘徊也是正常的事情。但中国图书市场的波动如此巨大,调整和徘徊的时间竟然高达9年之久,却是少有的。我们的判断是,中国图书市场分割和已有的出版—发行体制是导致这一现象的主要原因,而隐藏其后的深层次原因在于中国图书出版产业未能在出版政策、出版体制、市场组织、微观机制等方面果断、深入地推进改革。因此在销售危机出现后,中国图书出版产业显得对这一挑战完全没有准备,未能迅速做出积极的反应,而是被动、消极地适应这种转变。

1. 图书市场分割相当严重

1986—1994年,对于中国图书出版产业来说,图书印数与种数之间的关系是最令人困惑不解的。一是1985年后,总印数的增长虽然已经停滞下来,但直至1988年,平均每种图书的印数仍有9万多册。二是1985年后,图书出版种数的增长势头非常旺盛,到1994年,中国图书出版种数已达103 836种,是1985年的2.3倍。另外,这一阶段每年出版的图书种数中,四分之三的品种是初版书,而发达国家的一般情况是,重版书的品种要远远超过初版书。如此之多的新书品种真的是对消费者日益多样化需求的反应吗?

我们认为,这是由中国图书市场的严重分割导致的。随着竞争的展开,各地的出版主管部门均不同程度地对本地出版社实施保护措施,限制外地图书的进入。这种状况当然形成不了可以容纳10万种图书那样规模的统一市场。1994年,绝大多数零售书店陈列的图书品种不足1万种,超过3万种以上的书店在全国屈指可数,中国最大的零售书店陈列的图书品种也不到5万种。以上海为例,据经验估计,1994年前上海书店每年陈列的图书品种也不会超过5万种,其他省市图书的陈列总数也不可能很多。可以断言,当时中国每年出版的图书品种中,有相当一部分仅仅是在局部地区销售的,而且销售周期也很短暂。这也就是说,相当数量的图书甚至在没有与需要这些图书的消费者见面之前,就已经永远退出了市场。

毫无疑问,由于市场分割导致的图书出版与读者需要的脱节,造成了很大一部分图书品种是类似的,尤其是那些热门选题。由于选题好而形成的生产者剩余被许许多多靠分割图书市场维持销售的竞争者瓜分,真正质量好、信誉高的图书品种,往往没有机会成为长版书(backlist)。这就是中国图书出版产业日益激烈的品种竞争带来的后果,它迫使人们注意原有的竞争方式存在的问题。

　　遭受1985年图书销售危机打击最大的是出版社盈利的主要来源——大印数图书。大印数图书市场对消费者力量的增强反应最为敏感。中国出版界开始不得不对市场压力作出反应,出版社之间的品种竞争逐渐激烈起来,热门选题、知名作者成为许多出版社争夺的目标。在此期间,出版社的数量也增加得很快,特别是出现了一些有间接出版行为的书刊工作室。

　　这些都刺激了新出图书品种数的增加。然而,出版社之间打的这场品种战有着明显的缺陷。由于图书市场销售的分割,使得每个出版社面对的市场都很有限,而且他们能看到的只是近期立即可以销售出去的市场,因此,他们的竞争目标,仅仅是在短期中占有一定的市场,即趁其他出版社还未出某些品种时,抢先出版以获得暂时的利润。他们往往忽视如何在长期中使这些图书品种站稳脚跟,并获取长期中稳定的利润,这意味着出书的质量和信誉很少受到出版社的重视。这种情况致使年出书品种中初版书种数占了大部分,绝大多数新书以后很难重印。从1978年到1994年的17年中,中国图书出版重印书占全部出书总数的年平均比重只有27%。中国图书这种"一版定终身"的特点,理所当然地要求初版书的起印点相对较高。显然,中国出版社的这种竞争行为是很不成熟的,是一种短期的、初级水平的竞争。这种竞争的核心问题是,出版社不愿意或不能巩固现有的品种已占据的市场,不愿对开发潜在市场投资,不愿对未来获益的项目投资,以致为了对付未来的高风险,而不得不把希望寄托在短期甚至瞬时的利润流量上。1994年前,在中国图书出版产业,初版书直接的图书宣传推销费用很少会超过总定价的2%。而在发达国家,初版书的推销费用通常占到销售收入的20%左右。中国出版社的推销费用占总成本的比重也远远低于亚洲其他发展中国家的水平。

2. 出版—发行体制弊端丛生,改革复杂且艰难

1988年前,中国传统的图书销售办法是:新华书店作为中国发行部门的主渠道,它拥有中国所有出版社的总发行权,并通过其下属的几大发行所和省级店负责向在全国各地的基层店布置征订,然后再将征订数汇总后报给出版社。出版社则基本根据新华书店发行所的报数来确定印数,最多再酌情添上很少一点备货。对新华书店发行所预订的图书,出版社给予33%的销售折扣。图书出版后,一旦被送进新华书店的仓库,出版社就不再关心这部分图书的市场了。

这一体制是典型的计划经济运行体制,当图书出版产业逐渐市场化时,其缺陷开始暴露出来,突出地表现为以下两点:

第一,风险不对等。出版社不存在任何市场风险,风险均由发行机构来承担。这导致出版社没有动力去开发潜在市场,对现有或未来的图书品种进行包装和策划。而发行机构独立面对市场风险,其对图书进行市场推广宣传的动力势必大打折扣。同时,新华书店的基层店从发行所得到的销售折扣在20%—25%之间,也不足以支持其开展推销活动。

第二,收益不排他,存在严重的"搭便车"行为。一方面,发行机构进行推广宣传的活动的收益将被出版社分享;另一方面,基层书店为其经销的某种图书进行的推销宣传的收益同样会被其他基层书店分享。这种双重"搭便车"现象的存在使得基层书店没有任何动力去积极营销和策划图书的销售市场。

1985 年的图书销售危机和 1986 年的图书征订危机使中国的图书出版产业意识到,原有的出版发行体系已到了非改革不可的地步。在政府主管部门的支持和推动下,从 1988 年起出版社获得了自办发行权,或者说获得了图书的总发行权。出版社显然在总体上仍然依靠着新华书店这条发行渠道,但其有权决定哪些书由它自己来发行,或交给某家书店来发行。新华书店在图书发行上的一统天下被打破了,这使得原有的出版—发行体制面临解体的危机。出版社获得总发行权的一个最重要的积极影响是,为了达到一定的开印数,以适应规模经济的要求,它被迫开始增加图书备货数,或者说,备货中的大部分从新华书店的仓库转移到了出版社的仓库。出版社开始直接面对销售风险。这样,出版社不得不开始注意销售风险问题,并考虑如何降低这一风险。在这种情况下,进一步改革现行的出版—发行体制,以鼓励新的合约关系的形成,并最终深化图书出版产业竞争的时机已经成熟。

　　1988—1994 年,中国图书出版产业围绕着探索新的保证出版社和发行部门双方收益的出版—发行合约体制,使发行部门、出版社都愿意在图书市场推销方面投资,把竞争从短期引向长期,从而不断扩大市场容量,开始了一轮长达六七年之久的缓慢的改革。这一轮改革总的目标是逐步建立和推行图书销售代理制这样一种保证受益排他性的风险—收益分担制度。具体做法是,出版社发展各地新华书店基层店为出版社专门的图书销售代理机构,以使出版社在全国各地都建立起自己的经营性销售代理机构,出版社将地区市场指定给某一专门的销售代理书店,从而保证其开发市场的收益的排他性。出版社与图书销售代理机构之间建立有效的信息联系,确定合理的风险和收益分担比例,以鼓励销售代理书店进行各类广告宣传推销活动。为了保证这一制度的推行,出版社逐步降低了发行折扣,同时允许图书销售代理书店将经过市场促销仍销售不掉的图书退还给出版社。同时,出版社开始联合组织各种规模、门类的图书订货会,向书店介绍和推广自己的产品,出版社和书店开始联合举办全国乃至地区性的书展,向读者介绍图书,以激发起读者的购书欲望。

然而,能否建立和推行这样一种新的出版—发行合约关系,有赖于原有的体制发生深刻的变革。但是,中国的出版组织,包括出版社和新华书店均是长期在计划经济体制下生存和运作的,它本质上是政府的附属物,而不是真正的市场主体,因此,当中国图书市场的性质由卖方市场转向买方市场后,它们均不能适应市场发展的需要,也无法接受新的出版—发行制度安排。1988年,中央政府主管部门决定进行出版体制改革,出版社开始由事业单位转变为事业单位企业化管理,实行社长负责制,发行系统也开始实行多流通渠道、少发行环节的改革,各地基层书店逐步脱离省级书店的行政束缚成为市场主体,由此出版与发行双方的市场意识和新的以代理制为核心的出版—发行合约关系开始逐步确立。但是,由于图书出版产业具有较强的意识形态特征,这种改革极其复杂和艰难,延续了六七年才得以基本完成,出版社和新华书店可以说只有到了1994年前后才真正初步确立了市场主体的地位。这就是中国图书市场的调整与徘徊长达9年之久的主要原因。

3.4 中国图书出版产业新的增长阶段:1995年至今

3.4.1 1995年后中国图书出版产业迎来新的增长阶段

1995年中国图书出版产业终于结束了长达9年的调整与徘徊。这一年图书出版总印张数首次超过300亿印张大关,达到316.78亿印张,

比上年增长 6.6％,比 1985 年增长 12.0％;图书销售总金额 372.3 亿元,
比上年增长 43.7％;图书纯销售额为 186 亿元,比上年增长 37.8％。1996
年中国图书出版产业继续以强劲的势头迅速攀升,这一年图书出版总印
数首次超过历史最高点 1985 年的 66.73 亿册,达到 71.58 亿册,比上年增
长 13.2％;图书出版总印张数达 360.48 亿印张,比上年增长 13.8％;图书
销售总额达 557.4 亿元,比上年增长 49.7％;图书纯销售额达 267 亿元,
比上年增长 43.5％。表 3.13 显示,1994—2005 年,图书品种由 103 836
种增长到 222 473 种,图书总印数由 60.08 亿册(张)增长到 64.66 亿册
(张),图书总印张数由 297.16 亿印张增长到 493.29 亿印张,定价总金额
由 177.67 亿元增长到 632.28 亿元,分别增长了 114.25％、7.63％、
66.00％和 255.89％。如此之高的增长速度表明中国图书出版产业处于
一个新的成长周期。与此同时,出版物的质量也有了很大的提高,这不仅

表 3.13   1994—2005 年中国图书出版概况

年　份	种　数	总印数 (亿册[张])	总印张 (亿印张)	定价总金额 (亿元)
1994	103 836	60.08	297.16	177.67
1995	101 381	63.22	316.78	243.62
1996	112 813	71.58	360.48	346.13
1997	120 106	73.05	364.00	372.56
1998	130 613	72.39	373.62	397.97
1999	141 831	73.16	391.35	436.33
2000	143 376	62.74	376.21	430.10
2001	154 526	63.10	406.08	466.82
2002	170 962	68.70	456.45	535.12
2003	190 391	66.70	462.22	561.82
2004	208 294	64.13	465.59	592.89
2005	222 473	64.66	493.29	632.28

资料来源:《中国出版年鉴·2005》,中国出版年鉴社 2005 年版;中华人民共和国
新闻出版总署:《2005 年全国新闻出版业基本情况》。

表现在图书的纸张、装帧设计和印刷装订质量有了很大的提高,过去普遍采用的 52 克凸版纸已完全退出了市场,而代之以书写纸、双胶纸和铜版纸,小 32 开图书已被淘汰出局,国际大 32 开、16 开本开始流行;更表现为出版了一大批内容精良、格调高雅、深受广大读者欢迎的图书,出现了盛世修典的出版高潮,一些大型工程如《中华文化通志》《续修四库全书》《二十四史全译》《古文字诂林》等相继完成。

与此同时,图书出版产业的规模进一步扩大。到 2004 年,我国已有图书出版社 573 家,图书销售机构 10 万余家,书刊印刷企业 18.3 万家,图书工作室近万家,构成了一个粗具规模的产业群。

3.4.2　中国图书出版产业新一轮增长的原因分析

上述分析表明,中国图书出版产业进入了一个新的增长阶段。其原因是多方面的,既有宏观经济持续向好的影响,也是中国图书出版产业的改革不断深化的结果。在综合归纳的基础上,我们将其概括为如下几点。

第一,中国国民经济水平在迅速提高。1992 年初邓小平同志视察南方谈话发表后,中国经济持续快速增长。1992 年至今,中国人均 GDP 一直都保持着 10% 以上的惊人的年增长速度。宏观经济的高速发展为图书出版产业新一轮增长奠定了坚实的基础。

第二,图书出版产业改革在逐步推进,市场化色彩越来越浓。随着出版改革的逐步推进,中国图书出版产业在内部出书结构的调整、管理的加强、竞争的深化、营销手段的改进等方面均有了长足的进展。自 1985—1986 年的销售危机后,经过多年的改革与调整,一些传统老社已经明显地从初期对市场经济的误解和不适应过渡到能正确地把握市场经济的运行规律,通过不断地调整出书结构、重新定位、树立品牌、确定战略等方式来适应市场、占领市场,不断扩大自己的规模,从而出现了一批销售超亿元的强社。另一方面,随着图书市场的逐步好转,越来越多的人开始进入图书销售领域,这突出表现在 1995 年、1996 年这两年图书销售网点的增长和营业面积的扩大上。新华书店也开始深化改革,省级新华书店通过放权让利的方式赋予基层新华书店在经营方面有更多的自主权;基层书店开始通过扩大陈列品种的方式来扩大销售。这些不仅缓解了买书难的状况,而且在一定程度上刺激了读者的购书欲望。

第三,图书价格管制的进一步放松,特别是 1994 年底国家对中小学教材定价的一次性松绑,是导致这一阶段图书出版产业规模迅速增大的直接原因。

长期以来,中国政府一直实行十分严格的图书价格管制政策,管制的结果是图书的低定价。1956 年,中国政府规定:全国中小学课本每印张定价幅度为 0.046—0.049 元;一般书籍每印张的定价幅度为 0.06—0.20 元。这个价格水平一直维持了近 30 年。从管制的内容看,1980 年以前的价格管制既复杂又具体。它先把图书分成哲学社会科学、文学艺术;科学技术;大中专教材、中小学课本;图片、图册;封面、插页等五类。其中每一类又分为五至十多个档次。然后再按照不同类别制定定价标准。

过去由于中国出版的图书一次印数很大,所以书价维持在较低水平上往往仍然可以保本,甚至盈利;但是,那些小印数图书的出版却因成本过高而受到影响。20 世纪 90 年代前所谓的"出书难"指的就是小印数的学术著作出版难。

中国图书低定价和价格管制政策之所以能有效地实行 30 年,主要是由以下四个因素来保证的:其一,出版社是国营的,自身也没有特殊的利益追求,而国家也往往不鼓励它们把利润作为经营目标,因此,出版社很少主动突破价格管制标准;其二,出版一本图书所需的投入品主要是由政府计划供应的,政府保证这些投入品的价格维持在较低的水平上;其三,图书市场的容量相对很大,平均每种图书的销量相当可观,从而使成本有可能压在较低的水平上;其四,如果有些出版社在经营上出现亏损,国家也会在财政上给予支持。

20 世纪 80 年代,尤其是 80 年代中期以来,这些支持价格管制的因素渐渐消失了。一方面,国家计划供应的纸张等投入品越来越少,印刷工价和纸张价格逐步上涨,作者的稿酬标准也不断上升;另一方面,出版体制开始改革,出版社逐步成为自负盈亏的经营实体,开始注重利润实绩,而与此同时,国家对图书出版业的财政支持也大量减少。此外,图书市场的扩张势头转缓,使得图书的平均销量及印数大幅度减少。所有这些迫使政府不得不放松对图书价格的管制。首先是放松图书价格管制的严厉程度。一些印数较少的学术类图书的平均价格在 1980 年之后便有相当程度的上涨,但只要不突破最高限价,政府一般不加干预。以后又有意识地放松了对其他出版成本较高的图书的价格控制。政府对图书价格的管制从过去的分类价格管制转向最高限价管制。其次,政府也陆续放宽了图书定价的上限,1989 年的图书价格管制上限与 1984 年相比,上升了50%左右;而且为了保证学术类图书的出版,从 1988 年起,政府还规定印数在 3 000 册或 5 000 册以内的学术著作可以按照成本定价,到 1994 年,政府事实上已经允许出版社对除中小学课本以外的其他图书根据市场需求和成本自主定价。

放松图书价格管制对于调整中的中国图书市场的发展起了重要的推动作用。虽然衡量中国图书市场规模的最重要指标——总印张,直到 1994 年才首次超过 1985 年的 282.74 亿印张,达到 297.16 亿印张,但在 1988 年至 1994 年间,中国图书出版种数却由 65 962 种上升到 103 836 种,定价总金额也由 62.22 亿元上升到 177.67 亿元。值得关注的是,小印数图书的比重开始大幅度上升。据调查,1994 年上海版书籍(不包括课本、图片)中,印数不足 5 000 册的占了 32.21%,不足 10 000 册的占了 60.02%。这在 90 年代前是不可想象的,学术著作出书难的问题已基本解决了。小印数图书的发展在一定程度上表明中国的出版社开始关注出书品种的竞争,关注消费者对图书的需求偏好,关注人数有限的较小读者群的需求愿望。这反映出中国图书出版产业素质的提高。

对中国图书出版产业来说,1994 年是值得特别注意的一年。由于 1993 年起国际纸张价格大幅度上升,导致国内纸张价格的同步上升,中小学课本的成本因之迅速上升,在原有的课本限价内,出版课本已处于亏损的边缘。在这样的态势下,国家新闻出版署、国家教委、国家物价局等部门,决定对中小学课本定价实行一次性松绑,中小学课本从 1995 年起每印张的定价上升了 40% 左右。由此,1995 年中国图书出版定价总额比上年上升 37%,达 243.62 亿元,1996 年比 1995 年又上升了 42%,达 346.13 亿元。而国际国内纸价在 1996 年又回复到涨价前的水平,以后也一直保持在这一水平。如此一来,中国图书出版产业的利润水平大幅度提高,现金流量迅速增长,这为整个中国图书出版产业的起飞奠定了良好的基础。

第四,新的出版组织、新的出版业态不断涌现。1999 年 2 月,经中央批准,中国第一家出版集团——上海世纪出版集团正式成立并运行,从而改变了中国出版产业 50 多年来出版主体规模偏小无大企业的状态。之后,各地相继成立出版集团,到 2005 年 4 月底,全国已有出版集团 18 家。与此同时,各地也相继成立了 20 多家图书发行集团。随着大型出版发行市场主体的诞生,新的业务形态不断涌现。自从1995年全国第一个超级书店——广州天河购书中心成立以来,目前全国各地已建有营业面积在5 000平方米以上、陈列品种在10万种以上的超级书店近30家。各地新华发行集团还纷纷整合自己的网点资源,形成了数十个网点在100多家以上的连锁书店。与此相适应,建立在信息化基础上的现代物流中心在上海、浙江、辽宁、四川等地纷纷成立。

第五,出版单位体制改革积极稳妥推进。2003年6月,中央召开文化体制改革试点工作会议,启动了新一轮的文化体制改革。十多家出版发行单位被列入全国文化体制改革试点单位。至2005年底,这些单位已全部由过去的事业单位转制为各种形式的企业,有的还改造成股份有限公司,正酝酿上市。随着这些出版发行单位转企改制的完成,它们已经成为真正意义上的市场主体,经济实力、活力和竞争力不断加强。目前,出版发行单位的转企改制工作正由试点转向全国面上推开。

第 4 章
中国图书出版产业发展前景分析

　　本篇第 3 章对中国图书出版产业的发展作了阶段性分析,并提出中国图书出版产业自 1995 年起进入了一个新的增长阶段①,从目前的情况看,这一新的增长阶段还未结束,中国图书出版产业总体而言仍处于健康发展态势中。但从 2005 年以来中国出版界所发表的关于图书出版产业发展态势的著述看,笔者的这一观点并未得到出版界的一致认同。有部分学者认为,中国图书出版产业目前已经进入一个滞胀阶段,出现了严重的泡沫,并已危及产业的健康发展。本章将对这种影响甚广的滞胀论做一回应,以进一步明确我们在第 3 章提出的基本判断。在此基础上,我们将结合图书出版产业新的发展趋势,特别是技术进步的趋势,对中国图书出版产业的发展前景以及长期发展需要解决的问题做一理论上的梳理,提出功能定位进一步明确、集中程度进一步加强、内容创新进一步丰富、产业链进一步延伸、数字化进一步推进、区域分工进一步完善等六大方面将成为中国图书出版产业未来发展的主要方向。

---

　　①　参见陈昕:《中国出版业发展的三个阶段与新的出版组织的培育》,《中国图书商报》1997 年 7 月 11 日。

4.1 关于现阶段中国图书出版产业整体发展的基本判断——对滞胀论的一种回应

进入 21 世纪后,中国图书出版产业在总体上继续增长的同时,也出现了一些值得关注和解决的问题。2005 年 2 月,巢峰同志在《中华读书报》上发表文章认为,"自上世纪 90 年代下半叶起,即在我国国民经济高速发展的同时,图书出版业却出现了滞胀现象"①。该文列举了中国图书出版业滞胀的十大具体表现:一是图书品种急剧上升,每种年平均销售册(张)数急剧下降。二是图书销售册(张)数增长率,远远低于国内生产总值增长率;图书销售册(张)数,从 1999 年开始呈下滑趋势。三是人均购书册数 20 多年变化不大,近年又呈下滑趋势。四是图书总定价增长远远高于总印张增长。五是图书出版成本年年上涨,居高不下。六是近期出版利润停滞不前,已呈下滑趋势。七是图书发行折扣愈打愈大,图书退货率不断上升。八是图书货款结算期愈来愈长,信用危机愈演愈烈。九是图书销售设施(书店面积)大幅度增加,销售成本不断提高。十是图书库存金额直线上升,资金周转奇慢。实事求是地说,巢峰同志的观察是相当敏锐的,其列举的十大现象确实不同程度地存在于中国图书出版产业,业内人士也普遍有着同感。但是,之后业内不少同志据此纷纷撰文认为中国图书出版产业已进入滞胀阶段;更有甚者,认为中国图书出版产业已陷入经济危机,进入类似于前几年

① 参见巢峰:《中国图书出版业的滞胀现象——兼论出版改革的症结所在》,《中华读书报》2005 年 1 月 26 日。

日本“出版大崩溃”的阶段①。一时间似乎中国图书出版产业真的进入了滞胀阶段。这成了一个需要认真分析的问题。对此我们将进一步明确在本篇第3章中作出的判断，通过更为翔实的数据和更为深入的经济学分析对滞胀论作出回应。

4.1.1 总量分析

第一，从图书种数和新出版图书种数的总量和增长率来看，1995年以后中国图书出版仍然保持着较高的速度，且增长日趋平稳；尽管还存在着一定程度的波动性，但相比 1978—1995 年的大起大落，这一阶段的增长总体而言要平稳得多，基本上保持在 10％左右（见表 4.1 和图4.1）。当然，图书品种的增加在一定程度上与每种图书平均销售收入和利润下降及买卖书号有关；但不可否认的是，正如其他产品种类数量的不断增加一样，这一现象也意味着图书市场越来越细化，定位越来越具体，大众图书市场越来越活跃。这预示着中国图书出版业的市场化进程在不断地深化和加强。

第二，从总量上看，衡量中国图书出版产业发展状况最重要的是这样两个指标：总印张和总定价。前者是实物指标，后者是价值指标。统计数字告诉我们，从 1995 年到 2005 年，除 2000 年以外，中国图书出版的总印张和总定价总体上呈现出逐年增长的态势。更令人欣喜的是，总印张和总定价增长率的偏离度在逐年缩小，特别是在 2000 年以后，二者表现出极强的同步性（见图 4.2），这表明价格因素在总定价中的作用日趋减弱，

---

① 周蔚华：《也谈中国图书出版业的"滞胀"现象——从产业组织理论的视角看出版改革的症结所在》，《中华读书报》2005 年 4 月 13 日；黄卫东：《中国书业应谨慎内敛备粮练兵》，《出版商务周报》2006 年 3 月 26 日。

表 4.1　1978—2005 年中国图书出版种数及新出图书种数

	1978	1979	1980	1981	1982	1983	1984
图书总数	14 987	17 212	21 621	25 601	31 784	35 700	40 072
新出图书种数	11 888	14 007	17 660	19 854	23 445	25 826	28 794
	1985	1986	1987	1988	1989	1990	1991
图书总数	45 603	51 787	60 213	65 962	74 973	80 224	89 615
新出图书种数	33 743	39 426	42 854	46 774	55 475	55 254	58 467
	1992	1993	1994	1995	1996	1997	1998
图书总数	92 148	96 761	103 836	101 381	112 813	120 106	130 613
新出图书种数	58 169	66 313	69 779	59 159	63 647	66 585	74 719
	1999	2000	2001	2002	2003	2004	2005
图书总数	141 831	143 376	154 526	170 962	190 391	208 294	222 473
新出图书种数	83 095	84 235	91 416	100 693	110 812	121 597	128 578

资料来源:《中国出版年鉴·2004》,中国出版年鉴社 2004 年版;中华人民共和国新闻出版总署:《2005 年全国新闻出版业基本情况》。

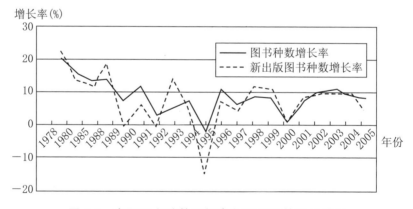

图 4.1　中国图书种数及新出版图书种数增长情况

资料来源:《中国出版年鉴·2004》,中国出版年鉴社 2004 年版;中华人民共和国新闻出版总署:《2005 年全国新闻出版业基本情况》。

总定价越来越受到实物增长而不是价格增长的左右。与此同时,总印张和总定价增长率与 GDP 增长率的偏离度也在逐步收敛,表现为以 GDP 增长率为轴心的一种窄幅波动。这表明中国图书出版产业从宏观而言不仅处于不断增长的良好态势之中,而且其增长水平同国民经济整体增长水平的相关程度也越来越高。

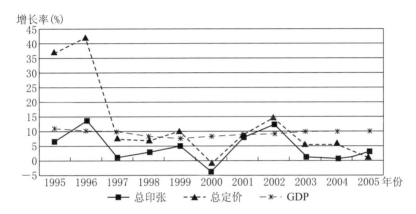

图 4.2　中国图书总印张、总定价及 GDP 增长率的比较

注:GDP 增长速度以不变价格计算,根据中华人民共和国国家统计局 2006 年 1 月 9 日发布的《关于我国国内生产总值历史数据修订结果的公告》。

资料来源:《中国出版年鉴·2004》,中国出版年鉴社 2004 年版;中华人民共和国新闻出版总署:《2005 年全国新闻出版业基本情况》;《中国统计年鉴·2004》,中国统计出版社 2004 年版。

第三,从每千印张价格的增长情况来看,自 1995 年以后,增长率在不断下降,与居民消费价格增长率的背离度(用离差指标反映＝千印张价格增长率－居民消费价格增长率)日趋缩小(见图 4.3)。这意味着印张价格的波动与总体物价水平的波动越来越具有一致性。这从另一个侧面也说明影响印张价格的体制性因素在逐渐减弱,而市场性因素的作用在逐步加强。

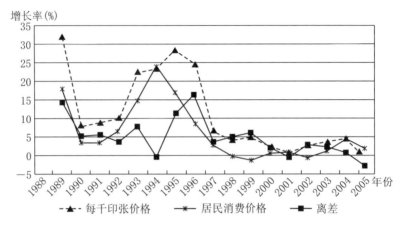

图 4.3　每千印张价格增长率与居民消费价格增长率的比较

资料来源:《中国出版年鉴·2005》,中国出版年鉴社 2005 年版;《中国统计年鉴·2005》,中国统计出版社 2005 年版。

第四,部门的机构数量及其从业人员的变化是衡量一个行业扩张或收缩的重要指标之一。从机构数量和从业人员来看,出版社的个数以及从业人员的数量从 1995 年以来一直在稳定增长,反映了出版社的人员规模趋于扩张(见表 4.2)。与此同时,大量的出版工作室如雨后春笋,发展迅速。

表 4.2　1995—2004 年中国出版社个数、从业人员及平均从业人员的增长情况

	出版社(个)	从业人员(人)	平均从业人员(人)
1995	527	38 774	73.6
1996	528	39 507	74.8
1997	528	41 052	77.8
1998	530	44 997	84.9
1999	530	46 390	87.5
2000	565	46 408	82.1
2001	562	47 128	83.8
2002	568	49 024	86.3
2003	570	50 537	88.7
2004	573	—	—

资料来源:《中国出版年鉴·2004》,中国出版年鉴社 2004 年版。

第五,部门收入水平及其增长率同样是判断一个行业是否具有成长性的重要指标。受统计数据的限制,这里以上海部分行业为例进行比较说明(见表4.3)。总体上,上海出版业的工资水平远高于上海全市国有单位职工的平均工资水平,且保持了较高的稳定增长态势,其增长率不仅高于上海全市国有经济工资水平的增长率,而且也高于 GDP 的增长速度。这从一个侧面说明出版行业仍然是扩张性的部门,处于一个稳定增长阶段。但需要注意的是,1997—2003 年,出版业工资水平的增幅同比于其他几个同样具有行政垄断色彩的行业,却显得相对较低。这也从一个侧面表明,出版业的行政垄断优势正逐步消失,市场化的力量在得到进一步的加强。

表4.3　上海部分行业的职工平均工资水平及其增长情况

	1997—2003 年年均增幅	2003 年平均工资(元)
出版业	13.00%	33 964(估计)
全市国有单位职工	11.50%	22 541
工　业	6.99%	16 507
交通运输仓储邮政	11.45%	28 056
零售业	2.14%	12 184
金融业	13.60%	42 690
教　育	14.84%	26 376
卫　生	13.67%	28 105
公共管理和社会组织	14.25%	30 272

资料来源:《上海统计年鉴·1998》,《上海统计年鉴·2004》,中国统计出版社。

第六,从利润增长率来看,1978—2002 年出版系统(指国有企事业单位)和出版社的利润增长一直处于波动之中,即便是在市场化改革大幅推进的 1995 年以后,出版系统和出版社的利润增长的波动性也十分明显(见表4.4)。但出版社利润在全系统中所占的比重却连年稳步攀升,只是在 1999 年以后出现小幅下降。表4.4 的数据反映了这样两个事实:其一,由于受各种复杂因素的影响,出版系统的利润增长呈现大起大落的非稳定态,所以用某一时点或某一时段的利润指标来衡量或判定其发展态势可能欠妥。从这一意义上讲,它并不是一个反映行业增长和发展状态的很好的指标,特别是从一个时间序列来看更是如此。其二,出版社的盈利能力在整个出版系统中的相对地位在大幅攀升,并在1995年后稳定在63%—73%的水平上。

表4.4 出版系统及出版社利润增长情况

年份	出版系统利润(万元)	出版系统增长率(%)	出版社利润(万元)	出版社增长率(%)	出版社利润占出版系统利润的比例(%)
1979	32 388		8 293		
1980	44 327	36.86	11 444	38	25.82
1981	52 034	17.39	15 531	36	29.85
1982	48 751	−6.31	12 045	−22	24.71
1983	51 953	6.57	9 856	−18	18.97
1984	58 260	12.14	13 725	39	23.56
1985	89 504	53.63	30 657	123	34.25
1986	77 550	−13.36	28 842	−6	37.19
1987	79 258	2.20	29 676	3	37.44
1988	86 063	8.59	32 755	10	38.06
1989	107 666	25.10	46 592	42	43.27
1990	116 938	8.61	52 491	13	44.89
1991	131 904	12.80	62 787	20	47.60
1992	136 683	3.62	70 140	12	51.32
1993	146 896	7.47	89 373	27	60.84
1994	125 510	−14.56	80 058	−10	63.79
1995	173 775	38.46	109 623	37	63.08
1996	276 141	58.91	178 294	63	64.57
1997	370 027	34.00	255 597	43	69.08
1998	464 886	25.64	331 686	30	71.35
1999	532 432	14.53	389 740	18	73.20
2000	527 139	−0.99	380 930	−2	72.26
2001	533 780	1.26	381 998	0	71.56
2002	508 771	−4.69	339 563	−11	66.74

资料来源:《中国出版年鉴》(1979—2003)。

出版系统及出版社利润增长的波动,其背后的原因是十分复杂的,囿于篇幅的限制这里不能展开论述,但我认为以下几点是值得我们深入思考的。一是市场化进程对行政垄断地位的冲击,这会带来出版业超额利润的降低。二是利润从体制内流向体制外,特别是流向众多的民营文化公司或工作室。民营资本大量涌入出版产业也从一个侧面说明出版市场有着可观的利润回报和发展空间,我们当然应该用积极的眼光来看待这一力量,政府在引导民营资本进入出版市场的同时,应该加强监管和审查力度,肃清鱼龙混杂的乱象,净化出版市场环境。三是大众出版比重的上升会降低出版产业总体利润水平,有资料显示,国际出版产业中大众出版的利润率是最低的。

4.1.2 结构分析

如果引入结构分析的因素,对中国图书出版产业的态势可以看得更清楚些。

第一,从行业的生产构成看。现代图书出版产业是以市场为导向的出版产业。因此,分别对应图书产品的三大功能,即娱乐(文化)功能、知识功能和信息功能,产生了大众图书市场、教育图书市场和专业图书市场。这是现代图书市场的基本结构。经过这些年的发展,在进入21世纪之际,中国的图书市场也比较清晰地呈现出这三大市场的基本划分。限于统计数据的局限,这里我们不妨从生产构成的角度,对1995年与2003年这两个年度大众出版、教育出版和专业出版的份额情况作一个比较。它基本上可以折射出图书市场的结构。1995年,全国图书出版产业的生产构成(以生产图书总定价计算)中,大众出版、教育出版和专业出版的比例为22.20%、68.32%和9.48%;而2003年则为23.10%、65.70%

和 11.20％。一般而言,主要依赖教育出版、专业出版的发育程度甚低、大众出版不够活跃,是出版结构不够成熟的表现。而从生产构成的角度看,中国图书出版产业 2003 年与 1995 年相比,其结构是明显地改善了。不仅如此,就三大领域本身来看,其内部结构的改善也非常明显。以教育出版为例,1995 年起,其高等教育、中专技校教育和中小学教育三大板块中,高等教育方面的课本在品种数量、用纸量、定价总金额等方面的增长速度明显高于中小学课本及中专、技校课本。这里我们不妨比较一下 1995—2005 年中国教育出版领域课本总印数在这三大板块的增长速度(见表 4.5)。

表 4.5　中国教育出版中各门类课本总印张比较　　　　　　　　单位:千印张

年份	大专及大专以上课本	增长率(％)	中专、技校课本	增长率(％)	中、小学课本	增长率(％)
1995	1 229 197	3.30	901 425	9.52	11 766 042	11.96
1996	1 202 130	−2.20	999 600	10.89	14 228 521	20.93
1997	1 353 330	12.58	826 716	−17.30	15 029 608	5.63
1998	1 454 596	7.48	924 941	11.88	15 256 072	1.51
1999	1 409 241	−3.12	848 259	−8.29	16 303 279	6.86
2000	1 776 194	26.04	581 088	−31.50	16 695 843	2.41
2001	2 049 151	15.37	552 960	−4.84	16 543 935	−0.91
2002	2 586 035	26.20	499 356	−9.69	18 290 672	10.56
2003	2 690 255	4.03	616 772	23.51	17 257 340	−5.65
2004	3 595 927	33.66	838 564	35.96	17 150 552	−0.62
2005	4 890 240	35.99	913 211	8.90	18 747 637	9.31

资料来源:《中国出版年鉴》(1996—2004);新闻出版总署:《2005 年全国新闻出版业基本情况》。

从表 4.5 中可以看到,2005 年与 1995 年相比,高等教育课本的总印张增长了 297.84％,中专、技校课本增长了 1.3％,中、小学课本增长了 59.33％;这 11 年间,高等教育课本年均增长率为 14.48％,中专、技校课本为 2.64％,中、小学课本为 5.64％。这不仅说明这一阶段中国教育出版领域出现的是良性发展的态势;而且表明,中国教育出版近年来的发展在很大程度上是与高等教育出版的扩张分不开的。

第二,从产品结构和产品质量看。1995 年至今是中国图书出版产业产品更新换代的时代,中国图书的主要用纸已经告别了 52 克凸版纸,普遍采用书写纸和胶版纸,各种特殊用纸和铜版纸也屡用不鲜;图书的开本也很少再用小 32 开本,代之而起的国际标准大 32 开本、16 开本和各种特殊开本;图书的类型中图文书和画册比例也大幅度上升,由此导致的一个现象是,中国彩色印刷品的增长幅度惊人(见表 4.6)。表 4.6 中胶印印刷数字的高速增长可能有报刊彩印数量增加的因素,但图书彩色印刷数量的剧增也是一个不争的事实。

表 4.6　中国书刊印刷企业主要产品产量统计比较表

年份	书刊印刷 (万令)	胶印印刷 (万色令,指对开色令)	零件印刷 (万千印张)
1995	2 613.38	4 743.73	1 021.55
1996	4 161.31	7 927.76	2 308.13
1997	4 612.03	8 388.06	2 407.22
1998	5 071.20	9 055.95	2 401.09
1999	6 157.22	11 043.93	1 837.75
2000	5 788.83	11 935.06	1 836.08
2001	6 186.07	12 534.39	1 263.91
2002	6 687.34	14 190.32	1 229.03
2003	6 424.99	25 466.31	938.27

资料来源:《中国出版年鉴》(1996—2004)。

还有一个值得我们注意的现象是,图片尤其是年画等传统读物的衰落。1996 年,全国年新出版图片 2 234 种,而 2005 年则下降到 682 种;1996 年全部图片总印张和总定价为 257 138 千印张和 66 120 万元,而

2005年则分别下降到43 000千印张和16 000万元。图片数量的减少，说明我国出版统计中，"册"字后面括号中"张"字数量的减少，相对而言"册"字的数量在增加。另外，1996—2003年间，标准类文件、活页文选、影印书等不使用中国标准书号的读物总印张也下降了近60%。上述现象均表明，我国图书产品结构有了很大的改善和提高。从中我们至少也可以看到为什么近年来中国图书出版产业总的图书册数增长有限而图书总定价却在大幅度增长的一个原因。

基于上述的总量和结构分析，我们也已经可以清楚地看到，现阶段的中国图书出版产业尽管存在各种各样的问题及许许多多不美好的现象，但我们并不能得出它已经进入滞胀阶段甚至出现经济危机的判断，从总体上说它仍然处在中国图书出版产业发展的第三阶段——新的增长阶段。

4.2　中国图书出版产业未来的发展

进入21世纪，中国图书出版产业在延续新一轮增长的同时，也在制度创新、体制变革、机制转变等方面取得了实质性的进展。随着全球化、数字化浪潮的进一步推进，中国图书出版产业将面临全球出版巨头的有力竞争，还要积极应对信息网络、数字技术对出版产业核心竞争力的全面改造。本篇认为，上述诸多因素对中国图书出版产业整体而言是机遇多于挑战，积极因素多于消极因素，在充分认清机遇和挑战的基础上，积极解决长期发展必须要面对的六大问题，中国图书出版产业还会有一个更为美好的前景。

4.2.1　机遇与挑战并存

中国图书出版产业的增长能否持续下去,中国图书出版产业的第三阶段还能维持多久,这是中国出版人最为关心的问题。这里我们不妨先来分析一下未来五年中国图书出版产业面临的机遇和挑战。

未来五年,中国图书出版产业面临着难得的历史发展机遇,主要表现在以下四大方面。

一是全国人大刚刚通过的"国民经济和社会发展第十一个五年规划"显示,国民经济将继续保持较快平稳发展,人民生活水平不断提高,这将为中国图书出版产业的进一步发展提供重要的物质基础和更加广阔的消费市场空间。如果不出现大的不可预测因素,"十一五"期间中国 GDP 增长速度将保持在 10% 左右,从发达国家的经验和近几年中国图书出版产业增长的情况看,由于图书是超必需品,图书出版产业在越过某一门槛值后(一般认为是人均 GDP 800 美元),其增长速度将数倍于 GDP 的增长速度,这意味着图书出版产业的需求还将有翻倍的空间。

二是文化体制改革的逐步深入和全面推进,将克服体制、机制障碍,进一步解放和发展图书出版生产力。从 2006 年始,全国文化体制改革进入全面推开阶段,出版机构由事业单位向企业单位的转制进程将进一步深化;出版业的政府管理体制改革和政企分开将全面推进;随着《国务院关于非公有资本进入文化产业的若干规定》的出台,民营资本可以进入图书发行等领域,参与竞争;出版发行集团的股份制改造及上市将进一步开展,新华书店跨省连锁经营也会稳步推进。这一轮的出版发行体制的改革,直接触及出版业最本质和最核心的部分,对中国图书出版产业的发展将起到不可估量的积极影响。

三是教育优先发展,对图书出版产业服务教育事业提出了更高的要求,也提供了更多的发展空间。目前,我国图书销售额的 60% 以上是教学用书,教育市场对出版产业的贡献最大。2003 年我国从小学到大学的在校生是 2.1 亿人,高中生和大学毛入学率有了很大程度的提高,而且大学毛入学率还将有迅速的增长。比如,我国 2003 年高等学校的毛入学率为 17%,而高收入国家平均是 46.9%,世界平均是 22.8%。另外,随着学习型社会和终身学习体系的建立,人均受教育时间还将进一步延长。这对图书消费同样会产生较大的刺激。

四是网络通信和数字信息技术的迅猛发展,将给图书出版产业带来新的机遇,有力地促进图书出版产业增长方式的转变和产业升级。随着数字技术的发展,特别是计算机技术和网络技术发展殊途同归,走向 IP 技术融合,不仅使语音与数据可以融合,而且使不同形式的媒体彼此之间的互换性和互联性得到加强。这样,语音广播、电视、电影、照片、报纸、图书、杂志以及电子货币等信息内容都可以融合为一种应用或服务方式。也就是说,数字技术把这些部门带到一起,所有这些部门都越来越围绕使用 1 和 0 作为其信息编码的思想。在网络通信和数字技术的影响下,电子出版和网络出版异军突起,表现出强大的生命力。电子出版和网络出版可以说是一次巨大的技术革命,它必将迎合广大信息接受者庞大的消费需求,从而成为出版领域内的一个朝阳产业,一个新的经济增长点。需要注意的是,电子出版物和网络出版物对传统出版产业的冲击总体而言是正面的,它的出现更多的是对传统出版物的一种互补,是另一个图书市场的开拓,而不是简单地对传统出版的替代。这两种出版物同传统纸质出版物相得益彰,将共同支撑起一个更为庞大的出版产业市场,满足不同消费者的个性化需求。

同时,未来五年,中国图书出版产业也将面临两个严峻的挑战和考验。一是以各地区中心城市为主的出版物市场相对饱和,严重影响图书出版产业的持续健康发展。二是随着中小学教材出版发行管理体制改革全面推开,教材出版发行招投标不可逆转。2006 年,国家已经在安徽、福建、重庆、四川、广东等 11 个省市进行教材招投标的试点工作,并计划在 2008 年后在全国普遍推广;与此同时,农村中小学教材将全部实行政府采购,免费供给,现行中小学教材中准价势必较大幅度地下调。更为严峻的是,与政府采购教材配套的措施之一是教材的循环使用正在被提倡,2004 年起已在山东省部分地区开始实行,这不仅影响到整个图书出版产业的规模,而且将大量地减少出版企业的利润。

综合上述中国图书出版产业机遇和挑战的分析,我们可以看到,从五至十年的一个较长时间段来看,随着国民经济和社会的持续发展,数字化进程的加快,高新技术的运用,出版改革的深入,中国图书出版产业将会继续保持一个较高的增长速度;但是从最近两三年看,中国图书出版产业的增长速度,将不可避免地会有一个小幅下调的调整过程。原因在于我国中小学生人口数量巨大,中小学教材的定价总额要占全部图书定价总额的 40% 左右,而这一类图书的减价、减量势必给整个图书出版产业的发展带来严重的影响。

4.2.2　中国图书出版产业长期发展需要解决的六大问题

中国图书出版产业如何最大限度地减少中小学教材减价、减量带来的负面影响,如何尽量缩短调整期,尽快度过调整期,以及尽早地抓住机遇迎来新的较快的发展周期,下面一些问题是需要认真研究和加以解决的。

1. 出版社的类型选择与企业改制

党的十六大报告将文化领域划分为文化事业和文化产业两个部分;

党的十六届三中全会又进一步对公益性文化事业单位和经营性文化产业单位分别提出了深化体制改革的任务。根据中国图书出版产业发展的内在逻辑和全国文化体制改革的总体部署,中国的出版集团及大多数出版社将在今后五年内逐步由目前事业单位企业化管理性质转制为企业。由此,摆在中国出版业面前的一个重要问题是,中国出版社的类型究竟可能有哪些,又该作如何选择。

本篇第2章的分析已经表明,出版企业的功能定位应该体现出差异化:既有为社会公益事业服务的政府出版机构,也有经营性的非营利组织和盈利性的股份有限公司。我们认为中国的出版集团及出版社未来的企业类型选择主要应是有限责任公司(包括股份有限公司)和经营性非营利企业两大类。除了在某些政府机关内附属少量出版部门用于出版公益性的出版物外,所有的出版社均应改制为公司制企业,其中大学出版社、人民出版社、古籍出版社等可改为经营性非营利企业,其他可改为有限责任公司、股份有限公司。另外,中国的出版集团及出版社的改制过程应该走渐进式改革之路,不排除在改制中出现某种中间过渡形态的可能,这一切均随出版产业化的进程而定。但无论如何,企业的治理结构、运营模式和运作机制将会随着转制发生根本性的变化,同时资本市场的运作,包括企业重组和兼并,发行股票上市等,也会慢慢地开展起来,并对中国出版业的产业化进程产生积极的反馈效应。

需要注意的是,中国的出版集团在股份化和上市的过程中,要防止出现前一轮国有企业转制上市过程中热衷于圈钱而忽视业务整合、热衷于企业及业务扩张而忽视治理结构建设的倾向。有效的业务整合和一个合理健康的治理结构及高效运营的管理团队是企业得以发展的基础。与此同时,也要及时调整出版产业的政府管制,特别是打破行政性垄断,为出版企业的并购创造良好的环境条件,积极鼓励出版社之间的并购与重组,降低相应的交易成本,否则出版企业上市后难以开展资产运作,从而会缺乏新的发展空间。

2. 集团化及其结构安排

本篇第 2 章的分析表明,中国出版业目前仍属于一种原子型结构,企业分散化、小型化,难以形成规模经济。因此,在对出版社进行公司制改革的同时,应该继续推进出版产业的集团化和规模化进程。需要注意的是,出版产业的集团化应该建立在企业主体公司化和市场化以及企业竞争领域全国化乃至全球化的基础之上。集团化的动力机制来自市场的竞争而非行政力量的"拉郎配",只有这样,出版机构及其相关资源才能够进行充分有效的重组和重新配置,出版机构的重组才能够在"物理结合"的基础上真正产生"化学反应"。

从世界经济和产业组织发展规律来看,多元化经营和专业化经营是其中两条并行不悖的主旋律。前者追求的是一种范围经济,通过业务匹配和功能耦合来降低成本,提高竞争力,通过多领域投资来降低风险;后者追求的是一种规模经济,通过专业分工来获得递增收益,建立核心竞争力和竞争优势,进而降低风险获取最大利润。从中国出版产业现状和其所处的制度背景出发,中国出版产业的集团化应该走范围经济和规模经济并举的发展道路。从集团层面来说,集团应该横跨出版业的诸多领域,在治理结构、品牌建设、财务管理、对外宣传、发行体系和物流服务等方面打造统一的平台以降低各种交易成本,提高资本运作效率,并通过各业务领域的优势互补和功能耦合来获得最佳的利润回报。从集团下属的子公司和分支机构来说,各子公司的业务应该集中于某一类内容的出版物上,比如专门化的大众出版公司、专门化的教育出版公司或专门化的专业出版公司等,突出主业,体现产品的差异化,形成自身的核心竞争能力,通过规模经济来降低成本,获取最大的市场份额。

一个需要注意的问题是，中国出版产业在组建集团的过程中，由于资源的相对集中，一些集团走的是与国际大型出版集团将业务主要集中于内容产业完全不同的道路，他们热衷于离开主营的内容业务，进行跨领域的业务拓展，把业务领域延伸至房地产、旅游、宾馆等领域，并将大量的资金投入其中。这对中国出版集团的品牌建设、核心竞争力的形成和长期发展是十分不利的，从国际出版集团的发展经验来看，这种跨领域的经营模式也大多以失败而告终。因为，贸然进入不相干的经营领域，在诸多不相干的领域进行投资，不仅各领域之间的功能耦合和业务匹配能力大大降低，而且很容易带来管理的混乱和矛盾，资源的重复配置或资源的低效配置，人为地增加管理成本、协调成本和交易成本，风险反而会增加，利润率反而会下降。因此，我们这里理解的出版集团的多元化经营和范围经济并不是指跳出出版市场和内容产业的泛多元化，而是指在出版领域内的多元化，在出版市场内的范围经济。

　　中国的出版集团化进程已经走过了七年的时间。但是，到目前为止，大多数出版集团还没有真正完成从简单的"物理结合"向"化学反应"的转变，集团规模的扩大仍然主要是低水平的数量累加，而没有进行根本性的业务整合，原先的粗放经营的色彩也并没有褪去。虽然有的集团对发行、物流等资源进行了重新配置和重组，在发行、物流、财务等公共平台的建设上取得了进展，但是很少有集团能够围绕着产品的内容生产线对出版社的结构进行调整，对各类资源作合理的配置，从而难以实现集团化要求的范围经济和规模经济效应。而20世纪90年代中期以来发达国家出版业围绕着内容而展开的收购兼并浪潮，无一不是按照内容产品生产线对出版资源和品牌进行重新配置，对出版社的结构进行重新调整，从而形成强大的内容生产能力和竞争力的。借鉴国际经验，下一步中国的出版集团的业务发展不应再是各个出版社独自分散作战的模式，而应按照不同的内容产品生产线的要求进行结构调整和资源重新配置,对品牌进行组合,实行产品细化和专业化生产,从而促进内容创新的深化,最大限度地利用内容资源、降低成本、创造新的产品和新的品牌,以提高生产能力和企业核心竞争力,扩大市场覆盖面。这一过程由于既涉及出版社结构和利益的调整,又取决于出版集团的运营能力和水平,所以将会是非常艰难的,但它是中国出版集团建设过程中必须解决的关键问题。

与此相对应,中国出版图书产业在这方面存在的另一个问题是,相当一部分出版社在市场竞争中逐步地丧失了内容的生产能力和竞争力,依靠行政配置的书号资源,消极地通过与工作室合作来维持自身的运行。这一倾向不加以有效解决的话,对整个图书出版产业的发展是极其有害的。

3. 内容产业与文化创新

20 世纪 90 年代中期以来,国际出版产业经历了一次席卷全球的收购兼并浪潮,一些大型出版集团为了适应现代信息技术发展带来的挑战,形成自己的核心竞争力,纷纷进行业务结构的调整,通过在资本市场上卖出买进的方式将自己的业务领域集中在内容产业,其结果便是一批跨行业多元经营的大型集团转变为以内容提供为主的大型出版集团。例如,培生集团在 90 年代中后期先后卖出了自己在蜡像馆、拉萨德银行、西班牙主题公园的股份和在英国第五频道及 B 卫视的部分股份,加之利用从其他渠道融来的资金,通过一连串漂亮的"组合拳",从 1994 年到 1998 年先后收购了艾迪生·维斯理出版公司(Addison Wesley)、哈珀·柯林斯出版公司(Harper Collins 教育出版部分)、西蒙·舒斯特出版公司(Simon & Schuster 教育出版部分)三大教育出版公司,再通过与原旗下朗文出版公司(Longman)的合并和业务重组,从而使培生教育出版集团成为了全世界最大的教育出版集团。

作为内容提供者,出版社最重要的功能又是什么,那就是进行文化创新,向市场提供更多更好的信息文化产品。对于文化创新,过去我们的理解往往过于简单。例如,在出版业我们述及图书出版的创新时,往往强调的是对学术的贡献,由此常常要求注重单本原创图书的出版。其实单本学术图书的创新主体并不是出版社,而是学者,出版社在其间的作用仅仅体现在这一创新活动的某一个环节即编辑出版上。作为内容提供者,出版社应该成为创新活动的主导者和组织者。从这一目标出发,我们不仅需要对各类学术文化创新活动进行前瞻性的规划和组织,并把它转化为市场所能够接受的形式,而且更需要从市场出发,从读者需求出发,进行大规模的文化创新活动,向读者提供高质量的文化产品。综观国际出版集团近年来的实践,我们清楚地看到,至少在教材出版、工具书编纂和畅销书组织这三个领域,最重要的创新主体是出版者。麦格劳·希尔出版集团、培生教育出版集团在教科书和工具书的编辑出版过程中表现出来的创新精神实在令人钦佩不已。然而,中国图书出版产业的情况则不尽理想,我们在这三个领域均没有起到创新主体的作用,而仅仅是创新活动的一个环节而已。例如,我们在教材的编写上主要依靠教委,双语词典的出版依赖于引进,而对畅销书的组织策划在有些地方出现了依靠工作室的现象。这种情况任其下去对出版企业的发展是非常不利的。

作为内容提供者,在进行文化创新的过程中,从产业的角度看,特别重要的有两点:一是要在市场上形成自己的品牌,有了品牌便有了产品特色和市场号召力,便可以通过品牌来占领市场、赢得读者,从而获得自己的竞争优势。因为内容产品的竞争是一种智力竞争,这种品牌驱动的战略至关重要。二是要拥有自主知识产权,而只有成为文化创新的组织者和主导者,你才能拥有自主知识产权。20 世纪 90 年代以来国际出版集团的收购兼并浪潮无一不是围绕着品牌和知识产权而展开的,而他们在全世界市场的扩张也无不是通过品牌来进行的。

4. 产业链与价值链的打造

信息技术和产业融合在使得内容产业增值能力倍增的情况下,也使得内容产业的价值链和产业链出现新的变化。业务发展战略确定后,出版企业建设的一个重要问题就是,紧紧围绕内容的生产和提供,合理有效地使用产业链,以求对市场的全程覆盖;尽量提升本企业的价值链,争取效益最大化。

所谓"产业链",通常是指相对独立的各个产业或行业之间相互依存的关系。通俗的说法,是以某一产业或行业为中心,由其"上游"产业或行业和"下游"产业或行业构成一个"链条"。就现代信息技术条件下的出版产业即新型出版产业而言,一方面,随着多种媒体互动开发,传统上分为各个行业的图书、报刊、广播电视与新兴行业数字化产品连成一体,以至于传统外在的"产业链"正在内在化而变成新型出版产业的各部分或环节;另一方面,新型出版产业整合了传统上分立为各个行业的图书、报刊、广播电视与新兴数字化产品,使其较之传统出版产业拥有更长而广的"产业链"。"产业链"不再仅仅表现为垂直型,而是表现为垂直和水平相混合的复合型结构。

所谓"价值链",是指生产某一产品由取得原材料到制造产品到产品送达用户等一系列过程,其中每个环节或程序都要尽量增值,目的是使产品用户以最低成本获得最大价值,使企业以尽可能低的成本取得尽可能大的增值。价值链是动态的,随着企业的技术、创新和管理水平的提升而升级。随着产业链重组,新型出版产业的价值链较之传统出版产业更长、更复杂、更精致,从而,拥有更高的增值能力。

一般说来,产业链是不以企业主观愿望为转移的宏观或中观的约束条件。中国图书出版产业由传统向新型转变,无论产业链还是价值链的拓展都是重要的。中国出版人致力于由传统出版企业向新型出版企业转变，则应致力于开拓新的价值链。

新型出版企业可以根据产品的内容选择多种媒体和介质，利用多种方式进行增值活动；同时，可以根据内容开发相关的衍生产品，从而获得丰厚的利润回报。具体来说，可以采取以下两种路径：一是多种媒体的互动开发，走图书、报刊、广播电视、数字化产品开发之路，将同样内容用不同媒体形式进行包装转化，最大限度地推向市场和占领市场，获得最大化收益。二是围绕着品牌建设，进行相关衍生产品的开发，尽可能地延长产品的价值链，覆盖更广泛的市场。具体来说，对于第一种路径，可从内容的角度选择产业链和价值链较长的领域进行突破。首先是教育出版，如教材和工具书的编纂、出版及数据库建设；其次是专业出版，如各种专业数据库的开发和建设。在这些数据库建成后，应该积极拓展特殊用户市场，如开设网上教育课程，提供网上培训及教育服务，为机构和个人提供各种收费的专业资讯和信息服务等。对第二种路径，这里以动漫领域与形象管理为例说明。动漫领域的产业链和价值链是十分清楚的，即以动漫画周刊为先导，以动漫画图书为依托，培养本土的漫画家，在市场中打造成功的形象和内容，并以此向电视片、电影、音像制品、电子出版物延伸，进而扩展到玩具、文具、服装、食品、游戏、手机等关联产品领域。图书出版产业相关衍生产品的开发也应当走动漫产业的发展路径。

新型出版产业是经济全球化的一部分。在一国范围，传统出版产业的产业链和价值链正在被新型出版产业的产业链和价值链取代。在全球范围，新型出版产业的产业链和价值链也就是跨国的产业链和价值链。具体来说，图书、报刊、广播电视和数字化产品的整合是跨国的，同相关产业和行业的联系是跨国的，内容产品和文化创新由取得原材料到制造产品到产品送达用户等一系列过程同样是跨国的。

这是全球范围出版产业国际竞争和分工的新趋势。目前来看,至少有下列特征:第一,出版产业的全球价值链是按照企业的公司治理原则而形成的。若干核心企业既以持股方式介入分散在各国的整个生产过程的诸环节,又经由分包、合资、战略联盟、购入协议等方式,与当地企业建立市场或非市场的联系。核心企业的数目随规模经济而减少。核心企业能够影响非核心企业的进入、升级和作用。核心企业必定是跨国公司,其集中于产品设计和开发、营销和售后服务,而将生产过程外包(outsourcing)。第二,跨国出版公司在选择投资国(地)时,注重当地出版市场的潜力和前景,同时关注当地是否具有适当的制度条件和可靠的合作伙伴。第三,出版产业作为内容产业,其生产过程的各个环节分散于不同国家或地区以充分利用各国或各地的比较优势。现代通讯和管理技术使分散的各个环节保持联系以确保整体效率。第四,生产过程不同环节的技术水平和增值水平都不同,对于参与者的能力要求也就不同。位于全球价值链底部的企业承受最大压力,迫切要求提升自己的能力以争取进入技术水平和增值水平均较高的生产环节。

中国出版产业正面临这样的拓展机会。因为,西方国家跨国出版公司正在孜孜以求地开拓中国出版市场,为我们中国出版企业提供了与外资合作、引进外国出版业先进技术和管理的机会,也为我们中国出版企业提供了与外资合作、打入国外出版市场的机会。中国作为一个拥有13亿人口和5 000年文明史的大国,应当尽快建立自己的跨国出版公司。

此外,新型出版产业的产业链和价值链,要求出版企业尽快确立供应链的观念和相应的管理系统。狭义"供应链",是指顺利而经济地将原材料和组件纳入生产过程的一系列活动。广义"供应链"服务,已经成为现代工商业服务的一个新行业。相应地,"供应链管理"也成了现代企业管理的一门新学问。

电子商务(E-commerce)对于供应链至关重要,它不仅迅速地提供关于原材料、组件和客户需求的信息,而且使采购原材料和组件的效率提高、费用减少,使库存降至最低。中国出版企业应当尽可能应用和推广电子商务。

5. 数字化建设与数字化产品

面对数字融合的浪潮及其将给整个文化传媒娱乐产业带来的巨大冲击和机遇,中国出版界的状态并不是十分积极的。这些年来,虽然中国出版界也在关注数字化的进程和互联网的发展,大多数的出版社均建立了自己的网站(网页),也有一些单位开始了内容文本的全面数字化工作,在此基础上推出了 E-book 等电子产品,更有少数单位着手建设各类专门的数据库,以支撑编辑出版工作的开展。但总体来说,我们的这些工作还是初步的、表层的,我们还没有真正了解数字融合对文化产业发展的意义,因此进入这一领域的紧迫感还不够。在这样的状况下,我们当然不可能像麦格劳·希尔集团、培生集团那样生产出自己的各类信息数字产品,开展大规模的电子商务业务,更谈不上全方位地卷入数字融合浪潮,进行业务融合了。因此,充分认识数字化建设的极端重要性,关心数字融合的趋势,关注文化产业发展的动向,并结合中国的实际情况,快速地进行数字化的工作,努力开发各种类型的数字产品,逐步跟上全球化的数字融合步伐,是中国出版企业建设中非常重要的一个方面。

6. 区域分工与联合及改善出版生态环境

从外部环境看,制约中国图书出版产业进一步发展的两大因素是地区行政壁垒的存在与出版生态环境的恶化。因此,有效地解决这两个问题,对中国图书出版产业下一步的发展至关重要。

中国图书市场的发展客观上需要加强各地出版企业的合作,打破行政壁垒,逐步形成区域内合理的出版产业分工。而且,这种区域性的专业化分工应是与收益递增相联系的,从而是一种基于内在比较优势基础上的区域出版产业分工。这种出版产业分工的区域性内在比较优势能够随着分工的逐步演进而演进,并成为加速知识积累和生产率进展的动力源泉。随着出版改革的深入,政企分开和出版集团的组建使区域内产业联合和分工成为可能。因此,适时地在长江三角洲、京津冀等区域内推进出版集团之间的相互参股、发行渠道的共建、物流体系的共享以及产业之间的分工是必须认真研究和加以解决的重要问题。以长江三角洲为例,上海2010年世博会的举办将加快长江三角洲地区经济一体化进程,这一地区将发育成为中国最庞大、最成熟、最稳定的区域共同图书消费市场,相应地推动这一区域内各出版集团的分工、联合和融合,必将为这一区域的出版产业发展提供巨大的发展空间。

近年来中国图书市场获得较大发展的一个重要因素是各种类型的书店如雨后春笋般出现。但与此相应的市场秩序和规则却没有很好地建立,以致在很大程度上破坏了正常的出版生态环境。以出版与发行之间的供销关系为例,书店过长的账期、货款的拖欠和占用、无谓的退货、恶意的破产等等相当严重地威胁着出版社的生存和发展。随着批发权向民营企业放开,这种情况可能会进一步严重起来,进而有可能引起整个出版生态环境的恶化。因此,在今后的几年内,政府应高度重视市场秩序和规则的建设。首先应该在建立新的出版与发行之间的供销关系上下工夫;其次应当根据不同出版社的性质制定相应的管制规则,特别是对于公共产品类的出版社以及教育和专业出版社尤其应当格外注意,要对这几类出版社建立严格的准入标准。需要注意的是,标准应当是非歧视性和非差别性的,只有这样,才能够为出版社的进一步发展创造良好的制度环境和生态环境,进一步扩大图书市场的容量。至于打击盗版、净化图书市场当然更是改善出版生态环境的题中应有之义。

上述涉及的六方面的问题均是中国图书出版产业在其发展过程中必然会碰到的一些问题。只要我们不断地研究出版产业的动向和走势,掌握出版产业运作的规律,不失时机地推进改革,就一定能逐步地解决前进中存在的各类问题,从而迎来中国图书出版产业更快的发展。

参考文献

斯蒂格利茨:《经济学》(上、下),中国人民大学出版社 2000 年版。

E.爱斯菲尔德:《微观经济学:理论与应用》,上海交通大学出版社 1988 年版。

K.E.凯斯:《经济学原理》(上),中国人民大学出版社 1994 年版。

希夫林:《出版业》,机械工业出版社 2005 年版。

M.科达:《因缘际会》,机械工业出版社 2005 年版。

小林一博:《出版大崩溃》,上海三联书店 2004 年版。

周蔚华:《出版产业研究》,中国人民大学出版社 2005 年版。

袁志刚:《知识经济导论》,上海人民出版社 1999 年版。

杨咸海:《出版经济学》,奥林匹克出版社 1995 年版。

吴江江等:《中国出版业的发展与经济政策研究》,湖北人民出版社 1994 年版。

余敏等:《中国出版集团研究》,中国书籍出版社 2001 年版。

于友先:《现代出版产业发展论》,苏州大学出版社 2003 年版。

巢峰:《出版论稿》,上海人民出版社 1997 年版。

杨贵山:《海外书业经营案例》,中国水利水电出版社 2005 年版。

杨贵山:《欧美书业概论》,四川教育出版社 2002 年版。

郝振省主编:《国际出版业状况及预测》(2004—2005),中国书籍出版社 2005 年版。

郝振省主编:《中国出版业发展报告》(2004—2005),中国书籍出版社 2005 年版。

项保华:《战略管理——艺术与实务》,华夏出版社 2001 年版。

华民:《国际经济学》,复旦大学出版社 2001 年版。

芮明杰:《产业经济学》,上海财经大学出版社 2005 年版。

陈昕、杨龙、罗靖:《中国图书业经济分析》,学林出版社 1990 年版。

陈昕:《WTO 与中国出版》,广西师范大学出版社 2000 年版。

《中国出版年鉴》(1980—2004),商务印书馆 1980—1986 年版,中国书籍出版社 1987—1991 年版,中国出版年鉴社 1992—2004 年版。

《中国统计年鉴》(1980—2004),中国统计出版社 1980—2004 年版。

陈昕:《开展社会主义出版运行机制问题的研究》,《上海出版》1986 年第 2 期。

石磊、陈昕:《上海出版税收的现状、问题及对策》,《社会科学》1986 年第 2 期。

宋原放、赵斌:《出版学、编辑学的研究已在中国起步》,《中国出版年鉴》(1990—1991)。

阎晓宏:《新中国图书出版五十年综述》,《中国出版年鉴》(2000)。

陈昕:《中国出版业发展的三个阶段与新的出版组织的培育》,《中国图书商报》1997 年 7 月 11 日。

周蔚华:《中国图书出版产业的垄断分析》,《大学出版》2000 年第 4 期。

周蔚华:《出版企业核心竞争力分析》,《编辑之友》2003 年第 1 期。

程三国:《理解现代出版业》,《中国图书商报》2002 年 10 月 11 日。

巢峰:《中国图书出版业的滞胀现象——兼论出版改革的症结所在》,《中华读书报》2005 年 1 月 26 日。

宋木文:《出版人两地书——关于出版社转制历史考察与图书出版业"滞胀现象"的通信和感言》,《中华读书报》2005 年 1 月 26 日。

黄卫东:《中国书业应谨慎内敛备粮练兵》,《出版商务周报》2005 年 3 月 26 日。

周蔚华:《也谈中国图书出版业的"滞胀"现象——从产业组织理论的视角看出版改革的症结所在》,《中华读书报》2005 年 4 月 23 日。

陈斌:《2004 中国出版产业大透视》,《中国图书商报》2005 年 10 月 21 日。

第三篇

中国出版产业增长方式转变研究

2006 年 1 月至 2007 年 1 月第一稿；
2007 年 3 月第二稿；
2007 年 6 月定稿；
广西师范大学出版社 2008 年 1 月出版。

引　言

　　1978 年中国吹响了改革开放的号角。在这近 30 年的时间里,中国图书出版产业取得了令世人瞩目的快速发展,但是这种增长在很大程度上主要是通过外延式、数量性、粗放型的方式实现的。进入 21 世纪,这种粗放型增长方式所掩盖的一些深层次矛盾开始显现出来;与此同时,信息技术革命和入世后外国资本的进入又对中国图书出版产业形成了外部冲击。内在矛盾和外部冲击使得中国图书出版产业传统的粗放型增长方式变得难以为继,转变增长方式势在必行。

　　本篇试图运用现代经济学的概念、理论和方法对中国图书出版产业增长方式转变作一系统的研究。首先,对中国图书出版产业发展的现状进行分析,描述中国图书出版产业增长方式转变的内在要求和外部冲击;同时,从经济学的角度梳理和归纳中国图书出版产业表现出来的诸多问题和矛盾,并在一个统一的框架内给出系统性的解释。其次,对发达国家图书出版产业发展规律和特征进行详细的分析,以此作为中国图书出版产业发展路径转变的借鉴。最后从产业融合理论入手,深入研究产业融合下出版产业表现出来的新的发展规律,以此作为中国图书出版产业增长方式转变的理论指导,在此基础上给出中国图书出版产业增长方式转变的主要思路、基本路径和政策建议。

第 1 章
中国图书出版产业发展现状分析

1.1 中国图书出版产业经历了一个高速增长的发展时期

1.1.1 实物指标和价值指标:价涨量增,同步上扬

1978—2005 年,中国图书出版产业的发展是引人注目的,这同中国整体宏观经济的发展和社会进步的变化是吻合的。但是如果深入考察图书出版产业的变化趋势和增长轨迹,则可以看出,其发展和增长并不是稳态的,而是存在一定程度的波动,在某些阶段这些波动甚至表现得十分明显。本篇选取了总印张数、总印数、图书出版种数、新出图书种数、定价总金额、图书纯销售收入以及出版利润 7 个指标及其相应的年度增长率来反映这一阶段的总体变化特征,具体数据见本章附表 1、附表 2 和附表 3,其直观的变化趋势则如图 1.1 和图 1.2 所示。

从附表 1 和图 1.1 可以看到,1978—2005 年,中国图书出版产业的图书出版种数和新出图书种数分别从 14 987 种和 11 888 种增长到 222 473 种和 128 578 种,27 年间扩张了 13.8 倍和 9.8 倍,年均增长 10.51％和 9.22％。27 年间的增长几乎是逐年递增的,仅在 1990 年和 1995 年出现

了一定程度的负增长,连续且高速增长的态势十分明显。但是如果考察总印张数和总印数这两个衡量图书出版产业总量特征的最重要的实物指标,则中国图书出版产业表现出较为明显的波动性,只是这种波动是在高

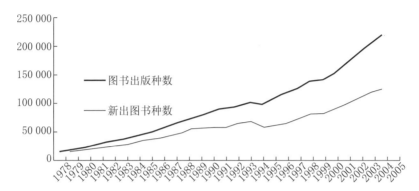

图 1.1　1978—2005 年中国图书出版种数和新出图书种数的增长情况

资料来源:《中国出版年鉴·2006》,中国出版年鉴社 2006 年版;中华人民共和国新闻出版总署:《2005 年全国新闻出版业基本情况》。

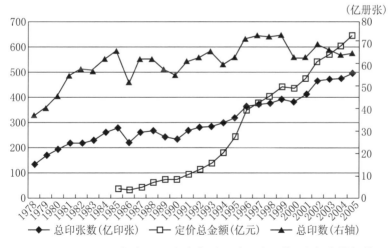

图 1.2　1978—2005 年中国图书出版总印张、总印数、总定价增长情况

资料来源:《中国出版年鉴·2006》,中国出版年鉴社 2006 年版;中华人民共和国新闻出版总署:《2005 年全国新闻出版业基本情况》。

速增长的背景下发生的,如图1.2所示。

　　1978—2005年,中国图书出版产业的总印张数从135.43亿印张增长到493.29亿印张,年均增长率为4.90%;总印数从37.74亿册(张)增长到64.66亿册(张),年均增长率为2.01%。与此同时,作为衡量图书出版产业总量特征的另一个重要指标——总定价,在这一阶段同样经历了一个大幅的攀升,从1985年的39.50亿元增加到2005年的632.27亿元,20年间增长了15倍,年均增长率达14.87%。

　　以总印张和总印数的波动为基础(见附表1和附表2),结合其他5个指标的变化,可以看出,中国图书出版产业在这27年间有两个重要的拐点。一个是1986年,在经过多年的高速增长后,该年总印张数和总印数突然出现了大幅下降,分别比上年下降了22.08%和22.03%。1985年同时也成为中国图书出版产业发展的一个重要的分水岭。另一个是1995年,该年及其后的1996年,总印张、总印数和总定价均出现了大幅上扬,总印张数和总印数一举同时超过中国图书出版产业的历史最高水平。据此,本篇将中国图书出版产业在这27年间的增长历程划分为三个阶段,分别是1978—1985年的超常规增长阶段,1986—1994年的调整与徘徊阶段,以及1995年至今的新增长阶段。三个阶段5个重要指标的平均增长率以及1978—2005年的平均增长率如表1.1所示。

表1.1　中国图书出版产业三个发展阶段5个重要指标的平均增长率

阶　段	图书出版种数 增长率(%)	新出图书种数 增长率(%)	总印张数 增长率(%)	总印数 增长率(%)	总定价 增长率(%)
1978—1985	17.34	16.18	11.34	8.67	—
1986—1994	9.65	8.60	1.25	−0.51	19.23
1995—2005	8.18	8.07	4.53	0.23	10.01
1978—2005	10.51	9.22	4.90	2.01	14.87*

　　注:*14.87%为1985—2005年总定价平均增长率。
　　资料来源:《中国出版年鉴·2006》,中国出版年鉴社2006年版;中华人民共和国新闻出版总署:《2005年全国新闻出版业基本情况》。

第一阶段:1978—1985 年。在这一期间,中国图书市场总量经历了一个井喷式的超常规增长,这一点在表 1.1 中表现得十分明显,中国图书出版产业的几个重要指标在该阶段的平均增长率远远高于其他阶段。如此之长的增长周期,如此之高的增长速度,在世界图书出版史上也是罕见的。导致这一超常规增长的根本原因是"文革"过后,人民群众长期被压抑的巨大的购书阅读需求被释放出来,同时图书出版业也有效地解决了若干个制约产能扩张的瓶颈,比如编辑出版能力、纸张供应能力和印刷能力,由此形成了供给和需求双推动的局面。

第二阶段:1986—1994 年。1985 年之后,中国图书出版产业高速增长的势头不复存在,从表 1.1 的数据可以看出,这一阶段各项指标的平均增长率是较低的,总印数的增长率甚至是负的,唯一例外的是图书的总定价。但图书的实物指标和价值指标的明显背离恰恰反映出这一阶段中国图书出版产业内部的一些体制性矛盾开始浮出水面。1986 年,中国图书出版总印张数和总印数同时出现了大幅下降,分别比上年下降了 22.08%和 22.03%,以后虽有所回升,但直至 1993 年,中国图书出版总印张数和总印数始终未超过 1985 年的最高点。1994 年虽然图书出版总印张数首次超过了 1985 年的 282.75 亿印张,达 297.16 亿印张,但图书出版总印数 60.08 亿册的水平仍然低于 1985 年的 66.73 亿册。1988 年 4 月起,中国图书发行的主要渠道新华书店为了减少库存,大幅度地削减新书订数,部分图书甚至出现了订数为零的情况,出书难、卖书难、买书难的问题同时出现,整个中国图书出版产业陷入了前所未有的困境之中。当时大众传媒上频频出现的"出版业大滑坡""出版业大地震""出版业大危机"等醒目字眼,至今仍让我们记忆犹新。这一阶段是中国图书出版产业的调整和徘徊阶段。

第三阶段:1995 年至今。从 1995 年开始,中国图书出版产业终于结束了长达九年的调整和徘徊。1995 年和 1996 年中国图书出版的品种、数量、定价总金额和质量等指标都出现了迅速攀升。附表 1 和附表 2 的数据显示,1995—2005 年,图书品种由 101 381 种增长到 222 473 种,图书总印数由 63.22 亿册(张)增长到 64.66 亿册(张),图书总印张数由 316.78 亿印张增长到 493.29 亿印张,定价总金额由 243.62 亿元增长到 632.27 亿元,分别增长了 119.44%、2.28%、55.72% 和 159.53%。这一阶段出版总量指标大幅度增长的情况表明,中国图书出版产业处于一个新的增长阶段。与此同时,出版物的质量也有了很大的提高,这不仅表现在图书的纸张、装帧设计和印刷装订质量有了很大的提高,20 世纪普遍采用的 52 克凸版纸已完全退出了市场,而代之以书写纸、双胶纸和铜版纸,小 32 开图书已被淘汰出局,国际大 32 开、16 开本开始流行,更表现在这一阶段出版界出版了一大批内容精良、格调高雅、深受广大读者欢迎的图书。

1.1.2 出版单位:数量与规模的双重扩张

改革开放后,中国出版社的数量同样经历了一个迅速扩张的过程。1977 年中国共有出版社 114 家,在此后的 80 年代,每年以新增几十家的速度扩张,到 1988 年增加到 506 家,是 1977 年的 4.44 倍。进入 90 年代,由于政府的控制,这种数量扩张开始放缓,附表 4 的数据反映了这一现实:1995—2004 年,中国出版社的数量从 527 家增加到 572 家,仅增加了 45 家。特别是进入 21 世纪以来,出版社的数量基本上保持在一个相对稳定的数量水平上。

2004 年对中国图书出版产业来说是重要的一年。这一年,中国出版业的体制改革全面提速,改革驶入快车道。根据中央的统一部署,在出版社的体制方面,除人民出版社等少数出版单位保留事业单位的体制外,大多数出版社都将转型为经营型企业。在图书发行领域,新华书店开始实施股份制改造,民营书业公司——世纪天鸿在国内率先同时获得新闻出版总署颁发的出版物国内总发行权和全国性连锁经营权许可证,截至2004年9月,已有11家民营企业先后获得了出版物的总发行权。在出版企业集团化方面,截至2004年年底,已经成立了15家出版集团,基本上都是集编、印、发于一体的综合性集团。从出版集团拥有的市场规模看,2004年,江苏凤凰出版集团、山东出版集团、湖南出版投资控股集团、浙江出版联合集团、中国出版集团等5家集团达到国内企业500强的规模。

体制的转型以及与此相伴随的数量和规模的双重扩张,无疑表明中国图书出版产业的市场竞争将日趋激烈,市场的力量将为出版企业的发展注入新的活力。但我们也必须要看到,出版企业集团化的行政主导的色彩依然很浓,很多集团只是完成了"物理结合",真正令人振奋的"化学反应"还没有发生或基本上没有发生。中国的出版集团要真正走向市场化和企业化,依然是任重而道远,需要市场的力量对其进行彻底的涤荡和冲击。

1.1.3 运营模式:市场化手段的采用与市场化程度的提高

一是出版单位的市场竞争主体地位进一步强化。党的十四大以后,国家逐步扩大出版单位作为市场竞争主体的经营自主权,用人制度和收入分配得到改善,以提高出版物质量为中心的岗位责任制逐步建立,出版队伍稳步发展,从业人员的素质不断提高。如在用人制度方面,大多数出版集团在定编、定岗、定责的前提下,引入竞争机制,大力推行全员聘任制,通过聘任制度转换企业的用人机制,实现了集团人事管理由身份管理向岗位管理的转变，由行政依附向平等人事主体的转变，由国家用人向企业用人的转变。在分配制度方面，大多数出版集团则提出了薪酬与绩效挂钩的分配原则，实现了收益与业绩的联动，合理拉开了分配档次。

二是出版单位的管理、技术水平有了较大程度的提高。近年来，我国出版产业在整合出版资源、搭建业务平台和加强客户服务等方面引入信息系统，不断提高出版发行的信息化水平。同时更多的国内出版社加入到运用互联网技术进行网上售卖纸质图书和电子书的行列。以上海世纪出版股份有限公司、商务印书馆和中国大百科全书出版社等为典型代表的国内出版社还采取在线互动与传统编撰方式相结合的手段，大胆探索利用网络技术拓展工具书在线服务的新业务。此外，图书全文搜索技术、在线翻阅技术、引动阅读终端技术等一系列高新技术的应用也逐步推动着传统出版产业的技术转型。

三是出版发行单位的资本市场运作不断向纵深发展。资本市场运作等先进的市场手段在出版产业内部开始运用，股份制改造以至在中国内地或境外上市发行股票，已成为一些出版集团和发行集团的工作焦点。2002年，新闻出版总署下发《关于印发〈关于新华书店发行集团股份制改造的若干意见〉的通知》，要求新华书店积极推进股份制改造，并力争在三年内完成改制工作。目前四川、浙江、江苏、辽宁、福建、上海等试点发行集团的改制工作初步完成。2006年10月17日，我国图书发行企业中第一家A股上市公司——上海"新华传媒"在上海证券交易所正式交易，这标志着历时两年多，经过从国有独资到国有多元投资、混合所有制再到核心业务整体上市的上海新华发行集团的整体改制工作顺利完成。2007年5月30日，四川新华文轩连锁股份有限公司在香港联合交易所主板挂牌上市。通过股份制改造，上海新华传媒股份有限公司、四川新华文轩连锁股份有限公司增强了竞争实力,提高了市场集中度,进而为其在全国图书市场的竞争中占据主动提供了有力的保障。

1.1.4 新兴出版:风生水起,方兴未艾

新兴出版物指的是随着计算机、互联网和通信技术的飞速发展,出版领域出现的一种新的出版模式,主要包括 CD-ROM、E-book、互联网出版、网络游戏、博客(Blog)以及手机小说等。从 2000 年到 2004 年的五年间,我国 CD-ROM 由 2 247 种增长到 6 081 种,增长了 170.63%,数量由 0.4 亿张增长到 1.5 亿张,增长了 275%。2005 年,我国 E-book 销售总册数达到 805 万册,是 2003 年的 2.6 倍,销售种数达到 14.8 万种。2004 年,我国 E-book 出版收益超过 20 万元的出版社有 26 家,超过 50 万元的有 15 家,超过 100 万元的有 5 家。全国约有 100 家出版社开始同步出版传统图书和 E-book。而互联网出版的势头更是令人刮目相看,互联网游戏出版、互联网学术文献出版、互联网教育出版等业已形成。2004 年我国互联网出版业直接产值达 50 亿元,比上一年增长 70%,成为出版产业的"亮点"。

1.2 中国图书出版产业目前存在的主要问题及矛盾

1.2.1 规模小,集中度低,原子型组织结构特征明显

产业集中度是观察产业结构和特征,判断产业经济成熟度和竞争力的重要指标。中国图书出版产业的集中度非常之低。据统计,

2004年,中国15家出版集团拥有下属图书出版社118家,占全部出版社的20.63%;出版了54 541种图书,占全国出版图书总品种的26.18%;出版图书定价总金额139.41亿元,占全国出版图书定价总金额的23.51%。15家出版集团的生产能力基本上占到整个图书出版产业的四分之一。如果以通用指标CR4(前4家市场占有率)和CR8(前8家市场占有率)同美国图书出版产业作比较,可以明显地看出中国图书出版产业集中度较低这一事实。2005年,中国图书出版产业的CR4和CR8分别为15.5%和22.52%,远低于美国1993年的水平(见表1.2和表1.3)。

表1.2　2005年中国前四家、前八家出版集团的市场占有率

排名	出版集团	占有率(%)	动销品种占有率(%)
1	中国出版集团	7.85	4.66
2	上海世纪出版股份有限公司	3.07	3.42
3	吉林出版集团	2.52	1.98
4	北京出版社出版集团	2.06	1.48
	前四家出版集团合计	15.5	11.54
	前八家出版集团合计	22.52	17.71

资料来源:北京开卷图书市场研究所:《中国图书零售市场年报·2005》,2006年。

表1.3　不同年份美国前四家、前八家图书出版公司市场占有率

指　　标	1947	1963	1967	1972	1993
前四家占有率(%)	18	20	20	19	30
前八家占有率(%)	29	33	32	31	52

资料来源:周蔚华:《出版产业研究》,中国人民大学出版社2005年版,第90页。

值得注意的是,尽管中国图书出版产业的集团化进程已经走过了八年,但到目前为止大多数出版集团规模的扩大仍然以低水平的数量

累加为主,还没有进行根本性的业务整合,传统的粗放经营的色彩并未褪去。

1.2.2　区域市场分割尚未打破

在计划经济体制下,我国出版社的分布呈现出明显的均一化特征,各省市的出版社的结构基本相同,大体上包括人民、文艺、科技、古籍、美术、教育、少儿和大学等几类。除北京出版社比较集中、规模较大外,其他地区的出版社无论在数量还是在规模上都相差不大。随着出版体制改革的深化,这种格局有所打破,但进展不大。出版业作为计划色彩较浓的行业之一,长期以来形成的条块分割导致出版业同上级主管部门形成了密切关联的利益共同体。出版社或出版集团的上级主管部门,包括中央的各部、委、办以及地方的出版局,都不遗余力地运用各种行政手段来或明或暗地保护已经形成的利益格局,区域市场分割事实上正是这种地区利益分割的必然反映。比如,这种区域分割在教材出版领域表现得最为鲜明,其根本原因也正在于教材出版是一块利润丰厚的大蛋糕。这种区域市场分割还表现在发行方面。传统体制下,各省市、各地区均有自己的新华书店,省级新华书店名正言顺地成为本省内的发行中盘,彼此之间互不干扰,少有往来,特别是在利润丰厚的教材发行方面更是如此。这种体制也造就了中国缺少强有力发行中盘的现状,全国性的图书批发系统和网络难以建立。

这种行政主导所导致的市场分割的副作用是相当大的,可以说,中国图书出版产业的诸多问题皆源于此。本篇在下面还将对此作详细的分析。

1.2.3 竞争无序,商业诚信缺失

长期以来,中国图书出版产业竞争混乱、无序,缺乏商业诚信已经成为困扰出版产业发展的一大顽疾。内容平庸、质量低劣的图书比比皆是,出版社之间的"跟风"、"克隆"现象普遍,甚至有出版社出版"伪书"来欺骗读者。图书的高定价和发行低折扣已经成为一种较为普遍的现象,出版社过度依赖价格战、不实广告来占领市场。出版社、发行企业和零售机构普遍面临拖延货款现象,商业诚信普遍缺失。凡此种种,不一而足。

竞争无序现象已经引起出版界的高度关注,许多人认为这是民营资本介入出版领域,导致过度竞争、恶性竞争的结果。但我认为,这恰恰反映了我国图书出版领域竞争的不充分,解决这一问题的根本在于深化图书出版产业的市场竞争而不是其他。

1.2.4 短期行为加剧,缺乏创新精神

中国图书市场的竞争不足还表现为竞争是短期的、初级水平的。出版社往往满足于品种竞争,或者争出好销品种,而忽略了质量的竞争,忽视或无视长期占有图书市场上一个相对稳定的较大份额。由于创新精神的缺乏,许多出版社只能在图书品种的扩张上做文章,这导致图书品种越来越多,而每种图书的印数却越来越少。表1.4和图1.3告诉我们,1978—2005年,每种图书的平均印数由25.18万册(张)下降到2.906万册(张),平均每年下降7.69%。从表1.4中还可以看出,每种图书平均印数下降的趋势几乎是持续发生的,27年中平均印数增加的年份只有5年。

表 1.4　1978—2005 年中国新出图书比重及图书平均印数

年份	新出图书种数/ 图书种数(%)	总印数/种数 （万册张）	年份	新出图书种数/ 图书种数(%)	总印数/种数 （万册张）
1978	79.32	25.181 82	1992	63.13	6.876 981
1979	81.38	23.657 91	1993	68.53	6.852 968
1980	81.68	21.243 24	1994	67.20	5.786 047
1981	77.55	21.788 21	1995	58.35	6.235 882
1982	73.76	18.496 73	1996	56.42	6.345 013
1983	72.34	16.257 7	1997	55.44	6.082 127
1984	71.86	15.591 93	1998	57.21	5.542 327
1985	73.99	14.632 81	1999	58.59	5.158 252
1986	76.13	10.046 53	2000	58.75	4.375 907
1987	71.17	10.383 14	2001	59.16	4.083 455
1988	70.91	9.437 252	2002	58.90	4.018 437
1989	73.99	7.821 482	2003	58.20	3.503 317
1990	68.86	7.025 329	2004	58.38	3.078 821
1991	65.24	6.850 416	2005	55.21	2.906 129

资料来源:《中国出版年鉴·2006》,中国出版年鉴社 2006 年版;中华人民共和国新闻出版总署:《2005 年全国新闻出版业基本情况》。

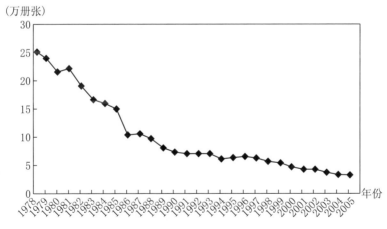

图 1.3　1978—2005 年中国每种图书的平均印数(总印数/种数)

资料来源:《中国出版年鉴·2006》,中国出版年鉴社 2006 年版;中华人民共和国新闻出版总署:《2005 年全国新闻出版业基本情况》。

显然，这是中国出版社为了获取短期利润而忽视了长期发展的一种行为。这种初级水平的竞争模式使得每年的出书种数中初版书的比重占了很大份额，其中绝大多数的新书以后很难重印，基本上是"一版定终生"，许多图书的第一版、第一次印刷，也就是它的最后一版、最后一次印刷。表 1.4 的数据表明，初版书占全部图书的比重在 20 世纪 90 年代以前基本上保持在 70％以上，在 90 年代缓慢降低到 60％的水平，进入到 21 世纪，这一比重又下降到 55％左右。尽管这一比重在持续下降，表明重印、重版图书的比重在持续上升，它是一种健康发展的趋势，但同出版业成熟的市场经济国家相比较，中国初版书的比重仍然太高了，相应的，重印书的比重显得太低。比如英国的出版社在 20 世纪 70 年代，平均每推出一种新书就要同时重印 14 种图书。这种重印书（也称长版书）往往在很长一段时间内不断再版重印，成为出版社利润的主要源泉。而根据经验，重印图书的利润平均比新书高出很多，出版社 70％左右的利润要归因于重印图书。

　　这种重量轻质、重短期轻长期的经营模式带来的恶果之一是图书产品的大量积压。统计数据显示，在图书品种持续保持迅速增长势头的同时，出版业图书库存积压却越来越严重，截至 2005 年，全国图书出版业的库存积压将近 42.48 亿册、482.92 亿元。

1.2.5　营销理念落后，营销手段单一

　　初级水平的竞争或品种竞争的核心问题是，出版社不愿巩固现有品种已经占据的市场，不愿对开发新市场投资，不愿对未来获益的项目投资，以致为了对付未来的高风险，不得不把希望寄托在短期甚至瞬时的利润流量上。统计数据显示，在中国图书出版产业，直接的图书宣传推销费

用很少会超过总定价的 2%。而在发达国家，重要的初版书的推销费用通常占到销售收入的 20% 左右，有的甚至达到 40%。

需要注意的是，丰富的、综合性的营销模式决不等于对图书进行简单的概念炒作，特别是通过不实的广告来吸引读者的眼球。中国图书出版产业似乎总是在不重视营销和过度商业炒作这两个极端之间进行选择，而理性的、长期的、多元的、"润物细无声"式的营销理念还没有真正建立起来。

1.2.6　出版结构不尽合理

中国图书出版产业一直以来都存在着严重依赖教材教辅的现象。以 2004 年为例，2004 年 17 万种一般图书总印数为 31.13 亿册，而 3 万多种课本总印数则达到 32.71 亿册；2004 年教育类出版社的平均税前利润为 3 946.8 万元，远远高于其他类型的出版社。总体而言，我国图书市场中教材教辅的产值比重一直超过 60%，教育出版的利润在整个出版中的比例更高，教材教辅类图书成为中国图书出版产业利润的最重要的来源。而美、英、日等发达国家的出版产值中，教材的比重一般不超过 30%，大众读物的产值贡献率分别为 60%、50% 和 80%。与发达国家相比，中国图书出版结构严重失衡。

教育类图书并不是一个严格意义上的市场，因为教材的选择并不来自学生而是相关的教育部门，即使是对教辅类图书，学校和教育部门仍有很大的发言权。非市场性的图书蕴含着巨大而丰厚的利润，这显然会扭曲出版社的竞争模式和经营行为；与获得教材出版权相比，在大众图书市场上进行艰苦的拼杀显然是不经济的，于是对教材使用有决定权的教育部门进行攻关便成为出版社重要的工作之一。

1.3　问题背后的原因分析

  上述分析表明,中国图书出版产业在取得了巨大成就的同时也蕴含着相当大的问题和风险,随着出版业市场化改革的深入推进,一些深层次的矛盾开始逐渐显现出来。各种错综复杂的问题和矛盾相互交织在一起,彼此相互作用,形成一种非良性循环,使得中国图书出版产业处于一种低水平的均衡态。理论的分析和发达国家的实践表明,打破这种低度均衡的唯一动力便是开展充分的市场竞争。

  中国图书出版产业目前存在的诸多问题是竞争不充分的反映,而竞争不充分的根源在于中国图书出版产业的行政性垄断。这种垄断表现在产业的进入壁垒、行政保护等方面,概括起来主要有:(1)进入的审批制。中国出版社的成立一直都实行审批制,从20世纪90年代以后,新核准的出版社越来越少,自2000年以后几乎没有新增。即便是在入世以后,出版领域面临着跨国出版集团的严重挑战,政府也没有放松对新增出版社的审批。这使得中国出版社的数量严重不足,到2005年年底也仅有572家。如果与发达国家的图书出版产业作个比较,更可以发现中国图书出版社的数量不足问题。例如美国拥有2.1万家出版社,德国拥有3 000多家出版社,英国拥有2 400多家出版社,法国拥有4 000多家出版社,日本拥有4 500多家出版社。中国图书出版产业存在的出版社数量不足的问题,在很大程度上是通过民间大量涌现的工作室来加以弥补的。据不完全估计,中国目前存在各种类型的出版工作室大约有数千家。这些工作室通过与出版社的合作间接地获得了出版的权利。但它在很大程度上脱离了政府的管理,其不规范的市场行为也破坏了市场秩序。(2)书号的配给制。中国一直对书号实行配给制。20 世纪 90 年代以来,国家开始对书号进行宏观调控,按照出版社的规模和实力实行配给供应,一般是一个编辑一年配给 5 个书号。从经济学的角度而言,实行配给的资源必然会产生一定量的租金,而租金意味着利润,因此,寻租行为在所难免。事实上出版社买卖书号就是一种变相的寻租行为。我们知道,寻租行为会对市场经营主体的竞争模式产生重要影响,进而对资源配置带来一定程度的扭曲。比如,如果有能力的出版社受到书号的限制而影响发展,没有能力的出版社又可以通过买卖书号维持下去,这就产生典型的"惩优奖劣"效应。(3)行政关联。这里的行政关联有这样两层意思:其一,出版社同上级行政管理部门有着千丝万缕的联系,形成一个利益共同体。而上级

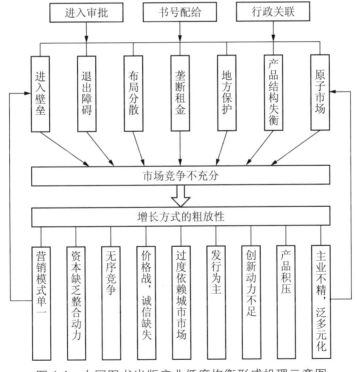

图 1.4　中国图书出版产业低度均衡形成机理示意图

主管部门都是政府机构,这样,政府的行政权力或多或少、或明或暗地会介入出版市场。其二,出版社或出版集团的主要负责人的选择是行政性而非市场性的。负责人的选择机制事实上也是负责人的激励机制,在目前这样一种选择机制和激励机制作用下,出版企业负责人的行为必然会同市场要求产生较大的背离。比如,缺乏自主创新动力,安于现状,不愿承担风险,面对企业发展中出现的各种问题更愿诉求行政力量而不是通过市场手段来解决。

审批制、书号配给制和行政关联三种因素相互交织、共同作用,是中国图书出版产业具有行政垄断特征的根源。这种行政性垄断可以导致:

其一,进入壁垒与垄断租金。从经济学的角度而言,如果一个产业能够不依靠市场性壁垒(比如经济规模、技术垄断等)而有效地阻止其他资本的进入,则这一产业往往是缺乏创新精神、经营效率较为低下的。但另一方面这种进入壁垒又能够使该行业成为事实上的垄断行业,从而带来可观的超额利润,即垄断租金。众所周知,中国许多产业均存在这种现象。如果说经济学界对于由产业规模、专业技术形成的市场性垄断的效率还莫衷一是的话,那么对于由行政性力量所带来的垄断则早已达成了共识,即这种垄断会严重地扭曲市场配置资源的功能。

其二,退出障碍。出版社一旦成立,便拥有了一定的"壳资源":出版图书的权力和一定量的书号。在市场经济条件下,这种"壳资源"具有相当大的价值,相比已经有成熟出版经验的跨国传媒资本和民间出版工作室来说更是如此;相应的,任何一个出版社以及同其有千丝万缕联系的行政主管部门都不会无视这一价值。因此,即便一个出版社经营能力非常低,业绩非常差,该出版社也不会破产并退出出版领域;相应的,这也影响了其他更有实力的出版集团对它的兼并和重组。这事实上意味着,低效的资源难以重新配置,从而影响了整个图书出版产业的经营效率。

其三,布局分散。行政垄断使得出版企业的布局均衡化,除北京外,各地区出版企业的数量相差不大。即便是出版社较为集中的北京,也是行政力量配置的结果(中央级出版社都集中在北京)。与发达国家相比,中国图书出版产业的布局十分分散。比如美国主要集中于纽约、芝加哥、波士顿,德国主要集中于法兰克福、慕尼黑、柏林、汉堡,英国主要集中在伦敦、爱丁堡、格拉斯哥,法国绝大多数集中在巴黎,日本主要集中在东京地区。从产业集群的角度而言,产业集中在一起可以形成信息、人才、销售网络和技术平台的共享,更充分地利用企业的外部资源,从而形成外部经济。对于图书出版产业这样的内容产业来说,产业集聚更是具有重要的意义。因此,发达国家图书出版产业的高度集中绝非偶然,它是市场高度竞争的必然结果。我国图书出版产业的分散化也充分表明,图书出版产业的竞争是不充分的。

其四,规模中等,两极化结构没有形成。中国目前出版社的规模大都处于一种不大不小的状态,既没有超级出版集团,也很少有微型出版单位。纵观发达国家出版产业的企业规模结构,可以看到,存在着明显的两极化特征:一方面,企业数量众多,但大多数是小型和微型企业,有的一年只出几种书;另一方面,少数龙头企业规模庞大,占有很高的市场份额,比如 2005 年美国成人虚构类图书市场中,位居前 10 名的公司占了 88% 的市场份额,仅兰登书屋一家,其市场份额就高达 22%。龙头企业靠规模经济取胜,通过规模经济来降低出版成本,通过雄厚的资金实力来率先进行业务流程创新、技术平台创新以及出版内容的创新;而小型企业则凭借着灵活的经营策略和捕捉题材的敏锐能力赢得竞争。值得注意的问题还有,中国出版企业的这种不大不小的规模是行政分割、区域分割造成的,不是市场自然选择的结果;这又会导致企业既长不大又死不了,减少了企业通过并购而迅速长大的可能性,同时也抑制了具有创新能力的新型企业的进入。

其五，产品结构失衡，高度依赖教材教辅。其原因和弊端前面已有分析，这里不再赘述。

从上述分析出发，结合现代经济学的一些基本理论，我们可以对中国图书出版产业经营主体的竞争行为和竞争结果作一个合理的推演。

第一，出版社最优战略是尽可能多地获得教材教辅图书的出版发行权。由于教材教辅图书的非市场性，所以在这一竞争过程中，常规的市场化手段（提高质量、技术创新、加强管理、宣传推广等）的效果并不理想，最有效的手段是同教育部门建立利益关联，或者是寻求地方保护。反过来，出版社一旦可以通过教材教辅图书获得可观的利润，则在其他图书出版方面的创新动力必然大打折扣。

第二，出版社或出版集团的负责人主要是对政府主管部门负责这一事实，决定了负责人往往不敢创新或不愿创新，安于现状、保守稳健、按部就班反而是一种最优策略。这种现象特别容易在大型的出版集团中出现。这些集团凭借各种垄断资源已经在市场中获得了可观的利润，缺乏对业已成熟的业务流程、经营模式、技术平台和管理体制进行大刀阔斧的改革冲动，缺乏对新领域、新项目、新技术开拓的勇气。

第三，对于小型出版企业而言，由于没有稳定的利润来源，同时也缺乏技术和内容方面的创新能力，所以他们往往会采取最为简单最为初级的竞争手段，"价格战""跟风出版""短期行为"是对这种竞争行为的高度概括。事实上，如果图书出版产业没有进入壁垒，没有这样那样的行政保护，那种"跟风出版"的出版社本应该被市场所淘汰，其所占有的出版资源就可以被重新配置到效率更高的组织中去。

第四，国内出版企业很少通过并购重组来扩张规模，既没有这个需要，也没有这个动力，同时行政性保护也加大了并购和重组的成本，特别是在跨区域整合的时候。因此,现已成立的出版集团都是行政推动的结果而不是市场自身整合资源的需要。我们知道,国际上的出版企业巨头基本上都是通过资本市场运作,以兼并或重组等手段来迅速扩大规模,获得超强市场地位的。如果我们目前的这种状况不变,很难产生能够同跨国出版巨头相抗衡的具有强大竞争力的巨型航母。

第五,通过行政推动成立的出版集团更多的是一种"物理结合",难以产生真正的"化学反应",集团内部在业务、人员、技术平台、营销网络等方面的融合和匹配还存在很多的问题,真正做到"形散而神不散"需要在体制上进行突破。

第六,大量民营资本和外国资本对出版领域虎视眈眈,通过各种途径和手段直接或间接地进入出版领域。其根本原因在于业内存在大量的效率低下的企业,这使得业外资本有充分的信心可以在看似饱和与过度竞争的市场中占领一席之地。由于在法规上规定民营资本不能进入出版社,而民营资本又想在这一领域掘金,这就导致了民营资本在出版领域的非正常投资,由此,民营资本在出版领域便没有"沉淀成本"。从经济学的角度来说,投资所产生的"沉淀成本"是一种可抵押的物品,它会对经营主体的经营行为产生强约束,能够增加经营主体违法违规经营的成本和风险。正是由于经营的低风险和预期的高利润,所以民营资本在出版领域必然会表现出强烈的游击性和短期性,敢于打政策的"擦边球",甚至是直接从事违法违规的经营活动,比如制作"伪书"等。

第七,由于不少图书产品内容品质不佳,缺乏好的创意和设计,图书产品积压是必然的结果,而这也意味着大量的出版资源被无效配置,白白浪费了。另外,图书积压也是图书市场区域分割、发行体系不健全、信息渠道不通畅、竞争混乱无序、营销手段单一、商业模式落后的一个综合反映。

第八,出版和发行的关系难以理顺。受行政垄断和区域分割的影响,中国图书出版产业迄今尚未建立起跨区域的甚至是面向全国的强大的中盘发行组织。与此同时,出版与发行之间对接的障碍重重。在现有的体制下,双方利益上的分歧大于合作的收益。因此,拖延欠款、信用链条脆弱、发行不畅,以至于发行为王等现象长期存在。

　　第九,风险的分配格局存在问题。目前图书出版产业中的风险基本上集中在出版环节,主要表现为退货成本基本由出版社承担,这与20世纪80年代风险主要集中在发行环节相比有了根本性的转变。从经济学的角度而言,出版环节由于占有了产业的大部分利润(统计数字显示,出版社的利润在近20年中一直占据了整个系统利润的70%左右),所以,由其来承担大多数的风险是符合市场规律的。但问题在于,由于缺乏创新能力,大多数出版社并没有能力来消化这部分风险。这又在一定程度上促使出版社过度追求市场的短期利润,热衷于品种竞争和价格战。

　　不难看出,中国图书出版产业中的不少出版社已经陷入了缺乏内容创意→依靠品种和数量→打价格战→商业诚信破坏→产品积压→推出更多的品种→再打价格战这样一个怪圈。这样一种怪圈,我们可以称其为低度均衡。经济学中的均衡指的是在现有的约束条件下,某一产业内部的经营主体不愿或不能改变现状,如果没有强有力的外部冲击,这种竞争模式将长期存在。低度均衡又称低水平均衡,其实质是竞争水平的初级性,表现在增长方式上,就是增长方式的粗放型。我认为,中国图书出版产业在改革开放后近30年中基本上呈现出一种粗放型的增长模式,其根源正在于图书出版产业行政性垄断所导致的竞争不充分。

　　需要注意的是,粗放型增长模式既是图书出版产业缺乏竞争的结果,同时也会成为图书出版产业缺乏竞争的原因。竞争能力低下的出版社只能走粗放型的发展道路,而这种发展路径又使得出版社热衷于寻求行政力量的保护和干预,从而进一步强化了出版竞争的不充分和低级性。粗放型增长和竞争不充分两种因素相互交织,相互强化,构成了中国图书出版产业初级阶段一个难以解开的结。从经济演化的角度来看,解开这个结,突破这一瓶颈的力量往往来自外部,从市场经济发展的逻辑来看,这一外部力量只能来自更加充分的市场竞争。

当然,进行充分的市场竞争并不能排除仍然会有许多出版机构走粗放型增长的道路,甚至继续搞模仿、跟风、低质化、价格战等,但这样的企业迟早会被市场所淘汰,大浪淘沙后留下的必然都是真金。温州鞋业的发展历程已经为市场竞争的魔力作了最好的诠释。只有充分的市场竞争才会促使出版企业真正从广种薄收的粗放型增长向精耕细作的集约型增长转变。

1.4　中国图书出版产业面临的挑战

纵观改革开放近 30 年中国图书出版产业的发展历程,粗放型增长的特征十分明显,而这种增长的粗放性又是在高速增长的大背景下生成、展开并得以强化的。成熟市场经济国家的产业发展规律告诉我们,产业的增长速度和增长模式有深刻的内在联系:在产业的高速发展阶段,企业往往更加重视量的扩张,而高速增长往往会把这种增长模式的许多弊端掩盖起来,只有当产业进入一个稳定发展甚至是萧条期的时候,企业才会更加重视产品的品种、技术、质量创新,改革传统增长模式的动力才会更足。

中国图书出版产业目前虽然仍处于一个新的增长阶段,但与第一个阶段相比,增长速度有所放缓,特别是图书的纯销售额、利润额等反映出版产业实际销售和盈利能力的指标出现了增速下降甚至负增长的现象(见附表 3 和图 1.5)。这一现象表明,中国图书出版产业在继续增长的同时,一些不同于以往的内在因素已经悄然发生了转变。与此同时,图书出版产业增长的外部环境也发生了巨大的变化,这一巨大的变化主要指入世后外国资本的进入和信息技术的革命。内因和外因的变化既意味着中国图书出版产业面临着巨大的挑战,同时也成为推动中国图书出版产业增长方式转变的主要力量。

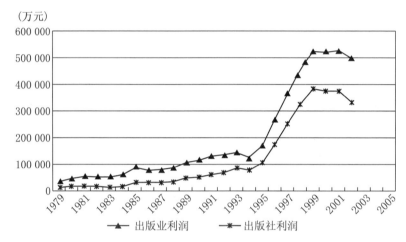

图 1.5　中国图书出版产业及出版社利润变化情况

资料来源:《中国出版年鉴·2006》,中国出版年鉴社 2006 年版;中华人民共和国新闻出版总署:《2005 年全国新闻出版业基本情况》。

挑战之一:中国图书出版产业进入了一个深度调整期。

首先,国家对于中小学教材出版发行的改革预示着中国图书出版产业微利时代的到来,这里的"微利"主要是针对中国图书出版产业以往"低风险、高利润"而言的。随着全国中小学教材出版发行管理体制改革的全面推开,教材出版的竞争程度将大为增加,农村中小学教材将全部实行政府采购,免费供给,同时现行中小学教材中准价下调 10%,这些使得教材在出版物销售总码洋中的比重将进一步下降,教育出版利润势必大幅下滑,出版社从教材出版中稳获"暴利"的时代已经一去不复返。其次,目前大众出版领域中的无序竞争和低水平竞争已经表明现有的盈利模式难以为继,转型的压力非常之大。第三,随着出版机构由事业单位向企业单位改制的深入进行,人员安排,工资福利、社会保障以及组织结构、业务结构、产品结构的重新调整都会对传统的经营模式带来冲击,增加企业的运行成本和负担。

挑战之二:信息技术革命对出版产业的冲击。

肇始于20世纪70年代并迅速席卷全球的信息技术、数字技术和网络技术革命已经对出版产业带来革命性的冲击,这种冲击的结果在发达国家出版产业中可以很明显地看到,在我们国家也可见端倪。信息技术革命对出版产业增长方式的影响是深远的,它是一种新的技术范式对传统技术范式的革命,并可能从根本上颠覆传统出版产业的商业模式。这种冲击在全球出版产业都存在,不只是中国出版产业所面临的问题。另外,信息技术革命促进了传统的传媒、电信、出版三大产业出现了融合现象。在产业融合的背景下,三大传统产业可以共用一个运作平台,产业的规模特征发生了根本性变化,由此促进了产业边界的大范围扩展。这种转变使得三大传统产业必然存在资源相互整合的要求,而这种以企业并购重组为主要表现形式的资源整合在发达国家已经表现得淋漓尽致。与更为强势的传媒集团、信息网络集团、电信集团相比,出版企业的规模偏小,势必面临着更大的挑战。事实上,值得我们注意的是,经过二三十年的企业重组和业务整合,发达国家传媒、出版业的跨国巨头已经初步完成了这种整合和重组,实现了自身业务发展和经营模式同信息技术革命的有机匹配和契合。而目前来看这种整合在中国出版产业还没有真正发生。从这个意义上说,中国出版产业同发达国家出版产业的差距不是缩小了而是进一步拉大了。

挑战之三:外国资本对中国图书出版产业的冲击。

入世以前,外国出版企业就已经通过各种途径进入了中国出版产业的零售和发行领域,并通过下游市场向上游领域逐步渗透。而随着入世过渡期的结束,国内发行领域将对外资全面开放,外国资本投资国内书刊发行领域将不受限制。早在 1995 年,世界传媒巨头贝塔斯曼集团与上海的中国科技图书公司就合资成立了上海贝塔斯曼文化实业公司,以俱乐部的形式——贝塔斯曼书友会——进入我国图书零售市场,之后又相继在北京、上海成立了 6 家相关企业。2005 年 5 月,贝塔斯曼与辽宁出版集团合作成立了图书发行公司,大踏步迈进了图书发行领域。此外,贝塔斯曼目前还在中国开展了网上书店、专业咨询等多项业务。2004 年,中国网上图书、音像零售商卓越网的股权被全球最大的网上零售商亚马逊公司买断。而培生集团、兰登书屋等出版巨头也都表现出强烈的意向试图曲线进入中国出版领域,比如培生集团发起的“培生的选择”项目,就是通过教育来带动出版的一项计划;而兰登书屋更是试图控制中国优秀的作者群,组成其全球出版资源的一个重要部分。另外,也已经有一些国外出版机构开始在中国拓展电子图书市场、远程教育体系、电子期刊、数据库等新兴出版业务。国际出版巨头有强大的资金和技术优势,有丰富的市场营销经验和管理水平,他们直接或间接地进入出版领域,必将对我国的民族出版企业构成巨大的挑战。

1.5 粗放型增长难以为继,增长方式亟待转型

上文的分析已经表明,中国图书出版产业自改革开放以来走的是一条粗放型增长的道路。这种粗放型增长主要表现为竞争手段和竞争水平的初级性,它所带来的竞争无序和混乱,重数量轻质量,以及产业结构、布

局和规模难以优化等弊端,在新的发展条件下越来越清晰地暴露出来;而随着出版体制改革的进一步深化,图书出版产业经营主体正发生着深刻的"身份"转变,与此同时,外部环境——特别是信息技术革命和外国资本的进入——的改变,则对传统的粗放型增长模式带来冲击。这些变化都预示着粗放型增长方式越来越难以为继,传统的商业模式已经走到了尽头,出版产业的增长方式亟须转变。

需要说明的是,过去的这种粗放型增长模式在一定程度上具有经济学意义上的必然性和合理性——出版产业首先要最大限度地从规模和产量上进行扩张。但这种必然性和合理性又有其阶段性含义,当高速增长所掩盖的一些问题和矛盾在新的发展阶段被逐渐暴露出来,并表现得越来越鲜明的时候,传统的增长模式开始受到质疑和挑战,增长方式转变的呼声也便越来越高。量上的积累必然带来质上的变革,这也符合马克思唯物辩证法对事物发展的基本规律的认识。更为重要的是,只有在量的积累上孕育而生的质的变革才是内生的,才是长期的,才能代表未来发展的主要方向。

出版业增长方式转变的核心是走市场化、产业化、集团化"三位一体"的道路,这个转型对于传统的中国图书出版产业必然是一种艰难的变迁。这也是本篇把1995年以后界定为新的增长阶段的依据所在。这一阶段的"新"并不表现在图书出版产业数量指标和价值指标的增长上面,更主要的是图书出版产业改变经营模式和竞争手段的内在要求已经开始初步显现,这种内在的要求同外在力量的推动方向又形成了高度契合,预示着中国图书出版产业即将迎来一个深刻的自我调整期:产品结构、业务流程、商业模式要重新调整,出版主体要重新洗牌,业务平台要重新打造,发展方向要重新定位。在这一新的调整阶段,出版市场将更加细分,分工将更加深化,资源重组和结构重组将在更大范围内进行,甚至会跨出国门直接参与国际市场的竞争,相应的,内部经营管理、品牌塑造、资本运作、营销服务、人才战略等也将成为中国图书出版产业基本的竞争法则。一言以蔽之，中国图书出版产业传统的增长方式将被彻底改变，而这种改变正是中国图书出版产业完成"凤凰涅槃"，在浴火中重生的前奏。

附表 1 1978—2005 年中国图书出版产业增长情况

年份	图书种数 （种）	新出图书种数 （种）	总印张数 （亿印张）	定价总金额 （亿元）	总印数 （亿册张）
1978	14 987	11 888	135.43	—	37.74
1979	17 212	14 007	172.50	—	40.72
1980	21 621	17 660	195.74	—	45.93
1981	25 601	19 854	217.68	—	55.78
1982	31 784	23 445	221.95	—	58.79
1983	35 700	25 826	232.41	—	58.04
1984	40 072	28 794	260.61	—	62.48
1985	45 603	33 743	282.75	39.50	66.73
1986	51 789	39 426	220.31	34.10	52.03
1987	60 213	42 854	261.25	45.30	62.52
1988	65 962	46 774	269.03	62.22	62.25
1989	74 973	55 475	243.62	74.44	58.64
1990	80 224	55 245	232.05	76.64	56.36
1991	89 615	58 467	266.11	95.54	61.39
1992	92 148	58 169	280.39	110.75	63.37
1993	96 761	66 313	282.26	136.75	66.31
1994	103 836	69 779	297.16	177.67	60.08
1995	101 381	59 159	316.78	243.62	63.22
1996	112 813	63 647	360.48	346.13	71.58
1997	120 106	66 585	364.00	372.56	73.05
1998	130 613	74 719	373.62	397.97	72.39
1999	141 831	83 095	391.35	436.33	73.16
2000	143 376	84 235	376.21	430.10	62.74
2001	154 526	91 416	406.08	466.82	63.10
2002	170 962	100 693	456.45	535.12	68.70
2003	190 391	110 812	462.22	561.80	66.70
2004	208 294	121 597	465.59	592.89	64.13
2005	222 473	128 578	493.29	632.27	64.66

资料来源：《中国出版年鉴·2006》，中国出版年鉴社 2006 年版。

附表2　1978—2005 年中国图书出版产业增长率

年份	图书种数 增长率(%)	新出版书种数 增长率(%)	总印张数 增长率(%)	定价总额 增长率(%)	总印数 增长率(%)
1978	—	—	—	—	—
1979	14.85	17.82	27.37	—	7.90
1980	25.62	26.08	13.47	—	12.79
1981	18.41	12.42	11.21	—	21.45
1982	24.15	18.09	1.96	—	5.40
1983	12.32	10.16	4.71	—	−1.28
1984	12.25	11.49	12.13	—	7.65
1985	13.80	17.19	8.50	—	6.80
1986	13.56	16.84	−22.08	−13.67	−22.03
1987	16.27	8.69	18.58	32.84	20.16
1988	9.55	9.15	2.98	37.35	−0.43
1989	13.66	18.60	−9.45	19.64	−5.80
1990	7.00	−0.41	−4.75	2.96	−3.89
1991	11.71	5.83	14.68	24.66	8.92
1992	2.83	−0.51	5.37	15.92	3.23
1993	5.01	14.00	0.67	23.48	4.64
1994	7.31	5.23	5.28	29.92	−9.40
1995	−2.36	−15.22	6.60	37.12	5.23
1996	11.28	7.59	13.80	42.08	13.22
1997	6.46	4.62	0.98	7.64	2.05
1998	8.75	12.22	2.64	6.82	−0.90
1999	8.59	11.21	4.75	9.64	1.06
2000	1.09	1.37	−3.87	−1.43	−14.24
2001	7.78	8.52	7.94	8.54	0.57
2002	10.64	10.15	12.40	14.63	8.87
2003	11.36	10.05	1.26	4.99	−2.91
2004	9.40	9.73	0.73	5.53	−3.85
2005	6.81	5.74	5.95	6.64	0.83

资料来源:《中国出版年鉴·2006》,中国出版年鉴社 2006 年版。

附表3　1979—2005 年中国图书出版产业纯销售额、利润及增长情况

年份	图书纯销售额（万元）	增长率（%）	利润（万元）	增长率（%）	出版社利润（万元）	增长率（%）	出版社利润占行业利润比例（%）
1979	126 739	—	32 388	—	8 293	—	—
1980	154 966	22.27	44 327	36.86	11 444	38.00	25.82
1981	170 387	9.95	52 034	17.39	15 531	35.71	29.85
1982	184 640	8.37	48 751	−6.31	12 045	−22.45	24.71
1983	207 560	12.41	51 953	6.57	9 856	−18.17	18.97
1984	239 694	15.48	58 260	12.14	13 725	39.26	23.56
1985	335 027	39.77	89 504	53.63	30 657	123.37	34.25
1986	388 337	15.91	77 550	−13.36	28 842	−5.92	37.19
1987	432 169	11.29	79 258	2.20	29 676	2.89	37.44
1988	540 789	25.13	86 063	8.59	32 755	10.38	38.06
1989	687 136	27.06	107 666	25.10	46 592	42.24	43.27
1990	767 006	11.62	116 938	8.61	52 491	12.66	44.89
1991	857 874	11.85	131 904	12.80	62 787	19.61	47.60
1992	1 006 878	17.37	136 683	3.62	70 140	11.71	51.32
1993	1 253 949	24.54	146 896	7.47	89 373	27.42	60.84
1994	1 345 504	7.30	125 510	−14.56	80 058	−10.42	63.79
1995	1 863 613	38.51	173 775	38.46	109 623	36.93	63.08
1996	2 666 196	43.07	276 141	58.91	178 294	62.64	64.57
1997	3 131 689	17.46	370 027	34.00	255 597	43.36	69.08
1998	3 476 147	11.00	464 886	25.64	331 686	29.77	71.35
1999	3 550 345	2.13	532 432	14.53	389 740	17.50	73.20
2000	3 768 592	6.15	527 139	−0.99	380 930	−2.26	72.26
2001	4 084 919	8.39	533 780	1.26	381 998	0.28	71.56
2002	4 349 300	6.47	508 800	−4.68	339 600	−11.10	66.75
2003	4 616 400	6.14	—	—	—	—	—
2004	4 860 200	5.28	—	—	—	—	—
2005	4 932 215	1.48	—	—	—	—	—

　　资料来源:《中国出版年鉴·2003》,中国出版年鉴社 2003 年版;《中国出版年鉴·2006》,中国出版年鉴社 2006 年版。

附表 4　1995—2004 年中国图书出版社个数、从业人员及平均从业人员增长
　　　　情况

年　份	出版社（家）	从业人员（人）	平均从业人员（人）
1995	527	38 774	73.6
1996	528	39 507	74.8
1997	528	41 052	77.8
1998	530	44 997	84.9
1999	530	46 390	87.5
2000	565	46 408	82.1
2001	562	47 128	83.9
2002	568	49 024	86.3
2003	570	50 537	88.7
2004	572	50 050	87.5

资料来源:《中国出版年鉴・2005》,中国出版年鉴社 2005 年版。

第 2 章
发达国家出版产业发展经验的借鉴及比较

现代出版业在西方国家已经走过了几百年的发展历程,发展至今,已经日臻成熟。因此,研究发达国家图书出版产业的发展规律,总结其产业特征,剖析其运行机理,对中国图书出版产业顺利实现转型,步入一条健康、理性的增长道路有着重要的借鉴意义。

2.1 美国和欧洲的出版产业

美国和欧洲的出版产业主要表现出如下的一些特点。

2.1.1 集团的大型化、跨国化趋势明显,垄断程度进一步加深

经历了自 20 世纪 90 年代中后期起至今的新一轮并购浪潮之后,欧美的出版市场基本上被培生集团、贝塔斯曼集团、阿歇特集团、麦格劳·希尔集团、里德·埃尔塞维尔集团等 10 多个国际出版集团所垄断,而且这种垄断的趋势表现得越来越强。2006 年国际出版产业继续发生了一系列的并购事件。年初,阿歇特集团以 5.37 亿美元收购了世界最大的媒

体集团时代华纳的图书出版业务,从而进入美国,实现了市场的扩张,成为排名培生集团和贝塔斯曼集团之后全球第三大图书出版集团。6月,贝塔斯曼集团旗下兰登书屋收购了BBC图书公司。7月,剑桥大学出版社收购了印度基金图书出版发行公司51%的股份,该公司更名为剑桥大学出版社印度公司。9月,施普林格出版集团收购了美国胡马纳出版社,增强了其在生命科学领域的图书出版实力。11月,国际著名的科技与学术出版集团约翰·威立以10.8亿美元收购了蜚声全球的英国出版公司布莱克维尔,从而使约翰·威立集团拥有1 250种学术期刊和种类繁多的学术图书,可以与里德·埃尔塞维尔集团和施普林格集团这样的强劲对手竞争。

另外一个现象同样值得我们关注。2006年美国图书出版产业的整体规模并没有扩大,但各大出版集团却通过并购实现了自身的发展。据统计,2006年美国排名前10位出版集团的收入占美国图书出版产业总收入的50%左右。这种现象同样发生在英国、德国和法国。在这几个国家,2006年图书总体销售并没有什么增长,但10多家出版巨头占据了大部分市场份额。

在发行领域,这种垄断的趋势同样明显。在西方国家主要的图书市场上,传统的独立书店的发行零售模式已经让位于强大的国内或国际连锁超级书店和互联网书店,这一转变是在过去的十多年中发生的。据图书市场营销(美国)有限公司2005年的报告显示,2002年至2005年,全球书业网上书店销售增长了151%,连锁书店销售额提高14%,而独立书店则下降了1%。经营不济的独立书店纷纷关闭。在美国,最大的两家连锁书店巴诺书店和鲍德斯书店,2006年销售收入为70亿美元,占全美图书零售市场三分之一的份额。同样在英国,最大的两家连锁书店沃特斯通书店和史密斯书店,2006年销售收入合为7.5亿英镑,占全英图书零售市场35％的份额。2006年超级连锁书店的并购和区域扩张显得尤为突出。英国最大的连锁书店沃特斯通几经波折,以6 280万英镑的价格将英国第三大图书连锁书店奥塔卡纳入旗下。这一收购使得沃特斯通在英国书业零售的市场份额扩大到22％。2006年8月,德国销售额排名第二和第三的两家书店万象集团和胡根杜贝尔连锁书店宣布合并。这家新的联合书店拥有451家门市,营业额达到5.16亿欧元,与排名第一的塔利亚连锁书店形成对峙之势,由此德国图书零售市场出现两家超级连锁书店平分天下的局面。

2.1.2　定位为内容提供商

欧美的大型出版传媒集团均已把自己的角色定位为内容提供商,把自己的功能定位为文化创新,向市场提供丰富的信息文化产品。这一定位构成了其进行业务重组和拓展新业务的基本理念。在这样一种理念的指导下,大型出版集团纷纷把同内容产业不相关的业务剥离出去,通过并购、重组等资本市场运作,把资源集中在内容产业方面。与此同时,树立品牌战略,注重收购品牌与自有品牌的整合,从而建立了一套与信息技术、知识经济相匹配的崭新的业务模式。其结果便是一批跨行业多元经营的大型集团转变为以内容提供为主的大型出版集团。

以培生集团为例,培生集团在20世纪90年代先后卖出了自己在蜡像馆、拉扎德银行、西班牙主题公园的股份和在英国第五频道及B卫视的部分股份,加上利用从其他渠道融来的资金,通过一连串漂亮的组合拳,从1994年到1998年先后收购了艾迪生·维斯理出版公司、哈珀·柯林斯出版公司(教育出版部分)、西蒙与舒斯特(教育出版部分)

三大教育出版公司,再通过与原旗下朗文出版公司的合并和业务重组,使培生教育出版集团成为全世界最大的教育出版集团。2007 年 2 月 26 日培生集团发布的 2006 年财务报告显示,为了巩固其在教育出版和信息服务领域的领导地位,培生集团用于并购的投资总额为 3.63 亿英镑。这些并购为销售收入的增长贡献了 1.47 亿英镑,带来了 1 700 万英镑的营业利润。

再来看汤姆森集团,该集团从 1998 年至 2005 年进行了 70 次并购活动,总额达 8.3 亿美元,同时,它以总额 4.1 亿美元的价格卖掉了 30 个非核心企业,强化其信息提供商的战略定位,使其成为全世界最重要的专业出版集团。

2.1.3　突出主业,强化核心竞争力,走专而精的道路

在定位为内容提供商的基础上,这些出版巨头又采取市场细化的战略,通过一次又一次的并购和重组来重新调整自身的业务范围,在追求规模经济的同时也最大限度地突出主业,追求专业分工,把经营重点放在自身最具比较优势的领域,以此来强化集团的核心竞争力。例如,1998 年贝塔斯曼斥巨资购得美国最大的大众读物出版公司兰登书屋,之后出售其下属盈利能力很强的学术出版公司施普林格,以强化贝塔斯曼在大众读物市场上的领袖地位。又如,里德·埃尔塞维尔集团在 1997 年将其大众读物领域的业务卖了出去,全力打造其在科技、法律和商业信息领域的主导地位。再如,麦格劳·希尔集团出售自己的法律出版业务;培生集团出售西蒙与舒斯特的工具书、商务及专业出版业务,购入 AGS 出版公司;汤姆森集团出售赖以发家的报业,购入西蒙与舒斯特的专业出版业务等,均是出版集团专业化经营战略的重要举措。从目前的发展态势看,这种

专业细分的趋势还将进一步深化。2006 年 10 月 25 日,以专业和教育出版为特色的汤姆森集团正式宣布,按照其策略重组的计划,将分三步拆分并出售旗下著名的汤姆森学习集团,其中包括高等教育、网上测试、图书馆参考书和企业培训服务等业务,把精力和资金转向金融、法律和科技医疗信息服务,并将在工程、石油化工、航空、汽车和保险等信息服务领域拓展新的空间。而传统的经营理念认为,专业出版和教育出版有一种内在的高度契合性。最近,汤姆森集团发表声明,称已与私人投资者达成协议,以 77.5 亿美元的价格出售汤姆森学习集团。2007 年 5 月 15 日,汤姆森集团与路透集团发表声明,双方已就合并事宜达成一致。合并后的汤姆森—路透公司有望成为全球最大的金融信息提供商。这起并购交易涉及的总金额高达 172 亿美元。

这种以专业化为核心的并购和重组的结果是,大型出版集团的业务更加集中,品牌特色更加鲜明。比如,一提到大众出版,读者马上就会想到兰登书屋、哈珀·柯林斯、企鹅出版公司等几家著名公司。在教育出版领域,则是培生教育出版集团、麦格劳·希尔教育出版集团、哈考特教育出版集团,以及牛津大学出版社和剑桥大学出版社等几大品牌。而对于专业出版,全球最主要的出版商是里德·埃尔塞维尔、汤姆森、沃尔特斯·克鲁维尔、约翰·威利等几家。专业化重组的理念是"有所为有所不为",强化核心业务,弱化非核心业务,从而步入一条由专而精,由精到强、由强到大的良性发展轨道。

2.1.4　用信息技术对出版产业进行全面改造

美国是世界上信息技术最为发达的国家,其出版产业的信息化改造力度也是最大的。信息技术在美国出版产业中的广泛应用主要表现在以下五个方面。

第一是产业各个环节的信息化。美国出版产业无论是市场的调控与宏观管理,还是出版编辑和发行配送,抑或零售书店、连锁书店以及印刷等,各个环节基本上均实现了信息化,都有一个高效的信息技术管理运行平台。

第二是产业各环节之间的一体化。美国的出版公司,基本上实现了从出版(市场前端的选题策划、媒体宣传、市场分析,市场终端的订单获取、客户服务、客户信息管理)、印刷到发行(物流配送系统)、零售(大卖场、超市、零售书店、独立书店、连锁书店、网上书店)几大环节的一体化衔接。这种一体化主要是建立在以信息技术为强大支撑的系统程序化与流程精细化基础之上的。

第三是数据的获得和高效的管理。信息化的核心是获得大量有价值的信息和数据,并通过对各种信息、数据的处理和管理来提高出版产业的运行效率。比如上面所提到的出版产业各环节之间的一体化就建立在系统的、缜密的、可靠的信息数据之上。这种数据主要来自美国书商协会等机构进行的年度业界数据资料统计分析,行业数据库系统服务公司以有偿形式进行的出版商、发行商与零售商之间的数据交换与分析,出版商、批发配送中心与 UPS 等速递公司之间的管理信息系统,以及各个公司内部的经营管理——包括订单管理、客户服务、物流运输、财务结算——等系统。大量的信息通过统一的标准化编码(EDI)在出版产业各机构之间进行共享,大大降低了出版、发行、物流以及零售之间的信息不对称程度,有助于经营主体优化经营战略,降低了系统性风险。

第四是数字出版平台的建设。进入 21 世纪以来,欧美的大型出版集团尤其是专业出版集团均高度重视基于各类大型数据库的数字出版平台建设。例如,汤姆森集团在其 2006 年财务年报中谈到业务亮点时指出,汤姆森 Plus 在进入 2007 年之际已经产生了 2 500 万美元的收入,2008 年年底,它还将产生约 1.5 亿美元的年收入。又如,约翰·威立集团在建立数字出版平台方面可以说是不遗余力,其将出版内容通过交互式工具和平台直接传输到消费者处,人们能够借助互联网得到他们需要的职业和专业信息。他们建立了循环医学数据库——内容基于随机的临床试验——加上网络搜索工具,帮助内科医生诊断病人。而威立 Plus 是一套多种版本的结合教学与学习的在线数字平台,每一种都为教师和学生提供了相应的电子教材。根据学生的学习进度,数字平台会自动给他们布置家庭作业。威立 Plus 的用户在 2006 年持续增长,越来越多的教师和学生已经熟练地运用其多样化的内容和成套的教学与学习工具来做功课、复习考试以及组织课堂教学。约翰·威立建立的威立国际科学网站拥有 2 500 种在线产品,包括期刊、图书、参考书、信息库和实验手册,可查阅的科技类文章达 150 万篇,发表时间可追溯到 1799 年。目前,约翰·威立集团正在进行的新技术项目是"发现威立"与"内容技术",其目标是,"All Wiley, All the Time",即无论消费者在何处,通过哪种方式都可以找到威立提供的内容。

第五,就出版领域而言,不同类型的出版集团对信息技术的契合程度是不同的,其中专业出版与信息技术的契合度最高,教育出版次之,大众出版最低。我们发现,国际大众出版巨头数字出版的步伐相对较缓,不过,最近兰登书屋、哈珀·柯林斯也开始推出新的服务,让读者在网上浏览它们出版的书籍。兰登书屋计划把超过 5 000 种的图书放上互联网,同时设置网络工具,帮助用户把所看书籍的内容贴到 My Space 等社交网站的个人网页上。与此同时,立足专业出版的几大巨头,像里德·埃尔塞维尔、沃尔特斯·克鲁维尔、汤姆森、约翰·威利出版集团等,对数字出版的投入则越来越大。比如 2004 年里德·埃尔塞维尔为了更加聚焦数字出版领域,不惜将盈利水平很高的法律图书出版业务出售出去。而著名的专业、教育出版集团汤姆森则表现得更为激进,在 2006 财年,该集团在数字产品、软件和服务方面的收入就已占其总收入的 80%。为了进一步扩大其在数字出版、网络出版和服务领域的优势,也为了强化其在金融、法律和科技医疗信息服务领域的领导地位,汤姆森出版集团于 2006 年10 月 25 日宣布出售其旗下的教育出版资产。

2.1.5 小型出版公司富有竞争活力,中等规模的出版公司竞争能力 最差

在过去十年里,国际图书出版市场的一个显著特征就是:市场份额进一步集中到了少数出版巨头手中,而失败者大多是中等规模的出版公司。它们或者被大型出版公司并购,或者被排挤出市场。市场上另一类有效的竞争者是小型出版公司,它们利用市场细分充分地发挥自身独到的竞争优势,对市场的反应也非常敏捷,因而富有竞争活力。以英国图书市场为例,2006 年英国出版业呈现出两头大、中间小的哑铃格局。这一年,四大跨国出版集团——阿歇特、兰登书屋、哈珀·柯林斯和企鹅出版集团在英国大众图书市场上的增长速度均令人称道。如阿歇特集团的机构增长率为 8.2%,占英国大众图书市场 16.4% 的份额;兰登书屋的机构增长率为 6.1%,占英国大众图书市场的 15.4%。2006 年英国出版业的另一个亮点是,由费伯出版社领导的独立出版商联盟的销售额比 2005 年增长了23.3%,尽管其销售额并不大,仅为 3 880 万英镑。日子不太好过的还是中型出版机构,2006 年西蒙与舒斯特、布鲁斯伯利、泛麦克米兰在英国大众图书市场上继续受到挤压,统计数据表明,他们的图书销售额又有不同

程度的下滑。

2.1.6　多渠道的发行体系

　　美国图书发行主要有这样的几条渠道:(1)出版集团自办发行。主要是发行教科书和畅销书,比如兰登书屋、麦格劳·希尔和培生均有强大的批发和物流系统。这些发行部门在为本公司发行图书的同时,也为其他出版社发行图书,具有"第三方发行"的功能。(2)图书中盘公司发行。比如英格兰姆和贝克·泰勒是美国最大的两家图书中盘公司,均拥有30万到40万图书品种的发行能力。(3)超级连锁书店。比如巴诺书店在全美共有700多家连锁书店,其中面积在2 000平方米以上的书店就有200多家。(4)直销。比如针对图书馆等特殊客户的销售,另外,相当份额的专业图书也采取这种直接面对读者的销售方式。(5)读者俱乐部。这五大渠道之间既是一种互补的关系,也形成一种竞争的关系。需要注意的是,发行商还要负责为出版社的图书做宣传推广,而不是简单的代理销售,因此,大型的发行商为出版商提供的是一种个性化的服务。

　　同出版集团一样,发行公司也在走专业化和市场细分的道路。比如英格兰姆于2004年创建的出版商服务公司就是通过为出版商和零售商提供个性化服务而获得市场利润的公司。该公司上游有23家出版社,下游客户则主要有亚马逊书店、巴诺、鲍德斯及大学书店等。该公司的功能是为出版、零售之间提供无缝链接,保证出版社的书发到尽可能多的地区,使书店在第一时间能够收到新上市的图书。该公司已经从传统的批发模式(以量取胜)转向以服务取胜的新的发展模式。

2.2　日本的出版业

日本共有 4 500 多家出版社,大多规模较小,其中 47% 的出版社职工不到 5 个人,三分之二的出版社职工不到 10 人,最大的出版社是讲谈社,约有职工 1 200 人。日本共有发行经销商 70 余家,最大两家——东贩和日贩——的发行量占到总发行量的 90%,出版社 90% 都集中在东京地区,1.8 万家书店和 5 万家便利店则遍布全国。日本出版产业同欧美出版产业相比有较大的差别,总体而言,具有如下的一些特点。

2.2.1　强大的发行中盘体系

同欧美国家不同,日本的经销商(即发行中盘)的规模要大于出版社。比如两家最大的经销商东贩和日贩,其资本金分别为 45 亿和 30 亿日元,而最大的出版社讲谈社的资本金则为 3 亿日元,相差 10 倍有余。从销售收入来看,2003 年讲谈社的销售额为 1 672 亿日元,而日贩在 2004 年的销售额有 7 145 亿日元。

日本的出版流通体系主要是建立在委托销售制和定价销售制的基础上的。所谓委托销售制,是指出版社和经销商根据书店的状况向其分配图书,在规定的期限内,书店可将未销售完的图书退还给出版社。所谓定价销售制,是指出版社有权决定本社图书的销售价格,并要求经销商和书店予以遵守。这可以有效地避免书店与书店、经销商与经销商之间的价格战。

东贩和日贩具有强大的图书销售代理能力、物流系统和发达的信息整合能力,而完成这一点又需要有强大的信息技术作为支撑。正因为如此,日本图书经销商的市场功能是十分强大的,一般具有如下的五种功能:(1)商务流通功能,即对出版社和书店进行商品销售、代理进货及收款和付款;(2)物品流通功能,即进货、分类、打包、出货、配送、库存管理、补书调配、退货处理等;(3)信息流通功能,即根据对各种数据资料的收集、计算和分析,提供出版、销售情报;(4)支援功能,即进行市场调查、人才培训、经营咨询等;(5)金融功能,即对出版社采取"部分预付"制,在经销商和出版社正式结算前先行支付一部分款项,这样,出版社可以先行支付部分稿酬、印刷、装订等费用,帮助出版社的资金周转。

因此,日本的出版和发行之间是一种通过市场契约来维持的合作关系,双方"利润均沾、风险共担",同时由于发行机构的强大实力,出版社可以将图书销售环节外包给经销商,从而降低了出版社自己发行的成本,把力量集中于核心业务。

2.2.2 分工细化

编辑、印刷、发行、零售分别由不同的主体经营,像校对、装帧设计、装订这样的环节也都有不同的专业公司来完成,许多小型出版社甚至连编辑环节也外包给专业化公司运作,充分体现出专业分工下的效率原则。

2.2.3 市场意识强烈

日本出版业能够紧贴时代潮流,凡是能够引起人们兴趣的人或事之类的选题,总能在最短的时间内迅速被组稿、编辑、出版,并进入各大书店走入市场。市场意识强烈还表现在日本把漫画这种简单的文化消费品做到了极致,无论儿童还是成年人,都有属于自己年龄段的漫画读物。近年来日本出版界还把向外输出漫画产品作为文化输出的主要发展战略,并且取得了不俗的成绩,受到其他国家读者的热烈欢迎和出版商的普遍青睐。但这种过度商业化和市场化取向的发展战略也为日本出版业的健康发展埋下了隐忧,连续多年的多品种、低销售、高退货的滞胀状态与此不无关系。

2.2.4 积极进行信息化改造

在信息技术和网络技术的作用下,日本的出版业正在积极地进行一系列的改革措施。其一,物流的信息化改造。出版社和经销公司均为本公司的物流设施进行了巨额投资,比如东贩从 1994 年开始投入 600 亿日元巨资建造物流设施和信息网络系统。其二,建立统一的联机信息网络,实现信息共享。比如 2005 年正式启用的耗资 300 亿日元的东贩桶川供应链管理中心就是这样的一个系统。该中心由处理图书订货、退货的流通中心,出版社共同商品管理的出版中心,销售与流通数据管理的数据中心等五个部分组成,可以实现出版社、经销商和书店之间的数据信息交换、共享。其三,充分利用互联网。随着网上书店的影响越来越大(有资料显示,2000 年日本网上书店的营业额为 70 亿日元,2004 年为 420 亿日元,四年间扩大至 6 倍),出版社和经销公司开始越来越重视互联网的作用。比如东贩开设了国际互联网家庭用户,通过网络接受读者的订货。

2.2.5 新型商业模式崛起

作为一个在国际出版界颇有影响的出版大国,日本出版业在上世纪

90 年代中后期陷入滞胀状态,至今也没有完全从这一阴影中走出。在这一过程中,大量的传统出版企业倒闭,一些有实力的传统出版企业也经受着赤字的煎熬,比如日本最大的出版企业讲谈社的销售收入一直呈下降趋势。与此形成鲜明对照的是,一些以信息加工为主业的出版企业的盈利能力却在稳步上升,比如 2000 年销售收入排名第一的利库路德公司是一家主要以企业和学校为对象的,提供就业、入学和房屋租赁信息的出版公司,排名第二位的本纳森公司也是以提供教育信息为主的出版公司。新旧两种商业模式的彼长此消预示了日本出版业发展的新动向。

2.3 比较与体会

与中国出版产业相比,发达国家出版产业的特征可概括为如下几点。

2.3.1 产业组织的集中度非常高,且企业呈现两极分化态势

出版产业成熟发达的国家都有为数众多的出版社,企业两极分化明显,一极是为数不多的跨国出版巨头,占据了较大的市场份额,另一极是数量庞大的小型企业,二者遵循不同的发展逻辑,采用不同的竞争策略,但都表现得生机勃勃。相比较而言,中等规模的企业数量不多,且竞争能力较差。

2.3.2 产业布局的集中度非常高

大多数的出版企业,都集中在发达国家的几个重要的城市中,成为都

市经济的重要组成部分。这一点在日本表现得尤其明显。

2.3.3 商业模式已经转型

发达国家的出版产业已经开始逐渐摒弃传统的单纯利用纸质媒介对知识和信息进行简单复制并传播的业务模式,大多数出版集团定位为内容提供者,立足于文化创新活动,立足于知识和信息的开发、挖掘、处理、加工和销售活动,利用信息技术将内容产品数字化,利用网络技术将传播渠道网络化,利用新的产业链和业务延伸发展各种增值服务。这种建立在数字技术和信息网络基础上的新的商业模式在专业出版、教育出版、发行、印刷、销售等各个环节均已有程度不同的表现。在科学、金融和法律等专业出版领域,从纸质出版物到在线信息服务的转变一年比一年快。例如,汤姆森集团的数字出版业务已经占所有业务的 69%,达到 87 亿美元。在教育出版领域,由于很多资料和信息可以从网络上获得,很多课程已经通过远程教学来完成,越来越多的大学教材出版机构提供可以和在线参考资料、课程辅导和自我测试一起使用的教材。例如约翰·威立集团已经出版了面向各层次的 Plus 系列,包括数字版本的教材,并和在线测试、评估、家庭作业管理体系等相呼应。当然,需要指出的是,在大众出版领域,这种新的商业模式还没有真正形成对传统商业模式的挑战。

2.3.4 大型出版集团的扩张都采用资本运作的方式

资本市场的运作是西方出版企业迅速扩大规模、调整业务领域最常用也是最为有效的手段。可以说,在经济全球化、信息网络化的今天,不懂得资本市场运作,不能进行资本市场运作的出版企业必将在全球市场的竞争中处于不利地位。

2.3.5 积极适应全球化的大趋势,把国际市场作为企业发展的战略重点

　　首先是大型的出版集团纷纷进行跨国界的兼并重组活动,在全球范围内重新配置资源。组稿、编辑、印刷、发行都出现了空间上的分离,最终产品通过全球网络在全世界进行销售。其次,发达国家之间以及发达国家对发展中国家进行的文化输出现象愈演愈烈,比如日本的漫画大举进入英美等出版强势国家,并且深受欢迎,而英美国家的出版更是早已瞄准了全球市场,利用其强势的话语权和影响力在发展中国家大肆推销其文化产品。再次,所有的跨国出版集团无一例外地都建立了针对亚洲尤其是中国的特别战略计划,这反映出跨国出版集团对新兴出版市场敏锐的嗅觉和敏捷的反应能力。

　　从上述比较分析不难看出,发达国家出版产业都有着强烈的市场意识、创新意识和变通能力,能够紧紧把握住全球化、信息化浪潮的脉动,积极主动地调整自身的产品结构、组织结构和商业模式,注重长期和短期发展战略的均衡,注重国际和国内市场的均衡,从而在一个商业环境发生巨大变革的时代牢牢把握住生存和发展的主动权。凡此种种,值得中国出版业深入地学习和借鉴。

第 3 章
中国图书出版产业增长方式转变的思路、内容及路径

3.1　产业融合对增长方式转变的影响

3.1.1　产业融合的内涵

上文的分析表明,信息和网络技术正在深刻地改变着发达国家的出版产业,这种改变的背后有着深层次的原因,那就是建立在数字融合基础上的电信、传媒和出版之间的产业融合现象。产业融合的实质是数字技术对传统技术的重新整合,反映了信息作为一种战略资源的地位的确立。

产业融合首先表现为产品的融合。即传统的电视、电影、广播、电信以及出版产业的不同产品之间所出现的程度不一的融合,比如网络教育、网络游戏、数字出版、手机新闻、手机小说、博客(Blog)、在线电影电视广播,等等。产品融合的基础是技术融合,关键是上述三大产业的传统产品现在可以通过数字技术对其进行统一编码和处理,可以共用一个技术平台,并通过同一个网络平台进行传播。而产品和技术平台的融合又会促使公司在产品结构、业务结构以及组织结构等方面的重新整合。

这导致三大产业领域内的企业出现了扩展、合资、购并、合并、重组,使得原本属于不同产业领域的企业现在出现了交叉竞争和合作竞争,从而形成了新的价值链和新的业务模式,更进一步的,形成了新的产业发展平台。总之,产业融合使得电信、媒体、出版和网络公司得以寻求交叉产品、交叉平台以及收益共享的交叉部门,从而导致资源在更大范围内的合理配置。

在这一背景下,发达国家的图书与电影、电视、广播、电子、音像、报纸、杂志等各种媒体产品的交叉互动以至融为一体的现象日益明显,图书出版公司同传媒、电信、网络公司的融合现象不断深化,出版产业已经成为传媒产业的一个重要组成部分。同时,也出现了出版成为网络运营商(电信、手机、网络公司)旗下的一个新兴的业务领域的情况。例如,维亚康姆就是一家以广播电视为主的涉足电影、音像、院线和出版多个领域的大型传媒集团,其旗下的西蒙与舒斯特出版公司是大众出版领域的一家著名公司;以电视、电影为主业的时代华纳集团也拥有规模不小的出版公司;以娱乐业为主的迪士尼集团则同时进军电影和出版业;以图书、杂志出版和印刷为主的德国贝塔斯曼集团,其经营范围还包括报纸、音像、唱片以及电子出版、电视和广播等领域。而电信和网络公司也在利用其技术平台从事信息数据的开发和运营。比如法国电信建成了在 Unix 平台下运行的全球最大的商业数据库,容量高达 29.2 TB。美国电信集团 AT&T 的数据库是记录行最多的数据库。而全球最大的搜索引擎公司谷歌则宣布将在未来的十年内对全球五大图书馆——牛津大学图书馆、哈佛大学图书馆、斯坦福大学图书馆、密歇根大学图书馆、纽约公共图书馆——的内容进行数字化处理。可以预测,这一项目一旦完成,谷歌公司对知识和信息的整合能力将空前强大,对传统出版业将带来难以估量的冲击。

表 3.1 是 2002 年美国主要传媒集团的业务结构。不难看出,出版业务只是这些巨型传媒集团的一个较小的部分。这些传媒集团通过业务领域和组织结构的重组实现了集团层面的多元化经营和集团下级层面(子公司)的专业化经营,从而将规模经济和范围经济、多元化和专业化有机地结合在一起。另外,即使在集团层面,集团公司也很少采取泛多元化的战略,其经营业务之间或者存在内容关联,或者存在技术关联,是建立在产业融合基础之上的一种多元化经营战略。

表 3.1　2002 年美国主要传媒集团的业务结构

	维亚康姆	美国在线时代华纳	迪士尼	新闻集团
有线电视网	32％	18％	32％	9％
广播和户外广告	27％	—	6％	—
电　视	22％	—	—	25％
录影带出租	11％	—	—	—
电　影	6％	11％	12％	24％
出　版	1％	10％	—	42％
公　园	1％	—	50％	—
有线系统	—	34％	—	—
互联网服务(ISP)	—	23％	—	—
音　乐	—	4％	—	—

资料来源:陈昕:《美国传媒集团考察——兼论中国出版业长期发展的若干问题》,《中国图书商报》2002 年 8 月 13 日。

3.1.2　产业融合对图书出版产业发展的影响

产业融合及其背后的信息技术革命、信息资源战略地位的确立等,对出版产业的影响是深远的,它不仅大大丰富了传统出版物的内容和形式,改变了传统出版物的生产方式和消费理念,而且可能会颠覆传统图书出版产业的业务模式、业务流程和产业特性,进而对传统图书出版产业的组织结构产生革命性的影响。这种影响主要表现在如下几个方面。

其一,产业融合使得图书出版产业的经营主体出现多样化趋势,图书出版产业的竞争将更为激烈。在产业融合的背景下,传媒集团、网络运营商、软件技术公司等传统的非出版产业的机构现在也可以凭借数字技术平台进入出版领域。由于这些企业在技术和资金方面的优势,在部分出版领域甚至会表现出比传统出版企业更强的竞争优势。例如网络技术公司在专业信息、专业知识、数据库等领域具有强大的竞争力。目前传统出版企业要想进入上述领域,往往要同网络技术或软件企业进行合作,而合作的主导权往往被网络或软件企业所控制。另一方面,数字技术和网络技术的普及大大降低了出版发行的进入门槛,任何一个具备基本计算机知识和上网条件的人在理论上都可以成为出版者,任何人都可以在网上发表自己的作品,出版社不再是出版流程中不可缺少的环节,传统书店也不再是图书流通中必然的环节。这无疑使传统出版发行业面临着越来越多的竞争,传统出版产业的生存空间被大大挤压。

其二,产业融合预示着图书出版产业内容为王时代的到来。正是由于任何一个个体或机构都可能成为图书出版产业的竞争主体,所以,这将进一步促进图书出版产业作为内容提供者和内容创新者的定位。在产业融合的背景下,谁对内容资源拥有更强的整合能力,谁对内容资源拥有更强的创新能力,谁就拥有更大的市场控制力。这种内容创新能力除了表现为拥有更广泛的信息,出版更符合市场需求的图书产品以外,还表现为出版社将根据所拥有的知识、信息和专业人才对市场提供按需定制的专业化服务。比如提供行业信息、产业分析报告、产业前景研究报告等,这意味着出版社将从简单地提供一种产品转向提供附加值更高的服务上去。基于此,我们可以认为,信息技术革命会导致传统图书出版产业的增值功能发生根本性变化,即从简单的知识传播转变为内容的生产和整合,或者提供在线的服务和交易。

其三,产业融合将进一步强化图书出版产业的马太效应。图书作为一种信息产品,具有典型的边际成本趋于零的特征,即生产一本图书的固定成本非常高,但复制成本则很低,因此,规模经济显著。产业融合对图书出版产业的这一性质将产生两方面的影响。一方面,对于可标准化的产品,特别是教材、专业书籍、工具书、专业性的知识和信息等,其规模经济将进一步被强化,从事这种出版业务的企业的集中度将进一步提高。另一方面,从事大众出版的企业,其所面对的是丰富的、个性化的市场需求,读者的口味、偏好、知识背景、欣赏水平千差万别,而信息技术又大大降低了图书出版产业的进入门槛,由此,这一领域内的出版企业仍将表现出丰富多彩的竞争特征,既有庞大的巨型出版集团——他们有雄厚的资金、技术和优秀的作者群,以及强大的图书策划和宣传推广能力,又有微型的数量众多的企业——他们有敏锐的市场嗅觉,可以针对某一个特殊的读者群提供有价值的图书产品。总体而言,传统图书出版产业的马太效应将更为显著,但企业无论大小,其竞争获胜的法宝无一例外都将是提供有创造性的图书产品。

其四,产业融合下的数字出版将对传统的纸质出版构成威胁。数字出版的最大特点是交互式、易检索、价格低廉。所谓交互式是指读者可以对数字出版的内容直接进行各种编辑处理。这一特性特别适用于专业出版,正因为如此,专业出版企业在信息化改造方面也是投入最大的。由于这些优势,专业出版中的数字出版将对传统的纸质出版形成巨大的威胁。目前在国际出版业,专业期刊的主要出版形式已经由纸质转变为数字。可以预测,在专业出版领域,未来数字出版物将在很大程度上取代纸质出版物。但在大众出版领域,这种替代尚不明朗。

其五,信息技术对图书发行零售业务的改造。这有两层含义:其一是传统的图书发行企业用信息技术改造传统的业务流程和经营模式,比如建立动态的实时跟踪系统和信息反馈系统,降低企业的运作成本,提高发行效率。其二,也是更为主要的,是新型的图书发行模式对传统图书发行企业的冲击和挑战,如网上书店对传统图书发行零售企业的挑战。而数字出版物更是能够直接通过互联网在全球实行瞬时传送,传统的门店销售环节已经不再需要。

另一个让我们感兴趣的问题是在产业融合的背景下,图书发行企业的规模以及出版企业同图书发行企业的关系将会怎样? 从图书发行企业的性质可以看出,发行的规模受发行体系的限制,体系的扩大一方面会增加规模的经济性从而降低成本,但另一方面也会增加体系内的经营成本和交易费用,带来规模不经济性。比如在传统经营模式下,如果发行体系扩展到全球,显然其规模的不经济性会高于规模的经济性。但是信息技术和网络技术的发展改变了这一法则,它不仅进一步强化了图书发行企业的规模经济特征,而且也显著地减少了体系扩展后的规模不经济性。这种改变预示着图书发行企业的规模还将进一步扩大,图书发行企业的集中度还将进一步提高。比如 2003 年亚马逊网上书店已经控制了美国 80% 的网络图书销售市场,销售额达到 6.1 亿美元,遥遥领先于排名第二的巴诺网上书店。巴诺网上书店的销售额仅 6 180 万美元,市场份额为 10%。由此可见,图书网络发行的集中度要远远高于传统图书发行业的集中度。可以预测,未来的图书发行企业将是全球性的,像亚马逊书店这样的企业,其市场势力还将进一步加强。

也正因为如此,在图书出版产业,出版和发行之间的关系将不再像以往那样紧密,纵向一体化的组织形式(中国目前大多数出版集团均是集出版与发行零售于一体的,经济学将这种上游企业和下游企业之间的合并称为"纵向一体化")很有可能会被瓦解。

其六,信息技术对印刷业务的改造。这种改造表现在两个方面。一是信息技术的发展大大提高了印刷的效率,降低了印刷成本,这使得按需印刷和单本印刷成为现实。美国的图书批发商英格兰姆公司下属的闪电资源公司就是一个提供按需印刷服务的典范。闪电资源公司在其发行中心建立了按需印刷的设备,现在,该公司每周按需印刷的图书数量超过10万册。另一个按需印刷服务提供商艾格利比斯,2004年的销售收入为800万美元,单品种平均销量不足150册。二是出版企业同印刷企业的关系。新制度经济学的代表人物阿尔钦曾专门对出版业和印刷业的关系作过研究。他从资产专用性的角度出发,认为报纸企业为了不被印刷企业敲竹杠从而倾向于自办印刷,而图书出版由于与印刷没有那么密切的关系所以更倾向于把印刷业务外包出去。在信息技术高速发展的条件下,印刷企业投资的资产专用程度大大降低,出版内容的数字化使得各种印刷产品可以在同一个操作平台上进行印刷,因此,出版企业同印刷企业的关系将更不紧密,纵向一体化的组织结构将面临解体。另外,信息技术也使得跨区域印刷,甚至跨国印刷能够实现,印刷企业的规模效应还将进一步显现。这也会导致印刷业的规模进一步扩大,从而更有动力从出版企业的组织结构中脱离出来。从产业融合的角度来看,传统的编、印、发一体化的企业组织结构将面临很大的挑战。

3.2　中国图书出版产业增长方式转变的思路、内容及路径

根据上述分析,我们认为,当前中国图书出版产业增长方式转变的思路应该是:深化出版发行的体制机制改革,打破出版产业的行政垄断和区域分割,促进和规范市场竞争;按照"产权明晰、权责明确、政企分开、管理

科学"的要求，完善出版企业的内部运营机制和管理模式；加大资本市场的运作力度，鼓励出版企业的兼并重组，迅速培养若干跨地区、跨行业的具有较强竞争力的出版企业集团和一批具有较强影响力的出版品牌；加快出版主体数字化、信息化的改造速度和力度，推动出版主体成为内容的提供者和文化的创新者，促进出版产业的结构调整和升级。

中国图书出版产业增长方式转变的核心是改变经营主体的行为方式，即改变出版主体在行政垄断和行政干预下的竞争行为方式，使其成为真正的市场竞争主体，走市场化、企业化的道路。进入 21 世纪，中国图书出版产业发展的宏观背景已经发生了相当大的变化。一方面，图书出版产业的盈利能力出现下降，图书出版产业进入了"微利时代"，前期积累的问题和矛盾开始逐步凸现。另一方面，体制改革的深化把图书出版产业的经营主体抛向了市场，并从根本上改变了经营主体的微观运行机制。与此同时，信息技术革命和入世后图书出版产业对外国资本的开放又构成了强大的外部冲击。中国图书出版产业不仅要面对强大的外国资本的竞争，而且还要迅速适应日新月异的信息技术的发展与变革。宏观背景的变化迫使图书出版业要改变传统的也是相对落后的管理方式、商业模式和竞争手段，也就是说，必须要改变微观主体的传统的运行机制。这种微观层面的企业运行机制的改变表现在宏观上，就意味着产业增长方式的转变。

结合产业融合的理论和发达国家出版产业的经验，本篇对中国图书出版产业增长方式转变的主要内容和基本路径做了梳理（如图 3.1 所示）。

图 3.1 对中国图书出版产业增长方式转变的描述，一是紧扣微观主体行为方式的转变，二是紧扣中国图书出版产业存在的主要矛盾和问题，具有内在逻辑上的一致性。转变增长方式，首先要求微观主体的市场化

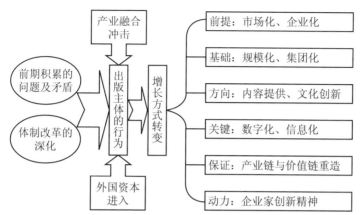

图 3.1　中国图书出版产业增长方式转变的基本路径示意

和企业化,要求打破行政垄断和行政干预,这是转变的前提,非改不可。转变增长方式,要求出版机构迅速通过集团化来实现经济规模化,否则难以满足集约化增长对资金、技术的要求,也难以参与全球竞争,这是转变的基础,必须要做。立足于文化创新,成为内容提供者是转变增长方式的方向。对企业和产品进行信息化、数字化改造是转变增长方式的关键。在比较优势的基础上重造企业的价值链则是转变增长方式的基本保证。另外,培育企业家的创新精神在当前具有十分重要的现实意义,这是企业实现增长方式转变的基本动力。

3.2.1　企业化改制是增长方式转变的前提

根据中国出版产业发展的内在逻辑和全国文化体制改革的总体部署,中国大多数的出版社将在今后五年内逐步由目前的事业单位企业化管理转制为企业。这一改革事实上包含两层含义:其一,中国出版社的性质该如何划分;其二,不同性质的出版社如何改制。

从经济学角度来看,作为文化和知识载体的书籍与一般商品相比有一个显著的不同，即部分图书有较强的公共产品性质和正的外部性，其私人收益同社会收益可能会产生背离。对于那些社会效益很高而私人效益较低的图书品种，政府应该成为事实上的提供者以满足社会对该类图书的需求；而对于那些公共产品性质较弱，私人收益同社会收益背离较小的品种，则可以交由市场，按市场经济的法则来提供。基于此，图书市场基本上可分为三类，即公共产品类图书、半公共产品类图书和非公共产品类图书。相应的，出版社也应划分为出版公共产品类图书的出版社、出版半公共产品类图书的出版社，以及出版非公共产品类图书的出版社。

从发达国家出版业的发展历程来看，现代出版社一般有三种类型：一是政府出版机构，一般附属于政府某个部门，其出版物是一种公共产品，为社会公益事业服务。二是经营性的非营利组织，其出版物属于半公共产品。发达国家的大学出版社一般采用这种企业形态，如美国哈佛商学院出版公司、英国牛津大学出版公司、英国剑桥大学出版公司等都是这样的企业。这类出版企业也采取公司制的形态，偏重于学术和文化出版，享受政府给予的特殊优惠政策，如免交所得税等，但其利润不能用于股东分红，必须用于教育和文化事业。三是股份有限公司，其中不乏上市公司，其出版物属于非公共产品。这类企业是发达国家出版企业的主流形态，市场销售额占发达国家出版市场的 90％ 左右。

基于上述分析，我们认为中国的出版集团及出版社的类型应以有限责任公司（包括股份有限公司）和经营性非营利企业为主。除了承担公益性、政治性任务的人民出版社等仍保留事业单位性质外，大多数出版社均应改制为公司制企业。其中大学出版社、古籍出版社、民族出版社等可改为经营性非营利企业，其他可改为有限责任公司、股份有限公司。另外，图书发行和印刷企业则应该完全按照市场经济的要求完成企业化改制的工作。

出版主体的类型和性质确定后,不同类型和性质的出版机构就应该完全按照其内在的属性要求进行运作。人民出版社应承担意识形态的宣传和社会大众的教化功能,经营性非盈利出版机构应以学术和高等教育出版为主,其他出版机构(它们是中国图书出版产业的主体)则要走市场化、企业化的道路,有利润追求和成本约束,成为自主经营、自负盈亏、自我约束、自我发展的市场竞争主体。需要指出的是,即便对于追求利润的出版社或集团,仍然应该把社会效益放在首位,要以坚定不移地发展社会主义先进文化为己任。

出版机构企业化改制的第一推动力必然来自各级政府,这就要求政府打破各种行政垄断和行政干预,打破地区分割和地方保护,打破条块分割的国有资产管理体制和行政管理体制约束,切断出版机构同各级政府机构的利益关联。这是中国图书出版产业增长方式转变的前提,不做到这一点,企业化改制就不可能真正实现。出版机构只有真正完成了转制,走上市场化、企业化的道路,出版机构的活力才可能增强,管理方式和商业模式才可能创新,品牌战略才可能实施,相应的,增长方式才可能顺利实现转变。

3.2.2 集团化和规模化是增长方式转变的基础

中国图书出版产业目前仍属于一种原子型结构,企业布局分散、企业规模偏小且相差不大,没有形成规模经济。因此,在对图书出版产业进行公司制改革的同时,应该继续推进出版业的集团化和规模化进程。从发达国家出版产业的发展实践看,大型的出版集团一直都代表着出版产业发展的主流方向。出版集团如果没有达到一定的规模,不仅运营成本偏高,而且会受到资金、市场等诸多方面的限制和约束,难以充分利用最新的信息技术成果,难以进行大规模的品牌宣传和市场营销战略,难以进行大范围的资本重组,这些都会制约出版集团核心竞争力的塑造和商业模式的拓展。因此,继续推进中国图书出版产业集团化、规模化进程是转变增长方式的基础。

中国图书出版产业走集团化、规模化道路需要注意以下几个方面的问题。

1. 集团化的基本内涵

从世界经济和产业组织发展规律来看,多元化经营和专业化经营是其中两条并行不悖的主旋律。前者追求的是一种范围经济,通过业务匹配和功能耦合来降低成本,提高竞争力,通过多领域投资来降低风险;后者追求的是一种规模经济,通过专业分工来获得递增收益,建立核心竞争力和竞争优势,进而降低风险获取最大利润。从中国图书出版产业所处的发展阶段和制度背景出发,中国图书出版产业的集团化应该走范围经济和规模经济并举的发展道路。从集团层面来说,集团应该横跨出版业的诸多领域,在品牌建设、财务管理、对外宣传、业务链延伸、发行和物流服务、印刷等方面打造统一的平台以降低各种交易成本,提高资本运作效率,并通过各业务领域的优势互补和功能耦合来获得最佳的利润回报。从集团下属的子公司和分支机构来说,各子公司的业务应该集中于某一类内容的出版物上,比如专业化的大众出版公司、专业化的教育出版公司、专业化的专业出版公司以及专业化的报纸杂志公司和专业化电子网络出版公司等。各子公司均应突出主业,体现产品的差异化,形成自身的核心竞争能力,通过规模经济来降低成本,获取最大的市场份额。

一个需要注意的问题是,中国出版产业在组建集团的过程中,一些集团走的是与国际大型出版集团将业务主要集中于内容产业完全不同的道路:他们热衷于离开主营的内容业务,进行跨领域的业务拓展,把业务领域延伸至房地产、旅游、宾馆等领域，并将大量的资金投入其中。这对中国的出版集团的品牌建设、核心竞争力的形成和长期发展是十分不利的，从国际出版集团的发展经验来看，这种跨领域的经营模式也大多以失败而告终。因为，贸然进入不相干的经营领域，在诸多不相干的领域进行投资，不仅各领域之间的功能耦合和业务匹配能力大大降低，而且很容易带来管理的混乱和矛盾，增加风险，降低利润。所以，本篇所谓的出版集团的多元化经营和范围经济并不是指跳出出版市场和内容产业的泛多元化，而是指在出版领域内的多元化，在出版市场内的范围经济。

2. 集团化的动力机制

中国的出版集团化进程已经走过了八年的时间。但是到目前为止，大多数出版集团还没有真正完成从简单的"物理结合"向"化学反应"的转变，集团规模的扩大仍然主要是低水平的数量累加，而没有进行根本性的业务整合，原先的粗放经营的色彩也并没有褪去。究其原因，还在于目前出版业集团化的动力并非来自市场竞争的内在要求，而是主要来自行政力量的推动。因此，我们可以看到，这些出版集团基本上是以地区为范围组建的，包括了该地区各种类型的出版社、杂志社和发行印刷机构。出版集团之间除了名称不同，主营业务、经营模式、治理结构、产业链条基本相同，造成特色不明，品牌不清，缺乏核心竞争能力。这种大而全的集团，更多地表现为大而不强，同时也制约了自身规模的进一步扩张。

综观发达国家出版产业的发展历程，可以清晰地看到，其集团化的动力完全来自于市场竞争的要求。但是，从中国出版产业发展的历史和逻辑起点来看，完全借助于市场的力量来培育自己的出版集团是较难走通的。其结果，或者是集团化的时间无限拉长，像西方国家那样经过一百多年的磨合才形成大型出版集团；或者是在瞬息万变的市场环境下无法长大，成为跨国出版集团的附庸。这是任何一个中国出版人不愿看到也无法接受的事实。因此,行政力量适度介入,在短期内实现出版产业的集团化和规模化有其内在的合理性。当然我们也要清醒地看到,行政力量的推动充其量只能解决"做大"的问题,要想进一步地"做强、做精、做出品牌、做出核心竞争力",则必须要借助市场之手。

因此,中国出版产业集团化的动力来自两股相反相成的力量:首先是行政力量的"第一推动力",其次是市场力量的优胜劣汰。这两股力量有着不同的生成机制和作用方式,但其目标取向是一致的。集团化正是在这两股力量的共同推动、相互博弈和此消彼长中开辟着自己的发展道路。我们认为,中国出版产业集团化进程目前正到了一个重要的转折关头,行政力量应该依次递减并逐步退出,而市场力量则应逐步增强,成为集团化发展的主导力量。

市场化力量主要可分解为如下三种力量。一是市场地位、市场范围的竞争。企业为了获得更大范围的市场和实际控制力,需要有强大的规模作支撑,而集团化是实现规模效应的快捷之路。就中国出版企业而言,集团化是突破区域壁垒和行业分割的重要组织形式,有着深刻的现实意义。二是市场价值和市场利润的竞争。企业为了获得超额的市场利润,需要通过规模效应来降低成本,优化资源配置,产生新的利润回报空间。比如集团可以在更大空间内重新整合内部经济资源,重组价值链和产业链,通过进入和退出来重新整合业务结构和产品结构,相应的,集团的组织结构也将作一定的调整。可以说,随着集团规模的扩大,资源优化的空间也越大,相应的盈利能力也越强。需要注意的是,在这一过程中集团运作的交易成本和风险也在逐步增大,二者的均衡点便是集团的最优规模。三是技术的冲击。技术冲击也是出版企业走集团化道路的重要推动力。在信息技术全面渗透和产业融合的冲击下,出版企业最优规模同以往相比有了根本性的变化,在现有领域内的纵向拓展以及向其他相关产业领域的扩张成了出版企业发展自身的内在要求,企业在全球范围内配置资源已经成为一种现实,更大规模的企业集团应运而生。更进一步的,只有建立在追求利润和适应新技术的内在要求基础上的集团化才可能有针对性地合并和重组与自身业务和品牌相契合的出版机构,形成优势互补的纵向一体化或功能耦合的横向一体化,在全国甚至全球范围内配置资源,从而实现"物理结合"基础上的真正意义上的"化学反应"。

3. 集团化的保证机制

出版业的集团化,需要良好的外部环境作为保证,从目前发展现状看,制约中国出版产业集团化进程的两大因素是地区行政壁垒的存在与出版生态环境的恶化。因此,有效地解决这两个问题,对中国图书出版产业下一步的发展至关重要。

中国图书市场的发展客观上需要加强各地出版业的合作,打破行政壁垒,破除地方保护,逐步形成跨地区的出版产业分工体系。从目前的发展势头看,在全国范围内进行重组和并购的条件还未成熟。而随着几个经济发达的地区,比如长江三角洲、京津冀等区域的经济一体化的发展,在该地区适时地进行出版产业的资源整合,推进出版集团之间的联合与分工已经成为可能。以长江三角洲为例,上海 2010 年世博会的举办将加快长江三角洲地区经济一体化进程,这一地区将发育成为中国最庞大、最成熟、最稳定的区域共同图书消费市场,相应的,推动这一区域内各出版集团的分工、联合和融合,必将为这一区域的出版产业发展提供巨大的发展空间。

基于此,在未来五年内应该重点鼓励上述区域出版集团之间的相互参股、发行渠道的共建、物流体系的共享,以及产业之间的分工,迅速培养出几个有特色、有品牌、有核心竞争力的大型出版集团和发行中盘机构。需要注意的是,这种区域内的整合只是下一步全国范围乃至全球范围内的资源整合的序幕,是出版产业集团化的初级阶段。

另一个需要关注的问题是出版产业生态环境的恶化。近年来中国图书市场获得较大发展的一个重要因素是各种类型的书店如雨后春笋般出现。但与此相应的市场秩序和规则却没有很好地建立,以致在很大程度上破坏了正常的出版生态环境。以出版与发行之间的供销关系为例,书店过长的账期、货款的拖欠和占用、无谓的退货、恶意的破产等等相当严重地威胁着出版社的生存和发展。随着批发权向民营企业放开,这种情况可能会进一步严重起来,进而有可能引起整个出版生态环境的恶化。因此,在今后的几年内,政府应高度重视市场秩序和规则的建设。首先应该在建立新的出版与发行之间的供销关系上下工夫,其次应当根据不同出版社的性质制定相应的管制规则,特别是对于公共产品类的出版社以及教育和专业出版社尤其应当格外注意,要对这几类出版社建立严格的准入标准。需要注意的是,标准应当是非歧视性和非差别性的,只有这样,才能够为出版社的进一步发展创造良好的制度环境和生态环境,进一步扩大图书市场的容量。至于打击盗版、净化图书市场当然更是改善出版生态环境的题中应有之意。

4. 集团化未来的发展方向

从国际出版产业的发展规律来看,目前中国的出版集团的形态是初级的、不稳定的,随着出版体制改革的深化,出版集团还将有一个更大规模的重新洗牌过程。结合产业融合的理论,这里对中国的出版集团未来的发展方向作一个预测。

出版集团将同大型传媒集团、网络公司和软件公司进行业务、资本合作,组成更大的内容产业集团。扩张的手段依然是资本市场的并购与重组。从产业融合的趋势看,不能排除出版集团被其他传媒集团予以并购,成为其他传媒集团业务领域一个部分的可能,但出版集团应该着力于在未来一轮传媒产业并购浪潮中成为主动的一方,建成类似贝塔斯曼那样的以出版为主体的大型传媒集团。

出版集团将走专业化、规模化的道路。目前成立的集团中,虽然有少数集团对发行、物流等资源进行了重新配置和重组,在发行、物流、财务等公共平台的建设上取得了进展,但是很少有集团能够围绕着产品的内容生产线对出版社的结构进行调整,对各类资源作合理的配置。而上世纪90年代中期以来发达国家出版产业的收购兼并浪潮,无一不是按照内容产品生产线对出版资源、品牌和结构进行重新调整。借鉴国际经验,下一步中国的出版集团应该走品牌战略的道路,做到定位明确、特色鲜明、突出主业,通过专业化道路来实现规模化和核心竞争力,通过专业化来重新打造自己的价值链和业务模式。比如对于定位为大众出版的集团,其业务模式要从产品导向转向市场导向,推出有市场针对性的图书产品,并进行有针对性的市场推广和商业运作。而对于定位为专业出版的集团,则要建设数据库和网络平台,打造成为内容提供商,开展大规模定制业务,提供专业化的个性化服务。

出版集团将实现更大范围内的资源整合,承接国际出版产业链条的外包环节,与国外出版社进行各种形式的合作,或者直接跨出国门对国外出版社进行并购。从比较优势的角度看,目前把国际出版巨头的物流、印刷等环节纳入自己的业务范围有较大的可行性。

3.2.3 成为内容提供者、进行文化创新是增长方式转变的方向

20世纪90年代中期以来国际出版产业并购浪潮的主线是业务结构的调整,目的是把自己的主营业务集中在内容产业领域,其结果便是一批跨行业多元经营的大型集团转变为以内容提供为主的大型出版集团。毋

庸置疑,内容资源是出版集团最具竞争力的核心资源,任何一个时代都是如此。但在新的发展条件下,出版集团定位为内容提供者,又有了一些新的含义。

首先,作为内容提供者,出版主体最重要的功能是进行文化创新活动,向市场提供更多更好的信息文化产品。对于文化创新,过去出版界的理解往往过于简单,更多的是注重单本原创图书的出版。事实上单本学术图书的创新主体并不是出版社,而是学者,出版社在其间的作用仅仅体现在编辑出版上。因此,内容提供者这一定位的提出,事实上是提出了一种新的出版理念,出版不应局限于对文化产品的简单传播上,文化创新也不是简单的编辑出版工作。作为内容提供者,出版社应该成为创新活动的主导者和组织者,需要对各类学术文化创新活动进行前瞻性的规划和组织,并把它转化为市场所能够接受的形式;需要从市场出发,从读者需求出发,进行大规模的文化创新活动,向读者提供高质量的文化产品。综观国际出版集团近年来的实践,我们清楚地看到,至少在教材出版、工具书编纂和畅销书组织这三个领域,最重要的创新主体是出版者。麦格劳·希尔出版集团、培生教育出版集团在教科书和工具书的编辑出版过程中所表现出来的创新精神实在令人钦佩不已。然而,中国图书出版产业的情况则不尽理想,我们在这三个领域均没有起到创新主体的作用,而仅仅是创新活动的一个环节而已。例如,我们在教材的编写上主要依靠教委,双语词典的出版依赖于引进,而对畅销书的组织策划在有些地方出现了依靠工作室的现象。这种情况任其发展下去对出版企业是非常不利的,出版企业将失去核心竞争能力。

其次,成为内容提供者,是在产业融合背景下塑造出版企业核心竞争力的关键所在。我们知道,产业融合使得传统出版领域的经营主体日趋多元化,传媒、网络、电信、软件企业都可以成为出版企业的有力竞争者,而且后者在资金、技术、规模等方面更具优势。这要求出版企业把自身资源集中到最具比较优势的内容上来，通过优质内容的提供，比如迅捷海量的信息、专业的知识、大众的或高雅的艺术文化等，来体现出版的特色，体现其对社会的价值。

再次，定位为内容提供者，从产业发展的角度看，有两点特别重要：一是要在市场上形成自己的品牌，有了品牌便有了产品特色和市场号召力，便可以通过品牌来占领市场、赢得读者，从而获得自己的竞争优势。因为内容产品的竞争是一种智力竞争，这种品牌驱动的战略至关重要。二是要拥有自主知识产权，而只有成为文化创新的组织者和主导者，才能拥有自主知识产权。20 世纪 90 年代以来国际出版集团的收购兼并浪潮无一不是围绕着品牌和知识产权展开的，而它们在全世界市场的扩张也无不是通过品牌来进行的。反观中国出版产业的发展历程，距离内容提供者的定位仍有较大的差距。比如出版主体在企业化、集团化过程中，热衷于圈钱而忽视业务整合，热衷于脱离主业进行多元化投资。这对出版企业的长期发展十分不利。

3.2.4　数字化与信息化建设是增长方式转变的关键

面对产业融合的浪潮和冲击，中国出版产业表现得并不十分积极。尽管大多数的出版社建立了自己的网站（网页），也有一些开始了内容文本的数字化工作，并推出了 E-book 等电子产品，更有少数出版社建立了各种类型的数据库，以支撑编辑出版工作的开展。但总体来说，这些工作还是初步的、表层的，还没有真正对业务流程和管理体系进行深入的信息化改造。这种消极应对的背后，事实上折射出中国出版产业在规模、资金、理念、机制和商业模式等方面的落后性。因此，我们不可能像麦格劳·希尔、培生、汤姆森等集团那样生产出自己的各类信息数字产品,开展大规模的电子商务,更谈不上全方位地融入数字融合浪潮,在提供图书产品的同时也提供多元化、个性化的增值服务。

前已述及,产业融合背景下的出版产业的规模优势将更为突出,"赢者通吃"效应十分明显,一旦先发,优势将难以撼动。中国的出版集团在信息化、数字化的建设上已经大大落后于跨国出版集团,对此必须要有一个清醒的认识。不进行信息化建设,集团的整体运作效率难以提高,各部门、各功能、各业务之间的互补、匹配和耦合就难以形成。不推出数字化产品,就无法跟上信息时代发展的步伐。从这个角度来说,信息化、数字化建设是企业提高核心竞争力以及产业转变增长方式的关键。

从中国图书出版产业发展的现状来看,信息化、数字化建设有以下几条思路可以考虑。

第一,结合集团化、规模化的进程进行信息化改造和数字化建设,不能有"等一等,看一看"的想法。要用信息技术全面改造业务流程和管理模式。比如建立 ERP 系统;注重信息和数据的收集、处理、编辑、反馈、加工工作,改善出版、发行、零售之间的信息联系,建立一体化管理和反馈网络;进行数据库建设,通过网络把一个个信息岛屿连接起来。

第二,与网络公司、软件技术公司等合作,利用这些公司已有的技术平台和网络平台推出数字产品。目前中国的新兴出版物(包括电子出版、网络出版等)市场基本上是被技术性企业所垄断。这些技术性企业或者是电子出版社,如中国学术期刊(光盘版)电子杂志社、清华同方光盘电子出版社,或者是软件技术公司,如北京万方数据股份有限公司和重庆维普资讯有限公司。传统出版集团对这一领域的进入过于缓慢,除了在经营理念上存在问题以外,一个重要的原因在于资金有限,而同这些技术性公司合作则可以有效地解决这一问题。

第三,突出比较优势,拓展数字出版、网络出版的内涵。目前中国从事数字出版的企业推出的基本上都是一些最为初级的产品,只是把传统纸质出版物数字化后再通过网络等方式进行传播,其商业模式同传统出版产业的商业模式相差不大。传统出版集团介入数字出版,应该突出出版的专业和信息优势,特别是专业出版社和教育出版社,应借鉴跨国出版公司的经验,在信息服务、咨询研究、在线教育、个性出版等领域进行深入拓展。只有这样,出版社才能够在激烈的竞争中保持住自己的优势地位。目前出版社同技术型企业的合作基本处于弱势地位,比如北大方正电子有限公司与出版社在 E-book 上的赢利分成是 55∶45。扭转这种被动局面的关键是出版主体不仅要在内容方面建立不可撼动、不可替代的核心地位,而且要善于利用数字技术、信息技术整合各类内容资源,建立起各种类型的数据库和数字业务平台,否则,出版主体很有可能在产业融合浪潮中被边缘化。

3.2.5　重造产业链与价值链是增长方式转变的保证

产业链和价值链是企业的生命线。产业链的延伸和拓展往往意味着产生了新的增长点,企业增值空间得以提升。比如产业链的横向拓展称为水平一体化,表明企业进入了新的业务领域;产业链的纵向延伸称为垂直一体化,意味着分工的进一步细化。从经济学的角度而言,分工细化会带来效率的提高,业务拓展会产生外部经济、范围经济,同原有业务形成功能耦合。无论哪一种变化,都会给企业带来新的增长点,带来新的增值空间。

中国出版产业的产业链和价值链仍然是比较传统的模式,即从编辑、出版、印刷、发行到销售的垂直型产业链,产业链较短,增值空间有限。从国际出版产业的发展看,其产业链和价值链均已有了较大的变化,有的甚至是革命性的变化。中国出版产业亟须跟上这种变化,迅速适应产业融合对产业发展提出的新要求,从而扩大赢利的空间。这是中国出版产业参与国际竞争的重要环节,也是中国出版产业转变增长方式的重要保证。

重造产业链和价值链必须要结合出版企业的集团化、信息化、数字化进程,结合内容创新战略来进行。信息技术和产业融合在使得内容产业增值能力倍增的情况下,也导致其价值链和产业链出现了新的变化:产业链不再仅仅表现为垂直型,而是表现为垂直和水平相混合的复合型结构。出版集团可以根据产品的内容选择多种媒体和介质,利用多种方式进行增值活动;同时出版集团也可以根据内容开发相关的衍生产品,从而获得丰厚的利润回报。

基于此,我们认为出版产业链和价值链的打造可以采取以下两种路径:一是多种媒体的互动开发,走图书、报刊、广播电视、数字化产品开发之路,将同样内容用不同媒体形式进行包装转化,最大限度地推向市场和占领市场,获得最大化收益。二是围绕着品牌建设,进行相关衍生产品的开发,尽可能地延长产品的价值链,覆盖更广泛的市场。具体来说,对于第一种路径,可从内容的角度选择产业链和价值链较长的领域进行突破。首先是教育出版,如教材和工具书的编纂、出版及数据库建设;其次是专业出版,如各种专业数据库的开发和建设。在这些数据库建成后,应该积极拓展特殊用户市场,如开设网上教育课程,提供网上培训及教育服务,为机构和个人提供各种收费的专业资讯和信息服务等。

对于第二种路径,这里以动漫领域与形象管理为例进行说明。动漫领域的产业链和价值链是十分清楚的,即以动漫周刊为先导,以动漫图书为依托,培养本土的漫画家,在市场中打造成功的形象和内容,并以此向电视片、电影、音像制品、电子出版物、版权贸易延伸,进而扩展到玩具、文具、服装、食品、游戏、手机等关联产品领域。图书出版产业相关衍生产品的开发也应当走动漫产业的发展路径。

重造价值链和产业链的另外一个重要内容是在全球出版产业的链条中寻找到自己的位置，换句话说，就是要积极承接国际出版产业的转移。在产业融合的背景下，出版产业的产业链出现了空间上相分离的可能，比如发行、物流、印刷，甚至编辑等环节，均可以在全球范围内进行重新整合和分配。

以麦克米兰出版集团为例，其业务中心设在英国和美国，主要印刷在中国香港和东亚，主要文字处理中心在印度，而作者则遍及全世界，它还建立了一个全球性的销售网络。这种产业链的空间转移为处于较低发展阶段的中国图书出版产业的发展提供了极好的机遇。以上海世纪出版集团为例，由于上海位于太平洋西岸，沿江靠海，并拥有全球最大的港口——洋山深水港，所以，具有独特的区位优势，而且上海拥有发达的交通运输网络、先进的硬件设备以及丰富的人力资源，所以，在图书物流上不仅可以低成本运作，而且还有广阔的辐射区域，至少可以辐射到整个亚太地区。基于这一比较优势，上海世纪出版集团斥资 3.5 亿元人民币在上海青浦建设了一个国际一流的现代物流企业，该企业将通过一个信息化、网络化的现代物流平台进行运作，在为本集团的图书进行发行和配送的同时，不仅承接国内出版企业的图书发行和配送业务，也承接国际出版巨头在亚太区域的图书发行和配送工作。

事实上，承接国际出版产业转移的方式和手段是多种多样的，需要不同的企业因地制宜地进行开发和挖掘，寻找到适合自身特色的发展道路。

3.2.6 培育企业家精神是增长方式转变的动力

企业家之于企业，犹如灵魂之于躯体，重要性不言而喻。对于出版企业来说,出版企业的领导者要集商业经营和文化创新的双重任务于一身,集商人的敏锐和文化人的智慧于一身,集盈利能力和社会责任感于一身,因此,其稀缺程度更高。在现代经济增长理论中,一代大师熊彼特尤其推崇企业家在经济增长中的独一无二的贡献,认为企业家最核心的特征是其不竭的创新精神,这种精神是经济增长的源泉和动力。

企业家的创新理念是企业前行的发动机。这样的例子比比皆是。比如二战后德国享誉世界出版界的"彩虹计划",便同德国苏尔坎普出版社社长翁泽尔德的创新精神和社会责任感分不开。该计划用赤、橙、黄、绿、青、蓝、紫七种颜色代表七个系列,为战后新一代德国人系统地普及了全世界和德国的优秀文化,被誉为在战后德意志民族昏暗的思想上空悬挂了一条绚丽的彩虹。同时,翁泽尔德在为出版社带来巨大声誉的同时,也为出版社带来丰厚的利润回报。而上海在 20 世纪 30 年代之所以成为中国的出版中心,除了出版社的数量和出版物总量的因素外,也同拥有一批坚守文化创新理念的出版人密不可分。比如商务印书馆的夏瑞芳、张元济、王云五,中华书局的陆费逵、舒新城,开明书店的夏丏尊、叶圣陶,生活书店的邹韬奋、胡愈之,文化生活出版社的巴金,世界书局的沈知方,等等,正是这些出版人在文化和商业上的完美结合,才铸就了当时上海出版中心的地位。

企业家的创新精神是引领企业突破增长极限的火车头。按照企业成长理论,企业作为一个组织,也存在出生、成长、扩张、平稳、衰落和死亡的过程。企业家的创新精神就表现为在企业进入一个稳定发展期后,能够适时地进行产业链的转移和调整,转变企业的商业模式,拓展企业新的发展空间,突破企业的增长极限,保持企业长盛不衰。中国图书出版产业目前正处于一个低度均衡的发展状态中,急需一批有创新精神的企业家打破这种均衡,引领企业走向新的发展道路。

培育企业家的创新精神,首先需要创造一个适合企业家生长的良好环境。从目前中国的情况看,这一环境还远未成熟:出版产业的经营主体还没有真正成为严格意义上的企业,政府同企业之间仍保持着千丝万缕的利益联系,治理结构仍然没有理顺,现有的对企业领导人的考核激励机制、任用选拔机制还是遵循政府选拔干部的模式,如何通过市场来选择企业家还没有一套清晰的思路和好的办法。企业家的培育重要的是要把企业领导人同政府官员严格分开,高级管理者必须要严格从市场中择优选取。如果在高管层不能做到政企分开的话,企业家是很难培育出来的。

3.3　中国图书出版产业新的商业模式的基本特点

上面从六个方面分析了中国图书出版产业增长方式转变必须高度关注的问题。这些问题关系到出版企业微观机制的转变,构成了出版企业从传统商业模式向信息技术商业模式转型的基本内容。这种新的信息技术商业模式的核心是出版企业要立足于文化创新和商业创意活动,立足于知识和信息的开发、挖掘、处理、加工和销售活动,利用信息技术将内容产品数字化,利用网络技术将传播渠道网络化,利用新的产业链和业务延伸发展各种增值服务,从而在根本上改变传统的利用纸质媒介对知识和信息进行简单复制传播的业务模式。

具体而言,中国图书出版产业新的商业模式的基本特点主要表现为以下六大转型。

3.3.1　从提供产品向提供多元化服务转型

传统商业模式的特征是制造产品,而新的商业模式则要求企业为客户提供多元化的信息知识服务,为其提供多样化的解决方案,通过为客户创造更大的价值来实现自身的商业利益。例如,汤姆森集团的定位是"成为全球领先的为商务和专业客户提供可靠的全面咨询解决方案的供应商"。培生、麦格劳·希尔和汤姆森的业务结构中均有金融信息服务这一板块,不仅如此,这三大教育出版集团还深深地介入教育服务领域,设立各种类型的考试中心、培训中心、在线服务中心,提供专门的教育服务。麦格劳·希尔更是将旗下原来以期刊为主的传媒公司改造成为信息及传媒服务集团,依托原有的《商业周刊》《能源杂志》《航空周刊》《建筑杂志》等传统媒体,通过互联网从事建筑、能源、航空、商业等专门的投资和信息服务,其下属的普拉茨公司已经成为能源行业全面方案的提供者,每年提供客户的商品信息和分析的贸易额达 100 亿美元。还应该再次强调的是,对于出版企业而言,我们这里所理解的"多元化服务"并不是指跳出出版市场和内容产业进行跨领域的业务拓展,而是特指在出版领域内的多元化。同时,信息技术的迅猛发展为小批量、个性化的内容服务创造了条件,工业时代那种按照同一标准与规格进行大批量生产的大众产品之间的竞争,将逐步让位于差别化竞争、错位竞争和个性化竞争,从这个意义上来说,近年来方兴未艾的按需印刷、个性化出版等应该也属于多元化服务的重要内容。

3.3.2 从产品竞争和渠道竞争向内容竞争和品牌竞争转型

传统竞争更多的是一种产品竞争,局限于一个又一个的产品,这很容易陷入短期利益之中,跟风、模仿难以避免。新的商业模式则要求企业着眼于品牌的树立和内容的精细化去开发产品,在品质、品牌、品格方面形成自己的特色。图书不同于一般消费品,读者在购买图书之后将有个"深度参与"的过程,图书的使用价值在于其品质也就是内容含量,好的品质是出版集团树立品牌的基础,品质和品牌的长期积累便形成出版社(集团)最有价值的无形资产——企业的品格。三者相互依存并相得益彰。之所以强调品格,是因为出版企业不同于一般的以利润最大化为目标的企业,出版企业还肩负着普及知识、教化大众的社会责任。从这个意义上讲,树立了品格的企业也便有了自己的"魂"和"魄",才可能对读者产生持久的吸引力,才可能在激烈的市场竞争中维持主动性和能动性。

3.3.3　从传统技术向信息技术转型

新的商业模式要求充分利用数字技术、信息技术和网络技术的最新成果,对传统图书出版的各个环节进行信息技术改造。这种改造应该是一项系统工程,是信息技术与出版产业链条的全面对接,是出版企业的硬件水平和软件水平的全面提升。在信息技术商业模式中,出版单位的现代化程度很高,信息的收集、处理,图书的编、印、发、供等各环节,都要实现计算机化、网络化;同时,利用信息技术提高图书质量,缩短出版周期,降低出版成本,通过网络进行远程编发稿件、组织出版或开展市场调研,向读者提供方便而快捷的书目、内容介绍、作者介绍等内容。另外,也要利用信息技术和网络技术向读者和客户提供新的数字产品和信息服务。总之,出版企业应该在管理、组织流程、业务流程、产品等方面全面采用信息技术的最新成果。

3.3.4　从单一模式向多元模式转型

传统商业模式没有很好地区分大众出版、专业出版和教育出版三大出版领域的各自特点,模式较为单一。新的商业模式要求对三大出版领域进行细分,制订不同的发展战略。根据三大领域不同的目标客户、不同的消费偏好,建立不同的业务流程、发行方式、销售网络和品牌宣传推广活动。比如教育出版和专业出版重要的是锁定目标客户,通过提供有针对性的内容和信息来凝聚一批相对固定的读者群体,其出版活动更多的是一种服务,而书籍仅仅是这种服务的载体而已。相比较而言,大众出版重要的是预测读者的口味、同发行渠道建立密切的战略性关系,以及利用宣传推广来扩大自己产品的社会知名度。不仅不同出版领域的商业模式大相径庭,即便是在同一领域内,也会衍生出许许多多的各具特色的商业模式来。比如有的出版社侧重市场细分,在一个很小的领域内做深做精,有的出版社侧重于互联网和电子商务,有的出版社侧重于承接国际出版业部分环节的转移,有的出版社侧重于开拓国际市场,也有的出版社仍然坚守传统的商业模式,等等,形成百花齐放、丰富多彩的竞争形态。

3.3.5 从地域视野向全球视野转型

传统商业模式立足于狭小的空间,辐射范围较窄。新的商业模式要求企业必须有全球思维的视野,积极走出国门,参与国际竞争,充分利用国际、国内两种资源。比如在全球范围内组稿,与全球客户、读者进行交流,与国际出版集团和发行集团建立战略伙伴关系,把自身的优势产品积极推向国际市场,主动承接国际出版产业的转移,通过比较优势确立在全球产业链中的位置。全球视野下的商业模式,已不仅仅是一个与国际接轨的问题,而是一个充分挖掘自身优势资源,通过全球网络在全球市场上获得更大增值空间的问题。

3.3.6 从传统竞争手段向新型竞争手段转型

传统竞争手段的初级性及其对出版业的不良影响,上文已有详细阐述。而新的商业模式则要求企业拥有新的竞争手段。主要包括:企业将更加注重内容和品牌的竞争,重新建立产品定价机制(按内容而不是按成本进行定价),从而获得更大的利润空间;企业将更加注重服务领域的竞争,建立以客户管理和客户服务为核心的营销模式;企业将更加注重资本市场的竞争,利用资本市场来实现规模扩张和业务调整;企业将更加注重人才的竞争,通过人才团队来体现自己的核心竞争力。

上面谈到的六点只是出版产业商业模式转型的六个基本方面,事实上,商业模式是丰富多彩、千姿百态的,不同的出版企业必然会有不同的商业模式,很难一概而论。这就需要我们根据自身的情况认真地探索和实践。还需要说明的是,我们在分析新的出版商业模式的基本特点时,强调从六个方面完成增长方式的转变,并不意味着完全否定和立即摒弃原有的出版商业模式,因为新的出版商业模式毕竟是在原有的商业模式的基础上产生的,况且中国图书出版产业增长方式的转变和新的出版商业模式的建立是一个相当长的过程。

3.4 中国图书出版产业增长方式转变的政策建议

增长方式问题,本质上是一个我们通常所说的体制、机制和政策问题。中国图书出版产业增长方式转变是一个需要政府、企业和社会各方面发挥能动性的系统工程。在现阶段,政府方面的能动性显然是矛盾的主要方面。政府各有关部门应以科学发展观为指导,切实转变政府职能,坚持科学行政、民主行政、依法行政,要大力推进出版体制改革,破除体制性障碍,"越位"之处要"退位","缺位"之处要"补位","错位"之处要"正位",从而彻底解放出版企业的生产力。目前中国图书出版产业进一步发展的最大障碍是微观企业主体的行政化色彩过浓,在很大程度上依附于行政主管部门,因此,出版改革的关键环节是要把现有的大多数微观主体真正地市场化、企业化,让它们按照市场规律办事。只有政府与企业的关系理顺了,出版企业的微观机制才能真正反映市场的要求,企业才会自觉地调整自身的经营模式、投融资方式、竞争手段、激励机制以及业务结构和产品结构,进而完成增长方式的转变。由此,中国图书出版产业才可能走上良性发展的轨道。

中国图书出版产业增长方式的转变,归根到底要落实到出版企业这一微观主体行为方式的转变上去。这就要求政企分开,政府的行政性权力从企业中退出。但这并不意味着政府要完全从市场中退出,事实上,环顾全球经济,无论多么自由的经济体,政府的影响也是无处不在的。就中国图书出版产业发展的现状来看,目前政府的能动性主要表现在:一是转变政府职能,减少对企业的行政性干预,还企业以本来面目;二是改变管理方式,摒弃传统的用行政手段进行行业管理和宏观调控的方法,通过完善产业政策来引导出版企业转变增长方式,实现健康发展。下面仅从宏观政策的层面,就推动出版微观主体行为方式的转变提出如下建议。

3.4.1 深化出版体制改革

从 2003 年开始,中央政府开始推动出版主体由事业转制为企业的改革试点工作,目前七家试点出版集团已基本完成了这一改革任务。"事转企改革"的目的是要把出版单位转变为真正的市场主体,使其在发展过程中碰到问题时不是通过找政府而是通过找市场来加以解决,这是出版主体转变增长方式的前提。因此,应在试点工作的基础上,全面推进出版单位的"事转企改革"。除少数承担公共产品和半公共产品生产的出版单位可继续保留事业单位的性质(这并不意味着这些出版单位不需要进行体制和机制的改革)外,其他出版单位均应转制为企业。在出版单位转企改制的过程中应注意以下三点:一是建立以国有多元股份制公司为代表的现代企业,完善企业的法人治理结构。二是完善出版企业高层管理人员的任命和选拔制度,把党管干部和市场选择经营者有机结合起来,培养一批遵守党的政治纪律、懂出版、会经营、善管理的出版家。三是完善出版企业的激励机制,重点是对高级管理人员的激励。这样做的目的是为了从制度上保证出版企业摒弃短期行为,放弃粗放型的增长方式,更多地从长远发展的角度来从事经营活动。

3.4.2 打破行政垄断和地区分割,调整出版产业布局

在计划经济下,除北京外,各地区出版企业的数量相差不大,这使得中国出版企业的地区布局分散化、均衡化,其结果之一便是难以形成信息、人才、销售网络和技术平台的共享,不利于出版企业更充分地利用外部资源,转变增长方式,进而形成外部经济;更为严重的是地区分割和行政垄断在极大程度上限制了企业之间的竞争。因此,在现阶段,政府应大力调整出版产业的布局,运用各种政策杠杆鼓励全国各地的出版企业向北京和以上海为中心的长江三角洲地区集聚,以提高这两个地区出版产业的集中度,从而形成较大规模的物流、发行、信息、人才体系,使更多的出版企业能够利用这些体系所带来的各种平台资源,从而改变小而全的

运行模式,转变增长的方式,产生外部经济效应。当然,政府在制定产业政策推动产业集聚的同时,要充分发挥市场的作用,因为产业集聚最终毕竟是市场高度竞争的结果。

3.4.3 推动出版产业结构优化升级

对应于图书的娱乐、知识和信息功能,现代出版产业的结构分为大众出版、教育出版和专业出版三大门类。相对而言,专业出版的集约化程度最高。与发达国家相比,我国图书出版产业这三大门类的结构严重失衡,且呈现出低度化的状况。更为严重的是,我国图书市场中教材教辅的产值比重高达60%,相当多的出版社集中在这一领域厮杀,而很少有出版社愿意在未来前景看好的集约化程度较高的专业出版领域投资。调整产业结构和转变增长方式是相互联系、相互制约的两个方面。产业结构不合理是导致增长方式粗放的重要原因。因此,政府应通过产业政策的制定,吸引出版企业进入专业出版领域,推动出版产业结构的优化升级,从而实现增长方式的转变和增长模式的转型。出版产业结构的优化升级应注意处理好以下两方面的关系:一是推动专业出版、教育出版和大众出版三大领域的协调发展;二是处理好传统出版与数字出版的关系,使两者之间呈现出互补互动的发展。

3.4.4 引导出版企业的集团化发展

在图书出版产业的信息化、数字化程度日益提高的今天,大型出版集团适应了产业发展规模化的要求,它可以集中更多的资金,采用先进的信息技术成果,建设先进的业务平台,进行大规模的市场开拓,开展大范围的资本重组,这些均有利于增长方式的转变和新的商业模式的建立,进而形成企业的核心竞争力。因此,中央政府主管部门应打破行政权力的条块分割对出版企业集团化扩张的制约和束缚,允许和鼓励生产要素跨部门、跨行业、跨地区的流动,通过市场力量产生若干跨地区、跨部门的优势互补、功能耦合的大型出版集团。另一方面,应弱化行政性审批对大型出版集团发展的限制,例如对出版集团依据市场原则进行的产品线建设给予调整出版社结构和不控制书号的支持。这样,富有竞争活力的出版企业集团便会自然而然地从现有的环境中生长出来,其商业模式、增长方式、竞争手段、创新动力也会自然地作出相应的调整和转变。

3.4.5　降低进入门槛,实现出版企业的充分竞争

中国图书出版产业长期以来之所以走的是一条粗放型增长的道路,原因之一就在于缺乏竞争。只有充分的竞争才会促使出版企业真正从广种薄收的粗放型增长向精耕细作的集约型增长转变。而目前政府对出版产业进入的严格控制,在一定程度上限制了整个出版产业健康有序的发展。例如,进入 21 世纪以来,国家几乎没有批准成立新的出版社,而图书市场的巨大需求显然又不是目前 572 家出版社所能实现的,于是数以千计的各类文化工作室纷纷成立,他们中的大多数通过买卖书号的方式间接进入图书出版产业,而其中部分工作室侵犯知识产权、制作"伪书"以及粗制滥造、拼拼凑凑、乱打折扣等行为,极大地破坏了市场秩序,造成了劣币驱逐良币的情况,这些严重影响了出版企业增长方式的转变。为此,建议国家出版行政管理部门降低图书出版产业进入门槛,针对出版社、书店、印刷厂的不同情况,制定不同的进入规定。对于出版社的新设,应适当放宽审批的数量。满足大型出版集团在跨地区和调整产业结构时对新

设出版社的需求,鼓励大型出版集团按照市场需求及时地调整原有出版社的出书范围和方向。对于发行和印刷企业,应弱化行政性审批的进入限制,强化依法审批、依法监管的市场化通用规则,允许和鼓励各种不同类型的资本进入印刷和发行领域,由投资主体自行决策、自担风险。同时,从法律和政策方面加强对民营资本的规范和监督,肃清鱼龙混杂的乱象,净化出版市场环境。只有当我们实现了出版企业在法律许可范围内的充分的竞争,出版企业增长方式的转变才有可能真正实现。

3.4.6 加快出版企业信息化、数字化进程

今天我们正处在数字化时代,现代通讯技术和数字技术排山倒海式的发展,以及网络平台和移动通信平台的建设使得出版企业增长方式的转变必须紧紧地与出版的数字化进程结合起来。受企业规模的限制,中国出版企业的信息化、数字化程度普遍不高,很少有企业真正进入数字出版领域,更谈不上建设网络和移动业务平台。在这方面我们与欧美出版集团差距甚远,以致在一定程度上丧失了一次重大的历史机遇。因此,建议国家出版行政管理部门会同其他有关部门以及政府投资资金共同建立专项产业基金,主要用于:出版信息化的研究和规划工作;教育培训和岗位实践活动,培养出版业短缺人才,比如数字出版、网络技术等方面的人才,也可用于吸引国外优秀人才;对前景较好的数字出版产品进行配套支持;也可挑选出部分龙头企业给予重点扶持,将其成功经验向其他企业免费推广。另外,对于企业进行数字化、信息化投入的部分,可采取税收减免、抵扣的方式进行扶持。如果企业成立一个独立经济实体来开发数字产品,由于其所具有的高投入和高风险性,可比照《关于文化体制改革试点中支持文化产业发展若干税收政策问题的通知》中的精神,对这样的企

业在一定时期内免征企业所得税,或降低增值税;如果该企业的产品涉及出口,可享受出口退税政策;如果先进设备需要进口,可免征进口关税和进口环节增值税。

此外,还应鼓励出版企业与海外出版企业或信息技术企业合作或合资,吸引海外企业先进的数字技术和信息技术,打造数字平台,建立新的商业模式。

3.4.7 鼓励出版企业实施"走出去"战略,并购海外著名出版企业

随着数字技术和信息技术的发展,出版产业已经在很大程度上全球化了。进入 21 世纪以来,跨国出版集团在全球化的过程中已基本上完成了建立在数字化基础上的商业模式转型。基于此,国家可设立专项扶持基金,鼓励国内有条件的大型出版集团积极并购海外著名出版企业,以此取得新的技术、新的资源、新的业务平台,并在此过程中迅速地推动国内出版集团业务模式的转型和增长方式的转变。

3.4.8 完善出版产业的经营环境

诚信缺失是影响中国出版产业发展的主要障碍之一。在一个缺失诚信的经营环境中,企业如果可以通过各种非法或违规的竞争行为获取经济利益,那么增长方式的转变、新的商业模式的建立是不可能的,因此出版行政管理部门应花大力气规范出版企业的竞争行为,肃清产业内的诸种不诚信现象,如侵权、伪书、盗版、恶意拖欠,等等。当前应进一步加大对知识产权保护的力度,特别是网络出版的知识产权保护,适时出台《互联网传播保护条例》以及《互联网著作权行政保护规定》等法规。另外,出

版行政管理部门应联合有关中介机构成立专门的信用评估机构，定期向全社会公开出版企业的信用记录，对严重违规的出版企业予以公开曝光。至于加大打击盗版的力度更是题中应有之义。总之，出版行政管理部门应通过采取种种有效措施，为出版企业的发展创造良好的经营环境，让出版企业在充分竞争的市场环境中，实现增长方式的转变。

党的十六届六中全会通过的《中共中央关于构建社会主义和谐社会若干重大问题的决定》中再次强调，整个国民经济的发展要"转变增长方式，提高发展质量"，这也为我们出版产业的发展指明了前进的方向。只要我们以邓小平理论和"三个代表"重要思想为指导，坚持科学的发展观，牢牢把握出版产业的发展趋势，尊重出版产业内在的发展规律，大胆创新，勇于突破，就必然会寻找到适合自身发展的模式，真正走上内涵式、质量型、集约化的可持续发展的道路。

参考文献

陈昕:《中国出版产业论稿》,复旦大学出版社 2006 年版。

斯蒂格利茨:《经济学》(上、下),中国人民大学出版社 2000 年版。

周振华:《信息化与产业融合》,上海三联书店、上海人民出版社 2003 年版。

陈宏民、胥莉:《双边市场:企业竞争环境的新视角》,上海人民出版社 2007 年版。

新闻出版总署图书出版管理司:《中国图书出版产业报告(2003—2004)》,中国人民大学出版社 2006 年版。

附　录
出版企业的使命追求与经营之道

当前,我国的文化体制改革已经进入一个新的阶段,面对不断调整的产业格局和激烈的市场竞争,如何在坚守文化使命的同时不断发展壮大自己所管理的企业,是任何一个出版企业的经营管理者都必须时刻加以思考的问题。对于出版企业而言,如何成就百年基业,实现企业的可持续发展,其永续经营之道在哪里? 这里主要根据中国出版产业特别是上海世纪出版集团的经营实践,结合国际出版传媒产业的变革趋势,谈几点不成熟的想法。

一、 公司使命: 塑造企业未来的基石

今天,我们知道,任何一家公司和一个人一样,都是有所追求的。而正如《公司使命陈述》一书的作者杰弗瑞·亚伯拉罕斯所说:"无论何时何地,只要人们勉力试图有所建树,也就同时宣告了其使命或目标。""塑造一个公司的特性实际上是从明确它的使命开始的。"①因为使命明确了公

---

① 参见杰弗瑞·亚伯拉罕斯:《公司使命陈述——301 家美国顶级公司使命陈述》,上海人民出版社 2004 年版。

司代表的利益及其走向，为公司带来目标感，使公司上下产生凝聚力，让员工产生归属感，所以，对于一个公司的使命陈述理所当然地成为塑造企业未来的基石。一个企业如果要成就百年基业，其第一要务就是要有自己明确的、健康的使命陈述，这将决定这家企业的核心价值观和所有的运作原则。

国际上主要出版集团除了对经济利益的追求外，均有明确的关于社会价值的使命陈述。如德国贝塔斯曼集团的使命是："作为一家国际化传媒公司，为全球客户提供信息、教育及娱乐等服务。而公司最根本的目标是为社会发展作出贡献。"美国麦格劳·希尔出版集团声明："我们的使命是向广大个人、市场和社会团体提供必要的信息，使其具备必要的洞察力，发挥各自的最大潜能。"汤姆森集团的使命是："成为全球领先的，为商务和专业客户提供可靠的全面资讯解决方案的供应商。"美国普林斯顿大学出版社则确定："我们的基本使命是最大限度地促进科学成果在学术界和社会的传播。我们只选择出版高品质的学术书籍，而无须考虑它的商业价值，包括各类对分支学科知识有独创贡献的专著；单一学科中涉及多个学派和专业的选题；要求读者拥有不止一个领域知识的跨学科著作；由学者撰写的旨在将学科发现介绍给更多受过良好教育的大众的作品。"上述使命陈述已经成为这些公司的行为准则，更是他们进行战略变革的依据。

当前，随着我国社会主义市场经济的不断发展和文化体制改革的不断深入，大多数出版单位正逐步从事业性质转制为企业性质。这种转制无疑将有力地推动出版产业的发展。那么转制之后，我们的出版企业其目标是什么？使命又是什么？

在市场经济的条件下，一般说来企业的目标可以表述为利润的最大化；但是文化企业作为一种特殊的企业，它的目标是二元的：出版企业当然也要创造利润,但更重要的是要向广大人民群众提供丰富多彩的精神产品,出版企业的利润追求应该通过提供更多更好的精神产品来真正加以实现。在改革过程中,我们往往容易出现两类偏差:一是片面追逐利润而生产了一些格调低下或违反四项基本原则的产品,忘记了出版企业作为一种特殊的企业它所承担的坚持先进文化前进方向的责任。二是片面追逐利润,离开了内容提供和生产的业务领域,热衷于进入股市、楼市等其他非出版产业,忘记了出版企业承担的文化建设的重任。

那么,出版单位在由事业转制为企业的过程中,究竟应该如何确定自己的使命和追求呢?我以为,现代出版史上的两个案例是值得我们高度重视的。

案例一是德国的苏尔坎普出版社在战后德国文化建设中的地位和作用。第二次世界大战后,德国被外国占领并分为两半,全国到处是废墟瓦砾,但更可怕的是人们的思想颓废、空虚,一片昏暗。在德意志民族这样一个极其艰难的历史时刻,以翁泽尔德为社长的苏尔坎普出版人毅然地站了出来,倾全社之力着力重建战后联邦德国的思想文化"大厦",他们在上世纪60年代推出了"彩虹计划",用赤、橙、黄、绿、青、蓝、紫7种颜色代表7个系列,试图为战后新一代德国人系统地普及全世界和德国的优秀文化,提升整个德意志民族的思想文化水准。当时,他们的这一壮举被认为是在德意志民族昏暗的思想上空悬挂了一条绚丽的彩虹。到目前为止,"彩虹计划"已经出版了2 000多种图书,其中不少图书被译成十多种文字,介绍到世界各地,以至版权收入成为苏尔坎普出版社重要的收入来源,而苏尔坎普出版社也成为当今德国最重要的出版机构之一。苏尔坎普出版社在出版"彩虹计划"的同时,还团结培养了全德国几乎所有的大师和著名学者,包括黑塞、阿多诺、布洛赫、普莱斯纳、霍克海默、哈贝马斯等无一例外均是苏尔坎普的签约作家。由此可见,正是坚守文化建设的理念,苏尔坎普出版社才奠定了今天他们在德国出版界的地位。

案例二是20世纪30年代上海出版业的历史地位。30年代上海之所以成为全国的出版中心,与上海当时拥有250多家出版社,出版总量占全国三分之二有关;但更重要的是,当时上海的商务印书馆、生活书店、中华书局、开明书店等一批著名出版社经过长期的努力,从教科书、工具书、大众知识读物、传统文化、外来文化等方面为那个时代的中国人提供了系统的高质量的文化知识资源,形成了完整的知识生产体系。这才是上海当时成为中国出版中心的根本所在。当然,这一辉煌成绩的取得完全是近代上海出版人自觉努力的结果。当时各家出版单位的主政者和骨干,如商务印书馆的夏瑞芳、张元济、王云五,中华书局的陆费逵、舒新城,开明书店的夏丏尊、叶圣陶,生活书店的邹韬奋、胡愈之,文化生活出版社的巴金,世界书局的沈知方,良友图书公司的伍联德,无不以开启民智、培育新人作为其从事出版的价值追求。张元济投身出版时就说:"昌明教育平生愿,故向书林努力来。"陆费逵在《中华书局宣言》中提出:"立国根本,在于教育,教育根本,实在教科书。教育不革命,国基终无由巩固,教科书不革命,教育目的终不能达到也。"正是因为他们将出版作为教育国民、塑造社会的大事业,同时辅之以现代资本主义的商业经营手段,把文化与商业作了有机的结合,才促使当时的上海成为中国的出版中心。

前人的行动给当代出版人以丰富的启迪,有见于此,上海世纪出版集团在转企改制的过程中,就将确定自己的公司使命作为第一要务。我们看到,人类进入21世纪以来,整个世界格局发生了新的变化,经济全球化浪潮汹涌,科学技术日新月异,各种思潮此起彼伏,中国和平崛起,等等,这些都对民族文化的建设提出了不同于以往的新的时代要求,整个民族文化到了需要进一步全面建设的新阶段。这客观上要求出版业在新的时代背景下向广大人民群众提供现代的、系统的、科学的、完整的知识资源。历史和时代赋予了今天这一代中国出版人前所未有的机遇。出版工作是知识生产体系的重要一环,优秀的出版工作在知识生产、知识消费和知识积累的循环中起到引擎的作用,它是人类知识与文化传播的推进器;同时,它又为思想和学术的建设与创新提供基础和平台,引导人类文化的进步。基于这样的认识,上海世纪出版集团在转企改制成立上海世纪出版股份有限公司的过程中,就将自己的使命陈述定义为:"以邓小平理论、'三个代表'重要思想和科学发展观为指导,通过我们的选择,提供能够创造或增加价值的内容和阅读体验;通过我们的整理,传播人类文明的优秀成果;通过我们的服务,与读者形成良性互动,从而努力成为一代又一代中国人的文化脊梁。"为此,我们在"三个代表"重要思想和科学发展观指导下,把出版工作的总的理念放在更大的知识生产体系中加以关照,希望通过不懈的努力,坚持先进文化的前进方向,宣传马克思主义的理论,推动知识和文化的传播,追求思想和文化的创新。目前我们正大力实施"十一五"出版规划,试图在一些最基本的出版领域为我们的时代提供新的完整的知识资源系统。

二、 战略变革:突破企业成长的周期

明确企业的使命陈述后,对于一个企业的经营管理者而言,如何带领公司不断成长就成为最重要的一项任务。为此,企业必须根据产业的发展趋势和自身的情况,适时进行战略调整和战略变革,以培育并不断增强

自身的竞争优势。

　　按照企业成长理论,任何企业都是一个生命有机体,其本身也都有一个从出生、成长到老化、死亡的生命周期。20 世纪 80 年代,美国加州洛杉矶专业教育服务机构爱迪思研究院的创始人和院长伊查克·爱迪思(Ichak Adizes)博士提出了企业生命周期理论[①],现在,企业生命周期理论已经风行世界各地。图 1 就是他所提出的企业生命周期模型。

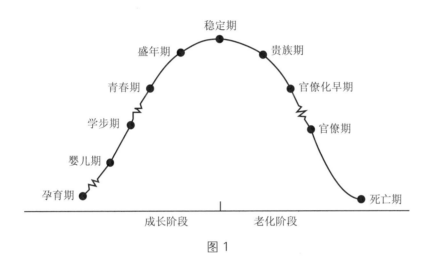

图 1

　　在这一模型中,爱迪思博士将企业的成长划分成两个大的阶段,一个是成长阶段,另一个是老化阶段,在这两大阶段中依次分为孕育期、婴儿期、学步期、青春期、盛年期、稳定期、贵族期、官僚化早期、官僚期和死亡期。当然,作为企业,这类商业组织不同于生命有机体,它并不必然走向衰落和死亡,如果企业在其进入稳定期后,适时进行产业的战略转型和不断创新,转变增长方式,突破企业成长的周期,企业还是有可能保持长盛不衰的。对于一个企业的领导人而言,其最重要的任务就是要在企业由

---

① 参见伊查克·爱迪思:《企业生命周期》,华夏出版社 2004 年版。

成长阶段转向老化阶段的稳定期,进行战略转型,转变增长方式,突破增长极限,迎来企业新的增长阶段(如图2所示)。

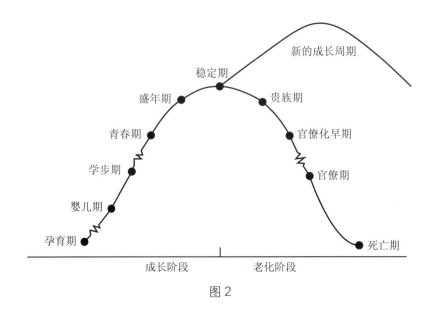

图2

从当前中国出版产业的发展来看,随着文化体制改革不断深化,出版业竞争日趋激烈,整个中国出版业面临巨大调整,其中最核心的问题就是如何转变出版企业的增长方式,突破增长的极限,形成新的成长周期。当前,中国出版产业正面临两个严峻的挑战。一是以各地区中心城市为主的出版物市场相对饱和,严重影响图书出版产业的持续健康发展。二是随着中小学教材出版发行管理体制改革全面推开,教材出版发行实行招投标,农村中小学教材实行政府采购和免费供给,现行中小学教材中准价较大幅度下调,以及教材的循环使用正在被提倡等,这些不仅影响到整个图书出版产业的规模,而且将大量地减少出版企业的利润。随着出版单位利润空间逐渐缩小,出版物销售环节重新洗牌,市场秩序尚未规范,传统出版社那种纯粹依赖规模扩张的多品种、大量造货、大量退货、高库存、低收益的经营方式和粗放发展模式基本走到了尽头,不少出版社处于增长极限,很多出版社近年已经出现了经营下滑的情况,这充分说明传统的发展模式在新的历史时期已经很难成立。这样的形势迫使我们认真思考如何转变增长的方式,转换发展的模式,突破增长的极限,迎来企业新的成长周期。

如何判断产业发展的基本趋势是任何一个有眼光的企业家每时每刻都在思考的问题。在此,国际出版产业的发展历程可以给我们有益的启示。

20世纪六七十年代以前,很多西方出版企业为了扩大规模、追求利润,采取多元化发展的战略。例如,培生集团的经营曾经是非常多元的。80年代以后,包括培生集团在内的西方出版企业在发展的过程中意识到原有的战略碰到问题了,企业生命周期到了需要调整的阶段,他们开始思考战略变革问题。培生集团的战略调整轨迹是,明确企业发展目标,通过一连串的市场并购,建立最基本的业务平台,对其资源进行新一轮的配置和组合,从而导致其新的成长和突破。培生集团在90年代中后期先后卖出了自己在蜡像馆、拉扎德银行、西班牙主题公园的股份和在英国第五频道及B卫视的部分股份,加上从其他渠道融来的资金,通过一连串漂亮的"组合拳",从1994年到1998年先后收购了艾迪生·维斯理出版公司(Addison Wesley)、哈珀·柯林斯出版公司(Harper Collins教育出版部分)、西蒙与舒斯特出版公司(Simon & Schuster教育出版部分)三大教育出版公司,再通过与原旗下朗文出版公司(Longman)的合并和业务重组,从而使培生教育集团成为全世界最大的教育出版集团。并购给培生带来的收益是企业迎来了新的生命周期,以及在产业链的各个环节形成增值。

随着数字化进程的加速和互联网的迅猛扩张,20世纪90年代中期出现了"内容产业"(Content Industry)这个新的产业概念。与此同时,国际出版产业也经历了一次席卷全球的收购兼并浪潮,一些大型出版集团为了适应现代信息技术发展带来的挑战、形成自己的核心竞争力,纷纷实施战略转型,进行业务结构的调整,通过在资本市场上卖出买进将自己的业务领域集中在内容产业,其结果便是一批跨行业多元经营的大型集团转变为以内容提供为主的大型出版集团。作为内容提供者,出版者最重要的功能就是进行文化创新,向市场提供更多更好的信息文化产品,并以此形成越来越多的各种各样的价值增值。

现在可以说,90年代以来兴起的数字化变革以及内容产业的发展,被西方跨国出版企业意识到并把握住了,他们以此为契机,推动战略变革,形成了企业新的生命周期。

90年代后期开始,我国出版产业推进组建出版集团的改革,实际上就是对如何突破企业增长的极限和形成新的生命周期所做的一种尝试。计划经济体制下,我国的出版主体都是不大不小的,没有竞争能力,呈现原子型的分布,使得整个产业一直无法长大。在出版体制改革的过程中,中国出版人逐步意识到,出版产业的发展壮大有赖于形成新的市场主体,并且,只有大企业才能造就大市场。由此,集团化的改革在全国出版业迅速推开。集团化改革对于出版企业来讲是一项重大的战略变革。这一改革的目标之一是要将原有的出版组织转变为真正的市场主体,进而实施战略转型,突破企业增长的极限,形成新的企业生命周期。从目前改革的结果看,这一目标还没有完全达到,但这一轮改革的另一目标——政企分开和政府出版主管部门的职能转变却在很大程度上完成了。

在集团化建设的过程中,上海世纪出版集团一直致力于通过资源的整合,建设新的业务平台,实施战略变革,以突破企业增长的极限。在过去的八年中,我们依托信息技术和网络技术,对集团的渠道资源、发行平台、物流系统等进行了全面的整合,搭建了建立在数字化、网络化基础上的现代物流平台、现代发行平台和财务金融平台,完成了从小而全的粗放型增长方式向大而强的集约型增长方式的转变,极大地提高了企业的竞争力。目前我们启动了在内容资源和内容生产方面的业务整合,提出要按照现代出版产业规律重组出版资源,调整生产组织形式,打破原来在内容生产方面存在的资源分散、专业弱化的局面。

我们规划了基础教育、高等教育、工具书、大众读物、古籍整理、专业图书等 6 条图书产品线和财经、时尚、教育等 3 条期刊产品线,以此为目标建设专业化的出版团队。经过一年的努力,这些产品线逐渐清晰。上海教育出版社、上海科技教育出版社、上海科技出版社教材部门以及新成立的外语教育出版公司构成基础教育产品线,在教材降价和部分省市出版发行招标竞争加剧的情况下,逆势而上,在全国教材销售方面有了新的拓展;新成立的高等教育出版公司承担高等教育产品线建设责任,成长较快,成为公司新的增长点;以《辞海》《汉语大词典》《英汉大词典》三大工具书为龙头的工具书产品线大型数据库和在线编纂平台建设取得实质性进展;大众出版板块保持了在古典文学、外国文学、社科人文图书方面的优势;古籍产品线承担了许多全国重大出版项目,显示出实力和优势。我们正着力开拓专业出版和职业培训两个出版领域,以形成内容创新的新商业模式。专业出版是建立在数字化和互联网基础上的为特定专门职业从业者服务的出版门类。在发达国家,专业出版已经成为最有发展潜力和盈利空间的出版领域。而在我国,这一出版领域还刚刚起步。我们计划依托医学、机电、工程等传统优势出版门类,结合与国际出版巨头的合作,进一步发展专业出版模式。只要我们准确地把握文化产业发展的趋势,适时地进行战略变革和调整,就一定能形成新的企业成长周期。

三、 市场主体：建立现代企业制度

对于突破企业增长的极限,除了转变企业增长方式外,在体制和机制方面必须建立并不断完善现代企业制度,为此需要切实解决企业的类型选择和公司治理结构的完善问题。

根据中国出版产业发展的内在逻辑和全国文化体制改革的总体部署,中国的出版集团及大多数出版社正逐步由事业单位企业化管理性质转制为企业。由此,摆在中国出版业面前的一个重要问题是,中国出版社的类型究竟可能有哪些,又该作如何选择。

现代出版组织通常有三种类型:一是政府出版机构,一般附属于政府某个部门,没有独立的主体地位,其出版物是为社会公益事业服务的,大都免费派送。二是经营性的非营利组织,发达国家的大学出版社一般采用这种企业形态,如美国哈佛商学院出版公司、英国牛津大学出版公司、英国剑桥大学出版公司等都是这样的企业。这类出版企业也完全采取公司制的形态,其运营与其他公司制企业并无不同,只是其出版的内容更多地偏重于学术和文化,因此政府对这类出版企业给予免缴所得税的优惠政策进行扶植,但同时也规定其公司利润不得用于股东分红,而必须继续用于教育和文化事业。三是股份有限公司,其中有的是上市公司。这类企业是发达国家出版企业的主流形态,所有的大型出版集团均采用这种形态,如世界三大教育出版集团——培生、麦格劳·希尔、汤姆森都是上市的股份有限公司。这类出版企业的市场销售占发达国家出版市场的90%左右。

从国际出版业的出版组织形态可以看出,负责任的现代出版组织具有鲜明的结构特征与制度特征,这两大特征综合到一起形成它们的独有特性。这些独有特性具体地讲就是:(1)符合市场需要的企业形态。无论是投资方式、治理机构还是内部管理机制,现代出版组织都是典型的适应市场经济要求的企业化组织形态。(2)具有鲜明的文化追求和企业使命。不管是资本主义社会还是社会主义社会,作为文化生产单位的出版组织都承担着保护和发展本国文化的历史使命,同时出版组织还是统治阶级执政的重要工具和手段,承担着表达与传递统治阶级声音和意志的任务。(3)具有强大的内容创新能力和以内容提供作为核心的产业链布局。现代出版组织既然是一个符合市场需求的企业形态,在内容生产上它必然具备不断创新的能力,并且形成以相应的内容提供为核心的产业链,谋求强大的市场竞争力。(4)符合现代企业制度要求的内部管理机制。这种管理机制主要是通过调整企业内部人与人的关系以及人与物的关系,来充分地利用物质资源和人力资源,降低生产成本,提高企业生产效率,创造一个适合竞争、有利于竞争的制度环境。(5)具有强大的国际扩张能力。现代出版组织的市场一般不是国内市场意义上的市场,它的目标通常是占有国际市场份额,现代出版组织之所以能够跻身国际市场,其基础条件就是这些组织建立了符合现代出版业发展要求的组织形态和融资空间。

中国的出版集团及出版社未来的企业类型选择主要应是有限责任公司(包括股份有限公司)和经营性非营利企业两大类。除了在某些政府机关内附属少量出版部门用于出版公益性的出版物外,所有的出版社均应改制为公司制企业,其中大学出版社、人民出版社、古籍出版社等可改为经营性非营利企业,其他可改为有限责任公司、股份有限公司。

对于公司治理,鉴于出版行业的特殊性,上海世纪出版集团在改制工作中提出了两个基本原则:一是坚持和加强党对改制后出版企业的领导,提高党对出版工作的控制力和影响力;二是改制后出版集团的治理结构按照《公司法》规定来设计,不仅能符合近期国有多元主体运作的要求,又能适应未来社会多元主体乃至上市公司运作的需要,成为能够容纳更多生产力的体制空间。

为此,我们从企业类型选择、股东结构选择、治理结构安排、机构部门设置、运作机制设计等方面对加强党的控制力和影响力作了具体的制度安排,以确保党对意识形态阵地的领导。比如,为保证党对集团重大事务的决策权,我们在公司章程中从四个层面作了规定:(1)在国家有关文化资产管理新规定出台前,市委宣传部(市国资委)对集团国有资产实施授权经营,行使出资人权利,该部分国有资产处于控股地位;(2)在股东会议议事规则中确定"金股"原则,规定市委宣传部(市国资委)所持股权中有一股为"金股",在股东会上可对集团最为重大的事项行使一票否决制;(3)董事会设置当然董事,由市委宣传部(市国资委)派出,不论今后企业股权比例如何变化,拥有集团董事会过半数的席位,董事长在当然董事中提名产生;(4)集团党委会全体成员(包括当然董事和非董事会成员)为董事会下属专门委员会的当然成员,并占三分之二以上席位。又如,为保证党对集团出版导向的管理权,我们在未来公司章程中对此作了如下规定:(1)董事会专设编辑政策委员会,承担日常性的全集团重要编辑政策的制定和重大出版项目的决策。董事会当然董事为编辑政策委员会的当然委员,且保证当然董事占委员会人数的一半以上,在委员会议事程序中规定对有争议议题采取50%以上简单多数投票决定制度。此设置可以保证市委宣传部关于出版导向的意图,通过集团领导层对出版单位导向的掌控得以实现。(2)通过对领导人员进行业绩考核加以保证。集团董事长、当然董事由市委宣传部通过股东会负责考核并决定薪酬,其任期目标和考核指标中不仅包括国有资产经营的任务和指标,还应包含出版政治导向、社会效益方面的任务和指标。在总裁、副总裁的聘任合同中除列入

《公司法》规定的经营管理职权和董事会规定的任期目标等内容外,可增加专门条款,要求在日常经营管理工作中及时、有效贯彻党和政府主管部门通过董事会传达的重大指导性工作意见;在考核指标中,应列入经济效益和社会效益的内容,等等。

同时,我们建立了符合现代企业制度要求的治理结构。公司章程明确规定,公司股东大会为公司权力机构,决定公司建立发展和经营方针、投资计划、重大决策、收益分配等最重要的事务。各投资方均有权利发表对公司发展、经营、分配的意见,并监督公司运作,确保公司最重大的决策不发生偏差。公司设立董事会,作为决策机构,由出资方委派董事共同组成。董事长为公司法定代表人。为体现董事会决策的公平性,公司董事会 11 名董事名额中引入 3 名外部董事,由市委宣传部派出,世纪出版集团内部派出的董事为 4 名,其他股东派出 4 名董事,这样的董事会结构有利于防止一股独大产生的决策偏差。为提高决策专业化水平,董事会下设战略与发展、提名与薪酬、财务、审计等专门委员会。董事会专设编辑政策委员会,承担日常性的全公司重要编辑政策的制定和重大出版项目的决策。公司设立监事会,由出资方委派人员和职工代表组成,负责监督公司经营活动。公司设立总裁和若干副总裁,在董事会领导下负责公司的日常经营管理。设立办公室、财务部、人力资源部、出版业务(对外合作)部、法律事务部、资产管理(投资)部、信息管理部、审计室、监察室等职能部门,在总裁班子领导下开展工作。

四、 商业模式:打造数字化时代的业务平台

前文已经提及,进行产业的战略转型是企业突破增长极限的一条重

要途径。但是,在数字化时代,能否成功实现出版产业的战略转型,关键还在于能否建立新的商业模式。因为出版产业传统的商业模式是建立在单一的产品竞争和简单的内容提供之上的,它无法使内容获得更多增值的机会,不能为读者创造更大的价值,同时也就很难给企业带来超过行业平均水平的收益。由此还造成了传统出版产业的进入门槛特别低,产业内竞争激烈,对于渠道有着深度的依赖性。这一传统的商业模式无论在国内还是在国外,都已经被证明不能适应数字化时代的要求,无法保障企业的可持续发展,甚至难以维持企业的生存。所以,作为数字化时代出版企业的领导者,必须时刻关注商业模式的变革和再造问题。只有通过努力打造新型的数字化业务平台,直接向全球的客户传输内容,使他们在决策时可以获取更多的信息,为他们提供多样化的解决方案,从而将企业从产品为中心转变成为以客户为中心,使内容获得巨大的增值空间,实现企业价值创造和实现方式的根本变革,建立新的商业模式,赢得新的竞争优势,如此才可能成功推进产业的战略转型。

我们在此特别强调只有革新商业模式才能促成产业的转型,其判断的依据在于"内容产业"内生的发展要求。20 世纪 90 年代,随着数字化时代的到来,全球出现"内容产业"这个概念,与此同时,国际上所有的大型传媒集团均把自己的角色定位为内容提供商。这绝非偶然,而是有着深刻的时代背景和广泛的社会现实基础的。信息技术产业自诞生之日起,经过长期发展,已经历了以系统为中心和以个人电脑为中心两个重要阶段,现正处于以网络为中心的阶段。在不同的产业发展阶段,其主要技术、主导原理、产品重点、主要顾客以及供应商结构等都是完全不同的。例如在以系统为中心的阶段,其主要技术是晶体管技术,主导原理是格罗施法则(计算机的处理能力以成本的平方速度增加),专用系统是重点,以及纵向的供应商结构;在以个人计算机为中心的阶段,其主要技术是微处理机技术,主导原理是穆尔法则(半导体性能每两年提高一倍),标准微机产品是重点,以及横向计算机价值链的供应商结构等;在以网络为中心的阶段,其主要技术是通讯宽带技术,主导原理是梅特卡夫法则(网络的价值将随用户数量的增加以指数级增加),外部网络成为关注点,网络服务成为重点①。这三个产业发展阶段实际上只是完成了硬件及其信息基础结构的建设,其演变并未到此终止。一旦全球信息基础结构安排就绪,这个产业的中心将转变为充分利用该基础结构,强调服务的内容和应用。这个以服务内容为中心的阶段,标志着确实走向一个真正信息社会的开始。尽管目前总体上仍处于以网络为中心的发展阶段,但在现有互联网基础上,服务内容和应用的重要性已经充分显现,并开始逐步发展起来,因为网络的内容将开始成为一种稀缺商品。与其他稀缺商品不同,网络内容的开发具有几乎无限种类的可能性,并不受制于投资收益递减规律。正是在这种背景下,内容产业脱颖而出,并受到大型传媒集团的高度重视。尽管数字化和互联网的发展催生了内容产业,但文化企业、大型传媒集团顺应这一趋势,及时进行转型与实践,则是促成内容产业发展的重要因素。

在互联网和数字化的面前,如何在服务的内容和应用上建立新的商业模式,形成新的竞争优势,海外各大主要传媒集团经受了巨大的挑战,并各自进行了不同的战略变革。

以美国的报业为例,根据美国报纸发行量调查局的一份调查报告,在2004 年 10 月至 2005 年 3 月的半年间,全美 841 家大报的日均发行总量为 4 737 万份左右,较上年同期的 4 831 万份下降了 1.9%,创近十年来的最大降幅。为了在数字化时代获得新生,报业巨头们纷纷在互联网上投入了大量的人力和物力,根据美国报纸协会公布的数据,截至 2004 年 5

---

① 参见戴维·莫谢拉:《权力的浪潮——全球信息技术的发展与前景,1964—2010》,社会科学文献出版社 2002 年版。

月,北美1500多家日报已建立了自己的网站。而作为美国报业的代表,纽约时报公司早在1995年就建立了自己的报纸网站www.nytimes.com,向读者提供《纽约时报》的在线阅读。1999年该报整合其网络方面的各项业务,组建了独立核算的"数字纽约时报"(New York Times Digital)。2005年2月,纽约时报公司又花了4.1亿美元的代价从Primedia手中收购了About.com。目前,纽约时报网站已经成为美国最大的网络报纸品牌,其在线业务以每年30%到40%的速度增长。但是,由于纸质报纸的销售量不断下滑,广告客户持续流向互联网等其他媒体,纽约时报公司的盈利水准仍在不断下降,报纸为此不得不多次裁减人员,以求降低成本,尽管如此,也很难改变纸质报纸的萎靡局面。据2006年11月公布的数据,纽约时报公司10月份可持续运营广告营收为2.167亿美元,较上年同期的2.279亿美元下降了4.9%;当月可持续运营总营收为3.246亿美元,较上年同期的3.342亿美元下降了2.9%;10月份纽约时报媒体集团广告营收下降了5.4%;但有一点是可喜的,其互联网广告的营收较上年大幅度增长了29.4%。

传统的出版行业同样面临数字化的挑战。最近,国际出版业发生了一条轰动性新闻,2006年10月25日,汤姆森集团宣称,按照其"策略重组"的行动,将分三步拆分并售出旗下著名的汤姆森学习集团,其中包括高等教育、网上测试、图书馆参考书和企业培训服务等业务。在汤姆森集团70多年的发展历程中,它通过大量的并购活动,从一家报纸出版商成功转变为一家信息提供和服务商,并在上世纪90年代形成了旗下的四大业务:法律法规、学习、金融和科技医疗信息服务。现在,按照汤姆森集团的使命——"成为全球领先的,为商务和专业客户提供可靠的全面资讯解决方案的供应商"——集团定位于向职业客户提供一体化的产品方案。而汤姆森学习出版集团虽然在所从事的传统教育出版领域取得了稳定的增长，但在2005年整个集团的电子产品、软件和服务的收益占总收入的70%的时候，学习集团在电子化测试及电子学习领域却增速缓慢。最终，汤姆森集团对于教育出版业务的印刷版是否能成功转型为电子版丧失了耐心，遂决定将学习集团分离出去，把精力转向法律、金融和科技医疗信息服务，并将在工程、石油化工、航空、汽车和保险等领域拓展新的空间。

当然，传统的出版商也正不断加大进军数字化领域的步伐，以努力跟上读者对数字化产品的需求。全球专业出版市场的领先者里德·埃尔塞维尔、麦格劳·希尔、汤姆森、威科、约翰·威利等均已将它们拥有的大部分专业期刊数字化，并通过在全球各地集成销售数据的方式来获得巨大的收益。而大众出版商如西蒙与舒斯特出版公司自2002年开始就建立它的"数字资产银行"，如今这一数据库已经包括了所有的成人新版畅销书和大部分儿童书。兰登书屋的数字成就则包括几千本畅销书和常销书。新闻集团旗下的哈珀·柯林斯集团为图书文本建立数字"仓库"，并准备在适当的时候以在线的方式出售内容。

在数字化浪潮中，全球出版业的经验已向我们清晰地表明，如果没有建立数字平台，不能形成有效的商业模式，则所有的数字化行动均难以取得成功。在现代出版的三大组成部分——大众出版、教育出版、专业出版中，目前只有专业出版凭借互联网，通过将技术与资源的有效结合，把传统的纸质出版成功地转变为数据库，实现了信息内容的增值，并跳过所有的中间渠道，通过直接向全球的机构客户销售数字化产品而获得巨大收益，从而在数字化时代构建起新的竞争优势。

而面对数字融合的浪潮及其将给整个文化传媒娱乐产业带来的巨大冲击和机遇，中国出版界的状态并不是十分积极。这些年来，虽然中国出版界也在关注数字化的进程和互联网的发展，大多数的出版社均建立了自己的网站(网页),也有一些单位开始了内容文本的全面数字化工作,在此基础上推出了 E-book 等电子产品,更有少数单位着手建设各类专门的数据库,以支撑编辑出版工作的开展,但总体来说,我们的这些工作还是初步的、表层的,我们还没有真正了解数字融合对文化产业发展的意义,因此进入这一领域的紧迫感还不够。在这样的状况下,我们当然不可能像麦格劳·希尔集团、培生集团那样生产出自己的各类信息数字产品,开展大规模的电子商务业务,更谈不上全方位地卷入数字融合浪潮,进行业务融合了。因此,充分认识数字化建设的极端重要性,关心数字融合的趋势,关心文化产业发展的动向,并结合中国的实际情况,快速地进行数字化的工作,努力开发各种类型的数字产品,构建有效的数字业务平台,实现内容的增值服务,逐步跟上全球化的数字融合步伐,是中国出版企业建设中非常重要的一个方面。

五、 竞争策略:寻找在出版产业链、价值链中的位置

今天我们正处在一个经济全球化的时代,而出版产业则是一个高度全球化的产业,因为一国的出版市场已经无法容纳飞速发展的生产力,由此跨国出版集团的并购活动越来越频繁,产业集中度越来越高,专业化运营的要求也越来越高。

在这样一个出版市场全球化的时代,任何大的跨国企业都不可能经营出版产业链的所有环节,它客观上要求跨国出版公司调整竞争策略,按照二百多年前大卫·李嘉图提出的比较竞争优势理论,依据供应链管理理论,经营全球出版产业链的某一个或两个环节。

所谓的产业链是以某一个产业或行业为中心,由其"上游"产业或行

业和"下游"产业或行业构成的一个链条。就现代信息技术条件下的出版产业而言,一方面,随着多种媒体互动开发,传统上分为各个行业的图书、报刊、广播电视与新兴行业数字化产品连成一体,以至于传统外在的"产业链"正在内在化而变成新型出版产业的各部分或环节;另一方面,新型出版产业整合了传统上分立为各个行业的图书、报刊、广播电视与新兴数字化产品,使其较之传统出版产业拥有更长而广的"产业链"。

价值链是指生产某一产品,由取得原材料到制造产品,最终产品送达用户等一系列过程,其中每个环节或程序都要尽量增值,目的是使产品用户以最低成本获得最大价值,使企业以尽可能低的成本取得尽可能大的收益。

一般来说,产业链是不以企业主观愿望为转移的宏观的约束条件。中国图书出版产业由传统向新型出版企业转变,无论产业链的还是价值链的拓展都是重要的。中国出版人致力于由传统出版企业向新型出版企业转变,则应致力于开拓新的价值链。

新型出版产业是经济全球化的一部分。在一国范围,传统出版产业的产业链和价值链正在被新型出版产业的产业链和价值链取代。在全球范围,新型出版产业的产业链和价值链也就是跨国的产业链和价值链。具体来说,图书、报刊、广播电视和数字化产品的整合是跨国的,同相关产业和行业的联系是跨国的,内容产品由取得原材料到制造产品、产品送达用户等一系列过程同样是跨国的。

这是全球范围出版产业国际竞争和分工的新趋势。目前来看,至少有下列特征:第一,出版产业的全球价值链是按照企业的公司治理原则而形成的。若干核心企业既以持股方式介入分散在各国的整个生产过程的诸环节,又经由分包、合资、战略联盟、购入协议等方式,与当地企业建立市场或非市场的联系。核心企业的数目随规模经济而减少。核心企业能够影响非核心企业的进入、升级和作用。核心企业必定是跨国公司,集中于产品设计和开发、营销和售后服务,而将生产过程外包(outsourcing)。第二,跨国出版公司在选择投资国(地)时,注重当地出版市场的潜力和前景,同时关注当地是否具有适当的制度条件和可靠的合作伙伴。第三,出版产业作为内容产业,其生产过程的各个环节分散于不同国家或地区,以充分利用各国或各地的比较优势。现代通讯和管理技术使分散的各个环节保持联系以确保整体效率。第四,生产过程不同环节的技术水平和增值水平都不同,对于参与者的能力要求也就不同。位于全球价值链底部的企业承受最大压力,迫切要求提升自己的能力以争取进入技术水平和增值水平均较高的生产环节。

　　中国出版产业正面临着出版全球化所带来的机遇和挑战。对于中国的出版集团而言,如何按照比较竞争优势理论,介入到全球出版产业链和价值链中去,就成为一个非常重要的问题。图3是从内容提供角度给出的传统出版产业的产业链和价值链。

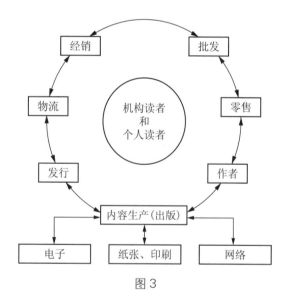

图3

以上海世纪出版集团为例。在全球出版产业链和价值链中，我们的比较竞争优势在于物流环节。上海位于西太平洋沿岸，又有广阔的内陆腹地，具有独一无二的地理区位，洋山深水港的建成使我们的图书物流可以辐射到整个亚太地区，而具有一定素质的劳动力以及低廉的劳动力费用使我们的成本远远低于所有西方图书物流企业。因此，只要我们迅速建立起基于数字化和网络化的现代物流平台，就能将全球相当一部分图书物流业务吸纳过来，把上海建成全球出版业的现代物流基地。上海世纪出版集团已投入 3.5 亿元人民币在上海青浦建设一个国际一流标准的现代物流企业。因为，在这方面我们具有比较成本优势。

而另一方面，在内容创造和生产的环节，从全球出版产业链和价值链的角度看，我们并不存在比较竞争优势。内容创造和生产领域需要巨额的投资和大量的资源，因此要介入全球这一领域，应该借助中国巨大的市场，迅速与跨国出版集团合作，打入"西方俱乐部"，利用、占有它们已经开发出的数字平台和数字内容资源，为我所用，占领全球内容创造和生产领域的一席之地。同时，在与跨国出版公司合作的过程中，通过并购海外出版企业，真正实现中国文化"走出去"的美好愿望。

同样的道理，我们还应该按照比较竞争优势的理论，努力寻找在国内出版产业链和价值链中的位置，以此不断发展和壮大自己。因为，中国是一个有 13 亿人口的大国，其巨国效应足以支持一个足够大的出版市场。基于此，上海世纪出版集团在国内出版产业链和价值链中的定位是，在内容生产和现代物流两个领域成为中国出版产业的领先者。

（2006 年 12 月第一稿，2007 年 1 月定稿）

第四篇

中国图书定价制度研究

2008 年 5 月至 2009 年 2 月第一稿；

2009 年 4 月第二稿；

2010 年 2 月第三稿；

2010 年 5 月第四稿；

2010 年 7 月第五稿；

2010 年 9 月第六稿；

2010 年 11 月定稿；

生活·读书·新知三联书店 2011 年 4 月出版。

引　言

　　自 20 世纪 80 年代中后期中国图书价格管理体制改革之后,图书价格的不断攀升一直成为人们热议的话题。近年来,在各种有关影响读者购书因素的调查中,图书定价均排在首位。例如 2008 年"上海市民读书情况调查"显示:78%的市民认为目前书价偏高不好接受;58%的市民表示,正是因为书价太高而影响自己的读书愿望;还有 39%的市民表示,因为正版书太贵而购买过盗版书。而更具全国性意义的 2008 年"开卷读者调查报告"显示:有 60%的读者选择网上购书的原因在于"网上书价较便宜、折扣大"。

　　现代经济学告诉我们,价格是其研究的核心问题,所有经济规律的后面都有价格规律在发挥作用,纷繁复杂的经济现象背后的运行机制、规律和法则都会直接或间接地反映在价格变化上。本篇将从图书价格这一最显性的现象入手,运用相关的经济学理论和方法,对图书商品的内在属性进行分析,并深入探究其价格形成的内在机制;在此基础上,描述中国图书定价制度和价格水平演化的历史进程,对当前中国图书价格是否偏高这一问题给予全面而系统的回答,并提出相应的政策建议。

第 1 章
图书定价的经济学分析

在研究图书价格时,特别要分清的是经济学分析方法和社会学分析方法的区别。社会学更多的是以问卷调查的主观感受(比如读者是否普遍感到书价很高)作为定论的依据并展开相应的分析。经济学中关于商品价格的分析是以供给—需求分析方法为基础,以实际价格和均衡价格的偏离度作为衡量价格的标准尺度。而商品的经济属性又是其价格波动的基础,各种因素总是通过供求关系的变动对商品的价格水平发生作用,不同经济属性的商品,其对同样的供求关系变动的反应程度是不同的。因此,本篇把图书商品经济属性的分析作为图书定价问题研究的起点。

1.1 图书商品的经济属性分析

商品的经济属性可以用弹性指标进行具体量化,该指标能够对商品价格、收入与需求关系进行一般性的描述。图书的需求价格弹性直接影响到出版厂商的定价决策,图书的收入弹性则直接反映出消费者对图书商品的非必需性需求。而更为重要的是,图书作为"传达思想和文化的工具",具有与其他商品不同的特殊属性,在赋予图书较强垄断性的同时,也显示出其信息产品的特性,以及较强的正外部性。

1.1.1 性质1:图书是低价格弹性商品

在经济学中,商品需求的价格弹性是指在其他商品价格不变、收入也不变的条件下,某一商品价格变动百分之一而引起的该商品需求量变动的百分比。价格弹性反映的是商品的需求量对价格变动的敏感程度,弹性越大,则需求量对价格的变化越敏感,反之则越迟钝。价格弹性对商品定价有重要的影响,如果商品的价格弹性较高,则厂商更倾向于采取低价策略,因为此时商品需求量增加的幅度将超过价格下降的幅度,从而提高厂商的收入。表1.1给出了不同需求价格弹性下厂商的定价决策。

表1.1 需求的价格弹性(E)和销售收入

价格决策 ＼ 弹性	$E>1$	$E=1$	$E<1$	$E=0$	$E=\infty$
降　价	收入增加	收入不变	收入减少	同比例于价格的下降而减少	既定的价格下,收益可以无限增加,厂商不会降阶
涨　价	收入减少	收入不变	收入增加	同比例于价格的上升而增加	收益会减少为0
最佳决策	降价	两可	涨价	涨价	不变

对图书价格弹性的实证研究表明,图书属于缺乏弹性的商品,即$E<1$。根据美国著名经济学家斯蒂格利茨《经济学》一书中的测算,美国图书市场的需求价格弹性为0.34[①];而国内研究人员对中国图书市场1990—

[①]　参见斯蒂格利茨:《经济学》(上),中国人民大学出版社2000年版,第91页。

1998 年的需求价格弹性的研究表明,这一时期中国图书的价格弹性一直稳定在 0.40 左右①。显然对于图书这样的低价格弹性商品,厂商一般会采取涨价策略来提高销售收入。

需要说明的是,就其一般性而言,图书属于缺乏价格弹性的商品,但对于不同类型的图书,其价格弹性可能会有较大的差异,甚至不排除某种图书有较高的价格弹性。比如教材的价格弹性较低,但教辅书的价格弹性则较高;专业图书与大众图书相比,后者的价格弹性较高;而大众图书中内容雷同、风格相差无几的图书,比如大众食谱、养生健康等生活类图书,则往往会有更高的价格弹性。

1.1.2 性质 2:图书是高收入弹性商品

商品需求的收入弹性是指在价格不变的条件下,消费者收入变动百分之一时该商品需求量变动的百分比。当比值大于 1 时,则称该类商品富有收入弹性,或收入弹性较高;当比值小于 1 时,则称该商品缺乏收入弹性,或收入弹性较低。收入弹性大于 1,意味着该商品消费量增加的幅度将超过收入增加的幅度;收入弹性小于 1,则该商品消费量增加的幅度将小于收入增加的幅度。在经济学中,该指标用来衡量某种商品需求量的变动对收入变动的反应程度,它是反映商品经济学特性的一个重要指标。

收入弹性值在 0 与 1 之间的商品,一般又可称为必需品,它是维持人们日常生活所不可缺少的商品。在收入增加时个人对该商品的需求会相应增加,但增加的幅度会小于收入增加的幅度。

① 参见王广照:《向更高的境界迈进——用产业组织理论分析中国出版业》,《出版广角》2003 年第 5 期,第 47—49 页。

收入弹性大于1的商品，又可称为超必需品，它对于个人的基本生活而言不是必不可少的，而是可有可无的，正因为如此，该类商品往往需要消费者有较高的收入。这类商品一般包括奢侈品、品牌商品、定制商品以及一些个性化服务等等。

据美国学者的测算，图书商品的收入弹性为1.44[①]；而国内的研究表明，中国图书市场在1990—1998年间的收入弹性在1.03—1.49之间[②]。虽然不同类别图书的收入弹性存在差异，但一般而言，可以认为图书需求的收入弹性较高，属于一种较弱的超必需品。[③]

1.1.3　性质3：图书有较强的垄断性

图书具有相当程度的垄断性。其垄断性主要来自图书的版权，一本书一般只能由一家出版社出版，从而保证了该书在市场上的唯一性。当然，进入公共领域的无版权的书可能除外，同样一本书可以存在多个版本相互竞争，尽管如此，不同出版社的品牌、信誉度、出版质量等因素仍然可以增强其垄断性。

图书的垄断性还来自其"内容产品"的特性。正如不同书法家写同一幅字，不同画家画同一幅画，被认为是不同的作品，彼此之间不能相互替代一样，图书也同样存在这一特点。同样类型、同样内容的图书，由于作者写作风格、表达方式、结构框架、思想深度等方面的不同，也会产生很大的差异性，更不用说不同内容、不同类型的图书了。差异度越高的商品，

---

①　参见爱斯菲尔德：《微观经济学：理论与应用》，上海交通大学出版社1988年版，第156页。

②　参见王广照：《向更高的境界迈进——用产业组织理论分析中国出版业》。

③　中小学课本的情况除外，其价格的制定主要由行政手段控制。

被其他相近产品所替代的可能性则越小，从而增加了图书的垄断性。在适当抽象的情况下，任何一本图书都是一种唯一的产品，不会受到其他图书的竞争，因此从产业组织角度而言，图书的出版社可以视为一个垄断者，可以充分运用价格歧视的定价策略。

1.1.4 性质4：图书是一种信息产品

图书是一种信息产品，其提供消费的本质是知识和信息内容，因此可以将其归纳为"内容为王"的产品。而近年来，图书出版社也更多地将自身定位为内容提供者。图书作为信息产品，其价值是复杂劳动的一种凝结，也反映了生产者多年来知识资本的累积。

所有的信息产品在生产技术上都具有如下的特点：生产的固定成本很高，但边际成本却很低。也就是说，信息产品一旦生产出来，再生产一套的成本非常低，其成本主要来自前期投入的固定成本。对于完全数字化的信息产品，比如软件、数字音像产品等，其边际成本几乎等于零。

我们知道，在价格理论中，边际成本是决定产品价格的一个重要因素。对于一般商品而言，边际成本随着产量的增加会逐渐上升，但对于信息产品，其边际成本往往与产量无关（比如软件，边际成本恒等于零），或者随产量的增加而下降（比如图书）。关于这一点，我们以后的分析中还会涉及。

1.1.5 性质5：图书具有较强的正外部性

当个人或厂商的一种行为直接影响到他人或社会，却没有支付相应成本或得到相应的补偿时，就出现了外部性。①外部性意味着个人或厂商没有承担其行为的全部后果。如果外部性为负，意味着他人或社会的福利受到了损失，但行为人或厂商却没有支出相应的成本，比如污染、吸烟、乱丢垃圾等；如果外部性为正，意味着他人或社会的福利有了增加，但行为人或厂商却没有得到补偿，比如发明、公共绿地、教育等等。从经济学角度而言，负外部性的产品相对社会合理需求而言总会生产得太多，而正外部性的产品则会相对生产不足。因此，对于有外部性的产品而言，市场竞争机制和价格机制会存在一定程度的"失灵"，需要政府作为一种外部力量介入，以"矫正"外部性产品的产量与社会需求之间的差距。

　　作为文化和知识载体的书籍，主要承担传递和普及知识与信息的功能，因此，它是一种典型的正外部性产品。一本书的价值绝不能等同于出版一本书的成本或销售一本书的价格。读书的人越多，对于社会而言，整体收益也便越大。也就是说，销售一本书的同时，出版社的收益与社会整体收益是不对等的，后者要远高于前者。但从图书内部来看，不同种类不同性质的图书的外部性是有差异的，相比较而言，普及知识型的、科普教育型的、专业知识型的、提供信息类的图书的正外部性要大一些，而纯粹娱乐消遣性的图书其外部性要小得多，或者没有。当然我们也应该看到另一种情况，即内容不健康、不科学的图书还会具有负的外部性。因此，对于那些社会效益很高而私人效益较低，即正外部性较强的图书品种，政府应该通过各种非市场手段，比如补贴、直接生产、减税等，来刺激市场的实际生产量以弥补市场提供的不足；而对于那些外部性较弱、私人收益同社会收益背离较小的品种，可以交由市场，按市场经济的法则来提供。

---

① 参见斯蒂格利茨：《经济学》（上），第138页。

1.2 对图书垄断性的再考察

图书具有垄断性是本篇的一个基本结论。经济学意义上的垄断是指产品具有差异性,不容易被其他产品所替代。这种性质越强,则其垄断性就越强。图书具有较高的差异性在上文已有所论及,这里重点考察在信息技术革命的背景下,图书产品的可替代性问题。

信息载体的技术革命很容易对纸质图书产品形成替代。随着数字技术的发展以及公共图书馆的普及,知识信息的载体日益增多,传统纸质图书的替代方式也越来越多,主要包括电子图书、图书馆以及复印类图书。

1.2.1 电子图书

电子图书对纸质图书的替代作用可从以下两个方面进行分析:

首先,从整体而言,电子图书作为一种新的阅读方式和手段正逐渐成势,其存在和发展必然会挤占和侵蚀传统的纸质图书市场,但挤占和侵蚀的程度要受消费者阅读习惯的制约。从目前的发展情况看,这种挤占并未大量普遍发生,原因是目前的读者主体是在纸质图书的熏陶下成长起来的,阅读习惯难以在短期内改变。对于在数字技术时代成长起来的读者,有可能会更偏爱电子图书,或者说至少不会排斥电子图书,到那时,电子图书的替代作用将会表现得更加充分。这种替代性将对读者群起到细分作用,即把读者划分为偏爱纸质图书的读者和偏爱电子图书的读者,前者的购买对象仍然以纸质图书为主。在这种情况下,一个可预见的趋势是,纸质图书的市场将会减小,但价格会比现在更高。

其次,对于以传递信息和知识为主的图书,比如各种年鉴、研究报告、专业类图书、教材和教辅图书,电子图书无疑对纸质图书形成更强的替代,这种现象目前已经表现得很充分了。但受版权的制约,这类图书的电子版和纸质版往往归同一家出版社所有(正如我们经常看到的那样,欧美出版巨头一般都拥有这类图书两种版权)。此时出版社会在两种产品之间进行平衡,制定更为复杂的定价策略。我们看到的现实是,在美国,专业类电子图书的价格并未由于低廉的边际成本而大幅度降低,这是版权唯一性所导致的图书垄断性的结果。可以这样说,图书产品(不论它是电子图书还是纸质图书)的价格更多的是由需求方决定的。在这种情况下,尽管电子图书对纸质图书形成替代,但对纸质图书价格的影响却是不确定的,既可能推升纸质图书的价格,也可能抑制其价格。

1.2.2 公共图书馆

图书馆的出现与发展是现代文明社会进步的表现之一。图书馆对图书价格的影响主要表现在以下两个方面:

其一,一般来说,图书馆是一个稳定、庞大且对价格不敏感的购书群体。国外数据及经验显示,与其他购书群体相比,图书馆购书有以下特点:图书馆购买的图书印数大多都在 5 000 册或以下;购书主要以精装本为主;其购书渠道主要是大型代理商或出版社直销方式,尤其是专业和学术类图书。上述特点也直接促成了图书馆成为购买高价位图书的重要群体,例如 1996—2002 年美国图书馆购书平均每册费用一直高于美国国内图书平均价格,2002 年美国图书馆购书平均每册费用高出其国内图书平均价格 11.38 美元。

其二,图书馆的存在也对读者群做了进一步的细分。在图书馆网络十分发达的情况下,图书潜在消费者中对价格较为敏感的人群会从市场直接购书转为到图书馆借书,而保留下来的在市场中购书的消费者基本上都是对图书价格不敏感的群体。因此,图书馆的存在可能会降低图书的销售量,但却会推升图书的市场价格。从发达国家的实际情况来看,图书馆的大量购书是图书出版业繁荣的重要基础。比如对于小印数、高定价的图书,如果没有图书馆市场的支持,很可能就根本不能出版。

1.2.3　复印类图书

由于中国版权意识和保护措施起步较晚,在很长一段时间内,对图书,主要是大学教材以及专业图书没有严密的版权保护措施,存在着大规模复印的现象。图书作为内容决定型商品,大量的复印类图书成为大学教材及专业图书的替代品,从而减少了人们对正版图书的需求,降低了图书的销售量,并对图书价格形成一定的抑制作用。可是,在版权保护良好的市场,尽管纸质图书会受到多种方式的替代,但并没有影响到图书的垄断性,因而也不会影响到图书价格的形成机制。

1.3　图书定价的微观经济学分析

企业所处的市场特征直接影响到企业的定价行为,因此,图书出版业的市场特征是我们分析图书定价的基本前提。在明确这一前提后,我们将采取相应的定价模型,对图书的定价策略进行综合分析。

1.3.1 图书出版业的市场特征分析

经济学通常按照市场竞争的差异程度将市场分为四种类型:完全竞争市场、完全垄断市场、寡头垄断市场、垄断竞争市场。其中,完全竞争市场和完全垄断市场是两种极端状态,而寡头垄断市场和垄断竞争市场处于上述两者之间,市场结构较为复杂,兼具垄断与竞争两种特点。据吴赟的研究,现实中的出版业市场结构主要表现为垄断竞争和寡头垄断两种形态(详见表1.2),这也印证了我们上文得出的性质3的判断。以下主要从图书具有垄断性这一特征出发对图书微观定价机制展开分析。

表 1.2 出版业市场的类型和特征

市场类型	厂商数量	产品差异程度	企业对价格的控制程度	进出行业的难易程度	出版市场实例
完全竞争	许多	完全无差别	没有	很容易	出版业无此情况
垄断竞争	许多	有一定的差别	一些	比较容易	大众出版、教育出版、专业出版市场
寡头垄断	几个	差别很小或没有差别	一些	相当困难	教育出版、专业出版市场
完全垄断	唯一	产品是唯一的且无相近的替代品	极大,但通常受管制	几乎不可能	部分政府出版物、部分专业出版物市场

资料来源:吴赟:《垄断竞争和寡头垄断条件下的出版市场分析》,《出版科学》2009年第2期,第27—31页。

1.3.2 图书垄断企业对不同市场的定价行为分析:三级价格歧视策略

根据性质3,我们可以认为图书出版企业具有一定垄断力量,因此可以运用垄断定价模型解释图书定价行为。为了简化分析,假设图书市场可以分割为两个子市场——高收入人群市场和低收入人群市场,或者是价格敏感型市场和价格不敏感型市场。这两类市场分别有不同的需求曲线(如图 1.1 所示),其中 D_1 表示高收入人群和价格不敏感人群的需求曲线,价格弹性用 E_1 表示;D_2 表示低收入人群和价格敏感型人群的需求曲线,价格弹性用 E_2 表示。

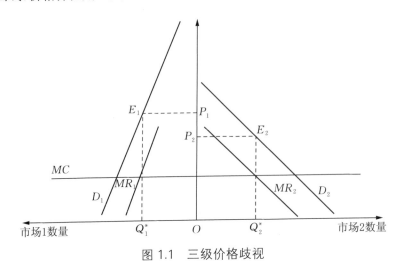

图 1.1　三级价格歧视

对出版企业而言,市场 1 代表了其稳定的消费者,并且也往往是消费的主体。向这类消费者销售图书的交易成本较低。而市场 2 则代表了不稳定消费者,其消费行为容易受到价格、收入、替代产品和竞争产品的影响。因此,出版企业向这类消费者销售图书的交易成本较高。垄断企业此时可以对上述两个市场分别采取不同的价格来获得最大利润,这就是"三级价格歧视"策略。在实践中,图书是一个容易采取"三级价格歧视"策略的市场,比如在英美等国的图书市场上,出版商在推出昂贵的精装书同时,也生产广受欢迎、价格低廉的大众市场纸皮书。另外,"三级价格歧视"策略在时装、电影等商品上也屡见不鲜。

根据利润极大化条件 $MR_1 = MR_2 = MC$,可以确定出两个市场上的

价格分别是 P_1 和 P_2,并且有如下的等式:

$$P_1/P_2 = (1 - 1/|E_2|)/(1 - 1/|E_1|)$$

该等式意味着出版企业应该在价格弹性较低的市场制定较高的价格,在价格弹性较高的市场制定较低的价格,因此有:

$$P_1 > P_2$$

从社会福利的角度而言,"三级价格歧视"会改善部分消费者的社会福利,这已为微观经济学理论所证明。比如在某种情况下,市场 2 的需求曲线位于图 1.1 的 MR_2 的位置。此时如果出版企业不采取价格歧视,则市场价为 P_1,这意味着市场 2 中的消费者将没有能力购买图书,从而退出图书市场,也就是说对于这部分消费者而言,图书的价格显得太昂贵了。显然,这对出版企业和低收入消费者而言都是一种福利损失。而在实行"三级价格歧视"策略的情况下,市场 2 的消费者面对的价格将是 P_2,该群体购买 Q_2^* 数量的图书,从而提高了消费者和出版企业双方的福利水平。

1.3.3 图书耐用品垄断企业的跨期动态定价:递减价格序列

在上面的分析中,我们只考虑了图书定价的静态情形,而垄断企业一般都持有动态的定价观点,即为了将来的利润可能会牺牲一点当前利润。我们知道图书是一种耐用品,购买了耐用品的消费者,一般不会再次购买同一商品,也就是说,每位消费者对同一本图书只会购买一次。因此,对出版企业而言,今天的图书销售就降低了明天的市场需求。在此情况下,为了获得最大利润,企业会采取逐渐降低图书价格的策略。这一策略同样可以视为是一种"三级价格歧视",与前文分析不同的是,这里并不是按对价格的敏感程度来划分市场,而是按对时间的敏感程度划分市场。

我们首先建立一个能够说明主要观点的简单的两阶段模型。假设垄断企业在时期 T_1 制定价格 P_1,则估价超过 P_1 的消费者会接受该价格。在时期 T_2 开始时,垄断企业只能面对剩余的需求,后者由估价小于 P_1 的消费者构成。这样垄断企业试图制定较低的第二阶段价格。假设第二阶段是垄断企业销售的最后阶段,则企业会根据剩余的需求制定 T_2 时期的垄断价格,即 P_2(显然 $P_2 < P_1$)。如果引入企业与消费者的博弈,即如果消费者在时期 T_1 知道垄断企业事后在时期 T_2 会降价,则消费者的购买行为会发生一定程度的改变。那些估价高于 P_1,并且急需得到该图书的消费者仍然会接受价格 P_1,而估价低于 P_1 的消费者,以及估价高于 P_1 但并不急于得到该书的消费者则不会购买,因为他通过等待可以得到更低的价格。因此,对未来价格的预期降低了时期 T_1 的需求。扩展到多阶段模型,我们发现,在给定企业行为下,并且给定企业和消费者合理预期下,企业采取的最优策略是递减价格序列的形式,即在离散时间 $T=1, 2, \cdots, t$ 期内,均衡价格逐级递减,有:

$$P_1 > P_2 > \cdots > P_t$$

在实践中,这种定价策略往往以"打折"的形式表现出来。这也就意味着,对于在时期 T_1 以后才购买图书的消费者而言,时期 T_1 的价格 P_1 有点昂贵了。

1.3.4 图书产品市场过剩分析——生产技术视角

价格理论主要研究的是价格和产量的关系,考察产量的决策对于我们深刻全面地了解图书出版业的价格形成机制同样有重要意义。我们知道,图书出版业是一个容易生产过剩的产业,国际和国内均如此。从价格理论来说,均衡价格对应的是均衡产量。也就是说,在这一价格下,市场正好出清,产品既不会出现过剩,也不会出现不足。如果市场不能出清,则一般认为该市场的价格高于均衡价格。

但对于图书这样的信息产品,这一观点需要做一定的修正。上文性质 4 的分析表明,图书是一种固定成本很高,而边际成本很低的产品。在市场需求确定的情况下,企业将生产 Q^* 的图书,将价格定在 P^* 的水平上,市场将全部出清,如图 1.2 所示。

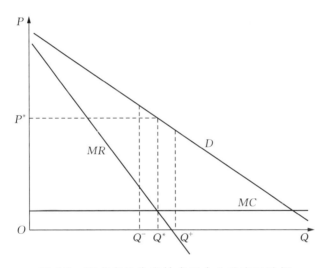

图 1.2　图书产品生产技术及企业的产量选择

但是在需求不确定的情况下①,企业不可能准确地知道市场需求曲

---

①　作为微观经济组织的出版机构,在实践中决定供给量时通常是凭经验判断,出版产品的本期(当前出版周期)价格并不一定由本期产量决定,出版产品的本期价格也不一定能决定下期(下一出版周期)产量。一种图书的总印数主要受其读者群规模大小的影响,而与定价的关系并不明显。这一特点在传统出版领域表现尤为明显。印刷史研究专家柴瑞特(David Zaret)曾针对出版业供给的风险性指出:"印刷文本的经济学更多涉及计划、风险和其他市场行为等。印刷者只能依靠不确定的市场需求来估计生产数量。"参见 David Zaret, *Origins of Democratic Culture：Printing，Petitions，and the Public Sphere in Early-Modern England*，Princeton, New Jersey：Princeton University Press, 1999, p.136,转引自吴赟:《试论出版机构供给行为的经济学机理》,《出版科学》2008 年第 2 期,第 9—13 页。

线 D，只能根据经验和预期进行一个估计，下文将证明，企业总是倾向于多生产一些图书。

现假设企业预期的需求水平是 D，此时价格是 P^*，而产量是 Q^*。

情形一：企业选择在此基础上多生产 ΔQ 的产量，即达到 Q^+ 水平，此时企业既可能获得一个更高的收益，但也面临着产品积压的风险。此时，企业的

收益 $\Pi_1 = P^* \times Q^+ - MC \times Q^+$

损失 $S_1 = MC(Q^+ - Q^*) = MC \times \Delta Q$

情形二：厂商选择在此基础上少生产 ΔQ 的产量，即达到 Q^- 水平，此时厂商既可能获得一个较低的收益，但也面临着没有充分获得利润的风险。此时，厂商的

收益 $\Pi_2 = P^* \times Q^- - MC \times Q^-$

损失 $S_2 = (P^* - MC)\Delta Q$

比较情形一和情形二，可以看出，Π_1 总是大于 Π_2，也就是多生产可能获得的收益总是大于少生产。而对于图书商品而言，由性质 4 有，其边际成本非常低，即 $(P^* - MC)$ 总是大于 MC，甚至远远大于 MC，这也就意味着，S_1 总是小于 S_2，即企业多生产的损失要小于少生产的损失。

因此，对出版企业而言，其最优策略是在预期需求水平的基础上多生产一定数量的图书产品。如果每一家出版社都倾向于多生产一个 ΔQ 的话，则整个出版行业就会多生产 $N \times \Delta Q$（N 是出版社的数量）的数量，这就意味着产能过剩。

这个性质对于理解图书出版业有重要的意义。首先，它表明出版业总是容易出现过剩，国际和国内经验也一再表明，这一结论是符合实际的。其次，它也表明，此时的产量过剩是企业的一种最优策略，并不意味着实际价格高于均衡价格。

综合上述理论分析,可以得出如下结论:

结论一,图书市场存在一定的垄断性,而垄断市场中形成的价格要高于完全自由竞争市场中形成的价格,或者说,价格与成本之间存在较大的差额。

结论二,"三级价格歧视"和跨期价格递减是图书市场的基本定价机制。

结论三,图书市场容易出现生产过剩。

1.4 图书定价的不同模式:欧美国家的经验

从世界图书出版业来看,图书定价存在固定价格体系和自由价格体系两种不同的模式。固定价格体系是指对图书价格实行统一定价的制度,即规定图书价格由出版社定价,并在固定位置明确标示,任何图书销售机构都不得擅自加价或减价销售图书;而自由价格体系是指图书以自由价格在市场销售的定价制度,出版社通过周密的成本核算后,以一定的折扣批发给中间商,只要能保证正常运营,零售商可以自由定价销售。

目前图书自由价格体系主要以美国、英国为代表,图书固定价格体系以德国、法国、西班牙为代表。两种模式都有国家层面和行业层面的理念及规则为支撑。即使在同一定价模式下,由于不同国家历史、文化和法律的不同,定价模式的应用和认可程度也各有特色,并且在不断地发展和演变。例如表1.3给出的主要固定价格体系国家,其图书定价就有两种形式:一种是法律形式,德国、法国、西班牙、葡萄牙、希腊等都通过立法规定图书按定价销售,违反价格法将受到制裁;另一种则是商业协议形式,丹麦和挪威等国执行的就是定价协议。

表 1.3　欧美主要国家图书固定价格和自由价格体系表

固定价格体系			自由价格体系
立法形式	制定年份	协议形式	
法　国	1981	丹　麦	美国、英国、比利时、塞浦路斯、捷克、爱沙尼亚、芬兰、冰岛、爱尔兰、拉脱维亚、立陶宛、波兰、瑞典、瑞士等
德　国	2002	匈牙利	
奥地利	2000	卢森堡	
希　腊	1997	挪　威	
意大利	2001	斯洛文尼亚	
荷　兰	2005		
葡萄牙	1996		
西班牙	1975		

资料来源：Doris Stockman："Free or Fixed Prices on Books-patterns of Book Pricingin Europe"，*The Public*，vol.11(2004)4，pp.49—64.

比较而言，在自由价格体系下，零售企业对最终销售价格具有较大自主权，而出版企业对最终销售价格的控制力较弱。因此，我们通常可以看到零售企业对价格弹性较高的图书品种，比如大众图书，通过打折降价等手段提高销售量，以获取更大的经济利益。而在固定价格体系下，出版企业对价格的控制力则较强，可以更好地通过定价策略来维护自身的利益，特别是对那些有一定特色的小众图书出版企业而言，更有利于其维持长期经营。

值得关注的是固定价格体系对图书定价的具体影响。固定价格制实际上是一种在垂直产业链中常常使用的转售价格维持制（resale price-maintenance，简称 RPM），即出版社事先定好价格并打印在书上，一般情况下必须按打印在图书上的价格销售。产业组织理论的研究认为，在RPM 定价方式下，出版商、批发商（代理商）、零售商很容易达成合谋。在下列情况中，出版社可能会提高图书定价：第一，中间环节的不确定性。一个典型的不确定性是出版社不知道中间环节有多长，此时，出版社会按照最坏的可能性来确定图书价格,因此更倾向于制定一个高价格。第二,中间环节的垄断性。如果中间环节的企业具有垄断势力,在瓜分行业利润的谈判中,就具有更强的谈判能力,从而能够得到更多的折扣。面对这样的发行结构,出版社只能通过抬高图书定价,来保证自己和下游其他环节的利润水平不受影响。第三,面临销售和退货等风险,在此情况下,出版社也会通过提高图书定价来消化部分风险。

上述两种价格运行体系不仅对图书的实际价格会产生一定的影响,而且也对图书的产业组织带来影响。在固定价格体系下,中小出版社可以很好地保护自身的利益,而在自由价格体系下,由于出版社失去了对价格的控制,因此很容易陷入恶性竞争之中,中小出版社很容易成为牺牲品。以英国为例,英国在上世纪末取消了图书固定价格体系而改为自由价格体系,此后,英国图书销量剧增,不少新书五折甚至四折销售,中小书店纷纷倒闭,中小出版社被出版集团并购,至 2006 年,大众市场 52.9% 的份额已经被阿歇特、兰登书屋、企鹅和哈珀·柯林斯这四大跨国出版集团所掌控。与之形成鲜明对比的是,在将固定价格体系立法并严格实施的德国,中小出版社依然活跃,最大的 15 家出版社只控制着 30% 的市场份额。

需要说明的是,一个国家或地区究竟采取何种图书定价制度,是由这个国家或地区出版产业的成熟程度以及市场结构和竞争环境乃至于文化安全所决定的。英国最近一百多年来图书定价制度的演变颇能说明这个问题。19 世纪末,英国出版业发行商之间的竞争加剧,导致低价倾销现象相当普遍,不少发行商因此破产,销售渠道不断萎缩,进而影响了整个出版业的健康发展。在这种情况下,1897 年,英国出版商协会和发行商协会签署了《图书固定价格协议》(*Net Book Agreement*),并于 1900 年 1 月在获得英国作家协会认可后正式实施。这项制度的主要规定有三点:(a)出版商有权(但非必须)给所出版的图书制定价格,即出版商可以决定图书是否以固定价格形式销售;(b)销售商必须按固定价格销售,其回报是从出版商那里获得一定的折扣;(c)销售商如果违反制度,所有参与签订图书固定价格协议的出版商将停止向其供应图书。这项制度在英国实行了近百年的时间,它有力地解决了英国出版产业发展之初市场秩序失范所产生的严重问题,推动了英国出版业的快速发展。任何制度安排都可能产生正的和负的外部性问题。随着英国出版产业的不断成熟,固定价格体系负的外部性问题开始显现,这主要表现为出版商或发行商之间所形成的垄断行为,抑制了竞争的开展,进而不利于消费者和社会福利的提高。于是,英国出版业于 1997 年中止了这项实行了近百年的制度,改行自由价格体系。①十多年过去了,一些学者的跟踪研究结果表明,实行自由价格体系对英国出版业发展的总体影响还算是正面的,尽管对此英国出版业内部存在不同的看法。

还需要指出的是,任何一种制度安排均可能有正负两个方面的影响,对它的选择是利弊权衡的结果。问题在于,当我们选定某一种制度安排后,并不意味着我们不应该采取一定的措施来抑制它的负面影响。美国出版业的做法值得我们思考。在自由价格体系下,美国一般不限制书店对读者的售价与折扣,但同时它不允许出版社对不同规模的书店提供不同的供货折扣,以避免大型连锁书店以进货规模优势获得优惠的进货折扣,从而对小书店形成不公平竞争。②这就在一定程度上保证了美国出版业有一个较为合理的书店布局和结构。

---

① 参见周正兵:《英国百年净价图书制度及其启示》,百道网(http://brand.bookdao.info/Default.aspx),2010 年 6 月 20 日。

② 参见郝明义:《现阶段我们需要定价销售制的理由》,《中国图书商报》2010 年 10 月 15 日。

第 2 章
如何看待中国图书价格不断走高的事实

中国图书价格是否偏高,业内人士和普通民众形成了截然相反的两种判断:普通民众普遍认为中国图书价格偏高,价格已经成为影响其购买图书的主要制约因素;与此相反,业内人士普遍认为图书价格并不高,甚至还很低。对同一现象有不同的解读是正常的,但反差如此之大则不得不引发人们的深思。

本章仍然从经济学视角对这一问题展开研究,力图给出一个全面而系统的回答,并把上述两种矛盾的观点统一到一个逻辑一致的分析框架中。我们首先从历史和实证层面考察中国图书定价制度和图书价格水平的演化,对这一过程给出一个客观描述;然后分别从产业外和产业内两个视角深入考察影响图书价格水平变化的各种因素。产业外视角主要包括图书价格在商品价格体系演化中的客观定位,以及转型期中国的社会建设及收入分配等因素对图书价格的影响;产业内视角则包括图书质量、商业模式、定价策略等。

2.1 中国图书定价制度和价格水平演化的历史进程——实证分析

社会主义市场经济改革决定了图书定价制度的市场化取向。在研究图书定价制度的市场化改革问题时,我们不仅要重视图书定价的计划经济模式向市场化模式转变的历史过程,而且更应该注重市场因素对图书价格影响的实证分析。这种实证分析区别出了图书价格变化与印张价格变化的明显分化,印证了印张定价作为计划经济管理方式的局限性,同时明确指出市场化转型时期,收入差距的扩大造成了不同收入消费群体对图书这一超必需品需求的不同步性,而图书定价制度的混乱也在一定程度上助长了图书定价与售价的差距。

2.1.1 中国图书定价制度的历史回顾:市场化改革的取向

以中国市场化进程为观察脉络,可以把中国图书价格定价制度的演进分为四个阶段。第一阶段为自我定价时期;第二阶段主要以印张定价为主要机制;第三阶段依然以印张定价为基础,但突出了对出版社利润的考虑;第四阶段则确定了市场化改革的取向。

1. 1949—1955 年:短暂的自我定价时期,成本加成定价

新中国成立初期,图书价格由出版社制定,定价原则是"成本+利润+税收",当时政府干预主要体现在出版方针的制定和监督执行方面,对具体的微观定价没有严格的要求与规定。

2. 1956 年至 20 世纪 70 年代末:价格管制时期,价格低品种少,图书供给不足

这一时期实行图书统一定价标准,即价格管制与低定价,图书出版业"保本微利",出版社要使图书能够盈利或者多盈利,只有通过规模经济来降低单位成本,而与之对应的图书品种则并不丰富。1978 年全国出版书籍 8 941 种(其中新出 7 594 种),与 1956 年出版的 25 439 种(其中新出

16 751 种)相比①,不仅图书品种没有增加,反而减少。同时这一时期图书的人均供给也没有显著增加,1956 年人均图书占有量是 2.8 册,1978 年是 3.9 册。②

3. 20 世纪 80 年代初至 1992 年:计划与市场过渡时期,计划性涨价,恢复性调整

这一时期主要经历了两次较大的改革。第一次改革是在 1984 年,该年 11 月文化部发出《关于调整图书定价的通知》,对图书定价管理体制进行初步改革,并规定中央一级出版社图书定价标准的幅度。就全国平均水平而言,与 1973 年相比,此次图书定价上调约 60%—80%。第二次改革是在 1988 年,新闻出版署先后转发了《同意印数在 3 000 册以下学术著作和专业著作可参照成本定价的通知》和《关于改革书刊定价办法的意见》,把图书的定价权进一步下放给出版社。1989 年,中国的图书定价水平又一次出现了较大幅度的增长。可见,政府有关部门通过放开部分图书的定价权,以实现当时计划经济向市场调节的相对平稳过渡。这一阶段的图书价格增长,也可以归纳为从计划经济过渡到市场经济的改革过程中,图书定价回归市场化后对扭曲价格的调整。因此,这期间图书定价的调整幅度是相当大的。

4. 1992 年以后:市场化时期,体制释放引发的价格上涨

1992 年是中国社会主义建设进程中的一个关键年份,这一年,中国正式选择了以社会主义市场经济为基本取向的发展路径。这一时期是中国经历从计划到市场的深入变革时期,1993 年图书价格改革再次启动,在明确中小学课本由政府确定印张定价标准并核价外,一般图书价格由出版社自行定价,发行折扣也由出版社和发行商自行商定。由此,图书定价正式进入了市场化阶段。图书价格在整体商品价格结构进行市场化调

---

① 《中国出版年鉴·1985》,中国书籍出版社 1985 年版,第 745 页。
② 《中国出版年鉴·1985》,中国书籍出版社 1985 年版,第 753 页。

整的背景下,经历了由体制性释放所引发的价格上涨。与此同时,图书品种也日益多样化,不断满足广大读者的不同层次需求。

　　进一步分析,我们可以发现,中国图书价格市场化后最初实行的仍是固定价格制度,其价格采取的是由生产者(出版社)决定的方式,实行转售价格维持制。市场化初、中期,出版社运用价格歧视等策略突破成本定价的模式,高价位图书日益增多。在此背景之下,图书价格作为一个涉及读者、作者、出版社等多方利益的敏感问题,引发了社会各界的多次争议。

2.1.2　中国图书价格的攀升:宏观分析

　　图2.1简单反映了中国图书价格(平均每印张定价和平均每册图书定价)与几个重要经济变量,包括消费品零售物价指数(CPI)、城镇居民人均可支配收入、农村人均纯收入之间的相互变化关系。这里,我们对除CPI以外的变量都做了指数化处理,以1985年的值为100,与CPI建立直接对应性。

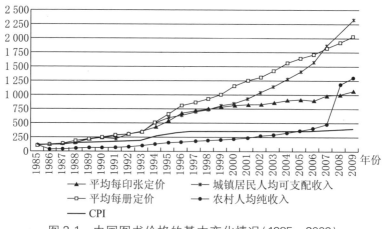

图2.1　中国图书价格的基本变化情况(1985—2009)

这里我们重点考察如下的一些基本关系：

1. 中国图书每册平均定价、每印张平均定价与 CPI 的关系

1985 年后，图书每册平均定价和每印张平均定价的涨幅均高于同期的 CPI，特别是在 1992 年之后，二者同 CPI 的差距逐渐拉大，呈现出较明显的喇叭形，但到 2000 年以后，图书每册定价和每印张定价的上涨势头出现了明显的分化，每册图书的价格仍然在以较高的速度上涨，而每印张定价则变得平缓了许多。

为了能够详细地观察三者之间的关系，我们对原始数据进行了相关处理，做成了表 2.1。从该表可以看出，中国图书价格在不同阶段表现出不同的上涨趋势：1985—1991 年的 7 年间，图书每册和每印张的价格出现了大幅上涨，而同期 CPI 的涨幅也比较高；1992—2000 年，图书每册价格依然涨势如虹，而每印张价格的涨幅则出现一定程度的回落；2001—2009 年，每印张价格的涨幅随同 CPI 一起出现了明显的下滑，而图书每册价格的涨幅尽管也出现了回落，但实际上涨水平依然可观。

从表 2.1 可以看出，图书每册价格和每印张价格的涨幅远远高于同期 CPI 的涨幅，这表明图书价格的上涨幅度要高于同期消费品整体价格的上涨幅度，这也印证了我们上文分析的性质 1，即对出版企业而言，由于图书价格弹性远小于 1，因此，上调价格总是出版企业的最优选择。

表 2.1　中国图书每册平均定价、每印张平均定价、CPI 不同时期年平均价格
　　　　上涨比较

年　　份	每册图书年平均上涨(%)		每印张年平均上涨(%)		CPI
	名义增长	实际增长(设 CPI=0)	名义增长	实际增长(设 CPI=0)	
1985—1991	18.1	8.6	17.7	8.2	9.5
1992—2000	18.5	10.6	14.1	6.2	7.9
2001—2009	6.5	4.5	3.1	1.1	2.0

由于中小学课本在图书总定价中占有重要份额,比如 1998—2009 年课本定价金额占全国图书定价总金额的比例高达 33.10%—42.20%①,而课本的价格主要由行政手段控制,因此剔除课本后的书籍价格变化,可以更好地反映中国图书定价市场化改革后的基本情况(见表 2.2)。同样对数据进行指数化处理,以 1997 年为 100,则可以看出,到 2009 年,图书价格指数为 236,而书籍(剔除课本)的价格指数为 245(图 2.2)。这表明市场化后书籍价格上涨幅度要比图书整体上涨幅度还要高。

表 2.2 中国书籍价格的基本变化情况(1997—2009)

年份	每印张平均定价(元)	印张指数化	每册平均定价(元)	每册指数化	CPI
1997	1.13	100	6.12	100	100
1998	1.22	108	6.52	107	99
1999	1.3	115	7.48	122	98
2000	1.36	120	9.17	150	98
2001	1.37	121	9.77	160	99
2002	1.41	125	10.23	167	98
2003	1.44	127	10.71	172	99
2004	1.5	133	11.82	193	103
2005	1.52	135	12.48	204	105
2006	1.52	135	13.51	221	107
2007	1.68	149	14.29	233	112
2008	1.71	151	14.29	233	119
2009	1.81	160	14.98	245	118

注:2005 年书籍码洋数校验后有 3 亿多元的差异,当年度"基本情况"中数据指出 360.49 亿元,包括附录定价 3.41 亿元,实际上未将数据合并,本表采用实际合并数据 363.90 亿元。

资料来源:根据《中国图书年鉴·1998》第 703 页、《中国出版年鉴》相关年度、《中国物价年鉴·2008》第 420 页数据计算。

① 根据历年《中国出版年鉴》相关数据计算,1998—2009 年课本定价金额占全国图书定价总金额的比例分别为 40.80%、39.30%、42%、37.40%、36.60%、34.90%、37.40%、42.20%、39.80%、37.60%、34.60%、33.10%。

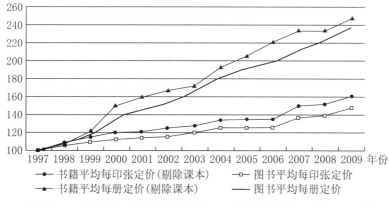

图 2.2　中国图书、书籍价格的基本变化情况比较(1997—2009)

2. 图书价格与人均收入水平的关系

把性质 1 和性质 2 结合起来,可以认为,随着收入水平的提高,图书价格将出现一个更高水平的增长。图 2.1 反映了这一趋势。可以看出,每册图书定价的上涨幅度要略高于城镇和农村人均年收入水平的增长幅度,并且在收入水平增长较快的 1994 年以后,图书价格与收入相比表现出更为迅猛的增长态势,只是到 2007 年,城镇居民收入水平的增长率才超过了图书价格的增长率。

理论部分的分析已经表明,图书是一种超必需品,即它有较高的收入弹性,因此,随着收入水平的增加,居民用于图书消费金额的增长率要高于其他收入弹性较低的商品。图 2.3 反映了这一现状。这里我们用图书总定价来代表居民图书的总消费额[①],同时对其进行了指数化处理(1985年=100),其增长率在我们的考察期内(1985—2009 年)要高于社会消费品零售总额(同样做了指数化处理)的增长率,只是在 2005 年以后,这一关系才发生了逆转。其原因可能在于,一方面,图书的价格已经达到了一

---

① 严格来说,总定价与实际销售金额之间存在一个差额。

个较高的水平,我们从图2.1也可以看出这一点,即2005年以后,每册图书的价格增长率出现了一定程度的减缓,从2000年以来的年均增长率10%的水平,降到2005年以后的5%;另一方面,也是更重要的,随着收入水平的增加,社会消费品这个一篮子商品中,高收入弹性商品的比重越来越高(这主要是由城镇居民贡献的),比如娱乐休闲服务、教育医疗服务、高档电器、汽车、其他奢侈品等等,这样,在居民总消费支出中,用于图书的比例开始出现相对减少。

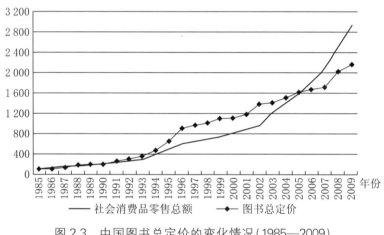

图2.3　中国图书总定价的变化情况(1985—2009)

3. 需求变化与图书价格的关系

1978年以来,中国每种图书的平均印数一路走低,30年间下降了10倍多(图2.4)。由性质3和性质4可知,图书作为一种以提供内容、信息为主要特征,且差异化显著的产品,走向多品种、小印数模式是其发展的必然。因为随着文明程度的提高,人们的兴趣、爱好的范围会越来越宽广,那种一本书让所有人都喜欢的时代早已一去不复返,相反,针对细分市场、特定群体甚至是少数个人而因需定制的图书的比重会越来越高。图书的品种越来越多,而每种图书的平均印数则在不断下降,这一情况不仅在中国表现明显,而且也是世界图书出版业的一个普遍现象。

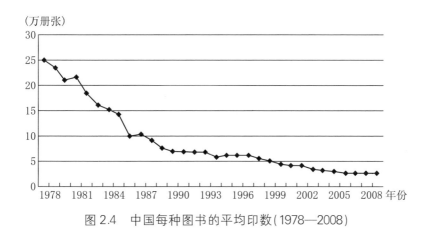

图2.4　中国每种图书的平均印数(1978—2008)

　　性质4决定了图书具有很强的规模经济特性,产量越大,其成本越低,而在小批量生产的情况下,图书的成本会随之提高,相应地,图书的价格也水涨船高。更重要的是,这种趋势会进一步扩大图书的差异化,强化其垄断性,出版社的价格歧视战略会制定得更充分。因此,从长期发展趋势来看,图书价格依然存在持续走高的可能。正如我们现在所看到的,各种受众很小、专业化很强的研究报告一般都会制定远高于一般图书的价格(一般都高达几千元),这也在一定程度上预示了中国专业图书价格的未来走势。

　　4. 简要的小结

　　上面的实证分析已经表明图书价格的上涨幅度要远高于同期的CPI,也就是说,相比社会总体消费品而言,图书价格的上涨要更加明显一些,在某些阶段甚至会表现为迅猛上涨。但正如我们在理论部分所分析的,这种发展态势大体上是符合图书的经济属性的。当然,仅凭现有的资料,我们还不能得出判断,中国图书的价格上涨是否属于一种合理的、良性的上涨。

2.1.3 中国图书价格的结构:微观分析

图书价格的结构性分析有助于我们更深入地了解中国图书价格形成的内在规律和机制。

1. 图书定价与售价的关系

许多研究者在采用每册图书价格来分析图书价格走势时,所用的数据往往是图书标示的价格,也就是图书的名义价格,但其实际成交价才是消费者真正付出的成本,因此,实际成交价格要比图书的名义价格更重要。按《中国出版年鉴》的数据,2001—2007 年的 7 年间,图书实际总销售价格与总定价的比率大约是 0.77—0.8 的水平,也就是说,图书整体上很可能是在打八折销售。

由此可以得出两个结论:

其一,图书实际销售价格并没有标示的那样高,因此,仅仅从图书定价的角度来讨论书价是不全面的,会导致许多人对图书价格的误读。

其二,在出版与发行(也包括零售)之间的关系上,后者占据更强势的地位,对价格的影响力也更大。

2. 图书价格的结构分析

在理论部分的分析中我们已提及,不同类型的图书的经济属性是不一样的,甚至会有很大的差异。比如专业类图书的价格弹性要低于大众图书,并且二者的生产规模也有很大的不同,因此,相比较而言,专业类图书的价格一般要高于大众类图书,无论是中国的图书市场还是发达国家的图书市场都是如此。表 2.3 是英国图书市场的结构,很明显可以看出,专业类、科技类图书的价格要远高于大众类图书。

表 2.3　英国图书价格结构比较(1988)　　　　　　　　　　　　　　　　　　　单位:英镑

平均	小　说		教科书		儿童书		科技书		专业书		非小说	
	平装	精装	平装	精装	平装	精装	平装	精装	平装	精装	平装	精装
17.5	3.45	9.9	4.23	11.97	2.11	5.48	11.88	44.38	13.46	29.34	7.95	21.9

资料来源:《英国图书流通概述》,见 http://202.112.118.40/dzyd/zs-tslt-ygts. pdf,转自陈悟朝博士论文《图书流通研究》。

中国的图书结构也大体如此,从表 2.4 中可以看出,社科、科技等图书(接近于专业图书)的定价最高,而生活休闲、少儿等图书(接近于大众图书)的定价较低,这符合我们前文的判断,即专业类图书的差异性和垄断性更强,因而更容易定高价。

表 2.4　中国图书总体市场和各一级细分市场的平均价格(动销品种)

一级细分市场	单品种定价(元)		单册售价(元)	
	2008 年	2007 年	2008 年	2007 年
社　　科	43.54	44.87	28.28	24.57
教辅教材	12.51	11.69	12.71	11.51
语　　言	27.47	25.94	26.78	25.01
文　　艺	51.9	49.82	26.01	24.69
科　　技	41.53	40.77	34.41	33.63
少　　儿	17.83	17.3	13.49	13.05
生活休闲	27.18	25.78	22.59	21.17
总　　体	34.46	34.01	20.35	19.06

注:单品种定价与单册售价之间的比例关系并不能完全准确地反映图书定价与售价之间的关系,它只是近似地反映了这两者之间的关系。
资料来源:开卷《中国图书零售市场年报(2009)》,第 31 页。

但从实际销售价格来看,专业类图书与大众类图书的价格差异则缩小了许多。高定价的专业类图书折扣更为明显,特别是社科类图书,其折扣率是除文艺类图书以外最高的。定高价但却卖不了高价,是中国专业类图书的一个基本特征。而发达国家则普遍采取的是平装书与精装书的价格歧视策略,精装书定价高,面向高收入、高偏好读者群,而平装书则低定价,面向收入低、偏好不强的读者。价格歧视战略不仅可以保证出版企业收益的最大化,更重要的是,它还能够保证低收入群体同样可以消费得起图书,从而增加了社会福利。

如果与发达国家的价格结构比较,可以发现中国的专业和科技类图书的价格仍然相对偏低。我们对表2.3和表2.4的数据进行处理,得到表2.5。它反映的是不同类型图书的平均价格与整体图书平均价格的比率关系,由此可以看出不同类型图书价格之间的相互关系。在英国,专业类和科技类图书的价格不论平装还是精装,大约都是儿童类图书的5倍以上,是小说类图书的3至4倍,是非小说类图书的1.5倍左右。相比较而言,中国不同类型图书的价格差要小得多,比如售价最高的科技类图书是少儿类图书的2.5倍左右,社科类图书是少儿类图书的2倍左右。

表2.5　中国与英国图书价格结构比较(单种图书平均价格/总体图书平均价格)

	中　　国			英国(1988年)	
	2008年	2007年		平　装	精　装
社　　科	1.39	1.29	小　说	0.20	0.57
教辅教材	0.62	0.60	教科书	0.24	0.68
语　　言	1.32	1.31	专业书	0.77	1.68
文　　艺	1.28	1.30	非小说	0.45	1.25
科　　技	1.69	1.76	科技书	0.68	2.54
少　　儿	0.66	0.68	儿童书	0.12	0.31
生活休闲	1.11	1.11			

3. 出版—发行的关系与图书定价

一般而言,一本图书的价值链是这样构成的:成本约占图书定价的35%—40%,出版社的毛利润约占定价的20%—25%,经销商获得定价的5%—10%,余下的25%—30%归零售商所有。这样,出版社的名义利润水平最高,而零售商的利润水平最低,扣除书店的营业成本后,估计一般不超过 5%。①近几年民营书店多数处于惨淡经营状态,可以在一定程度上佐证上面的判断。在此情形下,书店也同样倒逼出版社提高图书定价,因为在发货折扣一样的情况下,书店一般会选择定价较高的图书进行销售,以维持或提高利润。

目前的出版—发行关系是:出版社承担着产业的主要风险,图书一旦滞销,书店可以全部无条件退给出版社,出版社还要承担书商、书店的诚信风险,频频受到不能及时结款的困扰。从经济学角度而言,高风险获得高收益是必然的,否则这一行业就不可能存在下去。因此,目前出版社与发行、零售企业的风险—收益关系是匹配的,但如果发行和零售环节的退货风险和欠款风险一旦成为常态,则出版社的利润空间事实上会受到打压。在实际利润空间缩小的情况下,出版社往往会采取提高价格以进一步扩大图书整体利润的办法来实现自己的收益率。这也在一定程度上助推了价格的上涨。

2.2 如何看待中国图书价格不断走高的事实——产业外视角

实证分析已经表明,改革开放以来中国图书价格不断走高,并且是以超过整体消费品价格上涨的速度在不断走高,这已是一个不争的事实。如何看待图书价格不断走高这一事实? 前文对此已做了一个初步的回答,概括起来就是:

其一,价格走高符合图书的经济属性,即高收入弹性、低价格弹性、垄

---

① 关于图书出版、发行和零售之间的利润分配比例,业内人士有不同的看法。

断性。

其二,价格走高符合图书的发展趋势,即多品种、小印数。这种趋势在一定程度上助推了价格的上涨。

其三,出版—发行的关系,或者说出版业风险的分担机制,即风险主要集中在出版社,也在一定程度上推动了书价的上涨。

其四,整体而言,根据《中国出版年鉴》的数据显示,图书的实际销售价格远低于名义价格,前者一般是后者的80%左右,即图书价格的实际上涨率并没有图书标示价格反映的那样高。这一方面表明出版社已经采取了价格歧视战略(跨期的价格歧视);另一方面,我们从结构分析中可以看出,专业类图书的降价幅度是最高的,这也折射出中国图书产业发展中的一个深层次问题——专业图书不"专业",因而价格存在"虚高"。

这里的四点判断只是表明,图书价格上涨是符合其经济属性的,但并没有正面回答为什么许多人认为书价很高。这里需要说明的是,书价高与不高并不是一个客观结果,而是人们的一种主观上的感觉。因此,当我们说书价很高时,事实上已经隐含了一个比较的基准,即相比于这个基准,图书的价格高了许多。

下面,我们从商品价格体系调整的角度来考察图书价格与其他商品价格变化的差异,从而把图书价格的变化放在一个更宏观的背景下来考察,这有助于我们更客观地认识图书价格的变化程度。在此基础上,这里将进一步剖析导致人们普遍认为图书价格很高的原因。

2.2.1 商品价格体系调整与图书价格上涨

图书价格高与不高是一个比较的结果,如果选择的比较对象不同,显然比较的结果也会不同。因此,系统的比较要比单一的比较更具有客观性和可信度。而随着经济社会的发展,由不同商品的价格组成的价格结构体系也处于不断的动态调整过程中。简而言之,商品价格走势是由商品的供求决定的,具体而言,影响供求的微观基础又可分解为:价格弹性、收入弹性、消费偏好、生产技术以及产业组织(反映竞争程度)。

上述几方面的因素对所有商品的价格走势都会产生决定性的影响。那些收入弹性大、价格弹性低的商品(服务)的价格将随着收入水平的提高而逐步提高,反之,则会逐步走低;从生产技术角度看,那些容易规模化、批量化、标准化的商品,其价格也会逐步走低,有许多商品的降幅之大,超乎人们的想象;从产业组织角度而言,那些容易形成垄断的产品的价格更容易"高高在上"。

因此,正如我们看到的,商品价格结构体系总是处于不断变化的过程中,有的商品(服务)保持了与CPI同步的变化,有的商品(服务)出现大幅上涨,有的商品(服务)则在缓慢或迅猛地下降。比如,与商品相比,服务的价格上涨幅度更大,原因在于服务的收入弹性更高,价格弹性更低;艺术品、奢侈品的价格上涨幅度更大,而计算机、手机、汽车、家电等商品的价格甚至处于不断下降的趋势中,原因在于前者是非标准化的,而后者则是标准化产品;品牌商品价格的上涨幅度要高于非品牌商品,原因在于前者具有更高的垄断程度。

上述分析已经勾勒出市场经济条件下商品价格调整的一个基本趋势,而中国几十年价格结构体系的变化也基本上是符合这一趋势的。但由于中国经历了由计划体制向市场体制的转型,因此,价格体系的调整幅度表现得更为剧烈。下面是我们归纳出的一些基本事实:

(1) 许多标准化工业品的价格几乎保持不变。以自行车为例,上世纪60年代,自行车价格平价约为160元,当时还在此基础上推出了高价自行车,定价为500元至600元不等。到目前为止,自行车的价格依然在这一区间内波动。但当时一辆自行车的价格往往是一个普通居民半年的工资,上世纪 60 年代和 70 年代,自行车都是最紧俏的工业品。电视机也同样如此,上世纪 80 年代彩色电视机价格大约为 2 000 元,与目前的价格相仿。但当时一台电视机大约要占城市居民一年的家庭收入(1985 年城市居民人均可支配收入是 739.1 元)。而 1985 年一本图书的平均价格是 0.59 元,自行车和电视机的价格是图书的 300 倍和 3 000 倍。

(2) 还有一些标准化工业品的价格大幅下降,甚至是"高台跳水"。以汽车为例,1985 年,上海大众的普通型桑塔纳轿车上市之初,价格高达 20 多万元一辆,属于绝对的奢侈品,对大多数家庭而言都是遥不可及的;进入 21 世纪后,普通型桑塔纳轿车的价格已经降到了 7 万元左右,早已"飞入寻常百姓家"。与此相类似的商品还包括:台式和笔记本电脑、手机等,如果考虑到性能和质量,其价格不知下降了多少倍。

(3) 许多商品和服务的价格在不断上涨,尽管没有具体数字,但涨幅超过图书的比比皆是。比如邮资,20 世纪 80 年代一封外埠平信的邮资为 0.08 元,目前为 1.2 元至 2 元,上涨了约 20 倍;单一票价制的公共汽车,1985 年的票价为 0.05 元,2000 年为 1 元,是 1985 年的 20 倍;电影票价,1980 年为 0.15 元,目前 20 元几乎是最便宜的,涨了 100 多倍;另外,像医疗卫生、文化娱乐等服务的价格涨幅也大体上经历了几十倍甚至几百倍的增长。在商品系列中,像烟草、服装、化妆品等的涨幅也是比较高的,比如 1985 年最好的中华烟一包也不过是几角钱,现在高级烟中上百元一包的比比皆是,涨幅至少在 100 倍以上。

(4) 许多服务的价格上涨幅度为无穷大。比如大学教育,20 世纪 90 年代以前基本是不收学费的,但现在年学费动辄几千元甚至上万元,涨幅可以看做是无穷大。另外,住房价格也是如此,在计划体制年代住房基本上是不花钱的,而现在则要耗尽一个中产家庭十几年的收入。

简单地比较后已经可以看出，随着市场经济体制的建立和深化，商品价格结构体系经历了一个剧烈的动荡调整期，有的商品价格在不断上涨，而有的则在不断下降，图书只是不断上涨的一系列商品和服务中的一种，超过其涨幅的商品和服务比比皆是。

既然如此，为什么图书价格会成为市民热议的焦点，并受到国家决策层的关注？为什么图书价格上涨会成为众矢之的？我们认为，其中的关键在于图书是一种准公共产品，具有较强的正外部性（性质5），它除了是一种可以为出版产业链上的各个企业带来经济利润的工具外，还承载了太多的非经济功能，比如教化民众、传播知识和思想、提高社会文化水平和文明程度等等。考虑到这些非经济因素，如果图书价格让大多数人难以企及或给其带来很大的生活压力的话，所产生的社会影响远比"高价烟""高价酒""高价月饼"要大得多。这也正是为什么医疗和教育市场化后的价格高企最容易为人们所诟病的原因。

因此，图书作为一种准公共产品，应该能够让大多数人消费得起。由此，我们必须要考察一下中国的收入差距水平和人口文化因素。

2.2.2 收入差距的影响

改革开放以来，人民群众的收入水平出现了大幅度的提高，这是一个有目共睹的事实。据统计，城镇居民人均收入和人均消费分别从 1985 年的 739 元和 673 元上升到 2007 年的 13 786 元和 9 997 元，上涨了 18.6 倍和 14.9 倍，而农村居民人均纯收入和人均消费则分别从 1985 年的 398 元和 317 元上升到 2007 年的 4 140.4 元和 3 223 元，上涨了 10.4 倍和 10.2 倍。但是在收入水平大幅度增加的同时，收入差距的持续扩大却表现得越来越突出。

首先是劳动者收入与企业家收入的差距在拉大。从收入角度观察GDP的结构(表2.6),可以很明显地看出劳动者份额和企业盈余呈现出此消彼长的发展态势。这表明劳动者和企业家(企业盈余以利润的形式转化为企业家股份回报)两个群体之间的收入差距在不断扩大。如果考虑到劳动者和企业家数量的多寡,则可以判断出中国的财富持续在向少数群体进行集中。

表2.6　按收入法计算的中国 GDP 的结构变化(设当年 GDP = 1)

年　份	劳动者报酬	生产税净额	固定资产折旧	营业盈余
1995	0.51	0.14	0.12	0.23
1996	0.53	0.13	0.13	0.21
1997	0.53	0.13	0.14	0.20
1998	0.53	0.13	0.14	0.19
1999	0.52	0.14	0.15	0.19
2000	0.51	0.14	0.15	0.19
2001	0.51	0.14	0.16	0.19
2002	0.51	0.14	0.16	0.19
2003	0.50	0.14	0.16	0.20
2005	0.41	0.14	0.15	0.30
2006	0.41	0.14	0.15	0.31
2007	0.40	0.15	0.14	0.31

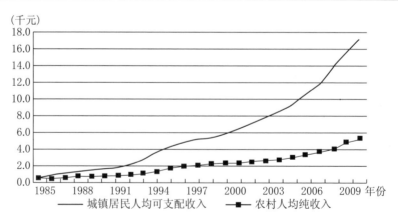

图2.5　中国城镇居民与农村居民收入的相对变化(1985—2009)

其次是城镇居民和农村居民的收入差距在扩大。城乡收入比由1985年的1.86倍扩大到2009年的3.33倍,如图2.5所示。

第三是城市居民内部的收入差距也处于不断拉大的过程中,最低收入组和最高收入组的收入差随时间推移呈现出明显的喇叭形(表2.7)。

表2.7　中国城镇居民最低收入组和最高收入组与中等收入组(设为1)的相对关系

	年　份	最低收入户	中等收入户	最高收入户
平均每人可支配收入	1995	0.52	1	2.04
	2000	0.45	1	2.26
	2007	0.35	1	3.05
平均每人消费性支出	1995	0.60	1	1.75
	2000	0.53	1	1.93
	2007	0.44	1	2.57

对于中国整体收入差距的研究也进一步支持了上述判断,据李实等人的研究,2002年中国的基尼系数达到0.454,比1995年高出1.7个百分点。其中城镇内部的基尼系数上升幅度最大,比1995年提高了近4个百分点,达到0.319。而农村基尼系数则有所下降,从1995年的0.381下降为2002年的0.366。[1]进一步观察城乡收入差距在全国收入差距中的影响则可以运用泰尔指数进行分解,把全国收入差距分解为城乡之间、城市内部、农村内部等三个部分。分解以后,得出城乡之间的差距在全国收入差距所占的比重:1988年的时候是37%,1995年上升到41%,而2002年则上升至46%,这说明城乡之间收入差距在全国收入差距中占的比例更大,并不断上升。上述数据都说明了城乡之间的差距是导致全国收入差距扩大的主要因素。[2]

---

[1]　李实、岳希明:《中国城乡收入差距世界最高》,《理论参考》2005年第4期,第50—52页。

[2]　李实:《转型、增长与收入分配:中国的经验》,引自 http://prolishi.blog.sohu.com/107887759.html。

收入差距扩大,表明贫富差距的悬殊程度在增加,或者说有相当比例的人群并未享受到多少经济发展的成果。尽管我们没有具体数字表明这一群体人数有多少,但从世界一般规律而言,财富总是集中在少数人群手中,基尼系数越大,集中的程度就越高。因此,可以认为,尽管从平均收入的角度而言,中国图书的价格并不是很高(无论是同其他商品比较还是同国外图书比较),但对于低收入人群来说,图书的价格就显得有些昂贵了,如果这部分群体比例很大的话,则这一群体的主观感受就会转化为社会的普遍共识。

2.2.3 人口发展因素的影响

人口发展因素主要是指人口的数量、密度和文化程度等对图书整体消费产生的影响。从中国出版的现实情况看,现在的所谓出版大省,基本是人口基数较大、平均文化程度相对较高的省份。例如,2007 年出版物销售额前几名的省份(直辖市、自治区)分别是江苏、上海、浙江、山东、河南等,而排在最后的省份(自治区)则分别是西藏、青海、宁夏、海南,后面四省(自治区)的销售总额只及江苏省的 12%。①

而人们对图书产品的偏好,通常指的是在所有文化、教育、娱乐消费活动中,人们对阅读纸质图书的喜好和倾向。它主要受以下几个非经济因素的影响:

第一,文化水平。一般情况下,图书购买者必须具备一定的文化水准,而且高文化程度人群对图书的偏好也强于低文化程度的人群。近年来我国文盲率持续下降,2007 年为 8.4%;大专以上学历人口所占比例也

---

① 根据 2007 年全国出版物发行进、销、存情况计算,参见《中国出版年鉴·2008》,第873 页。

有所增长,2007年为6.6%。可以预见,整个社会文化程度的提高将增强人们对图书的消费偏好。

第二,社会对知识的不同偏好。例如股票类图书的一度畅销,可以说明目前社会上对图书产品存在一定程度的功利性,而且也显示出不同时代对知识的不同偏好。同时,市场经济下,出版业在一定程度上引入了娱乐业的一些做法,降低了传统图书的学术性与严肃性,影响人们的阅读倾向和消费偏好。

第三,替代阅读方式的发展及接受程度。比如网络阅读、电子阅读等新的阅读方式对传统阅读的替代。中国出版科学研究所的一项调查显示,2007年国民纸质图书的阅读率已经低于电子读物阅读率,前者为34.7%,后者为36.5%。而在年轻一代中由于普遍较早接受电子阅读的方式,因此购买电子读物的倾向明显高于中老年群体。随着年轻群体在未来消费中主导地位的增强,这一人口发展因素将对纸质图书的消费产生重要影响。

第四,国民阅读率。据中国出版科学研究所进行的"全国国民阅读调查"显示,自1999年以来中国国民的纸质图书阅读率逐年下降,从1999年的60.4%下降到2007年的34.7%。而卓越亚马逊的一项调查更让人对纸质图书的前景担忧:49.5%的人半年内没有读完过一本书。国民阅读率在2008年尽管有所提升,但仍远低于发达国家。据调查,2004年英国国民图书阅读率为66%,而法国2005年的国民图书阅读率达到78%,德国2000年的调查结果显示其国民图书阅读率为75%。

因此,从人口因素,同时也结合收入差距的因素,我们可以做如下的判断:

其一,相比较精神层面的消费,国民更偏好物质消费。例如中国已经成为全球奢侈品消费第一大国,但文化消费的比重却非常低。在文化消费中,娱乐性消费也高于图书报纸杂志的消费。

其二,即使是在广义的阅读层面,浅层次阅读(例如网络阅读、电子阅读等)的比重越来越高,而深层次阅读,即纸质图书的阅读比例在下降。

其三,读书人口的收入偏低。从奢侈品消费状况看,中国并不缺乏有消费能力的群体,只是这部分群体同图书的潜在消费群体之间产生了"错配",通俗而言就是,有钱人不读书,读书人没有钱。这个问题可能要比收入差距扩大、阅读率下降、深层次阅读比重不高所反映出的问题更为严重,它表明中国的财富并不是按照知识水平进行分配的。如果有读书需求的人由于收入低而读不起书,这会成为制约中国未来发展的一个最大隐忧。

事实上,如果进行跨国横向比较,中国图书价格属于偏低的,至少不能算高。据业内人士的普遍估计,中国的大众图书的价格收入比(即平均每本书的价格/人均收入)与国外相仿,但专业类图书的价格收入比则明显偏低。

因此,图书贵不贵,图书相对收入的比重仅仅是一个方面,国民对图书的热爱程度(即经济学讲的偏好)同样是一个重要因素。如果国民热爱读书,则相对而言就能够接受一个更高的图书定价。

2.2.4 小结

第一,图书价格走高符合图书的经济属性,全球市场经济国家均是如此。

第二,无论与其他商品相比,还是与国外图书相比,中国的图书价格都谈不上昂贵,在某些领域,比如专业图书,甚至还偏低。

第三,民众普遍感觉到图书很贵,其原因有三:一是对大多数消费者而言,物质消费的价值高于精神消费,因此很容易得出图书价格很高的判断,正如《经济参考报》一篇文章的标题所描述的那样:"是抽一包烟还是买一本书?"个中缘由,耐人寻味;二是图书是一种准公共产品,价格的攀升更容易引发人们强烈的不满情绪,正如教育和医疗卫生一样;三是收入差距的扩大,并且扩大的方向与知识水平形成一种"错配",高收入群体更热衷于购置房产和奢侈品,而没有成为图书消费的主力,而对于大多数人来说,图书价格可能对其基本生活构成了一种压力。

这三个问题折射出的是中国经济社会发展中的一些深层次的矛盾,并不是出版产业自身所能够解决的。那么,出版产业自身是否也存在一定的问题,而且这些问题又直接引发了民众对图书价格高企的普遍不满呢? 我们认为,中国图书出版产业仍处于不成熟、不完善的发展阶段,自身仍有许多需要改进的问题,而这些问题的存在导致图书价格出现"虚高"的情况。我们在下一节将对此进行分析。

2.3　如何看待中国图书价格不断走高的事实——产业内视角

在上一节,我们从影响人们主观判断的商品价格体系、收入差距及人口素质和消费偏好入手,分析了中国图书价格走高的原因,认为中国图书价格走高符合图书的经济属性,是一种正常的经济现象,同时也指出了中国图书价格存在"虚高"的问题。从中国图书出版产业内视角来分析,可以清晰地看到这种"虚高"所赖以生存的环境和内在原因。下面我们将从三个方面对这一问题展开论述:首先,回答为什么出版产业发展的不成熟会导致图书价格的"虚高",进而引发民众对图书价格的不满;其次,梳理出导致图书价格"虚高"的体制因素;最后,给出一些初步的政策建议。

2.3.1　中国图书出版产业发展不成熟是图书价格"虚高"的重要原因

所谓价格"虚高",是相对价格"实高"而言的。如果一种商品的市场价格相对于整个商品价格体系定位并不高,甚至还存在结构性低估,但相对于其自身质量而言却又较高,则称这一商品处于价格"虚高"状态。

作为一个商品,所谓"昂贵"与"便宜"都是相对其质量而言的,也就是我们常说的性价比。不能认为价格低的东西就便宜,因为其质量可能很差;同理,也不能认为价格高的东西就贵,因为其质量可能很好。对图书这种商品,其质量高低并不取决于印刷、纸张的精美程度,而是通过其所能带给读者的效用体现出来的。这种效用就是能否给读者带来大量丰富的知识和信息,能否满足读者情感和心灵的一种渴望和慰藉,能否引发读者对人生和社会的严肃的理性思考。如果这几条能够满足,图书的质量就很高。根据市场经济的一般法则,即优质优价法则,其价格即使定得高一些,相信也不会有太多的人抱怨图书很贵了。如果不能,即便是图书价格定得很低,其性价比仍然不高,人们仍然会抱怨图书的价格"偏高了"。

在上文的比较研究中我们已经得出一个基本结论,即无论是相对于其他商品而言,还是相对于国际图书市场而言,中国图书的价格水平并不高。接下来就需要考察中国图书产品的质量了,如果图书市场的主流是优质、精品图书,则我们可以认为中国图书价格处于合理适度区间,如果图书市场充斥着大量内容低俗、抄袭、模仿、粗制滥造甚至无病呻吟之作,则可以认为中国的图书市场处于价格"虚高"状态。

那么,中国图书的整体质量又是什么样的一个状况呢?

这里我们不直接对图书质量做出正面的评价,因为这本身是一个见仁见智、很难做客观评价的问题。我们打算从图书市场所表现出来的竞争策略、竞争模式和竞争结果入手,来间接地对图书质量做一个便捷有效的考察。

首先,从竞争策略来看,"价格战"已经成为零售商占领市场的重要竞争手段,这已是众所周知的事实。一般来说,靠价格取胜本身已经反映出图书商品的低质性,因为,凡是打"价格战"的产品,大多是低质产品。有质量、有品牌的产品从来都不轻易打价格战的。

其次,从竞争模式来看,做"大书""伪书""跟风书""特价书""项目书""一号多书"的出版商仍不在少数,更不用说潜伏在地下的"盗版书",这些非正常的竞争模式不仅带来了无序竞争和过度竞争,而且也扰乱了出版业的正常运行秩序,导致价格波动起伏剧烈。这种情况让普通读者解读,自然就会认为图书出版产业存在着"暴利"的可能,否则一本新书怎么可能以三折、二折甚至一折的价格出售呢。透过现象看本质,上述不正常现象之所以反而成为"常态",恰恰暴露出出版社出版的图书质量存在着诸多的问题:定位不清、缺乏长期战略和品牌意识、短期化倾向严重,结果就是内容雷同、炒作成风,把严肃的内容创新变成喧嚣的商业炒作。出版社为了一己之利,而且往往是蝇头小利,便置自身的品牌于不顾,廉价地出卖书号,出版一些应时、应景之作,从而在抛弃沉甸甸的社会责任的同时,也把自身等同于一个廉价的书号贩子。在这种模式下出版的图书,怎么可能是精品图书呢? 不少图书的命运是经渠道转了一圈后又直接回到出版社。

第三,从竞争结果看,中国图书产品的过剩已经成为困扰图书出版产业发展的顽疾,久治不愈,且愈演愈烈。近年来,中国图书库存量在逐年增加,库存金额从 1988 年的 21.61 亿元增加至 2007 年的 565.9 亿元,不仅超过了 2007 年的销售总额,而且 20 年间增长了近 26 倍。中国图书市场早在 2000 年就已达到了 72.36% 的高库存率(库存率指库存码洋与年销售码洋之比），远远超出一般公认的 30%—50% 的警戒水平。①

竞争结果是检验竞争策略和竞争模式最好的试金石。我们在上一章的研究中曾经指出图书出版产业容易出现生产过剩，但像中国这样超规模的过剩必然反映出中国图书出版产业存在一些根本性的体制上的问题。比如，在中国现有体制下，出版业存在退出壁垒。在书号配给制度下，书号就代表着图书出版的权力，是实现图书利润的前提，一些运营效率较低的出版社可以凭借倒卖书号而获得"生存"能力，从而不必退出出版市场。况且在书号管制的制度下，这些出版社同样会尽可能用足书号。这两者叠加，便不可避免地生产出大量没有市场需求的图书。又如，相当一部分图书存在非市场化运作的情况，有一部分书是由作者或单位出资出版，出版社在成本已经收回的前提下，印发的图书数量超出实际需求，导致库存增加。在极端的情况下，出版社可能会出版根本没有市场需求的图书。目前已经成为贬义词的"项目书"就是一个例子。那些用科研项目的经费购买书号出版的所谓"学术专著"已成不小的规模。绝大部分项目书，出版社是不将它们列入发行渠道的，因为出版社知道这些书只有很小的经济效益，所以根本不愿意为它们支付发行成本。只有单位职称评审或项目结题时，申报者自己拿出来，大家才知道有这本书的"出版"，这种现象也被一些学者称为"伪出版"。②

尽管存在这样或那样的体制性问题，我们认为，高质量的图书品种少，出版社缺乏出精品书的意识，缺乏品牌战略，缺乏长期发展战略，也是导致图书生产过剩的一个重要原因。比如中国的长版书越来越少，"一版定终身"越来越成为书业的常态。"一版定终身"显然是出版社短期化行

---

① 周蔚华：《中国图书出版产业的供求分析》，《出版经济》2002 年第 9 期，第 4—8 页。
② 参见《"理想的学术出版与学术出版的理想"——沪上学者为学术出版把脉》，《文汇报》2010 年 3 月 27 日。

为的鲜明体现,是不顾品牌和长远发展"竭泽而渔"的表现,在这样的行为特征下,出版社是不可能兢兢业业地从事严肃高尚的出版事业的,产品质量差自然就不可避免。而正因为产品质量差,其必然结果是生产积压、产品过剩,因为对图书产品来说,其价格弹性是不高的,如果读者不认可书的内容,无论价格多低,都不会付款消费。

如前所述,从经济学角度而言,如果一个产品市场不能出清,则可以认为该市场的价格高于一般均衡价格,如图 2.6 左半部分所示。在实际价格 P_1 高于均衡价格 P^* 的情况下,实际产量 Q_1^* 就会大于均衡产量 Q^*,表现为市场不能出清,产品过剩。

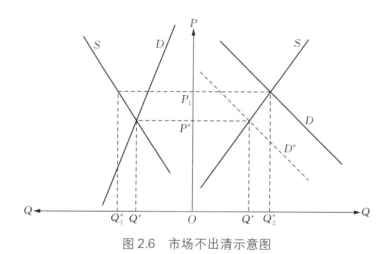

图 2.6　市场不出清示意图

但中国的图书市场有其特殊性,其过剩机制如图 2.6 右半部分所示。出版社设想的需求曲线为 D,这样,均衡价格为 P_1,均衡产量 Q_2^*,市场正好出清。但消费者一旦发现图书的质量与价格不相匹配,就会降低对图书的需求,此时的需求曲线向下移动到 D^* 所在的位置,均衡价格应为 P^*,均衡产量应为 Q^*。如果出版社仍然按照设想的需求曲线 D 来组织生产,则会产生 $Q_2^*-Q^*$ 这样一个过剩产量,相应地,市场出清的均衡价

格 P^* 也低于实际定价 P_1，这对消费者而言，就意味着图书的价格偏高了。

由此，结合图书市场的竞争策略、竞争模式和竞争结果三方面的表现，我们可以得出如下的几个判断：

其一，图书产量过剩是由质量问题引起的，而不是简单地由价格引起的。

其二，中国图书价格是"虚高"，而不是"实高"，图书价格仍然存在结构性上涨的空间。特别是专业类图书的价格与大众图书的价格仍然需要进一步拉开。

其三，也是更为重要的，出版社应以出版优质图书、精品图书为己任，图书之间要形成差异化，从而树立品牌意识、质量意识、长期发展意识。我们对美国图书市场的考察表明，美国图书市场尽管也存在较高的退货率，但很少发生大规模的价格战。其根本原因就在于，不同种类图书之间的差异化是非常显著的，价格战无益于市场的占领和利润的扩大。

因此，中国图书市场健康发展的关键是要提供大量的优质图书，而价格仅仅是作为激励出版社源源不断提供优质图书的必要和有效的手段之一。

2.3.2 中国图书价格"虚高"的体制因素分析

中国图书市场发展不成熟，图书产量过剩，价格"虚高"，有其深刻的体制层面的原因，我们在前面对此已有所涉及，这里从三个方面再做些分析。

1. 中国出版业的行政性壁垒是图书价格"虚高"的体制性根源之一

出版业本身并不像某些行业一样存在高技术进入壁垒，但由于中国一直以来对出版社实行严格的准入制度，并且对书号也进行"配额"管理，因此,出版业事实上存在很高的行政性进入与退出壁垒。自 2002 年以来中国的出版社数量一直维持在 570 家左右,而在 2001 年的意大利、法国、德国、西班牙、英国就分别有出版企业 3 000 家左右①,显然中国与发达国家的出版社数量相去甚远,而且尚未形成以大企业为龙头,众多小企业集群化发展的格局。这样的一种产业组织不利于形成产品差异化和品牌化竞争的局面。

行政性进入壁垒带来的最大问题是扰乱了产业内正常的优胜劣汰机制。部分经营效率较低的出版社可以通过书号"寻租"而生存下来:不论是把书号"租"给民营图书工作室,由其来炮制一本本的低质"畅销书",还是迎合某些个人和机构的需要,先收钱后出书,都是一种不顾品牌的短期行为。没有品牌,出版社便失去了灵魂,图书的差异化和精品化便难以体现。出版社忽视品牌的结果,必然是"跟风书""伪书"和"大书"等不正常现象的四处蔓延。更严重的是,这种低质图书唯一的竞争手段是价格战,其产生的"劣币驱逐良币"效应对图书出版产业的损害是非常大的,这在外国经典文学名著和中国古典文学名著出版领域表现得尤为突出。

2. 现行出版与发行领域的非正常激励机制助推了图书价格的"虚高"

从发行—零售环节看,目前中国大众图书市场基本上形成了三足鼎立的格局,即新华书店占 40%,其他实体书店占 40%,网络书店占 20%。②目前这一环节主要的问题是:

其一,风险分担不均。由于退货制的普遍存在,图书出版的风险几乎全部由出版社承担。这一方面导致图书的源头——出版社倾向于高定价

---

① 甄西编译:《首次欧盟 25 国图书出版调查分析》,《中国编辑》2005 年第 4 期,第 92—94 页。

② 《建立图书定价保护制度的重要性分析》,转引自中国行业研究报告网(http://www.chinahyyj.com/mianfeibaogao/chuanmeixingye/3139.html)。

以规避风险,这符合风险分担与利润收益成正比的规律;另一方面,也在很大程度上限制了直接与读者打交道,掌握第一手市场信息的发行—零售渠道营销图书的积极性并导致其能力不强。发行—零售环节的主观能动性没有充分调动起来,是目前出版体系中的一个重要问题。对此,发达国家图书出版产业发展的经验值得借鉴。例如,日本的出版和发行之间就是一种通过市场契约来维持的合作关系,形成了双方"利润均沾、风险共担"的激励机制,日本图书经销商的市场功能十分强大,其五种功能中,就包括对出版社采取"部分预付"制的金融功能,即在经销商和出版社正式结算前先行支付一部分款项①,从而降低了出版社的风险与成本。

其二,恶性竞争与价格战。随着销售渠道竞争的日趋激烈,零售方的利润在大幅降低,从而形成向上游"倒逼"的机制,出版社不得不提高图书定价以给发行和零售商更大的折扣,而能拿到更高折扣的零售商又会率先进行新一轮的价格战,由此形成恶性循环。最终的结果是出版产业链条上整体环节利润降低,风险增加,诚信体系被完全破坏。例如,近年来快速崛起的网络书店就是通过低价竞争从而在市场中占有一席之地的。据中国发行协会非国有书业工作委员会的调查数据显示,由网络书店引发的新一轮全国性的价格战,使大众图书市场中下游的平均毛利率下降了5%,整个行业损失的毛利约为15亿元。

3. 侵权与盗版也是导致图书价格"虚高"的一个不可忽视的原因

对于盗版和侵犯知识产权,从经济学角度而言,无论是生产还是消费都是一种理性的经济行为。但这种理性行为的背后却是对作者和出版社知识产权的一种践踏和剥夺,因此有着极大的负外部性,需要政府采取严格的管理措施和打击手段。否则,单凭市场的力量是没有办法解决这一

---

① 陈昕:《发达国家图书出版产业发展经验的借鉴及比较》,《出版商务周报》2007 年 8 月 17 日。

问题的。

我们在前文已提及,出版企业的市场垄断力主要来自其所拥有的阻止其他出版社生产相同图书的版权,而盗版实际上是对图书出版企业合法垄断力量的破坏,必然影响到图书的正常运作和市场定价。对于一个知识产权保护严格的市场,"跟风书""侵权书"等现象是不可能存在的,因为侵权受到的惩罚远高于其可能获得的收益。如果不能简单地靠侵犯知识产权获得利润,那么出版社就会踏踏实实地走精品图书的道路,或者是直接从出版市场退出,从而起到净化市场的作用。

中国目前盗版和侵权现象的出现与泛滥,有其体制上的根源,需要在加大打击力度的同时,适当放松对出版业准入的管制,引入优胜劣汰的市场机制,强化出版社的品牌意识,从而增加其走侵权路线的成本。这也是解决盗版和侵权问题的一个行之有效的手段。

2.3.3 一些初步的政策建议

治理中国图书价格"虚高"问题,是一项极为复杂的系统工程,需要政府、出版企业和消费者各方面的通力合作。这里提出一些初步的政策建议。

1. 减少行政对出版的过度干预

价格"虚高"、出版"乱象",表面上看是出版链条上各个企业竞争机制不成熟以及企业之间的关系没有理顺所致,但究其根源,在一定程度上折射出政府行政行为对出版业的过度干预。因此,解决这一问题的关键在于政府管理体制的改革,需要按照社会主义市场经济的要求对政府的功能进行调整,着力厘清政府与出版的关系。

一是逐步放宽出版业进入—退出壁垒,允许国有、民营甚至外资企业有条件地进入出版行业,让目前不少仍"潜伏"在地下的民营工作室浮出水面,着力规范其经营行为,从而增加出版业的市场竞争主体,形成一种若干龙头企业加大量中小企业的产业组织结构。同时,积极创造企业强化品牌意识、质量意识,注重长期发展和差异化竞争的市场环境,进而起到抑制图书价格"虚高"的作用。

二是要努力建立和发挥行业协会的作用,逐步把政府的部分职能转移到行业协会,让行业协会在企业自由竞争过程中逐步成长壮大,最终成为抑制行业不正当竞争包括非正当价格竞争的重要力量。

三是进一步破除区域行政壁垒,做大做强中盘。如前所述,中国图书价格的"虚高"与包括价格战在内的发行—零售领域的不当竞争相关。要解决这一问题,一个重要的方面是要建立强大的中盘。自1996年中国出版业提出这一任务后,十多年来虽有进展,但未尽如人意。[①]其中一个重要原因在于中国特有的行政区划边界限制了强大中盘的形成。因此,只有打破这种边界,减少地方行政力量对内扶植、对外排斥的局面,才可能真正形成若干家有影响力和控制力的大型图书批发企业,进而才可能起到稳定价格、减少恶性竞争的效果。

2. 规范图书定价方式

从世界范围来看,一国图书定价制度的选择是由多种复杂因素综合决定的,具体的方式也并非一成不变。前述对欧美国家图书定价方式的比较分析表明,不同定价方式对图书最终价格的形成有着直接的影响。

中国图书市场一直实施的是转售价格维持制(固定价格体系),这一制度在特定的历史条件下对图书出版业的繁荣发展起到了积极的推动作用。但一段时间以来这一制度并没有被严格遵守,而是越来越混乱无序,特别是近年来网上书店和部分实体书店的折扣行为,使得中国图书市场

---

① 参见陈昕:《图书市场呼唤中盘雄起》,《中国图书商报》1996年11月13日。

的固定价格制名存实亡,处于既非"固定价格"又非"自由价格"的一种灰色状态,我们将其称为"名义固定价格体系"。这在一定程度上助长了出版社定高价、书店高折扣销售的无序竞争行为。由此,尽快规范图书定价方式、整肃市场秩序,在业内已达成高度共识。2010 年 1 月,中国出版工作者协会、中国书刊发行业协会和中国新华书店协会正式发布的图书出版发行业的第一部行业规范《图书公平交易规则》,算是对这一共识的首次正式表达。根据该规则,经销商不得打折销售;仅在机关团体采用竞标方式采购、网上书店或会员制销售等四类"特殊情况"下,经销商可以优惠促销,优惠幅度不得低于定价的 85 折①。不难看出,该规则的基本精神是要回到固定价格体系中去。

我们认同在中国出版业处于向市场转型的阶段,产业链建设还不尽完善,现有图书市场秩序失范的情况下,中国图书定价方式要以固定价格体系为主的基本思路,在此补充几点意见:

其一,政府出版行政主管部门应在广泛听取业内各方面意见的基础上尽快推出一部规范出版定价方式的条例,使得图书定价有明确的法规可以遵守和参照。

其二,对出版物的价格实行分类管理,对于公共产品属性较强的出版物,应加强固定价格管理,以政府主管部门监管为主,同时接受社会各界多种形式的监督。而对于一般出版物,似可在条件成熟后逐步建立由市场自由形成价格的模式,使得对价格反应敏感的发行销售部门可以有一定的价格调整空间,从而更好地消除市场失衡。

其三,考虑到中国不同地区经济发展水平不均衡、物价指数相差较大

---

① 《图书公平交易规则》发布后,北京市消费者协会和一些律师就该规则涉嫌违反《反垄断法》向国家发改委举报,建议进行调查。业内一些零售商也对"限折令"提出不同意见,甚至拒不执行。2010 年 9 月,三协会重新发布了《图书公平交易规则》,原《规则》中限折内容被删除。

等因素,在条件具备时图书销售的实际价格可以根据不同地区生活物价水平在一定范围内自由定价。

3.调整出版—发行关系,建立更合理的利润—风险分担机制

目前的出版—发行及零售关系是出版社高利润、高风险,而发行及零售商低利润、无风险的一种利润—风险分担机制。在既非"固定价格"又非"自由价格"的"名义固定价格体系"下,这种利润风险分担方式显然在很大程度上鼓励了零售商通过价格战来获得市场占有率的冲动,从而破坏了图书市场的秩序。

按照国际一般规则,在实行固定价格体系下,发行及零售商没有定价权,这意味着他们不能单方面进行打折促销活动,相应地,发行及零售商也不承担风险。为了鼓励发行及零售商销售图书,出版社一般采取利润分成制,对销售额超过一定金额的书店,给予相应的奖励,以激励书店销售更多的图书。在自由价格体系下,发行及零售商拥有定价权,即他们可以单方面进行打折促销活动,但发行及零售商要承担相应的风险,比如不能无条件退货,要事先向出版社支付一定的书款等,相应地,出版社可以给他们一个更低的折扣。中国出版业应在确定基本的定价体系的情况下,选择相应的出版发行利润—风险分担机制。

最近,美国出版业在电子书市场上演的一场采用何种定价制度的恶战耐人寻味。美国出版业长期以来实行的是零售制(即自由价格体系),但是,为了抵制亚马逊 kindle 店电子书标准的 9.99 美元低定价方式①,全

---

① 亚马逊推出 kindle 阅读器后,与出版社内容提供的关系确定为零售制。但它是捆绑在亚马逊数字出版、网络发行、终端销售的自有平台和自有格式、自有设备上的。这种单个企业打通全产业链的战略和模式从长远来讲可能会颠覆出版业的格局,影响传统出版业的利益。2010年 9 月 16 日,我访问美国西雅图市亚马逊总部时,曾经就这一问题向亚马逊公司高层发问,但该公司负责 kindle 内容的副总裁戴维·纳加尔的回答是,亚马逊只想卖纸质图书和电子书,并没有进入电子书全产业链的打算。至于对亚马逊撇开出版社与作者达成出版电子书的交易一事,他也解释为是不得已的有限行为。

美大众出版领域六大出版集团中的五家联手苹果公司 iPad 店推行代理制(即固定定价体系),把电子书的定价权从亚马逊 kindle 店手中夺回,并把新发行电子书的标准定价提高到 12.99 美元或 14.99 美元。目前这场战争已经扩大为出版社、版权代理商、作者、零售商、批发商几大势力之间的利益博弈,谁胜谁负还难预料。这里涉及的也是利益分配机制问题。

4. 实行更充分的价格歧视策略

实行价格歧视,不仅可以增加出版社的利润,而且也可以增加社会整体福利。从英国的案例可以看出(表 2.3),其精装书的价格一般是平装书的三倍以上。这是一种典型的“三级价格歧视”策略。在这样的一种定价体制下,那些读书欲强、收入高的群体可以率先获得心仪的图书,并为此支付不菲的价格;而那些偏好不强、收入较低、对价格敏感的读者,可以通过等待购买到价格低廉的图书。这样,两个群体的福利水平都会有所提高。当然,这是建立在图书市场不存在盗版的情况下的。

价格歧视策略一方面可以保证不同收入群体的读者都可以购买到适合自身需求和收入水平的图书,从而最大程度地消除读者对图书价格不断走高的不满;另一方面,它也有助于稳定图书市场的竞争秩序,减少零售商主动或被动打“价格战”的动力,最终会促进出版社实行以图书品质为主要特征的差别化竞争和品牌化竞争。

在现代社会中,价格歧视的表现形式已经现代化和多样化。考虑到中国的特殊国情,城乡之间、东中西部之间、不同阶层之间的收入差距在逐步增大,因此,可以制定更大范围的价格歧视策略,比如根据不同人群、不同区域、不同时间制定不同的价格,当然这里面也需要进一步理顺出版和发行的关系,解决出版链条上的诚信危机。

5. 提高图书质量和内容创新能力

以图书品质为主的差别化竞争应该是图书出版业的竞争本质,也符合图书的基本性质。进入 21 世纪以来,随着数字技术和现代通信技术的快速发展,图书内容品质的增值能力倍增,内容创新的重要性凸显,内容产业的概念也应运而生,并受到了国际大型出版集团的高度重视。一些国际大型出版集团为形成自己的核心竞争力,纷纷进行业务结构的调整,通过资本市场的运作将自己的业务领域集中在内容产业,把自己定位于内容提供者,并通过同一内容在不同媒体、介质上的充分使用来获得巨大的超额利润,这些成功的经验都值得国内同行引进和学习。与之相对应的是成熟市场的培育,成熟市场以内容为王,而不成熟市场才是以"渠道为王",只有形成真正的内容产业才是对图书出版业的理性回归。也只有当图书质量有保证时,图书价格"虚高"的情况才会彻底解决。

6. 加强公共图书馆服务

图书馆是现代社会文明进步的表现之一,而公共图书馆则是现代社会保障公民平等地获取知识和信息的制度安排。公共图书馆作为纸质图书阅读和内容提供的方式之一,可以弥补低收入消费者由于图书购买不足而导致的知识缺乏,可以有效地解决市场经济下由于图书定价偏高给低收入群体带来的不利影响,可以通过信息服务和终身教育服务帮助弱势群体提高参与社会生活的能力。

就目前来看,中国公共图书馆的建设不仅在数量上而且在服务理念上都与发达国家相去甚远。近年来中国公共图书馆虽然初具规模,但人均占有量偏低。而中国图书馆在诸如教育、信息服务、文化传播、促进社会和谐、培养阅读兴趣、扫盲等服务使命与理念上则更有待进一步提高。值得肯定的是,近年来,在广大农村地区,由政府统一规划和组织实施的"农家书屋"工程在一定程度上弥补了农村公共图书馆不足的问题,这不仅是一项长期的公共文化服务发展工程,也为图书出版业提供了更为广阔的发展空间。

7. 打击盗版,净化图书市场

盗版是世界各国都存在的问题,但由于国情不同,在中国治理盗版难度很大。从经济学角度来看,图书定价的垄断性主要来源于版权的保护,因此西方国家主要是基于法律的角度来维护图书市场的基本秩序,同时辅以一定的惩处机制,增加盗版的成本。而中国图书定价的垄断性部分来源于行政垄断,政府通过对出版社的严格审批控制与市场准入及退出,无形中实现了出版社对图书定价的部分垄断性。随着中国社会主义市场经济与法制建设的推进,社会普遍认识到版权保护的重要性,但是长期以来形成的利益格局与复杂的国情,使得治理盗版难度增加。毋庸讳言,在这种情况下,不仅"三级价格歧视"等定价策略无法运用,而且出版社总是倾向于通过提高书价的方式来避免可能遭受的损失。

盗版的治理是一个综合工程,更是对相关利益方的切割,它需要政府管理部门、出版企业、消费者共同的参与。规范销售渠道是治理盗版的有效方法,随着中国市场化程度的推进,图书销售渠道和方式必将从目前的混乱走向有序,这将直接推动反盗版工作的进行。然而最重要的是政府主管部门打击盗版的决心和力度,以及政府、出版企业、消费者共同参与的反盗版机制的形成和全社会对于打击盗版的认同感。这方面的工作任重而道远。

泰勒尔:《产业组织理论》,中国人民大学出版社1997年版。

贝纳西:《不完全竞争与非市场出清的宏观经济学:一个动态一般均衡的视角》,上海人民出版社2005年版。

平新乔:《微观经济学十八讲》,北京大学出版社2003年版。

蒋殿春编著:《高级微观经济学》,经济管理出版社2000年版。

陈昕:《中国出版产业论稿》,复旦大学出版社2006年版。

陈昕:《美国数字出版考察报告》,上海人民出版社2008年版。

郝振省主编:《2007—2008中国出版业发展报告》,中国书籍出版社2008年版。

史东辉、王利明、董宝生:《中国图书出版业的产业组织分析》,广西人民出版社2008年版。

吴赟:《文化与经济的博弈:出版经济学理论研究》,中国社会科学出版社2009年版。

魏龙泉:《纵览美国图书出版与发行》,中国经济出版社2007年版。

宋木文:《亲历出版30年——新时期出版纪事与思考》,商务印书馆2007年版。

陈悟朝:《定位图书流通》,中国书籍出版社2005年版。

成致平:《中国物价五十年:1949—1998》,物价出版社1998年版。

新闻出版总署计划财务司:《中国新闻出版统计资料汇编(2005)》,中国劳动社会保障出版社2006年版。

《中国出版年鉴》(1987—2008),中国书籍出版社。

《中国图书年鉴·1996》,湖北人民出版社1999年版。

《中国图书年鉴·1998》,湖北人民出版社2001年版。

封延阳:《浅谈商品需求价格弹性与图书的定价策略》,《科技与出版》2001年第6期。

唐要家:《序列加成的可维持性与图书高价格》,《财经问题研究》2007年第5期。

周蔚华:《中国图书出版产业的供求分析》,《出版经济》2002年第9期。

周建华:《定价策略:出版社利润增长的动力源泉》,《大学出版》2002年第4期。

魏玉山:《图书价格比较研究》,《传媒》2004年第3期。

乌苏拉·劳腾伯格、安欣:《德国电子出版业当前总体趋势及未来的发展》,《出版科学》2009年第1期。

李武、肖东发:《2000年以来英国图书出版业发展特征和趋势研究》,《出版发行研究》2008 年第 12 期。

禹继来:《从数字看我国农村图书市场现状》,《出版广角》2007 年第 7 期。

王薇:《透视法国出版业经济政策》,《出版参考》2008 年第 9 期(下)。

史海娜:《国外出版产业价值链转型模式分析》,《编辑之友》2008 年第 3 期。

甄西编译:《首次欧盟 25 国图书出版调查分析》,《中国编辑》2005 年第 4 期。

李实、岳希明:《中国城乡收入差距世界最高》,《理论参考》2005 年第 4 期。

陈昕:《发达国家图书出版产业发展经验的借鉴及比较》,《出版商务周报》2007 年 8 月 17 日。

渠竞帆:《欧美两种价格体系出版面貌迥异》,《中国图书商报》2007 年 11 月 16 日。

周正兵:《英国百年净价图书制度及其启示》,百道网(http://brand.bookdao.info/Default.aspx),2010 年 6 月 20 日。

《2008 开卷读者调查报告——读者水涨、阅读船高》,《出版商务周报》2009 年 4 月 22 日。

《"理想的学术出版与学术出版的理想"——沪上学者为学术出版把脉》,《文汇报》2010 年 3 月 27 日。

陈昕:《图书市场呼唤中盘雄起》,《中国图书商报》1996 年 11 月 13 日。

《最新中国新闻出版产业数据大势》,《中国图书商报》2010 年 7 月 27 日。

韩成、周中华:《中美电子书市场分析与比较:商业模式制胜数字出版产业》,《中国新闻出版报》2010 年 8 月 26 日。

郝明义:《现阶段我们需要定价销售制的理由》,《中国图书商报》2010 年 10 月 15 日。

Doris Stockman:"Free or Fixed Prices on Books-patterns of Book Pricing in Europe" *The Public*,vol.11(2004)4,pp.49—64.

K.Clay, R.Krishnan, E.Wolff and D.Fernandes:"Retail Strategies on the Web: Price and Non-Price Competition in the Online Book Industry", *The Journal of Industrial Economics*,vol.50,No.3(Sep,2002),pp.351—367.

第五篇

数字网络环境下传统出版社
转型发展的经济学分析

2014 年 5 月至 2015 年 1 月第一稿
2015 年 4 月第二稿
2015 年 5 月第三稿
2015 年 6 月定稿
格致出版社 2015 年 8 月出版

引　言

　　进入 21 世纪以来,随着现代通信技术、数字技术、网络技术的迅猛发展,互联网基础设施的不断完善,出版业①发生了深刻的变化,新的业务形态、新的商业模式、新的产品和服务不断涌现,进而酝酿着一场新的产业革命。基于这样的背景,本篇以推动传统出版社持续发展为目标,运用现代经济学的分析方法,沿着"把握趋势→实证分析→寻找路径→提出建议"的思路开展研究,深入探索数字网络环境下传统出版社的转型发展道路。

---

　　①　本篇论及的出版业、出版产业链、传统出版社均是狭义的,分别指图书出版业、图书出版产业链、传统图书出版社。

第1章
传统出版社转型发展的必然性

本章在分析出版产业链和出版主体差异性的基础上,建立图书供给需求模型,证明在数字网络环境下,数字出版[①]的边际成本趋近于零,而传统出版的边际成本是一个大于零的固定值。在充分竞争的市场中,传统出版社将很难与数字出版主体竞争,处于相对弱势的地位。因此,牢牢把握出版业的核心功能,深入挖掘出版业的核心资源,充分利用数字网络技术重构出版产业链,用互联网思维来改造传统出版业务流程,创新出版内容的呈现方式,加快传统出版与数字出版的融合,是传统出版社转型发展的必然要求。

1.1 出版产业链分析

数字网络技术自诞生以来就不断地推动着出版业向前发展。数字网络技术在出版产业的广泛应用,提高了传统出版社的工作效率和产品质

---

① 本书对数字出版特征的理解是:(1)具有数字技术记录、储存、呈现、检索、传播、交易的特点;(2)具有在互联网上运营,实现即时互动、在线搜索等功能,具有创造、合作和分享的特性;(3)能够满足大规模定制这一个性化服务的需要。

量,优化了传统出版社的业务模式,推动着整个出版产业持续进步。与此同时,随着电子商务和数字出版主体的出现,数字网络技术特别是移动互联网技术还在改变着出版业的产业链和格局。例如,网上书店的蓬勃发展以及智能手机、电子阅读器和平板电脑的日益普及,正在引起读者购书方式和阅读习惯发生相应变化,进而导致图书消费模式和图书销售渠道的变化。更进一步的是,在发达国家,依托互联网的个人出版也已呈星火燎原之势,其对传统出版业的影响是颠覆性的还是边际性的,目前还难以预料。但不论怎样,传统出版社或被动或主动地卷入数字化、网络化改革的浪潮,已经成为一个必须直面问题,这对整个出版业的未来发展将产生巨大且深远的影响。

最近30多年,出版产业链随着市场深化和技术进步依次经历了四种模式:

第一种模式是最为传统的出版产业链。在这一模式中,作者与传统出版社签订出版协议,传统出版社按照纸质图书出版印刷流程出版纸质书,并通过地面书店销售给读者。传统的出版产业链以传统出版社为中心,传统出版社整合了产业链上的各种资源,从作者到编辑加工到印刷到零售到读者。同时,出版社也拥有近乎绝对的定价权,这种定价权不仅表现在对图书的定价上,而且也表现在对作者的稿酬和对零售书店实际销售价格的控制上。

图 1.1　传统的出版产业链

我们用图 1.1 来表示传统的出版产业链。作者(W)、传统出版社(S)、地面书店(G)、读者(R)均是市场主体,纸质书(PB)是产品,W、S、

G、R是通过PB连接起来的。传统的出版产业链中还有印刷这个生产环节和印刷企业这一主体,并涉及纸张(载体)采购的业务,图1.1为显示方便,把印刷和纸张采购归于传统出版社的生产业务范围(下同)。

第二种模式是近十年逐渐成熟的出版产业链。在这一模式中,作者与传统出版社签订出版协议,传统出版社按照出版印刷流程出版纸质书,这两个阶段与第一种模式完全相同。不同的是,图书除了通过地面书店销售以外,还可以通过网上书店销售给读者。近年来,以亚马逊、当当、京东为首的网上书店迅速发展起来,对地面书店产生重大冲击,导致一大批地面书店破产倒闭,一些实力较强的大型书店也难以幸免,只留下那些占有垄断资源的传统书店或拥有独特创意的特色专业书店。网上书店凭借规模优势和相对较低的运营成本,采用获取黏着度较高用户的营销策略,大幅提高图书售价的折扣率,使图书在网上书店的销售价格明显低于在地面书店的销售价格,导致购书者的分布在图书销售市场渠道中发生新的变化,进而削弱传统出版社的价格控制权。[①]总之,网上书店的兴起,对第一种出版产业链模式产生较大冲击,其在压缩地面书店生存空间的同时,也凭借较大的市场规模和份额以及强势的谈判能力削弱了传统出版社的市场地位。

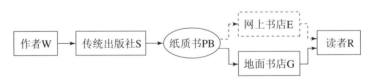

图1.2　逐渐成熟的出版产业链

第三种模式是正在快速发展的出版产业链。与前两种模式最大的不

---

① 参见后文附录"网上书店对地面书店和传统出版社的影响"。

同是,这一模式中出现了独立的数字出版企业。这意味着作者既可以向数字出版企业出售版权,也可以向传统出版社出售版权,由此,数字出版企业与传统出版社进入了正面竞争的状态。数字出版企业按照数字图书出版流程制作电子书[①],通过亚马逊、当当等网上书店的电子书店或专门的电子书店(如苹果、谷歌、欧务爵务、豆瓣、多看、掌阅等)销售给读者。与此同时,一些传统出版社在继续出版销售纸质书的过程中,利用传统图书资源生产电子书,形成更大一块的电子书来源,也通过上述渠道进行销售。图 1.3 中,网上书店(E1)既卖纸质书又卖电子书,电子书店(E2)则只卖电子书。

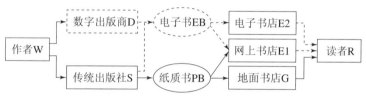

图 1.3　快速发展的出版产业链

由此可见,生产和销售电子书并不是数字出版企业的专利,传统出版社同样可以利用数字技术生产电子书,而且传统出版社还有得天独厚的优势,即长期积累起来的大量的作者资源和内容资源。因此,影响出版社转型发展的障碍主要还是观念上和机制上的。

从目前发展看,电子书在中国仍处于起步阶段,所占市场份额很小,但发展速度很快。2012 年亚马逊在中国推出电子书店时可以下载的电子书仅为 24 000 种,而到 2013 年夏天 Kindle Paper White 在中国上市

---

①　目前关于电子书的定义有很多种。本篇所论及的电子书是指,以相对独立的文件、程序(含 APP)等方式存在且呈现固定格式的数字出版物,通常具备某些明确的图书属性,因此能够用图书常用的元数据恰当描述。

时,这个数字已为 40 000 种。而在美国、英国等电子书较为成熟的国家,电子书已经占领了图书市场较大一块份额。据尼尔森公司 2014 年 8 月发布的调查数据,电子书销售在美国大众图书市场的占有率高达 25％左右。另一方面,数字技术和数字产品还在改变着阅读载体和阅读习惯。智能手机、电子阅读器和平板电脑的普及应用,吸引了越来越多的年轻人加入到购买和阅读电子书的行列。

第四种模式是尚处于起步阶段的出版产业链。在这一模式中,作者直接通过网络平台出版电子书,并销售给读者,实现出版和销售的一体化、电子化和网络化。目前,以数字化网络自出版销售(亦称自助出版销售)平台为中心的第四种模式已经在国外出现。在美国、英国等相对成熟的电子书市场上,一些人已经利用数字化网络自出版销售平台实现了"换一种方式出版"。他们抛开出版社,自行完成文字编辑排版和封面设计工作,再把作品标价后放到平台上直接销售,销售收入大多归作者所有。① 现有的数字化自出版销售平台主要有亚马逊的 Kindle 直接出版(Kindle Direct Publishing)、Kobo 的写作生活(Kobo Writing Life),还有 Smashwords 等。这一出版模式目前在中国还存在一定的法律瓶颈。根据中国 2002 年颁布的《互联网出版管理暂行规定》有关条款,未经批准,任何单位或个人都不得开展互联网出版活动;同时,互联网出版者应为机构而非个人。因此,在中国,个人要想在网上自出版图书,首先迈不过的是法律这道门槛。不过,在中国也有变通的尝试。目前,众多网络写手通过与有互联网出版资质的文学网站进行合作,或者成为其签约作家,在其网站上发表作品,并在作品获得收益以后进行分成。比如在阅文集团属下的起点中文网、创世中文网、潇湘书院等文学网站,一旦作者的作品被放在网

① http://www.ccn.com.cn/it/yaowen/2013/0109/462197.html.

络或手机无线上供用户付费阅读,由此产生的收入则由起点中文网等与作者五五分成。这一模式的年收入已相当可观,高达几十亿元。与海外的数字化自出版销售平台不同的是,有互联网出版资质的网站负有对作品内容进行把关的责任。

图 1.4　正在起步的出版产业链

　　总之,数字网络技术改变了图书的呈现方式,也由此改变了人们的阅读习惯,这对传统出版业无疑是一场革命。数字网络技术彻底颠覆了传统的"作者—出版—印刷—发行—读者"这一产业链,出版主体变得多元化了,除了传统出版社,数字出版企业乃至个人都成为了出版主体;印刷和发行①环节的重要性大大降低,仅仅对于传统出版中的纸质书才有必要,而对于数字网络出版,这两个环节已经没有存在的必要了。由此,出版业核心产业链将变为:"作者—出版—读者",甚至有可能出现"作者—网络平台—读者"的状态,出版的功能似乎被解构掉了。

　　毋庸讳言,目前是一个信息(其中也包括知识)生产、发布、传播极度泛滥的世界,似乎任何一个自然人或法人都可以生产信息和知识,并通过网络免费发布,或者通过一个交易平台以某一个价格销售给特定或不特定的读者。这样一种经济、社会、文化现象已经出现,但其是否会成为一种未来发展的主流趋势,并从实体性以及功能性上取代出版主体? 认识这一问题的关键取决于我们如何理解和定位出版的功能。

　　众所周知,出版的核心功能是选择、整合、传播和积累知识和文化,其本身在一定意义上属于再创作的范畴,其结果是源源不断地生产出体系

_____

①　这里指的是传统发行工作。

化、精品化和规模化的阅读内容。因此,出版涉及对海量信息和知识的筛选、加工、处理、集成等一系列高智力劳动,这一功能只能由高度专业化的主体来承担。不论出版的产业链如何演化和重构,出版主体的功能和地位都不会改变。

1.2 出版主体差异性分析

现代社会的发展表明,出版的功能不仅不会消失、不会弱化,甚至还会进一步强化,但是未来承担出版功能的主体究竟如何演变,更具体地说,传统出版社和数字出版企业在未来出版市场竞争中博弈的格局如何,传统出版社又如何转型发展,倒是存在一定的不确定性,需要深入地研究。这就涉及对出版主体的差异进行分析。为方便分析起见,这里把出版主体简化为只出纸质书的传统出版社和只出电子书的数字出版企业。

从现代经济学的角度看,传统出版社与数字出版企业的差异性主要体现在生产成本以及由此而产生的经营理念上,这种差异决定了二者在未来图书市场中的地位。

就经营理念而言,传统出版社与数字出版企业之间的差异体现了"传统思维"和"互联网思维"的差异。从经营的出发点来看,传统出版社和数字出版企业的目标均是实现自身利润的最大化。传统出版社倾向于长期、持续且稳定的市场利润,依托图书出版数量的持续扩大而获取稳定收益。数字出版企业倾向于未来的利润以及随之而来的衍生利润,其在近期和远期的关注点存在差别,表现为近期关注的是市场份额的扩大,而非市场利润,试图依托未来较高的市场占有率来获取利润,并获取从图书市场中衍生出来的利润,诸如版权经营收入、个性化服务收入等。从经营的策略来看,传统出版社和数字出版企业的不同目标导致了两者不同的经营策略,尤其体现在近期的经营策略上。由于传统出版社关注于持续的利润,其经营的策略在于掌握"内容"这一核心,不断提高图书品质,形成品牌,提升其在市场中的知名度,进而获取稳定的利润。数字出版企业关注于远期的利润,其策略是做大"平台"这一载体,在风险投资等的支持下,依托免费提供等经营策略吸引用户,进而形成规模优势产生集聚效应,快速提高其市场的占有率,而后通过增加服务、特色等附加价值获取高额利润。

就生产成本而言,传统出版社与数字出版企业有着不同的成本结构以及成本变化趋势。从静态的角度看,两者成本的结构、组成要素等在前期、中期和后期存在明显差异。两者的前期固定成本有相似之处却不完全相同。传统出版社和数字出版企业均需要购置设计工具、计算机和其他办公专用设备,但后者除此之外,还需要配备建立在现代通信技术基础上的信息系统和相应的硬件设备,这方面的成本要远远高于那些办公设备。两者的中期制作成本的结构存在很大不同。传统出版社的制作成本除了人工成本、资产折旧外,还需要购买相应的纸张,支付印刷费用。数字出版企业的制作成本主要是人工成本和资产折旧,再加上一小部分存储成本。两者的后期销售成本的组成要素差异明显。虽然传统出版社和数字出版企业都有相应的宣传、推广等成本,但数字出版企业主要是在网络上进行宣传推广,因此这部分成本较之传统出版社要小。此外,传统出版社支付给地面书店和网络书店的发行费用大约是图书定价的40%,而数字出版企业支付给数字平台的发行费用则要小得多。更为不同的是,传统出版社还需承担高额图书退货成本、库存成本、仓储成本等,而数字出版企业则不存在这些成本。需要指出的是,在这一阶段,两者有一点是相同的,在实行版税制的情况下,都要根据销售的数量,按图书定价的一定比例向作者支付版税；在实行固定稿酬制的情况下，一次性向作者支付稿费。

从动态的角度来看，传统出版社与数字出版企业的边际成本（扣除版税后）"一固一零"，差异明显。传统出版社生产的是纸质书，多生产一本书的成本包括印刷成本、纸张成本、装订成本等，趋于一个固定值。数字出版企业生产的是电子书，电子书复制的成本几乎为零，只有少许如加密、编号等近乎可以忽略不计的成本。

综上所述，在不影响结论的前提下进行简化分析：对于传统出版社而言，其生产纸质书的平均成本随着销售数量的增加而逐渐下降，但边际成本是一个大于零的固定值 C_1；对于数字出版企业而言，其生产电子书的平均成本也随着销售数量的增加而逐渐下降，但边际成本趋向于零值。

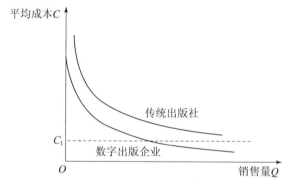

图 1.5　传统出版社与数字出版企业的成本变化趋势

1.3　经济学模型分析

为了深入分析传统出版社与数字出版企业之间的竞争及各自的收

益变化情况,这里我们引入经济学理论中的供给需求模型、边际替代率、价格弹性等分析工具进行研究。研究结果显示:在电子书对纸质书存在替代性的现实条件下,受电子书和纸质书边际成本差异的影响,传统出版社很难与数字出版企业竞争,如果二者同质,则传统出版社将退出市场。

1.3.1 基本的图书供给需求模型

在数字网络环境下,假定纸质书的需求曲线 D_1 与电子书的需求曲线 D_2 相同(假设条件1),即 D_1 和 D_2 重合,曲线函数为 $Q=a-bP$。结合前面分析两类主体的成本得到的结论,假定纸质书的边际成本为固定值(假设条件2),其边际成本曲线为 C_1 线;假定电子书的边际成本为 0 (假设条件3),其边际成本线 C_2 与横轴重合,见图1.6。

为了实现利益最大化目标,传统出版社和数字出版企业的均衡点分别为点 A^* 和点 B^*。

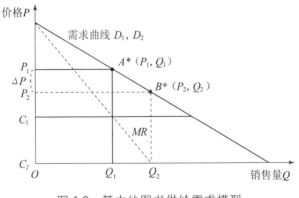

图1.6 基本的图书供给需求模型

(1) 对于传统出版社而言,其收益函数为:

$$\Pi_1 = (P - C)Q = (P - C_1)(a - bP)$$
$$= -bP^2 + (a + C_1 b)P - aC_1$$

为了获得最大收益，$\partial \Pi_1 / \partial P = -2bP + a + C_1 b = 0$，于是，得到：

$$P_1 = (a + C_1 b)/2b$$
$$Q_1 = a - b[(a + C_1 b)/2b] = a - (a + C_1 b)/2$$
$$= (a - C_1 b)/2$$

（2）对于数字出版企业而言，其收益函数为：

$$\Pi_2 = (P - C)Q = (P - 0)(a - bP) = -bP^2 + aP$$

为了获得最大收益，$\partial \Pi_2 / \partial P = -2bP + a = 0$，于是，得到：

$$P_2 = a/2b$$
$$Q_2 = a - b(a/2b) = a - a/2 = a/2$$

比较 P_1 和 P_2，可以发现：$\Delta P = P_1 - P_2 = C_1/2 > 0$，即纸质书的均衡价格大于电子书的均衡价格。比较 Q_1 和 Q_2，可以发现：$\Delta Q = Q_1 - Q_2 = -C_1 b/2 < 0$，即纸质书的均衡销量小于电子书的均衡销量。

1.3.2　电子书的边际替代率与价格弹性

1. 电子书与纸质书的边际替代率

事实上，电子书与纸质书之间存在着很高的替代性，当电子书价格下降到一定程度，读者会放弃购买纸质书，转而购买电子书。它们之间的边际替代率 λ 为一常数。对于同一本书而言，虽然有一些特殊读者既购买纸质书，又购买电子书，但是绝大多数读者或者购买 1 本纸质书，或者购买 1 本电子书，总体来看，电子书对纸质书的替代率接近于 1。因此，可以假定电子书对纸质书的替代率 λ＝1(假设条件 4)，即读者每增加购买 1 本电子书，则减少购买 1 本纸质书。

2. 电子书的需求价格弹性及影响

在电子书的边际成本为 0 的情况下，数字出版企业可以自由地确定电子书的销售价格。假定，电子书的价格弹性为 γ，即电子书价格每下降 1 个单位(元)，则有读者会增加购买电子书 γ 本。与此同时，由于电子书对纸质书的边际替代率为 1，部分购买纸质书的读者也会放弃购买纸质书，转而购买电子书，则纸质书销量也将减少 γ 本。

1.3.3　对基本的图书供给需求模型的拓展

接下来，我们将读者纳入到基本的图书供给需求模型中来。在这个模型中，读者可以在电子书和纸质书之间自由选择。根据前面的分析结论，由于两类书具有替代性，一类图书销售数量的增加会引起另一类图书销售数量发生相同数量的减少。

以电子书价格调整为例，电子书价格下降会同时引起电子书销售数量上升和纸质书销售数量下降的反向变化。当数字出版企业将电子书的价格从 P_2 下调到 P_3 时，电子书的销售数量将从 Q_2 增加到 Q_5，同时，电子书价格下降会吸引一部分纸质书读者转而购买电子书，引起电子书的需求曲线向右移动，推动电子书的销售数量从 Q_5 增加到 Q_3，均衡点由 B^* 移动到 B^{**}。由于纸质书对电子书的边际替代率为 1，因此 $\Delta Q_1 = \Delta Q_2$。电子书价格下降引起电子书销售数量上升，其替代效应导致纸质书需求曲线向左移动，引起销售数量下降。在纸质书价格不变的情况下，纸质书销售数量从 Q_1 下降到 Q_4，均衡点由 A^* 移动到 A^{**}，见图 1.7。反之亦然。

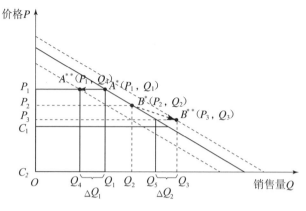

图 1.7　拓展后的图书供给需求模型

由此，我们可以得出如下结论：在电子书和纸质书之间，一方销售价格的调整会引起自身销售数量双倍反向变化，导致对方图书销售数量单倍同向变化。数字出版企业降低电子书价格，不仅会引起电子书销售数量的提高，而且会吸引一部分纸质书读者调整选择对象，转而购买电子书，进而引起电子书销售数量双倍反向变化，同时，纸质书销售数量也因电子书价格降低受到影响，发生单倍同向变化。反过来，传统出版社降低纸质书价格，也会引起纸质书销售数量发生双倍反向变化和电子书销售数量发生单倍同向变化。对于传统出版社和数字出版企业而言，提高图书销售价格不仅会引起自身图书销售数量减少，还会由于存在的替代效应导致自身图书销售数量双倍减少，而另一方图书销售数量则会单倍增加。

传统出版社之所以在竞争中被动地处于相对弱势地位，根本原因在于两者的边际成本不同。虽然电子书和纸质书均可通过降低销售价格获取更大的市场份额，并且增加销售利润，但是两者不同的边际成本导致传统出版社和数字出版企业处于不同的竞争地位。传统出版社由于边际成本为固定值，其销售价格无法下调到 C_1 以下，而数字出版企业可以在 0

以上的范围自由调整,从而实现市场份额的扩大和销售利润的增长。因此,受图书边际成本不同的影响,传统出版社无法与数字出版企业竞争,在市场竞争中被动地处于相对弱势的地位。边际成本的差异为数字出版企业制定并实施基于互联网思维的经营策略创造了有利条件。正如前文所述,数字出版企业更关注于远期利润,其在近期的目标是扩大市场份额,于是通过折扣、免费等远低于成本销售的方式争夺图书市场,这与传统出版社"薄利多销"的经营策略存在本质差别,呈现给传统出版社难以理解的"烧钱"、"市场价格一片混乱"等现象。从本质来看,数字出版企业此时的"烧钱"和"亏本"正是为了将来占据市场寡头地位后的高额利润。

从目前情况来看,网上书店正在大范围取代地面书店,电子书所占图书市场的比例也在不断提高,数字出版企业逐渐崛起并开始与传统出版社同台博弈,等等,这些趋势已很难逆转。国际调研公司 Bains & Company Inc.预测,到 2015 年,各种电子阅读终端的全球普及率将达到15%—20%,届时,15%—25%的图书销售将以电子书的形式销售。①全球出版业正在发生的这场势不可挡的数字革命要求传统出版社加快与数字出版的融合,尽快完成基于数字化的转型升级。

---

① 吴信训、吴小坤:《2011 年中国电子书产业发展报告》,载吴信训主编:《世界传媒产业评论》(第 9 辑),中国国际广播出版社 2012 年版,第 89—102 页。

第 2 章

传统出版社转型发展的方向或路径

近十年全球出版业的发展显示,随着数字技术迅猛发展,网络快速普及,电子书对纸质书的替代效应开始显现①,但是,这并不意味着印刷时代的终结,电子书还远未到全面取代纸质书的时候。如前所述,即便在电子书快速发展的美国,在大众图书市场上,电子书的市场占有率也不过在25％左右,纸质书则占到75％左右。我们还观察到,最近两三年美国电子书与纸质书的这一比例基本上没有太大的变化。全球出版业处于纸质与电子、印刷与数字共生的过渡期。这会是一个相当长的阶段。

由此看来,电子书与纸质书之间会存在一个均衡点。对读者而言,纸质书价格较高,但可以直接阅读;电子书比较便宜,但需要购买一个电子书阅读器。当读者阅读的图书数量较多时,购买电子书阅读器阅读电子书比较合算,当读者阅读的图书数量较少时,购买纸质书阅读比较合算,进而产生一个临界值,形成两类读者群。但是随着电子书阅读器、平板电脑、智能手机等数字阅读载体的丰富和显示技术的提升,这一均衡点有向纸质书移动的倾向。这意味着,纸质书的销量有逐渐缩小的趋势。

---

① 参见后文附录"电子书对纸质书的替代效应"。

纸质书 ———————————————⟵ ● 电子书

图 2.1 纸质书与电子书之间的均衡点

目前,对同一作者群而言,电子书与纸质书之间、数字出版企业与传统出版社之间的关系仍然是"竞争"大于"合作"。从出版企业的角度看,数字出版企业与传统出版社之间的竞争聚焦于读者市场和作者市场,不仅体现为对市场份额的竞争,而且体现为对优质图书资源的竞争,更关键的是体现在对图书出版市场中市场地位的竞争上。

在数字网络环境下,"是否参与电子书"最初对于传统出版社来说是一个十分矛盾的选择。[①] 一方面,传统出版社希望积极开拓发展电子书业务,在发展传统业务的同时,在电子书市场占有一定的市场份额,提升自己在出版市场中的地位。另一方面,传统出版社又难以估量电子书对纸质书的替代效应,担心电子书会损害自己本来拥有的传统利益,甚至威胁到自己对图书市场的控制力。但是,随着网上书店、数字出版企业、电子书、网上阅读等的快速发展,传统出版社越来越多地感受到来自数字出版的外部威胁,意识到向数字出版的转型发展已是大势所趋,势在必行。一方面,传统出版社拥有的市场势力越来越弱。传统出版社已经在逐渐丧失对出版市场的控制力和引导力,比如,传统出版社在与网上书店谈判时一定程度上丧失了图书的定价权和主导权,处于较为弱势的地位。另一方面,传统出版社的市场份额正在缩小。电子书对纸质书的替代效应开始显现,越来越多的读者加入了阅读电子书的行列。还有一个现象值得特别重视,那就是,随着数字网络技术的发展和网络基础公共设施的完善,电子书迟早是要进入中小学教材市场这一传统出版社长期固守的领

---

① 参见后文附录"传统出版社面对电子书的矛盾选择"。

域。比如,在中国,北京、上海、江苏、广东等地部分中小学校已在开展电子教学的试点,尝试采用电子书教材。教材市场对于传统出版社的意义不言而喻,而电子书对教材市场的突破将倒逼传统出版社向数字化的转型升级。

面对日趋严峻的外部环境,一些传统出版社开始积极应对网络数字技术引发的一系列挑战。综合来看,目前,可供传统出版社转型发展的方向主要有三种,见图2.2。

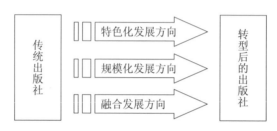

图 2.2 传统出版社转型发展的可能方向

2.1 特色化发展方向

特色化发展方向是单体传统出版社,尤其是中小型传统出版社转型发展的有效路径。目前,全球不少传统出版社正在依托自身特色探寻转型发展道路。就中国来看,中信出版社财经图书特色比较明显,中华书局、上海古籍出版社在传统古籍的整理出版上有特色,上海译文出版社在外国文学的翻译出版上质量占优,商务印书馆具有工具书出版的优势,等等。在数字网络背景下,具有特色优势的传统出版社有条件依靠自身的特色资源和品牌声誉,以"特色化"主线贯穿转型发展始末,同时,利用先进的数字技术和网络技术,构建多种形式的内容资源体系,提供多元化的图书产品序列,拓展虚实互补的销售渠道,争取特色化、现代化、多元化发展。上述几家出版社都根据自身的优势,不同程度地在进行向数字化的转型升级,中信出版社做得尤其要好。

特色化发展方向具有明显的优点。传统出版社可以通过自身的差异化优势,在社科书、文艺书、少儿书、科技书等不同的细分市场中形成品牌,逐步实现传统出版与数字出版的融合,努力成为细分市场的主导者,通过整合优质资源、创新设计、个性化服务等实行产量控制和差异化定价,获取远远高于一般图书的市场利润。比如,一些科技类的专业出版社可以在专业书方面实现突破,塑造自身的专业优势和品牌,满足高端专业人士的特殊需求,并通过价格差异获取超额利润。牛津大学出版社等一些海外专业出版公司都是这样做的。

当然,特色化发展方向也存在一定的难度。目前市场上存在着大量的出版主体,资源要素快速流动,数据信息大量共享,传统中小出版社难以获得持续且独占的专业资源,因此形成自身特色需要克服种种困难。同时,由于市场空间有限,中小出版社抵御外部环境冲击的能力又较弱,因此,它们向数字化的转型需要借助于外部的大平台,而且会是一个艰难的过程。

2.2 规模化发展方向

规模化发展方向是大型传统出版企业,主要是传统出版集团转型发展的重要路径。在工业化时代,规模化的发展能充分发挥大型出版集团的优势,通过资源整合优化,降低出版成本,提升出版业务的价值,提高市场竞争能力和市场影响力。而数字化时代的开启,规模化发展又赋予了转型升级的意义。最近十多年,全球出版业收购兼并浪潮一波接着一波。这些收购兼并活动,无论是出版集团间的合并,还是出版集团收购相关出版业务,抑或出版集团收购 IT 企业,其实质都是大型传统出版企业适应出版数字化时代到来所作出的战略调整。2008 年,约翰·威立出版集团与布莱克·威尔出版集团的合并,就是适应数字化转型,建立新的商业模式和新的业务的成功尝试。而 2013 年培生集团和贝塔斯曼集团宣布合并旗下的出版公司企鹅出版社与兰登书屋,也是着力于下一步数字出版业务的新布局。

在数字网络背景下,出版业传统的"边际成本递减"将被"零边际成本"替代,一旦电子书突破关键瓶颈技术,比如终端设备成本、屏幕显示技术等,电子书相对纸质书的成本优势将被无限放大,导致图书市场的大变局。如果传统出版社不能认清数字网络背景下出版业的发展方向,不能顺应数字网络时代的发展趋势,仍以传统思维、传统模式推动出版社朝着规模化方向发展,那么规模化发展这一方向也许只能延缓传统出版社的衰落进程,却无法逆转传统出版社衰落的趋势。这是今天中国出版业集团化建设所要解决的问题。为此,传统出版社在实施规模化发展战略时,要采取"纸质书"和"电子书"双轮驱动,注重发挥海量、成体系内容的规模优势,而非图书产品生产制作的规模优势。

还需要注意的是,在实施规模化发展时要避免出现市场战略失误风险。在数字网络环境下,读者消费习惯正在发生迅速变化,出版市场瞬息万变,大型企业可能因为对市场的判断失误导致规模优势沦落为规模成本,进而被市场淘汰。"汉王"等电子阅读器的折戟便是先例。规模化发展方向不在于仅仅依靠原有的规模优势,来降低成本、获取利润,其核心在于利用自身原有的规模基础,紧紧把握和顺应出版行业发展的大趋势,采取规模化、现代化、灵活化的发展策略,实现整体转型发展。

2.3 融合发展方向

在数字网络环境下,一些传统出版社开始探索基于数字化、网络化的新的转型路径,其基本特征是混合经营发展,实现传统出版与数字出版的融合。这种混合经营发展目前主要表现在以下三个环节。

一是出版业务混合。同一内容在不同出版物或载体上发布,以实现价值增值,一直是出版人的追求。不同业务的混合,由于技术的限制,在前数字化时代较难实现,这是内容产业在过去分为报纸、期刊、图书、唱片、广播、电影、电视等众多行业和部门的原因之一。但是数字技术不仅使这些传统行业的融合成为可能,而且还产生了网络、阅读器、电子词典、手机、平板电脑等新的载体,进而使得内容资源的潜力不断增大,边界史无前例地放大。另一方面,在数字网络时代,读者的阅读习惯也在发生转变,呈现出多元化、短平快、个性化等特征,这也对出版业务的混合经营创造出新的需求。混合经营发展要求传统出版社基于内容资源,搭建数字编辑平台,在图书出版的基础上,整合相关业务,特别是拓展新媒体业务领域,实现转型升级。

二是图书出版形式混合。美国等发达国家的经验表明,电子书在数字网络时代的快速发展已是必然趋势。中国网民规模世界第一,2014年底已达6.18亿人,互联网普及率为45.8%,因此,电子书在中国的快速发展只是时间问题。混合经营发展要求传统出版社抛弃短期利益约束,着眼未来发展,认真做好纸质图书电子复合出版、编辑出版流程再造、数字平台搭建、数据库建设等基础性工作,在同时出版纸质书和电子书的业务模式下寻求新的利润增长点。

三是销售渠道混合。进入 21 世纪以来,全球出版业的一个重大变局就是互联网网上书店的崛起和地面书店的衰弱。以中国为例,2014 年,当当、亚马逊、京东三大网店的图书零售额已占到全国图书零售市场总额的 35% 左右。因此,开展地面书店和网上书店两类销售渠道的整合,做好纸质图书的销售,早已成为传统出版社的共识和努力目标。需要重视和讨论的是传统出版社如何培育和整合电子书的销售平台和网络,这是中国传统出版社转型发展中必须解决的瓶颈问题。

　　总之,融合发展是多样化、多层次、多环节、全覆盖的深度融合,它要求传统出版社在内容、渠道、平台、经验、管理等方面拥抱数字出版,打破传统出版与数字出版在内容生产、销售方面分割分离的现状,以全媒体的编辑平台为牵引,再造编辑流程,探索适应数字网络环境的新的传播和表达模式,探索新的组织结构和运行机制,并让融合的思维落实到每个部门,实现全员融合。当然,融合发展对于传统出版社而言,最初可能是"+互联网"的概念,即我们在做好传统出版业务的同时,开拓数字出版等新的业务领域。但是,融合发展的目标是要过渡到"互联网+"①的概念,这意味着传统出版社的品牌、理念、团队以及各种生产要素要从"纸"的载体向数字网络平台转移,充分利用高速度的移动通信网络,大数据的存储、挖掘、分析能力和智能感应能力,形成全新的业务体系、商业模式和产品。只有到这一步,才可以说真正完成了融合发展。

　　上述三个转型方向,各有其优点,也有其需要解决的问题。我们用表 1 来加以说明。总体而言,特色化发展方向比较适合当前单体出版社,尤其是中小出版社转型;规模化发展方向满足了大型传统出版集团转型的阶段性需要;融合发展方向则是数字网络时代传统出版社的根本转型路

---

　　① "互联网+"是指,以互联网平台为基础,运用信息通信技术与各行各业的跨界融合。这里的互联网指的是智能互联网,因为只有在这种生态下,万物才能互联。

径。在全面深化改革的大背景下,随着一些具有制约性的政策瓶颈逐渐被打破,大型出版集团和出版社开始实施跨区域、跨行业兼并重组,传统出版与数字出版融合发展方向将会成为这些企业转型的主流方向。

表2.1　三种转型方向的优势与劣势

优点与缺点＼发展方向	优　点	缺　点
特色化发展方向	① 能够获得竞争优势 ② 自主控制类型和产量 ③ 可获得超额利润	① 图书受众较少 ② 市场空间有限
规模化发展方向	① 能够扩大市场影响力 ② 提升对市场的主导权 ③ 可以降低成本	① 无法逆转市场发展趋势 ② 容易造成巨额亏损
融合发展方向	① 适应市场和科技发展趋势 ② 资源利用效率更高 ③ 边际成本趋于不断下降 ④ 有利于拓展新的业务领域	① 企业经营管理要求更高 ② 对资金和人才的需求较大

第 3 章
中国传统出版社转型发展的思考和建议

随着中国出版业数字化、网络化、信息化进程的加快,特别是智能互联网时代和"新硬件时代"①的到来,传统出版与数字出版的融合蓄势待发,新的商业模式层出不穷,并日趋成熟。尽管今后十到二十年在很大程度上还是一个传统出版向数字出版转型融合的过渡期,但却为传统出版社带来新的增长机遇,提供相当可观的增长潜力。问题在于传统出版社如何通过向数字出版转型发展把这一块潜在增长转化为现实增长。本章就中国传统出版社的融合发展、转型升级作点初步的探讨。

3.1 转型发展的关键:从图书市场转到阅读市场

中国出版业数字化、网络化、信息化的进程,至少已经有十五年的历史了。这十五年来,传统出版社在数字技术、数字业务流程、数字产品、数字平台等方面做了大量尝试,在技术的层面,已经具备了同时向读者提供纸质版内容和数字版内容的能力,在商业模式层面,也围绕电子书、电子

---

① 参见谷来丰:《硅谷归来:中国在"互联网夹",美国已进入"新硬件时代"》,《交大海外》微信公众号,2015 年 5 月 6 日。

词典等产品,形成了初步盈利的方式。但这并不意味着已经实现了传统出版与数字出版的融合、完成了转型升级。因为传统出版社关注的重点仍然是图书市场(无论是纸质书,还是电子书,均属于图书的范畴),新的数字网络业务还是作为传统图书出版业务的附属物而存在的。传统出版社过去鲜有阅读市场的理念,而只有把图书市场的边界扩展到阅读市场时,才有可能真正开启数字融合的征程,并逐步完成产业的转型升级。当传统出版社有了阅读市场的理念和眼界后,数字化、网络化、信息化带来的新的介质、媒体、平台,刹那间都从挑战变成了机遇,网络、手机、视频、游戏、微信等等,从阅读的角度看,都有可能是传统出版社驰骋的战场和舞台。

3.2 转型发展的核心:内容创新和内容提供

当传统出版社的视野仍然停留在图书市场时,其仅仅是内容生产的一个环节;而当传统出版社把视野扩展到阅读市场时,情况就完全不同了,其有可能成为整个产业的主导者。但是这要求传统出版社的角色发生一个根本的转变,即从单纯的内容生产者转变为内容生产的组织者和版权的拥有者。在未来的数字化、网络化、信息化社会,谁拥有成体系、规模化、大数据、高质量的内容,谁就有可能抓住发展的机遇,赢得未来的发展。事实上,今天的全球出版业,在专业出版领域,数据库出版已逐渐成为主流的出版模式;在教育出版领域,依托于数据库的电子教学方式已经在相当多的中小学开始试验,并成为未来教育改革的重要方向;在大众出版领域,一般电子书和原生电子书正在迅速地成长。这一切离开了内容创新和内容提供均无可能,它意味着出版者如果不能成为内容生产的组织者、主导者并拥有这些内容,在未来的数字化时代,是无法有所作为的,出局也是必然的。①传统出版社的竞争优势在于,历史和传统使其在内容创新和版权拥有方面有深厚的积淀,这是一个不断累积叠加的过程,不可能一蹴而就。可喜的是,传统出版社在这十多年的市场经济的大潮中也没有中断这一进程,一直在持续不断地努力。以上海世纪出版集团为例,《辞海》《汉语大词典》《英汉大词典》《十万个为什么》等一些老的品牌不断得到维护,《中华文化通史》《中国通史》《话说中国》《当代经济学系列丛书》等一大批新的品牌不断涌现。更重要的是,他们还在努力构建各个重要学科的知识体系,为新一代的读者提供相对完整的知识谱系。不过,时代还要求传统出版社更向前迈进一步。随着大数据和云计算技术的成熟,一个市场潜力巨大的数据服务②领域开始形成,如何围绕着人的全面发展,在提供标准化图书的同时,提供个性化的知识(数据)服务,是传统出版社未来发展的重要领域,需要认真地加以研究和规划。

3.3 转型发展的策略:版权经营和价值链延伸

当传统出版社把未来的市场定位为阅读市场,又拥有了大量的成体系的品牌性内容后,转型升级的策略,可以围绕版权经营和价值链延伸两个方面展开:

---

① 中国视频网站之间白热化程度的竞争,从另一个方面告诉我们互联网时代内容拥有的重要性。腾讯、爱奇艺、优酷等视频网站动辄数以亿元计的烧钱举措,都是围绕着购买"人有我有、人无我有"的内容展开的。

② 目前人们在讨论数据服务时,一般讲的都是商业和金融数据服务,涉及用户数据、交易数据、支付数据、物流数据等,这些对于出版业的发展当然也是重要的,但我认为对出版社而言,更为关键的是内容数据服务。

第一，围绕版权经营进行产业布局。就出版业而言，数字网络时代的核心竞争力是拥有更多的版权，传统出版社作为内容提供者，应当树立版权经营的理念，并将之作为基本的发展战略来实施。在这方面，网络出版企业——盛大文学提供了一个较为成功的案例。通俗文学作家何常在前不久出版的小说《交手》，围绕着盛大文学的种种故事，告诉我们一个道理，互联网时代，文学网站成功的秘密在于经营版权。2014年7月，在上海举办的中国国际数码互动娱乐展览会（ChinaJoy）期间，盛大文学的四部网络小说卖出的视频、游戏改编权收入高达1 600万元。2015年3月，腾讯文学完成了对盛大文学的收购合并，成立了新的阅文集团，宣称要在网络文学的基础上，覆盖数字图书的软硬件，形成更完备的产业链。据悉，此次收购中，腾讯用了40亿元收购陈天桥拥有的盛大文学的股份。在经历了大规模的集体辞职事件后，盛大文学的估值之所以还能如此之高，原因就在于盛大文学现有的160万写手中，有几十位大神级写手，他们拥有无数的粉丝，构成了一个巨大的市场，而盛大文学握有这些大神级写手的全部版权。实际上，出版行业的版权概念远远比目前实际运用的要宽泛得多，传统出版社不能像过去那样，仅仅局限于图书版权的概念，满足于输出各种文字的版权，而要把它运作到电影、电视、游戏乃至网络、手机、视频等各个方面，以创造更多的价值。如果传统出版社能真正经营好版权，在未来的智能互联网时代，可实现的经济价值相比以往将成倍增长。

第二，从出版主业出发，依托品牌性内容产品，围绕生产各个环节，延伸产业价值链。今天产业的发展已逐步进入"互联网＋"时代，互联网与传统各行各业的融合，赋予后者以新的力量，推动这些产业走向创新和优化，打破信息不对称造成的壁垒，从而形成更多低成本、开放创新、公开透明、精准个性化定制的新型产业和服务。就出版产业而言，未来的发展战略,应该是依托现有生产各个环节的品牌性资源,通过拥抱"互联网＋"和未来的物联网体系,在艺术品经营、会展业务、医疗服务、在线教育、商业服务、按需印刷、第三方物流等相关相近业务方面拓展价值链,以获得更多的收入。上海世纪出版集团就此已经开展了一些工作。比如会展业务,依托《理财周刊》的品牌,每年在上海和其他城市举办理财博览会,收入颇丰。2014 年的上海理财博览会吸引了近 300 家各类金融机构入场,甚至出现了金融机构排队要求进场设摊的情况,以至上海展览中心 3 万多平方米的展览面积不够用,只能在中央广场露天搭棚以满足金融机构需要。而市民入场的热情更是高涨,日均人流量甚至比上海书展还高。又如医疗服务,上海科技出版社拟依托《大众医学》的品牌、医学读物数据库和一流的医学专家队伍,搭建数字化新型医疗服务平台,同时利用上海各大医院的网络空间和设施向排队候诊的病患提供医学知识和就诊服务。再如商业服务,《世界时装之苑》最近上线的 ELLE SHOP 引人注目。其商业模式的核心是媒体品牌、内容资源与互联网技术、电子商务平台经营服务的融合,传统的读者通过网络完成由新媒体读者向在线购物者的转变。由此,媒体营收模式由内容收入模式开始,经由广告经营模式、新媒体经营模式,发展到现在的销售实现佣金模式,媒体商业价值实现方式日益多元化。至于在线教育,上海世纪出版集团与教育行政部门合作,已在上海市十多所中小学开展在线互动课堂实践,建立了名师教案、各类题库、测试系统等多种服务业务。

3.4 转型发展的保障：技术进步和市场环境改善

产业的转型升级从来都是建立在技术进步的基础上的。对于中国出版业而言,利用数字技术和互联网技术升级传统出版社的内容资源,改造编辑、制作、出版、营销流程,搭建基于互联网的各类功能性业务平台,整合内容资源建设各类大型数据库,建成完善的 CMS 等都是必须完成的功课。最近十多年来,传统出版社程度不同地在这方面开展了一些工作,也取得了不少进展。但总体来说,数字网络技术的应用仍然是传统出版社转型升级的瓶颈。比如说,如何在出版流程中形成一个通用的数字文档,使其在满足纸质图书出版的同时满足各种数字媒介的需求,这样一个技术含量不算太高的问题,因涉及传统出版社的流程再造,至今还未得以真正解决。更为薄弱之处还在于,传统出版社仍不善于在使用新技术的过程中发现互联网带给出版业的新需求和新机遇。事实上,所有成功的互联网企业,包括阿里巴巴、腾讯、百度等,都是因为在使用新技术的同时,发现了新的需求,并通过更新的技术使之加以实现而迅速发展起来的。解决技术进步问题,是传统出版社无法绕过的坎。

至于市场环境的改善则必须依靠有为的政府来实现。经济学家一般都认为,在产业转型阶段,市场失灵的现象相当普遍,需要政府发挥积极有为的作用。中国出版业在向数字化转型的过程中有一系列的问题,需要政府制订相应的政策、采取有效的措施加以解决。以电子书市场为例:(1)一些企业既无视其社会责任,也不顾自身并不具备电子书的编辑、加工、发布能力,以牟利为唯一追求,不加选择地传播低质量的产品,造成电子书内容质量鱼龙混杂,良莠不齐。(2)有的企业或非法盗用他人的内容资源,或在网络平台建立共享空间,利用"避风港"原则,涉嫌侵犯知识产权。在互联网时代,如果没有很好的版权保护制度和执法力度,盗版侵权不断,版权经营从何谈起。(3)尽管千呼万唤,但全国统一的电子书技术标准始终未能出台,以致一本纸质书转码成电子书后,想在多个平台上亮相,需要不同的版本,其中浪费的资源和成本令人吃惊。(4)一个新的产业的形成和发展必须建立合理的利益分配机制,以保证产业链的顺畅运行。目前中国的电子书产业,内容提供企业、技术开发企业、渠道运营企业之间存在着激烈的商业博弈,如何设计合理的利益机制,建立规范有效的市场规则,调动每一个市场主体的积极性和能动性,是保证这个产业链顺畅运行的关键。(5)由于目前电子书产业内容持有者相对分散、技术开发存在壁垒、销售渠道被垄断,致使数字出版的每一个环节都存在效率低、费用高、风险大的特点。因此,依托于大数据,运用云计算的技术,面对所有的内容提供企业、销售企业和读者建立第三方的公共平台,实现数字内容的集成和公平交易非常重要。诸如此类的问题,说明没有公平竞争的市场环境,没有完整有效的互联网基础设施,没有健全的公共服务,新的业务形态和商业模式的形成是非常缓慢和艰难的。因此,政府如何转变职能,减少审批和对企业经营活动的干预,把重点放在建立一个强大的市场体系,并提供相应的基础设施和公共服务上,是当前出版改革的一项重要任务。

附录 1
网上书店对地面书店和传统出版社的影响

A1.1　读者购书方式的选择

　　网上书店为读者提供了新的购书方式,增加了可供读者选择的购书渠道。读者选择购书方式的依据是购书获得的效用。若购买图书带来的效用不为负,则选择购买,否则选择不购买。同时,在读者群体中,只有一定比例的读者有条件在网上书店买书,另一部分读者受一些条件约束无法在网上书店买书。当读者既可以选择电子商务方式又可以选择地面书店方式购书时,选择效用大的一种购书方式。

　　读者购书的效用受到多种因素影响。一方面,图书对于读者有一定的价值,但对不同的读者而言,图书价值的大小并不相同。另一方面,读者购买图书需要支付一定的成本,成本分为直接成本和额外成本。直接成本是指图书的价格,是图书定价减去图书定价与图书折扣率的乘积。额外成本与购书方式有关,从网上书店买书的额外成本包括上网费用、图书运输费用、注册时间、搜寻时间、等待时间等,到地面书店买书的额外成本包括购书时所耗费的时间、精力、体力、交通费用等。

A1.2 相同折扣率下的图书市场销售渠道的读者购书费用比较

纸质图书是典型的标准化商品,就同一种书而言,从网上书店购买的与从地面书店购买的并无差别,而且相同的书还来自同一家出版社。当图书折扣率相同时,地面书店的图书销售价格与网上书店的图书销售价格相同,读者购书的直接成本相同。影响读者选择购买方式的主要因素就是额外费用和额外时间,包括上网费用、交通费用、交通时间、等待时间等。

(1)读者购书的额外费用。

额外费用是指买书过程中除支付图书价格之外还需要的费用,包括物流费用、交通费用和上网费用。在网上书店买书的额外费用有物流费用 K 和上网费用 C_o,在地面书店买书的额外费用有交通费用 C_t,见表A1.1。

表 A1.1　读者在不同类型书店买书的额外费用比较

书店类型	交通费用	物流费用	上网费用
网上书店	—	K	C_o
地面书店	C_t	—	—

按照现有网上书店的收费标准,在网上书店买满 L 元的书则免物流费用,而低于 L 元则将加收 K 元的运费,因此,对于购书花费少于 L 元的读者而言,除上网费用 C_o 外,买书还需要承担 K 元的额外费用,而对于购书花费大于或等于 L 元的读者而言,购书的额外费用只有上网费用 C_o。按照现有电信政策,上网费用 C_o 可以按流量收费,也可包月收费。

对于采取按流量收费上网的读者而言,买书的上网费用为 C_o,而对于平时习惯上网,按包月收费上网的读者而言,买书的上网费用几乎为零,这也是长期上网的读者习惯于在网上买书的原因之一。

(2)读者购书的额外时间。

同时,购书所需的额外时间也是影响读者购买行为的重要因素,主要包括交通时间、注册时间、搜寻时间和等待时间等。在网上书店买书的时间有注册时间 T_r、搜寻时间 C_{se} 和等待时间 T_w,而地面书店所需的时间有交通时间 T_t 和搜寻时间 C_{sg},见表 A1.2。

表 A1.2　读者在不同类型书店买书的时间比较

书店类型	交通时间	注册时间	搜寻时间	等待时间
网上书店	—	T_r	C_{se}	T_w
地面书店	T_t	—	C_{sg}	—

在网上书店买书时需要的注册时间 T_r 是一次性的,而在地面书店买书需要的交通时间 T_t 却是反复的;长期来看,网上书店的注册时间 T_r 小于在地面书店买书需要的交通时间 T_t。在信息检索技术的支持下,网上搜寻时间 C_{se} 会小于地面书店的搜寻时间 C_{sg}。网上书店的不足在于等待时间 T_w,时间的长短由网上书店的物流能力决定,而地面书店不需要等待时间,可以即时获取,等待时间为零。因此,对于急需拿到书的读者而言,等待时间的负面效用大于交通时间和搜寻时间带来的负面效用,会选择到地面书店购买;而对于不急需拿到书的读者而言,等待时间的负面效用小于交通时间和搜寻时间带来的负面效用,会选择到网上书店购买。随着物流效率的提高,在网上书店买书所需的等待时间正在迅速缩短。

(3)小结。

综上分析,在地面书店的图书销售价格与网上书店图书销售价格相同的条件下,地面书店与网上书店有着不同的销售对象:对于急需拿到书的读者、购买金额较少的读者或上网费用较高的读者而言,他们更倾向于在地面书店购书;而对于不急需拿到书的读者、购买金额较大的读者或上网产生的额外费用较低的读者而言,他们更倾向于在网上书店买书。

A1.3 不同折扣率下的图书市场销售渠道的竞争及变化趋势

从目前的市场情况来看,图书在地面书店和网上书店上的销售价格并不相同。随着亚马逊、当当、京东等网上书店的发展壮大,图书在地面书店和网上书店上的销售价格出现差异。网上书店凭借规模优势和低运营成本,大幅提高图书的折扣率,使图书在网上书店的销售价格明显低于在地面书店的销售价格,由此导致图书市场销售渠道中读者的分布发生新的变化。

(1)图书批发价格与图书批发数量密切相关。

图书的价格是影响读者购买选择决策的最大因素。出版社 S 对于图书 B 定价为 P,地面书店 G 和网上书店 E 分别设定销售折扣率 R_g 和 R_e,消费者从网上书店购书的价格是 $P(1-R_e)$,从地面书店购书的价格是 $P(1-R_g)$。尽管图书的定价 P 名义上是由出版社决定的,但图书的实际销售价格却主要受两类书店的进价率 R_w 影响。

在现有的市场竞争环境下,基于同样的回款周期,传统出版社难以根据渠道的不同属性制定带有歧视性的批发价格,一般采取统一的按批发量 Q_B 的多少制定批发价格,确定批发折扣率,批发数量越多,批发价格越低,折扣就越大,即书店批发进价率 R_w 就越低:

$$R_w = f(Q_B), \text{且 } \mathrm{d}f(Q_B)/\mathrm{d}Q_B < 0$$

网上书店和地面书店在批发进价率 R_w 基础上加上销售的成本率 R_c 和一定的利润率 R_i，分别确定图书的售价率 R，即：

$$R = R_w + R_c + R_i$$

其中，R_i 对于网上书店而言可分为两种情况，第一种是确定为固定值，出现在网上书店的成长期，主要以扩大市场占有率为导向；第二种是根据 Q_B 的情况进行调整，确定利润最大化的利润率 R_{max}，出现在网上书店发展的成熟期，以利润最大化为导向。销售成本方面，地面书店 G 的销售成本有房租、运营成本和税金等，网上书店 E 的销售成本有运营成本和税金等。此外，网上书店还有网站搭建成本 M，是网上书店在初期一次性投入的成本。

（2）短期中图书销售渠道的正向循环机制。

从短期来看，在网上书店购买图书的读者占所有读者的比例不会有太大的变化。在这样的条件下，受到读者消费习惯的影响，在网上书店发展的初期，地面书店与网上书店相比，仍具有一定的优势，仍然占据着大多数的图书市场份额。但是地面书店受到物理空间的限制，能够陈列的图书品种有限，同时，过大的交易规模容易带来书店的拥挤，过量读者到地面书店购买图书还会带来更多的排队等待时间，另外，地面书店还面临着日益上涨的房租压力，这些都使其扩张受到很大的经营限制。

与地面书店相比，网上书店的图书品种陈列空间近乎无限，辐射范围也更广，能同时容纳的图书交易量更大，对读者数量的增加几乎没有限制。虽然网上书店在前期的搭建成本较高，但后期维护成本并不高，多增加一笔交易的边际成本几乎为零，这就为网上书店在达到一定规模后继续扩大交易规模创造了有利条件。

以 v 代表具备网上购书条件的读者占所有读者的比例，$0<v\leqslant1$。在 v 不变的前提下，单个图书销售渠道的图书销售数量在短期内会形成正向循环机制。这是因为：图书的定价 P、读者在网上书店买书的额外成本 A、读者到地面书店买书的机会系数 a 是固定的，故读者对图书的价值评价 θ 分别由 R_e 和 R_g 决定，θ_e 由 R_e 决定，θ_g 由 R_g 决定，加上 v 的大小不变，因此，购买图书的人数 Q_R 与 R_e 和 R_g 直接相关；与此同时，网上书店和地面书店销售图书的售价率 $R=R_w+R_c+R_i$，批发进价率 $R_w=f(Q_B)$，且 $\mathrm{d}f(Q_B)/\mathrm{d}QB<0$，同时，$R_c$ 和 R_i 分别是两类书店销售的成本率和一定的利润率，可视为固定，因此，R_e 和 R_g 受到 Q_B 的影响。由于 $Q_B=Q_R=Q$，于是网上书店或地面书店销售图书的数量 Q_B 越多，能够得到的批发进价率 R_w 越低，销售图书的价格 P 越低，在网上书店或地面书店购买图书的人数 Q_R 越多，于是，图书销售数量 Q_B 越多，如图 A1.1 所示：

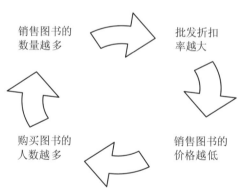

图 A1.1　单个图书销售渠道的正向循环机制

在这样的情况下，虽然网上书店在发展初期并不比地面书店更有优势，但是一旦网上书店通过促销、降价等方式突破销售数量的瓶颈之后，便能获得更大的批发折扣率，从而确定更低的销售价格，进而吸引更多的图书购买者,产生更大的图书销售数量,循环往复,持续推动着销售数量加速增加,并获得利润。受到 v 不变的限制,总有 $(1-v)$ 的读者不具备在网上书店买书的条件,无法到网上书店购书,如此便给地面书店留下了固定的图书销售市场份额,维持部分地面书店的生存空间。

(3)长期中网上书店严重冲击地面书店的市场空间。

近年来,随着电子商务的普及,在网上书店购买图书的读者占所有读者的比例正在快速提高,在这样的情况下,网上书店的发展空间得到进一步扩大,而地面书店的生存空间越来越小。一些以前只能在地面书店买书的读者,由于逐渐具备了在网上书店买书的条件,出于效用的考虑,也加入到在网上书店买书的行列。

同时,随着具备在网上书店购书条件的读者比例逐渐增大,网上书店势必进一步扩大整个图书销售市场的规模。反过来,网上书店销售规模的扩大,能进一步降低图书销售价格,使一些原先购书效用为零或负的读者,由于效用转为正而成为新增的消费群体,进而推动整个图书销售市场规模的扩大。

在具备上网购书条件的读者比例逐渐增大的条件下,随着网上书店逐步突破图书销售规模等瓶颈,网络时代的图书市场销售渠道的变化趋势是:整个图书销售市场的规模会进一步扩大,地面书店的生存空间会越来越小,而网上书店的发展空间会越来越大。

A1.4 网上书店对传统出版社的影响

在网上书店蓬勃发展的时代,传统出版社仍然把握着出版图书的资源,是供应纸质图书的唯一合法来源,并根据图书批发数量确定批发折扣率,从而获取稳定的收益。但是,网上书店的发展,改变了传统的图书市场渠道,也对传统出版社的利益造成了巨大的影响。

传统出版社的利润为销售图书的收入与出版图书的成本费用之差。传统出版社销售图书的收入等于批发价格和批发数量的乘积。出版图书的成本由两个部分构成,一是固定的一次性成本,包括图书审稿、编辑、校对、设计等环节产生的成本;二是变动成本,包括印刷、纸张、版税等成本,与图书的出版数量、销售数量有关。

(1)传统出版社的最高批发折扣率制约网上书店的持续发展。

在具备上网购书条件的读者比例不变的情况下,图书销售渠道的正向循环机制显示:图书销售数量越多,批发价格的折扣率越大,网上书店的销售价格越低,到网上书店买书的读者数量越多,图书销售数量越多。同时,网上书店辐射范围广、可容纳的交易规模几乎无限大,这就为网上书店依靠正向循环机制持续扩大图书销售规模创造了重要条件。但是,传统出版社存在着与图书出版数量有关的变动成本和一定的固定成本,因此批发价格不可能无限度地下降,必须大于一个临界值,才能保证传统出版社能获得正利润。

当网上书店的图书销售数量达到一定的临界规模,获得传统出版社所能承受的最大批发折扣率时,网上书店销售数量的继续上涨就难以带来批发折扣率的相应增大,取而代之的是固定的最低批发进价率。这样的限制条件制约了网上书店进一步扩大销售规模,当然抑制了网上书店获取更多的利润。

(2)网上书店定价制约传统出版社利润的持续增加。

当传统出版社以固定的最大批发折扣率将图书销售给网上书店时,传统出版社的利润将随着图书销售数量的上涨而增加。

网上书店的利润等于总销售收入与总成本之差。其中,总销售收入等于图书零售价格与图书销售数量的乘积,总成本包括前期的网站搭建成本和后期的销售成本。网站搭建成本属一次性投入,与图书销售数量无关。后期的销售成本包括运营成本和税金等,销售数量越多,运营成本和税金越大。随着销售数量的增加,总销售收入和总销售成本同时增加,在达到某一销量之后,受运营成本等上升的影响,网上书店的利润会呈下降趋势。

在固定最低批发进价率的条件下,图书销售数量的增加并不能持续带来网上书店利润的最大化,这就意味着网上书店会根据最大利润确定一个特定的图书销售数量,从而制约了传统出版社利润的持续增长。《纽约时报》刊文称,亚马逊凭借着低价战略逐步掌握了美国图书市场的话语权,甚至把地面图书零售商逼上绝境,但随着该公司的主导地位日益加强,图书折扣空间也日渐收窄,很难再提供诱人的售价。

网上书店与传统出版社在图书批发价格上存在分歧。对于网上书店来讲,一方面,它希望传统出版社提高批发折扣率,扩大零售价格的可浮动空间,创造进一步扩大网上书店市场份额的条件;另一方面,受到传统出版社最大折扣率的制约,它又不得不在市场上调整零售价格,以达到有利于实现自身利润最大化目标的销售数量。而对传统出版社而言,控制图书批发折扣率,限制网上书店零售低价幅度,制定相应的零售规则,既是保证其利润率的需要,更有利于平衡网上书店与地面书店的关系,形成正常的发行零售生态。

附录 2
电子书对纸质书的替代效应

A2.1　电子书与纸质书的差异

电子书与纸质书均是传播知识的工具,相互之间的内容并无差异,区别主要在于载体形式、阅读方式和图书价格。王跃虎(2011)曾建立了电子书与纸质书的模型,如图 A2.1 所示:

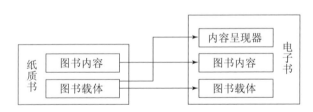

图 A2.1　电子书与纸质书的差异

资料来源:王跃虎:《电子书与纸质书的差异分析》,《科技情报开发与经济》2011年第 31 期,第 36—39 页。

一方面,纸质书的载体是纸张,而电子书的载体是电子书阅读器,如常见的 Kindle、iPad。这意味着纸质书可以直接阅读,而阅读电子书必须购买一个阅读设备。另一方面,纸质书与电子书的价格不同,纸质书价格通常是电子书的两到三倍,更极端的情况,电子书为免费,这是因为电子书只是由一系列编码组成,边际成本几乎为零,而纸质书需要纸张、油墨、印刷等成本,不具备这种成本优势。此外,受阅读习惯和年龄的影响,纸质书和电子书会带给读者不同的体验效用。对于年轻读者而言,两者的体验效用几乎无差异,而对于年龄较大的读者而言,纸质书的体验效用比电子书高。

A2.2 电子书对纸质书的替代效应

从目前的形式来看,电子书对纸质书存在明显的替代效应。一方面,电子书的价格优势对读者有很强的吸引力。电子书的价格相对较低,引起一些读者放弃阅读纸质书转而阅读电子书。一些电子书由于是免费供读者阅读,更是把一些不读书的人口变为了读书人口。另一方面,电子书的便捷性逐渐引起读者的重视。纸质书有一定的重量,且占有一定的物理空间,存放和携带都受条件限制,而电子书存在存储器中,一个普通书大小的存储器甚至可以容纳一个近百平方米房间容纳的图书,携带起来也更为方便。同时,在电子书中查阅内容也更为迅速。此外,随着数字阅读载体技术的升级和人们阅读习惯的改变,阅读电子书更加健康和舒适,得到越来越多的人,尤其是年轻一代的青睐。电子书与纸质书之间的替代关系不仅折射出人本主义与环保观念之间的关系,也源自电子书与纸质书之间不同的成本和价值优势。

相比较而言,电子书和纸质书有着不同的成本结构。电子书虽存在固定成本 FC_e,但由于数字技术的特殊性,电子书的可变成本(未考虑版税的因素)几乎为零,因此,电子书的总成本 $C_e = FC_e$,与电子书的数量无关。纸质书既存在固定成本 FC_p，还存在一个可变成本 VC_p，总的可变成本随着图书数量 Q_p 递增，因为制作同一本书需要相同的纸张数量、油墨量及人工等。因此，纸质书的总成本 $C_p = FC_p + Q_p \cdot VC_p$，与纸质书数量相关。对比发现：两类书的平均成本有着不同的变化趋势。电子书的可变成本几乎为零，平均成本随着销售数量的增加而快速下降，边际成本趋近于零。与之不同的是，纸质书由于存在一个可变成本，其平均成本虽然也随销售数量的增加而逐渐下降，但边际成本总还是一个大于零的固定值。两类书市场的利润函数也不相同。对电子书而言，读者对电子书的需求函数是：$Q_e = i - jP_e$，电子书市场的利润函数是 $\Pi_e = P_e \cdot Q_e - C_e = P_e(i - jP_e) - FC_e$。对纸质书而言，读者对纸质书的需求函数是 $Q_p = k - lP_p$，纸质书市场的利润函数是 $\Pi_p = P_p \cdot Q_p - C_p = P_p(k - lP_p) - FC_p - Q_p \cdot VC_p$。电子书与纸质书在成本结构、平均成本变化趋势以及图书市场利润函数上的差异，显现出电子书在与纸质书争夺读者市场的竞争中处于优势地位。

A2.3　电子书与纸质书的竞争

为了争夺图书市场份额，电子书销售企业正在利用成本优势进行价格战，且这种价格战还在不断升级。这种价格战先是表现为电子书企业相互之间的价格战。

2010 年，美国就曾出现苹果与亚马逊在电子书上的价格战，最终以苹果输掉了被控与传统出版社合谋抬高电子书价格的官司而告终。2011年 12 月，当当网开卖电子书，与近 200 家传统出版社合作，首次上线电子图书达 5 万种，90% 以上电子书售价低于 10 元/本。京东商城电子书平台紧随其后,展开竞争,电子书售价为纸质书的三折。2013 年 11 月,当当网再次发起了 10 万种电子书 1 角起 1 元封顶的价格大战。另外,电子书免费阅读和下载活动也频频出现。一些电子书零售商提供免费图书下载,虽然无利可图但可扩大自己占有的市场份额。例如,2013 年 4 月,当当网推出"电子书全场 0 元下载"活动,当天的流量达到 500 万人次。电子书相互之间的价格战也间接提高了电子书与纸质书之间价格战的激烈程度,逼迫纸质书的售价下降。

对读者而言,纸质书价格较高,但可以直接阅读。电子书比较便宜,但需要购买一个电子书阅读器。由此可知,当读者阅读的图书数量较多时,购买电子书阅读器阅读电子书比较合算,当读者阅读的图书数量较少时,购买纸质书阅读比较合算。此外,随着电子书阅读器价格和电子书价格的持续下降,更多的读者会加入阅读电子书的行列之中。事实上,电子书对纸质书市场份额的争夺正在进行之中。近几年里,电子书的销售数量和销售额均出现大幅度提升,电子书在整个图书市场中的份额不断上升。

附录 3
传统出版社面对电子书的矛盾选择

对于传统出版社而言,电子书犹如一把"双刃剑",导致其对电子书的选择比较矛盾。一方面,传统出版社希望积极开拓发展电子书业务,在发展传统业务的同时得到一部分新的利润,在电子书市场中争夺一部分市场份额,保持自身在图书市场中的竞争优势。另一方面,传统出版社考虑到电子书对纸质书的替代效应,担心电子书的快速发展损害一直以来拥有的固有利益,影响自己对图书市场的控制力。目前,传统出版社对电子书的态度大多非常谨慎,不少出版社并没有积极介入电子书领域。

面对电子书销售规模快速增长的市场形势,电子书逐渐成了部分传统出版社与其他出版社进行竞争的工具,并可能引起传统出版社掀起电子书出版的新高潮。假定市场中存在着传统出版社 A 和 B,两者出版的图书具有很强的替代性,面对相同的图书销售渠道[①],于是,出现四种情形,如图 A3.1 所示。

在情形 1 中,A 和 B 均不出版电子书,两个出版社平分纸质书的市场利润 Π。在情形 2 中,A 出版电子书,B 不出版电子书。电子书进入市场将对纸质书销售规模产生一定影响,减少纸质书的市场需求量,使纸质书

[①] 由于两个出版社面对着相同的图书销售渠道,不存在排他性,因此,在分析两者对电子书的选择时可暂不考虑销售渠道对出版社的影响。

		B	
		不出版电子书	出版电子书
A	不出版电子书	情形 1 $\left(\frac{1}{2}\Pi, \frac{1}{2}\Pi\right)$	情形 3 $\left(\frac{1}{2}\Pi', \frac{1}{2}\Pi' + \Pi'_e\right)$
	出版电子书	情形 2 $\left(\frac{1}{2}\Pi' + \Pi'_e, \frac{1}{2}\Pi'\right)$	情形 4 $\left(\frac{\Pi' + \Pi'_e}{2}, \frac{\Pi' + \Pi'_e}{2}\right)$

图 A3.1　传统出版社之间的博弈

的总体利润下降，由 Π 减少为 Π'。此时，A 继续与 B 平分纸质书的市场利润 Π'，并单独获得出版电子书的利润 Π'_e。在情形 3 中，A 不出版电子书，B 出版电子书，利润与情形 2 相似，两者的利润互换。在情形 4 中，A 和 B 同时出版电子书，于是，两者平分纸质书的总利润 Π' 和电子书的总利润 Π'_e。从两个出版社的利润变化情况可以发现：

一是如果初始状态中有一家出版社出版电子书，则另一家出版社必将出版电子书，均衡状态将是情形 4。这是因为，如果 A 出版电子书，则 B 只能在情形 2 和 4 之间做选择，由于 $\frac{\Pi' + \Pi'_e}{2} > \frac{1}{2}\Pi'$，因此，B 在情形 4 中的利润大于其在情形 2 中的利润，于是选择情形 4，即出版电子书，从而达到均衡状态。反之亦然，如果 B 出版电子书，则 A 也将在利润驱使下出版电子书。虽然，两者均出版电子书所得到的利润可能低于两者均不出版电子书得到的利润，但另一家出版社仍然会紧跟前一家出版社的步伐加入出版电子书的群体，这与经典的“囚徒困境”极为相似。

二是如果初始状态中有一家出版社不出版电子书，则另一家出版社将根据存在电子书和不存在电子书两种情形下的市场利润做选择。以 A 不出版电子书为例，则 B 可在情形 1 和情形 3 中作选择，选择的依据是自身利润的最大化。(1)如果 $\Pi > \Pi' + \Pi'_e$，则 B 将选择情形 1，即不出版电子书，此后，A 将不会改变初始选择，在情形 1 中达到均衡状态。在目前电子书盈利较少，且会对纸质书利润产生一定程度负面影响的大背景下，这就是大多数传统出版社对电子书保持观望的重要原因之一。(2)如果 $\Pi < \Pi'_e + \Pi'_e$，则 B 将选择情形 3，即出版电子书，此时，A 将改变初始选择，转而出版电子书，于是，两者均出版电子书，在情形 4 中达到均衡状态。

在存在数字出版企业的大背景下，传统出版社的均衡状态必然是情形 4，即两个出版社都出版电子书。由于数字出版企业的存在，即使两个传统出版社都不出版电子书，市场上仍然存在电子书，此时，两个传统出版社各自的利润为 $\frac{1}{2}\Pi'$，受利益的驱使，两个传统出版社都将出版电子书，进而分得电子书市场利润的一部分。此外，随着电子书盈利模式逐渐清晰，在不断有新的出版社开始尝试出版电子书的趋势下，可以预计，未来数年里，出版电子书将是大多数传统出版社的必然选择。

参考文献

吴信训主编:《世界传媒产业评论》(第 9 辑),中国国际广播出版社 2012 年版。

《中国出版年鉴》(2012),中国出版年鉴社 2012 年版。

曼昆:《经济学原理》,梁小民译,机械工业出版社 2006 年版。

杰里米·里夫金:《第三次工业革命》,张体伟、孙豫宁等译,中信出版社 2012 年版。

杰里米·里夫金:《零边际成本社会》,赛迪研究院专家组译,中信出版社 2014 年版。

陈昕:《出版经济学论稿》,中华书局 2014 年版。

陈昕:《美国数字出版考察报告》,上海人民出版社 2008 年版。

应中伟:《中国出版企业核心能力研究》,广东人民出版社 2011 年版。

于文:《风险、利润与现代出版业的起源》,《出版科学》2012 年第 6 期,第 48—52 页。

于春生:《论数字期刊产业链价值创造与收益分配》,《中国出版》2012 年第 9 期,第 33—37 页。

后　记

1977 年,历史给了我一个机遇,使我成为了一个出版人。从那时起,我选择出版作为自己终身的职业,从未动摇。

我的出版生涯是从资料员开始的,三年后从事编辑工作,后来又先后担任过编辑室主任、副总编辑、总编辑、社长。我曾领导过三家著名的出版社,也担任过地方新闻出版行政部门的领导,并于1999 年初组建了全国第一家出版集团——上海世纪出版集团,担任总裁直到 2015 年退休。

一路走来,出版的岗位时有变动,但不变的是我对出版业开展经济学研究的兴趣和情结。由于是经济学编辑出身,我很早就试图运用现代经济学的理论、方法和工具来分析出版业的运行。1986年 2 月,我在《上海出版》杂志上发表了《开展社会主义出版运行机制问题的研究》一文,这可能是中国第一篇以出版产业为研究对象的文章,也拉开了我对出版经济学研究的序幕。从那时起,一发而不可收,我这方面的研究持续了三十年,从未中断,先后发表了近百万字的著述。现在呈现给读者的《出版经济学研究》这部著作,便是我研究的结晶。它了却了我很久以来许下的要完成一部系统的出版经济学专著的心事。

全书共分五篇。第一篇"中国图书出版业经济分析"是上世纪80 年代后期,我与杨龙、罗靖同志所承担的国家新闻出版署研究项目"中国图书出版业面临的困难和出路"的最终成果。我们从中国图书市场性质的转变、图书价格管制的放松、市场竞争存在的问题、潜在市场的开发、产业发展的瓶颈以及图书市场的国际比较等方面,揭示了中国图书出版业长期发展的问题和潜力,指出通过深化图书出版发行体制改革来克服这些困难,是中国图书出版业走向成熟的必由之路。

第二篇"中国出版产业发展阶段研究(1978—2005)",是我于2004年至2006年间在复旦大学攻读工商管理硕士的学位论文。在这篇论文中,我对1978年改革开放以来中国图书出版产业的发展阶段作了系统研究,通过数据分析和理论演绎,提出了中国图书出版产业三个阶段划分的基本观点,并对这三阶段的基本特征和成因作了详细的分析,在此基础上,对中国图书出版产业长期发展需要解决的若干关键问题进行了讨论,提出了解决问题的路径和办法。

第三篇"中国出版产业增长方式转变研究"是根据时任中央宣传部出版局局长张小影同志的建议,于2006年至2007年间所作的研究。在这一研究中,我对1978年至2006年中国出版产业增长方式的转变作了系统的分析,对中国出版产业长期发展中表现出来的问题和矛盾给出了经济学的解释,对中国出版产业增长方式的内在要求和外部冲击进行了经济学的分析,进而给出了中国出版产业增长方式转变的主要思路、基本路径和政策建议。

第四篇"中国图书定价制度研究"是2008年至2010年间我所开展的一项研究。改革开放以来,图书定价的不断攀升,一直牵动着社会各界的神经。2008年初,新华社内参连续发表两篇长文,反映读者对书价畸高难以承受的呼声，认为出版业畸形"利润链"影响了图书定价规则，导致书价虚高，在一定程度上使消费者购书意愿下降。就此，时任新闻出版总署副署长邬书林同志致电于我，希望我能就书价问题做一系统研究。在这项研究中，我从图书价格入手，对图书商品的内在属性进行分析，并深入探究其价格形成的内在机制，在此基础上，描述了中国图书定价制度和价格水平演化的历史进程，对当前中国图书价格是否偏高这一问题给予了全面而系统的回答，并提出了相应的政策建议。

第五篇"数字网络环境下传统出版社转型发展的经济学分析"的研究始于 2014 年，完成于我退休之后。在这一研究中，我运用现代经济学的模型和工具，证明在数字网络环境下，数字出版的边际成本趋近于零，而传统出版的边际成本趋近于一个大于零的固定值。因此，利用数字网络技术重构出版产业链，用互联网思维来改造传统出版业务流程，创新内容的呈现方式，是传统出版社转型发展的必然要求。在此基础上还提出了传统出版社转型发展的方向和路径及相应的建议。

本书所展示的这些内容，当然不敢说是全新的，因为阳光底下无罕事。但我自己对这些研究成果还算是满意的，因为在这上面我毕竟付出了大量的心血，进行了持续不断的认真探索。出版界也有不少同志认为，它是迄今为止中国出版人对出版产业问题作出的较为系统而全面的研究成果。

最后，我要感谢出版界前辈巢峰同志在我近四十年编辑出版生涯中所给予的提携和支持，没有他的帮助，我很难取得今天的成绩。

二十多年前本书第一篇内容出版时，他抽空为之撰写序言。感谢宋木文、刘杲两位出版界老领导一直以来对我的关心和支持，本书的第四篇和第二篇内容当年出版时曾分别由两位老领导作序推荐。感谢邬书林、张小影同志，没有他们的动议，我是不太会挤出时间从事有关问题的研究的，当然也就不会有本书第四篇、第三篇的研究成果。感谢经济学家张军同志在本书第五篇内容出版时撰文推荐。感谢杨龙、罗靖同志，本书第一篇的内容是我们合作的结果。感谢陶纪明同志对本书给予的多方面的帮助。

我还要感谢世界银行前高级副行长、首席经济学家林毅夫同志和复旦大学经济学院前院长、经济学家袁志刚同志为本书作序推荐，这不仅是对我个人研究成果的肯定，而且会鼓励更多的人来从事具体文化产业部门的研究。

感谢格致出版社范蔚文社长、忻雁翔副总编辑为本书编辑出版所付出的辛勤劳动。感谢文化名家暨"四个一批"人才工程领导小组办公室为本书的出版提供了经费支持。

当然，本书一切可能存在的问题和错误由笔者负责。

陈　昕

2016 年 12 月 15 日

图书在版编目(CIP)数据

出版经济学研究/陈昕著.—上海:格致出版社:
上海人民出版社,2017.3
ISBN 978-7-5432-1549-8

Ⅰ.①出… Ⅱ.①陈… Ⅲ.①出版工作-经济学-研
究 Ⅳ.①G23-05

中国版本图书馆 CIP 数据核字(2016)第 308250 号

责任编辑　忻雁翔
装帧设计　胡　斌

出版经济学研究

陈　昕　著

出　版	世纪出版股份有限公司　格致出版社 世纪出版集团　上海人民出版社 (200001　上海福建中路193号　www.ewen.co) 编辑部热线　021-63914988 市场部热线　021-63914081 www.hibooks.cn	印　刷	上海中华商务联合印刷有限公司
		开　本	720×1000　1/16
		印　张	30.5
		插　页	7
		字　数	376,000
		版　次	2017年3月第1版
发　行	上海世纪出版股份有限公司发行中心	印　次	2017年3月第1次印刷

ISBN 978-7-5432-1549-8/F·997　　　　　　　　　　　　定价:118.00 元